华信经管创新系列

管理经济学
（第3版）

主　编　秦树东
副主编　黄　毅　杨　洪

电子工业出版社
Publishing House of Electronics Industry
北京·BEIJING

内 容 简 介

本教材介绍了管理经济学的基本原理与方法，内容包括管理经济学的内涵、市场主体的行为、需求与供给的关系、生产与成本的优化、市场结构的分析及价格的制定等，共15章，每章均设有大、中、小案例若干个，方便读者理解如何将理论应用于企业经营。本教材还配有形式多样的习题，使读者能更好地消化和掌握所学知识。本教材注重理论表达的简明、易懂、实用，使没有高等数学基础的读者也能顺利阅读并理解管理经济学的真谛。

本教材适用于普通高等本科院校、高等职业院校工商管理类相关专业的教学，也可作为企业管理人员的参考用书。

未经许可，不得以任何方式复制或抄袭本书之部分或全部内容。
版权所有，侵权必究。

图书在版编目（CIP）数据

管理经济学 / 秦树东主编. — 3 版. — 北京：电子工业出版社，2021.5
(华信经管创新系列)
ISBN 978-7-121-41087-1

Ⅰ. ①管… Ⅱ. ①秦… Ⅲ. ①管理经济学—高等学校—教材 Ⅳ. ①C93-05

中国版本图书馆 CIP 数据核字(2021)第 080059 号

责任编辑：石会敏　　特约编辑：侯学明
印　　刷：大厂聚鑫印刷有限责任公司
装　　订：大厂聚鑫印刷有限责任公司
出版发行：电子工业出版社
　　　　　北京市海淀区万寿路 173 信箱　　邮编：100036
开　　本：787×1092　1/16　印张：20.75　字数：531.2 千字
版　　次：2015 年 2 月第 1 版
　　　　　2021 年 5 月第 3 版
印　　次：2022 年 2 月第 2 次印刷
定　　价：59.00 元

凡所购买电子工业出版社图书有缺损问题，请向购买书店调换。若书店售缺，请与本社发行部联系，联系及邮购电话：(010)88254888，88258888。
质量投诉请发邮件至 zlts@phei.com.cn，盗版侵权举报请发邮件至 dbqq@phei.com.cn。
本书咨询联系方式：738848961@qq.com。

前　言

　　管理经济学是将经济学的理论和方法应用于组织实际的经营管理决策中的一门应用型学科，在当今VUCA的商业环境中，它为企业经营管理者做出理性、创新和科学的决策提供了重要的思想、方法和工具。

　　本教材介绍了管理经济学的基本原理与方法，每章均设有大、中、小案例，方便读者理解如何将理论运用于企业经营管理实践。本教材配有形式多样的习题，使读者能更好地消化和掌握所学知识。本教材注重理论表达的简明、易懂、实用，使没有高等数学基础的读者也能顺利阅读并理解管理经济学的真谛。

　　相对于第2版，本版教材在体例和内容方面做了较大调整，每章内容包括经典名言、导入案例、学习目标（知识目标和能力目标）、正文（文中一般附有小案例）、本章小结、案例分析、思考与练习和拓展阅读；增加了小案例和练习题的种类和数量，增加了案例分析和拓展阅读等。

　　本教材由第2版的12章增加到15章，将第2版的第2章市场主体删除，将第2版的第5章、第6章合并为一章，增加了第10章博弈论、第11章企业风险管理、第13章组织设计、第14章资本预算决策、第15章经济学前沿，使知识体系更加完整。

　　我们根据以往的教学经验建议：专科教学选用第1~10章，后面章节可以根据需要自行选择，如人力资源管理专业可以选学第13章组织设计，财务管理、会计专业可以选学第11章企业风险管理、第14章资本预算决策这两章；本科教学选用第1~11章，可以根据专业选择相关后续章节。

　　为了方便教学，我们准备了课件、课后练习题和案例分析参考答案、参考试卷和答案等教学资源，选用本教材的老师可以到华信教育资源网(www.hxedu.com.cn)免费注册下载。

　　本教材是集体合作的成果，由秦树东担任主编，黄毅、杨洪担任副主编，由秦树东负责全书的整体框架、组织编写，并统稿。参加本教材编写的人员分工为：第1、7、12章由秦树东编写；第2、3章由杨洪编写；第4、5章由彭超华编写；第6、8、9、10、15章由黄毅编写；第11章由陈明丽编写；第13章由谭会英编写；第14章由李学军编写。

本教材适用于普通高等院校、高等职业院校工商管理类相关专业的教学，也可作为企业管理人员的参考用书。

在本教材的编写过程中，我们参考了大量的文献，在此谨向这些文献的作者、译者表示衷心的感谢！本教材的顺利出版得到了电子工业出版社编辑石会敏老师的大力支持和帮助，在此我们也表示深深的感谢！

编　者
2021 年 3 月 25 日

目 录

第1章 导论 ………………………………… 1
1.1 管理经济学的内涵与特点/2
    1.1.1 管理经济学的内涵/2
    1.1.2 管理经济学的特点/4
    1.1.3 学习管理经济学的价值和意义/6
1.2 管理经济学研究的对象与主要内容/6
    1.2.1 管理经济学研究的对象/6
    1.2.2 管理经济学研究的主要内容/6
1.3 管理经济学的基本分析方法/8
    1.3.1 最优化方法/8
    1.3.2 边际分析法/9
    1.3.3 均衡分析法/10
    1.3.4 经济模型法/11
1.4 市场经济条件下的企业决策/12
    1.4.1 企业及其目标/12
    1.4.2 企业决策的基本过程/14
    1.4.3 经济学原理与企业决策/15
1.5 相关重要概念/15
    1.5.1 稀缺性与竞争/15
    1.5.2 分配机制与竞争准则/16
    1.5.3 产权与激励/16
    1.5.4 选择与机会成本/17
    1.5.5 风险与期望值/17
    1.5.6 时间价值、贴现率和净现值/18
    1.5.7 代理问题与代理成本/18
    1.5.8 利润/18
    1.5.9 完全信息与不对称信息/19
    1.5.10 隐藏特征与隐藏行为/19
    1.5.11 逆向选择与道德风险/19
    1.5.12 信号与筛选/19
    1.5.13 市场失灵与政府失灵/20
    1.5.14 价值/20
    1.5.15 组织/20
本章小结/20
思考与练习/21
拓展阅读/23

第2章 企业行为 ……………………………… 24
2.1 企业的行为目标/25
    2.1.1 利润最大化目标/26
    2.1.2 股东价值最大化目标/33
    2.1.3 其他目标/34
2.2 企业的行为约束/37
    2.2.1 基本约束/37
    2.2.2 市场竞争/39
    2.2.3 政府干预/40
本章小结/43
思考与练习/44
拓展阅读/45

第3章 个人行为 ……………………………… 46
3.1 主观愿望——偏好与效用/47
    3.1.1 偏好/47
    3.1.2 效用/48
    3.1.3 无差异曲线/52
3.2 客观条件——预算约束线/55

3.2.1 预算约束线/55
3.2.2 收入和价格影响下的预算约束线/56
3.3 主体均衡——效用最大化/57
3.3.1 消费者的最优选择/58
3.3.2 消费者选择的变动/59
本章小结/63
思考与练习/64
拓展阅读/66

第4章 需求与供给 ········ 67
4.1 需求分析/68
4.1.1 需求和需求量/68
4.1.2 需求函数和需求曲线/69
4.1.3 个人需求与市场需求/71
4.1.4 需求的变动与需求量的变动/73
4.1.5 需求的影响因素/74
4.1.6 需求弹性的影响因素及其计算/76
4.1.7 需求估计和预测/86
4.2 供给分析/97
4.2.1 供给与供给量/97
4.2.2 供给函数和供给曲线/97
4.2.3 供给与供给量的变动/99
4.2.4 供给的影响因素/100
4.2.5 供给弹性/101
本章小结/103
思考与练习/104
拓展阅读/107

第5章 市场均衡与社会福利 ········ 108
5.1 市场均衡/109
5.1.1 市场均衡及其形成/109
5.1.2 价格上限和价格下限/111
5.1.3 征税对均衡的影响/114
5.2 均衡的变动/115
5.2.1 供给不变，需求发生变动/116
5.2.2 需求不变，供给发生变动/116

5.2.3 需求与供给同时发生变动/116
5.3 社会福利/118
5.3.1 消费者剩余/119
5.3.2 生产者剩余/119
本章小结/120
思考与练习/121
拓展阅读/124

第6章 生产优化 ········ 125
6.1 生产函数及其相关概念/126
6.1.1 生产函数/126
6.1.2 技术效率和经济效率/127
6.1.3 短期生产和长期生产/128
6.1.4 规模收益/129
6.2 短期生产投入量的决定/131
6.2.1 总产量、平均产量和边际产量/131
6.2.2 总产量、平均产量和边际产量的关系/133
6.2.3 边际收益递减规律/135
6.2.4 生产的三个阶段/136
6.2.5 短期最优投入量的确定/136
6.3 长期生产最优投入量的确定/137
6.3.1 等产量曲线/138
6.3.2 等成本曲线/141
6.3.3 最优投入要素的确定/142
6.3.4 扩展线/144
本章小结/145
思考与练习/146
拓展阅读/148

第7章 成本理论 ········ 149
7.1 成本概念与成本函数/150
7.1.1 成本的基本概念/150
7.1.2 成本函数/151
7.2 短期成本函数/151
7.2.1 总成本、平均成本及边际成本/152

7.2.2 总成本、平均成本及边际
成本之间的关系/153
7.3 长期成本函数/155
7.3.1 长期总成本/155
7.3.2 长期平均成本/156
7.3.3 长期边际成本/158
7.4 盈亏平衡/160
7.5 规模经济、范围经济和学习
曲线/161
本章小结/162
思考与练习/164
拓展阅读/166

第8章 完全竞争与完全垄断 …………… 167
8.1 市场结构/168
8.1.1 买方和卖方的数量和
规模/169
8.1.2 产品差异程度/169
8.1.3 市场壁垒/170
8.1.4 市场信息的完备程度/171
8.2 市场集中度/172
8.2.1 绝对集中度/172
8.2.2 相对集中度/172
8.2.3 赫希曼-赫芬达尔指数/173
8.3 完全竞争/174
8.3.1 完全竞争的特点/174
8.3.2 市场价格的决定/175
8.3.3 短期决策准则/176
8.3.4 长期决策准则/180
8.3.5 完全竞争市场的效率与
公平/183
8.3.6 完全竞争市场的局限性/183
8.4 完全垄断/184
8.4.1 不完全竞争市场/184
8.4.2 完全垄断的特点/185
8.4.3 市场势力和垄断势力/185
8.4.4 垄断势力的来源/186
8.4.5 短期和长期决策准则/188

8.4.6 垄断的福利损失/190
本章小结/191
思考与练习/193
拓展阅读/194

第9章 垄断竞争与寡头垄断 …………… 195
9.1 垄断竞争/196
9.1.1 垄断竞争的特点/197
9.1.2 短期决策准则/197
9.1.3 长期决策准则/198
9.1.4 产能过剩/199
9.1.5 垄断竞争与社会福利/200
9.2 寡头垄断/201
9.2.1 寡头垄断的特点/202
9.2.2 寡头垄断模型/203
9.2.3 卡特尔/206
本章小结/211
思考与练习/213
拓展阅读/214

第10章 博弈论 …………… 215
10.1 博弈论基础/216
10.1.1 博弈论的基本概念/216
10.1.2 博弈的模型和分类/217
10.2 完全信息静态博弈/218
10.2.1 优势策略和纳什均衡/218
10.2.2 囚徒困境和智猪博弈/219
10.2.3 合作博弈/221
10.3 重复博弈和顺序博弈/222
10.3.1 重复博弈/222
10.3.2 顺序博弈/223
本章小结/224
思考与练习/226
拓展阅读/227

第11章 企业风险管理 …………… 228
11.1 企业风险的形成及种类/229
11.1.1 风险的内涵/229
11.1.2 企业风险的形成/229

11.1.3 企业风险的种类/230
11.2 企业风险管理的概念及发展/230
 11.2.1 企业风险管理的概念/230
 11.2.2 企业风险管理的发展/231
11.3 企业风险管理的种类/232
 11.3.1 资金风险管理/232
 11.3.2 生产风险管理/232
 11.3.3 人力资源风险管理/232
 11.3.4 市场风险管理/232
 11.3.5 电子商务风险管理/233
11.4 企业风险管理的目标/233
 11.4.1 企业风险管理的目标/233
 11.4.2 企业风险管理的组织结构/233
11.5 企业风险管理的流程/234
 11.5.1 风险识别/234
 11.5.2 风险评估/235
 11.5.3 风险处理/236
 11.5.4 风险评价/237
本章小结/237
思考与练习/238
拓展阅读/238

第12章 定价 239
12.1 定价目标/240
 12.1.1 企业的定价目标/240
 12.1.2 影响产品定价的主要因素/242
12.2 成本加成定价法/244
 12.2.1 成本加成定价法/244
 12.2.2 成本加成率的确定/244
 12.2.3 成本加成定价法的优缺点/245
12.3 增量分析定价法/246
12.4 创造更多利润的定价策略/247
 12.4.1 差别定价/247
 12.4.2 两部定价/250
 12.4.3 批量定价/250
 12.4.4 捆绑定价/251
 12.4.5 高峰定价/252
 12.4.6 在激烈的价格竞争市场上的定价策略/253
 12.4.7 多产品定价策略/254
12.5 其他定价策略/261
 12.5.1 竞争导向定价法/261
 12.5.2 新产品定价法/262
 12.5.3 心理定价法/262
本章小结/263
思考与练习/264
拓展阅读/266

第13章 组织设计 267
13.1 组织设计概述/268
 13.1.1 组织设计的定义/268
 13.1.2 契约成本与企业边界/269
13.2 决策权分配/270
 13.2.1 任务与决策权分配/270
 13.2.2 集权与分权/270
 13.2.2 管理意义/272
13.3 绩效评估/274
 13.3.1 基本委托-代理模型/274
 13.3.2 确定绩效标准/276
 13.3.3 计量成本/276
 13.3.4 主观绩效评估/278
13.4 薪酬激励系统/278
 13.4.1 劳动力市场均衡基本模型/278
 13.4.2 企业中的激励问题/279
 13.4.3 激励性薪酬设计/280
 13.4.4 基本模型的扩展/282
本章小结/284
思考与练习/286
拓展阅读/287

第14章 资本预算决策 288
14.1 资本预算概述/289
 14.1.1 资本预算的定义/289
 14.1.2 企业资本预算的重要性/290
 14.1.3 企业资本预算的原则/291

14.2 资本预算的基本程序/292
 14.2.1 提出与企业战略目标一致的投资方案/292
 14.2.2 估算项目的税后增量现金流量/293
 14.2.3 确定资本成本/294
 14.2.4 评估并挑选最佳方案/294
 14.2.5 实施后进行跟踪监查、评估修正/294

14.3 投资决策的一般方法/295
 14.3.1 贴现的分析评价方法/295
 14.3.2 非贴现的投资评价方法/298

14.4 资本成本/299
 14.4.1 资本成本的概念/299
 14.4.2 资本成本的分类/299
 14.4.3 企业资本成本的现状与过高的原因/303
 14.4.4 降低企业资本成本的途径/305

本章小结/307
思考与练习/308
拓展阅读/310

第15章 经济学前沿 ········ 311

15.1 经济学的发展简史/312
 15.1.1 经济学的发展/312
 15.1.2 经济学的分类/314

15.2 信息经济学/315
 15.2.1 不对称信息经济学/315
 15.2.2 契约经济学/315

15.3 行为经济学/316
15.4 规制经济学/317
15.5 共享经济学/318
15.6 网络经济学/318
15.7 神经经济学/319
15.8 维基经济学/319

本章小结/321
拓展阅读/322

第1章 导　论

> 经济学既是一门研究财富的学问，也是一门研究人的学问。
> ——阿尔弗雷德·马歇尔

导入案例

Amcott 公司亏损 350 万美元，管理者被解职

软件巨人 Amcott 公司公布了年度运营情况：亏损 350 万美元。据报道，170 万美元的亏损来自它的外国语言分部。

Amcott 公司使用其 2000 万美元的留存收益购买 Magicword 软件包 3 年的所有权，这个软件包可以将普通的法文文件转换为英文，当时的短期利率为 7%。该软件第一年的销售收入虽是 700 万美元，但是随后由于卷入了 Foreign Inc 公司的侵权诉讼，该软件的销售立即被停止了。Amcott 公司输掉了这场官司并支付了 170 万美元的赔偿金。业内人士说该软件的侵权案的赔偿金只占 Magicword 软件销售收入的很小比例。

Ralph 作为 Amcott 公司的经理在此次事件之后被解职。媒体引用他的话说，"我只不过是 (Amcott 公司的) 律师们的替罪羊，他们在购买 Magicword 软件的所有权时没有做好他们自己的功课。我已经设计了 3 年年销售额为 700 万美元的计划，并且从预算的数字来看，实现了我的目标。"

你知道为什么 Ralph 会被解职吗？

资料来源：迈克尔·R.贝叶. 管理经济学(原书第6版). 北京：机械工业出版社，2012.

- 知识目标：
  - ◆ 掌握管理经济学的概念与特征；
  - ◆ 了解管理经济学与经济学的关系；
  - ◆ 熟悉管理经济学的研究对象和内容；
  - ◆ 理解管理经济学部分重要的基础概念，如稀缺性、机会成本、不完全信息等。
- 能力目标：
  - ◆ 能熟悉并说明最优化方法、边际分析方法、均衡分析方法和经济模型方法；
  - ◆ 能说明经济学理论对企业决策的意义；
  - ◆ 能理解并说明学习管理经济学的价值。

1.1 管理经济学的内涵与特点

1.1.1 管理经济学的内涵

么是管理学？什么是经济学？什么是管理经济学？要理解管理经济学的内涵，我们需要对这三个问题逐一介绍和了解。

1. 管理学

要了解管理学，首先得知道什么是管理。管理是人们为实现一定目的而进行的一种活动。管理是共同劳动的产物。在集体劳动的前提下，为使劳动有序地进行，获得人们期望的劳动成果，就必须搞好协作，进行组织与协调，于是就产生了管理。对于管理的概念，管理学者从不同的角度出发有不同的认识，有的强调管理是由计划、组织、领导、控制等职能组成的作业过程；有的强调管理的核心环节，认为管理就是决策；有的强调对人的管理，认为管理就是通过别人把事情做成的行为；有的强调管理者个人的作用，认为管理就是领导；有的强调管理的本质，认为管理就是协调活动；等等。这些不同的观点，虽然在认识上有所差别，但都丰富和发展了管理理论，对人们加深对管理的认识大有裨益。我们认为，管理就是管理者在特定的环境下对其所辖范围内的组织资源，有目的地进行计划、组织、指挥、协调、控制，通过组织资源的优化配置，从而有效实现组织目标的社会活动。

管理学就是一门研究人类社会管理活动中各种现象及规律的学科，是在近代社会化大生产条件下和自然科学与社会科学日益发展的基础上形成的。

管理学是在自然科学和社会科学两大领域的交叉点上建立起来的一门综合性交叉学科，涉及数学（概率论、统计学、运筹学等）、社会科学（政治学、经济学、社会学、心理学、人类学、生理学、伦理学、哲学、法学等）、技术科学（计算机科学、工业技术等）、新兴科学（系统论、信息科学、控制论、耗散结构论、协同论、突变论等），以及领导学、决策科学、未来学、预测学、创造学、战略学等。

管理活动自有人群出现便有之，与此同时管理思想也就逐步产生。事实上，无论是在东方还是在西方，我们均可以找到古代哲人在管理思想方面的精彩论述。现代管理学的诞生是以弗雷德里克·温斯洛·泰罗（Frederick Winslow Taylor）的名著《科学管理原理》（1911 年），以及法约尔（H. Fayol）的名著《工业管理和一般管理》（1916 年）为标志的。自现代意义上的管理学诞生以来，管理学有了长足的进步与发展，管理学的研究者、管理学的学习者、管理学方面的著作文献等数量均呈指数上升态势，显示了作为一门年轻学科勃勃向上的生机和兴旺发达的景象。进入 21 世纪，随着人类文明的进步，管理学仍然需要大力发展其内容和形式。

2. 经济学

要了解经济学，我们首先得理解"经济"一词。经济在现代汉语中至少有两个定义，一个定义是指节省、有效率，以较少的人力、物力、时间等耗费获得较大的成果。例如，人们说"经济地利用自然资源"。另一个定义则用来统称人类社会生产、消费、交换等活动，及其组织这些活动的制度、系统，如工业经济、国民经济、计划经济、市场经济等。"经济"一词的这两种定义存在着内在的联系。因为任何经济活动，从个人消费、企业生产到整个国民经济，都必须考虑如何以最少的耗费来达到最大的收益。

在英文中，Economy(经济)一词源于希腊文，原义指管理家庭的人，特别是指家庭收支方面的管理。乍一看，这个起源似乎有些奇特，事实上，家庭和经济有着许多共同之处。一个家庭面临着许多决策，例如，谁做饭？谁洗衣服？谁打扫卫生？因此在管理家庭的时候，应该考虑每个家庭成员的愿望和能力，以便在家庭成员中合理地配置资源。和家庭一样，社会也面临着许多同样的问题，怎样在社会中合理地配置资源成为经济研究的核心问题。

因此，经济学应该是一门用来研究人类社会经济活动的科学。

但是经济学的定义在经济学领域却是一个争议性较大的问题。迄今为止，并不存在一个被所有的经济学家一致接受的有关经济学的定义。较为普遍而且为多数经济学家所接受的定义是：经济学是研究个人、企业、政府及其他组织如何在社会内进行选择，以及这些选择如何决定稀缺资源的有效使用的科学。

经济学传统上分为微观经济学和宏观经济学。微观经济学是研究个人选择的理论，即由某特定消费单位(如某个人)或某个生产单位(如某个工商企业)等所做的决策。宏观经济学的重点是整个经济和一般经济均衡条件。管理经济学家在决策过程中从这两个经济学分支中吸取内容，虽然某个厂商的经理基本上无法影响整个经济，但其决策应该与当时的经济状况相一致。

3. 管理经济学

管理经济学主要是把经济学两大分支所提供的一些分析问题的工具、方法和理论应用到企业管理的决策实践中去。管理经济学从经济理论中吸取的概念和方法能使决策者选择正确的战略方向，高效率地配置组织的资源，并对策略问题做出有效的反应。从这个角度来看，管理经济学是把经济学理论和管理学原理融为一体的一门学科，学习这门学科的重点是提高分析问题的能力，而不是简单地认为"看不见的手"是最好的，遇到问题就简单地找市场。

管理者制定的决策通常涉及在组织内短期和长期配置资源的问题。在短期内，管理者要做的是估计需求关系和成本关系，以便制定产品价格和生产数量的决策。研究需求理论、生产和成本理论的微观经济学对于制定上述决策显然是有用的。当管理者力图根据影响整个经济的各种因素预测未来的需求时，宏观经济学便进入了决策过程。

在长期中，必须制定有关增加或减少生产和分销设施、开发和营销新产品，以及可能收购其他企业的决策。从根本上讲，这些决策都与规模的经济性(或不经济性)有关，一般都需要组织进行资本支出，也就是说，期望当期的支出能在未来产生收益。经济学家已建立了一种资本理论，可用于决定是否进行具体的资本支出。

管理经济学研究的是把微观经济理论和方法应用于私人、公共部门和非营利机构所面对的决策问题。1951年美国学者乔尔·迪安教授的著作《管理经济学》的问世标志着管理经济学的诞生。半个世纪以来，管理经济学领域经历了迅速的发展。这种发展反映了一个现实：分析人员、领导者和高层经理都可运用经济理论来制定与组织目标相一致的决策。管理经济学从经济学尤其是微观经济理论中吸取的概念和方法能使决策者高效率地配置组织资源，能对策略问题做出有效的反应。

不管是追求盈利的厂商中的经理，还是经济中公共部门和非营利部门的管理者，都可应用管理经济学的工具，因为各类组织中的管理者都要面对一系列共同的问题。尽管管理问题的复杂程度不同，但一般都遵循以下形式：确定实现既定目标的不同方案，然后选出以最节省资源的方式实现目标的方案，同时考虑相互影响的竞争决策者的可能行动和反应。

管理经济学的定义：管理经济学是把经济学尤其是微观经济学的理论与方法应用于组织经济决策的一门应用经济学科。在理解管理经济学含义时应正确把握以下几点：

(1) 管理经济学是一门应用经济学，它运用经济学所揭示的原理和方法，研究解决企业的经营决策问题，但它并不提供解决具体现实问题的具体方案，仅提供在决策制定过程中的经济思维，这是由社会科学的属性决定的；

(2) 管理经济学是一门实证经济学，它致力于研究组织尤其企业经营决策中的各种规律和数量关系；

(3) 管理经济学通过对经济学与管理决策学的融合，强化组织或企业决策者在管理中的理性思考与理性创新，有利于实现组织或企业目标。

由于本教材的学习者未来多在工商企业工作，所以后面更多的是从企业经营管理角度来使用这个概念。

1.1.2 管理经济学的特点

管理经济学是经济学向企业管理实践领域的应用性延伸。管理经济学的诸多概念、原理与方法均来源于经济学，因此它们之间有着千丝万缕的联系。

第一，经济学是从第三者的角度来观察和研究市场主体的经济行为，包括企业、个人、政府和其他非营利组织；而管理经济学则主要从企业管理者的角度来思考企业如何在各种约束条件下合理地决策和有效地运行。也就是说，管理经济学的研究对象范围比经济学的更集中。另外，经济学的研究目的在于通过对市场主体行为的分析来揭示经济规律和经济运行机理，为人们认识社会经济活动提供一般的理论指导；而管理经济学的研究目的在于为企业实现利益目标进行决策提供经济分析方法和工具。正因为这样，后者具有强烈的实用性和功利性。

第二，为了便于分析，经济学理论都包含诸多假定和前提。但为了更接近客观实际，管理经济学在继承这些假定和前提的过程中，又做了各种程度的放宽和突破。例如，经济学通常假定企业行为的唯一目标是追求利润最大化。但现实中的企业由于受诸多因素的限制，其目标是谋求利润满意化；而且除了利润目标，企业还可能具有扩大市场份额、承担社会责任等多元化的目标。这就使管理经济学在以利润最大化准则分析企业行为的同时，还必须兼顾企业其他目标的要求。又如，在许多情况下，经济学理论假定企业拥有完全的市场信息，但现实中的企业几乎都是在不完全信息的条件下经营和运作的。这就要求管理经济学广泛借用其他学科的概念和工具，以帮助企业收集必要的信息，并在不确定条件下选择最优方案。这又成为管理经济学向综合性和边缘性学科发展的重要动因。

第三，同经济学一样，在分析企业行为时管理经济学也广泛使用多种经济模型，尤其是数量模型，但二者运用模型分析的目的不尽相同。经济学主要把经济数量模型作为分析经济系统运行机理的抽象化工具。管理经济学对这些模型的引进和使用则是同具体企业的决策过程和行为密切相关的，管理经济学通过这些模型为企业决策者提供分析和观察问题的思路，帮助制定和评价多种决策方案。因此，经济模型在管理经济学里具有更为具体和实际的目标和内容。

从管理经济学的发展过程和现状中，可以总结出它的几项主要特点。

1. 基础性

企业管理涉及一整套科学、系统的管理体系。在生产经营活动中，企业需要履行一系列基本的专业职能，这就形成了生产管理、营销管理、财务管理等专业管理子系统。企业在进行这些专业管理活动和实施总体综合管理的过程中，需要行使计划、组织、控制等一般管理职能，从而又形成了一般管理子系统。而所有这些管理活动，由于企业的经济性，都具有一个共同的要求，都要追求效率、谋求最佳经济效益，因而需要为所有这些管理活动提供经济分析的管理经济学知识。管理经济学把管理科学和经济科学有机地联系起来，为其他所有的企业管理活动决策提供经济指导，这体现了管理经济学的基础性。

2. 综合性

管理经济学研究与企业经营管理决策相关的各种经济规律，既讨论市场微观经济主体的行为规律，也分析宏观经济环境的发展和变化可能造成的影响，因此，它包含微观经济学和宏观经济学两方面的内容。由此可见，管理经济学也是一门规范研究与实证研究相结合的学科。

3. 实用性

管理经济学是经济学理论的有关概念原理和分析方法等在企业管理领域的实际应用，希望能运用经济理论创造性地解决企业的管理决策问题。

4. 量化性

管理经济学大量地引进和利用经济学中的各种经济数量模型，用以描述和分析企业管理决策涉及的各经济变量之间的函数关系。用简明的数字语言为企业经营决策提供一套具有较强逻辑性和精确性的分析工具，是管理经济学的重要特色。

5. 边缘性

管理经济学的基本经济概念、原理及方法来源于经济学，但它所研究的现实企业通常是在环境十分复杂、信息很不确定的情况下进行经营的，这就要求管理经济学在研究企业决策时，还要借用其他相关学科的概念和方法。这些学科包括数学、运筹学、决策学、统计学、营销学、组织行为学等。因此，管理经济学又是一门跨学科的边缘性科学。

1.1.3　学习管理经济学的价值和意义

(1) 对个人的意义。我们都渴望拥有成功、幸福和美好的人生，而人生中有许许多多大大小小的决策，学习管理经济学可以帮我们培养适应市场经济时代的科学理性的决策意识和方法，使我们的人生更加有效、高效，加速我们的成功，避免不必要的损失和悲剧的发生，尤其在面对职业选择、婚恋决策、理财规划这样的重大决策事项时，管理经济学可以帮助我们做出明智的选择，因为学习管理经济学，可以培养我们经济学的观念和思维方式，如选择意识、机会成本意识、边际分析思维等。

(2) 对企业的意义。在企业的各项管理决策的背后，都有着经济学原理在起作用。管理经济学就是以经济学原理为基础，应用微观经济学的基本原理和分析方法解决管理决策实践中的问题。管理经济学主要是为企业管理决策者提供基本的经济学理论和经济学分析方法，使之建立理性的决策思路，从而在管理实践中对遇到的各种现实经济问题进行理性思考，促使管理决策从主观经验到科学化、现代化的质的转变。

(3) 对我国社会主义现代化建设的意义。学习管理经济学，不仅有助于培养和造就高素质的经营管理队伍，提高我国整体经营管理水平，加快我国现代企业制度的建立，而且也有助于加快实现我国经济增长方式的转变，同时有助于提高我国企业在国际市场中的竞争力。

1.2　管理经济学研究的对象与主要内容

1.2.1　管理经济学研究的对象

就研究对象而言，管理经济学研究企业经营中所面临的各种决策问题，而这种研究是建立在经济学的理论和方法基础上的。经济学为管理经济学提供了最重要的分析基础和工具。经济学是管理经济学的基础，而管理经济学是经济理论在企业中的具体运用，管理经济学在管理决策制定方面为经济理论与管理实践之间架起了一座桥梁。

管理经济学是从经济学的角度来研究企业管理中所有的决策问题，是企业管理决策中的经济分析，包括企业生产经营决策系统的经济行为及有关变量之间的相互依存关系，如企业生产什么、生产多少、怎样生产、如何制定价格、怎样进行投资，以及为解决上述问题而进行的经济分析与估计。

为适应企业经营管理的需要，管理经济学从经济学理论中吸取概念和原理，建立了自己的知识框架，用以揭示企业管理决策所依据的经济变量间的关系和经济规律，为管理者的决策提供分析框架，为其决策方案的制定和优化提供经济学上的指导。掌握管理经济学的知识框架，是应用决策方法进行管理决策的基础。

1.2.2　管理经济学研究的主要内容

具体而言，管理经济学的知识框架包括如下内容。

1. 企业行为

首先，需要对企业在社会经济系统中的地位、性质、作用，以及它同其他微观经济实体的关系有一个基本的认识；其次，需要明确了解企业的行为目标模式，包括利润最大化的行为准则和非利润最大化的选择等；最后，应了解企业行为的约束因素，包括需求、资源、预算三种基本约束和政府管理等。这三层内容的研究有助于建立起对企业行为及其管理决策的最基本的认识。

2. 个人行为

引入无差异曲线和预算约束线的概念，并在此基础上建立消费者均衡模型，分析商品价格和消费者收入如何决定消费行为。

3. 供求理论

主要研究企业运行的市场机制，在分别定义需求函数和供给函数的基础上建立市场供求的均衡模型。

4. 生产决策

生产是企业最基本的经济活动。企业生产既受特定技术关系的制约，更涉及投入产出的经济性问题。从经济方面看，企业生产决策所关注的首先是产品产出量同生产要素投入量之间的变动关系，以便确定企业生产的合理数量或者规模；其次，需要分析投入要素的合理替代和产品产量的合理组合问题；最后应考虑技术进步对经济的影响。

5. 成本优化

企业最基本的成本分析是围绕生产活动进行的。当把生产要素的采购供应价格引入前述生产分析模型中，以技术关系为主的生产分析就转变成了成本分析。企业的成本决策分析通常按短期和长期两种情况来进行，它们分别解决企业的短期生产量和长期规模的优化问题。

6. 市场结构

企业作为特定产品的生产供应者将同本行业其他企业形成特定的市场竞争关系，这就是市场结构问题。现实企业的产品产量和价格决策都将受到市场结构的制约和影响。因此，分析市场结构的类型，探讨企业在不同市场结构条件下的竞争战略决策，就有重要的实际意义。

7. 定价策略

价格历来是经济学关注的重要问题。而价格不仅是市场机制的问题，更是企业行为问题。定价决策对于企业实现利润最大化的目标具有重要的影响。因此，如何利用传统经济学中的价格理论来分析和探讨现实的企业定价决策问题，就成为管理经济学的重要任务之一。

8. 组织设计

企业中存在着与企业组织规模和结构相关的交易成本和代理成本。管理者经常需要做出组织决策，从经济学的角度对企业组织设计进行分析，是管理经济学发展的一个重要方面。

9. 营销管理

在竞争普遍发展的条件下，对营销决策进行经济分析，已成为管理经济学发展的新内容。

10. 风险管理

管理经济学分析消费者对风险的反应，并对企业如何应对风险进行研究。

11. 投资分析

企业为长期生存和发展，常需扩展新的经营领域，投入新的经济资源。从经济学的角度对企业投资行为及投资方案进行评价和分析，成为管理经济学发展的另一个重要方面。

1.3 管理经济学的基本分析方法

方法是思维方式的体现和反映，管理经济学传承了经济学的思维和方法。以下对管理经济学的基本分析方法加以介绍。

1.3.1 最优化方法

1. 定义

所谓最优化方法是一种求极值的方法，即在一种约束条件下，使系统的目标函数达到极值，即最大值或最小值。

2. 假定

管理经济学假定生产者在追求利润最大化(或成本最小化)，而消费者在追求效用最大化。

3. 最优化模型三要素

(1) 变量：指最优化问题中待确定的某些量。
(2) 约束条件：指在求最优解时对变量的某些限制。
(3) 目标函数：最优化有一定的评价标准，目标函数就是这种标准的数学描述。

4. 步骤

(1) 提出最优化问题，收集有关数据和资料。
(2) 建立最优化问题的数学模型，确定变量，列出目标函数和约束条件。

(3)分析模型，选择合适的最优化方法。

(4)求解，管理经济学中的最优化问题可以运用微积分中的极值原理或运筹学中的线性规划和非线性规划求解。

(5)最优解的检验和实施。

1.3.2 边际分析法

1. 定义

边际分析法是运用边际概念，借助经济现象间的函数关系，研究某一因变量随着自变量的变化而变化的程度，从而比较经济效果的一种分析方法。它其实也是一种最优化方法。边际分析法是经济决策中最有用的概念之一。资源配置决策一般都以边际条件的形式来表示，即为得到一个最优解而必须满足的条件。人们熟悉的厂商利润最大化规则就是这样的一个例子，厂商确定的产量水平要位于"边际成本等于边际收益"的那个点上。长期投资决策(资本支出)的制定也要运用边际分析决策规则。如果一个投资项目的预期收益(厂商的边际收益)超过了资助该项目所必须要求的资金的成本(资本的边际成本)，那么这个项目就应该实施。遵循这个重要的边际决策规则，就会带来股东财富的最大化。

我们再用最后一名乘客的票价这个例子来说明边际分析法的用处。当我们考虑是否让这名乘客以30元的票价上车时，实际上我们应该考虑的是边际成本和边际收益这两个概念。边际成本是增加一名乘客(自变量)所增加的成本(因变量)。在这个例子中，增加这一名乘客，所需磨损的汽车、汽油费、工作人员工资和过路费等都无须增加，对汽车来说多拉一个人少拉一个人都一样，所增加的成本仅仅是发给这个乘客的食物和饮料，假设这些东西值10元，即边际成本是10元。边际收益是增加一名乘客(自变量)所增加的收入(因变量)。在这个例子中，增加这名乘客所增加的收入是30元，即边际收益是30元。根据边际分析的思想，我们应该让这名乘客以30元的票价上车。

2. 两个基本变量

(1)边际成本(MC)，即每增加一个单位的产品所引起的成本增量。

(2)边际收益(MR)，即增加一个单位的产品所带来的收益增量。

在边际分析系统中，制定资源配置决策需要对某项活动水平变化的边际(或增量)效益和此变化的边际(或增量)成本进行比较。边际效益可定义为实施某种经济活动所产生的总效益的变化。同样，边际成本可定义为因实施某种经济活动(如多生产一件产品)所发生的总成本的变化。如果某一种经济活动水平变化的边际效益超过了边际成本，也就是说，总收益的增加量超过了总成本的增加量，那么该活动就是可取的。因此，在涉及扩大某一经济活动的决策中，最优水平出现在边际收益等于边际成本的那一点上。如果我们把净边际收益(边际利润)定义为边际收益与边际成本之差，那么同样的最优化条件就是把该活动水平提高到净边际收益为零的那一点。

3. 边际值的表示

前文提到的边际分析法就是运用导数和微分方法研究经济运行中微增量的变化，用以分析各经济变量之间的相互关系及变化过程的一种方法。这种分析方法广泛运用于经济行为和经济变量的分析过程，如对效用、成本、产量、收益、利润、消费、储蓄、投资、要素效率等的分析。

边际即"额外的""追加"的意思，指处在边缘上的"已经追加上的最后一个单位"或"可能追加的下一个单位"，属于导数和微分的概念，就是指在函数关系中，自变量发生微量变动时在边际上因变量的变化，边际值表现为两个微增量的比。

假设某经济函数为：

$$y = f(x)$$

则其边际值可以表示为：

$$\frac{\Delta f(x)}{\Delta x} \quad 或 \quad \frac{\mathrm{d}f(x)}{\mathrm{d}x}$$

4. 边际分析法在管理经济学中的应用

(1) 企业规模决策。科学的边际分析法可以将企业的规模确定在一个最合理的范围内。若用 π 表示边际利润，则 $\pi=MR-MC$，根据 π 与 0 的关系决定企业规模。

(2) 价格决策。分析每提高(或降低)一个单位的价格，对总收益会产生什么影响。

(3) 确定合理的要素投入。分析每增加一个单位的某种要素，会对总的收益产生什么影响。

(4) 产品结构分析。确定企业各个产品生产多少的比例关系，即对各个产品的边际效益进行分析。等边际收益法则：$MR_1=MR_2=\cdots=MR_n$。

1.3.3 均衡分析法

1. 定义

均衡本来是物理学概念，引入经济学后指经济体系中各种相互对立或相互关联的力量在变动中处于相对平衡而不再变动的状态。对经济均衡的形成与变动条件的分析，叫作均衡分析法。

2. 分类

均衡分析法按分析的前提条件的不同可分为局部均衡分析法和一般均衡分析法。

局部均衡分析法，是在不考虑经济体系某一局部以外的因素的影响的条件下，分析这一局部本身所包含的各种因素在相互作用中，均衡的形成与变动的方法。

一般均衡分析法，是相对于局部均衡分析法而言的。它是分析整个经济体系的各个市场、各种商品的供求同时达到均衡的条件与变化的方法。

按分析框架中时间因素是否存在，均衡分析法可分为静态分析法、比较静态分析法和动态分析法。

静态分析法是完全抽象掉时间因素和经济变动过程，在假定各种条件处于静止状态的情况下，分析经济现象的均衡状态的形成及其条件的方法。

比较静态分析法是对个别经济现象的一次变动的前后，以及两个或两个以上的均衡位置进行比较而撇开转变期间和变动过程本身的分析方法。

动态分析法是考虑时间因素，把经济现象的变化当作一个连续过程，对从原有的均衡过渡到新的均衡的实际变化过程进行分析的方法。

管理经济学中的均衡分析法就是在考虑影响和制约企业的各种因素和条件下，确定各因素的比例关系，使其最有利于企业的发展。

均衡分析法在管理经济学中的主要应用方向包括：①制定价格；②产量(规模)决策；③要素组合决策。

1.3.4 经济模型法

1. 定义

经济模型法就是用经济模型来分析经济现象、研究经济问题的一种方法。经济模型，是指用来描述与所研究的经济现象有关的经济变量之间的依存关系的理论结构。通过模型，经济学家能去除无关的、不重要的细节和联系，从而把重点放在经济现实的基本特征、内在本质和关键联系上。

2. 构成

一个经济模型通常包括变量、假设、假说和预测等因素。变量是指没有固定的值，可以改变的量，如自变量与因变量、存量与流量，以及内生变量与外生变量。

假设是经济模型用来说明事实的限定条件。经济学经常使用的术语就是"假设其他条件不变"。我们知道一定的假设是某个理论存在的前提条件，因此在运用某种理论时要考虑这一理论所依据的假设条件是否具备。为了论证完全竞争市场是最优的市场类型，新古典经济学理论体系中包含着诸多假设，经典的假设包含以下几点：①理性人假设；②完全信息的假设条件；③交易费用为零的假设条件；④权利得到完全界定的假设条件；⑤制度是既定的，是一个外生变量。而经济学的发展在某种意义上也是对这些假设不断进行突破的过程，管理经济学作为一门应用经济学，其基本假设有：①资源的稀缺性与产权；②环境的不确定性；③有限理性；④适者生存；⑤机会主义行为倾向。

假说是对经济变量之间如何发生关系的判断。

预测是根据理论假说对事物未来发展趋势和变化的方向等做出判断，它是在理论限定的范围内运用逻辑规则演绎出来的结果。

管理经济学在研究具体的决策问题时，也会进行简化，找出关键变量、依赖于一定的假设前提、找出变量之间的关系，并对趋势做出预测，提出解决对策。这种模型有的量化程度低，如直观的图；有的量化程度很高，如计量经济模型。

3. 经济模型在管理经济学中的主要应用方向

(1)需求预测。企业在确定某种产品的生产规模之前，需要对市场的发展潜力进行预测，因此，企业可以创建相关的数学模型，来表现影响市场发展的各种因素在量上的变化，进而分析这些变化对需求所产生的影响的大小。

(2) 生产分析。生产要素的投入、生产组织形式的选择及产品结构的确定，都可以通过创建数学模型，进行分析和决策。

(3) 成本决策。成本是直接影响利润的因素，是企业发展最为关注的一个点。当企业改变生产经营方向或者扩大规模时，在其追求利润最大化的目标下，应该确定一个什么样的成本水平，就可以用数学模型进行科学分析。

(4) 市场分析。市场是经济学的一个基础概念，在实践中表现为多种多样的形态。创建数学模型，可以分析不同性质的市场条件下，企业所能选择的规模、价格和竞争策略。

(5) 风险分析。风险分析是对未来状态的预测。企业可以通过创建数学模型来表现在一项投资中，各种相关因素的量的大小及量的变化所能产生的对效益的影响。

4. 经济模型法的优点与缺点

经济模型法是经济研究的一个重要方法，其优点是能使问题简单化、直观化，便于量化研究，但其不足是只能表现和研究非常有限的量的关系，容易因为主客观的原因造成不适度的抽象，影响我们对客观经济现象的正确认识和把握。

1.4 市场经济条件下的企业决策

1.4.1 企业及其目标

1. 企业

1937 年，美国经济学家科斯在《企业的本质》一文中从交易费用理论对企业的性质进行了阐释。科斯指出企业作为生产的一种组织形式，在一定程度上是对市场的一种替代。同时，他将企业界定为一种契约性组织。

我们在此将企业定义为：企业一般是指以盈利为目的，运用各种生产要素(土地、劳动力、资本、技术和企业家才能等)，向市场提供商品或服务，实行自主经营、自负盈亏、独立核算的具有法人资格的社会经济组织。

2. 企业的目标

企业的目标是一个企业在未来一段时间内所要达到的预期状态，它由一系列的定性或定量指标来描述。企业的宗旨就是为社会创造价值，企业的目标就是实现其宗旨所要达到的预期成果，没有目标的企业是没有希望的企业。企业的目标是指引企业航向的灯塔，是激励企业员工不断前行的精神动力。

一个常见的经济模型是假定企业的目标就是获取最大利润。这个企业行为的利润最大化模型具有极其丰富的决策含义，由此理论推导出来的边际(增量)决策准则为制定一系列广泛的资源配置决策提供了有用的指导。例如，如果将增量成本定义为由某一决策产生的总成本的变化，将增量收益定义为由某一决策造成的总收益的变化，那么如果出现下列结果中的一种，企业就是盈利的：

(1) 该决策增加的收益多于增加的成本；
(2) 它使某些成本的降低多于其他成本的增加(假定收益保持不变)；
(3) 它使某些收益的增加多于其他收益的减少(假定成本保持不变)；
(4) 它减少的成本大于收益。

这个简单的企业利润最大化模型为决策者提供了关于高效率管理和配置资源的有用观点。不过，利润最大化模型也有局限性，因为它不能把决策过程中的时间维度包括进去，而且也没有考虑风险，而企业的股东财富最大化模型克服了上述局限性。

企业的股东财富最大化模型认为有效的经济决策要了解企业的目标，应该知道以什么目标指导企业决策。也就是说，经理人员应该知道力求为企业的所有者实现什么。最为广泛接受的企业目标就是为其所有者谋求企业价值的最大化，即股东财富的最大化。股东财富是由企业普通股票的市场价格来衡量的。股东财富最大化目标说明经理人员应该使所有者(股东)的预期未来收益的现值最大。如果把利润概念动态化、长期化理解，其实股东财富最大化也可以理解为利润最大化的一种变体。

在实际经营中，企业在追求利润之外，还要追求其他多种目标，但是，利润仍然是企业追求的主要目标，因为利润是企业存在和发展的基础。因此，管理经济学在研究企业决策时，应该以利润作为经济分析的准则，或者说应遵循利润最大化的假定来分析企业的经济行为。

3. 企业的环境

(1) 企业的目标是在它所面临的环境约束条件下实现利润或价值的最大化，而环境的变化会对企业的生存与发展产生重大的影响。

(2) 企业的环境大致可以分为微观环境和宏观环境两个层面，如表1-1所示。

表1-1 企业环境构成

类型	范围	影响
微观环境	企业的具体经营环境	其变化主要影响单个企业或单个行业的经营条件
宏观环境	一般环境	其变化对经济体系中的所有企业均产生影响

4. 社会微观经济系统的基本模型

微观经济学经过高度的抽象，建立了社会微观经济系统模型，如图1.1所示。由图1.1可知，市场经济系统中包含了两个方向相反的循环流，即以虚线表示的货币流和以实线表示的实物流，表达了企业的生产经营活动与市场其他各方发生的相互关系。这一经济模型揭示出企业和个人通过两个市场所进行的基本经济活动。

(1) 个人(生产者)，即要素市场中的生产者，通过要素市场向企业提供生产要素(土地、劳动、资本、技术、信息和管理经验等)，同时获得要素收入。

(2) 企业(消费者)，即要素市场中的消费者，通过要素市场向公众购买要素以取得供给，满足其生产投入要素的需求，同时付出货币，形成成本支出。

(3) 企业(生产者)，即产品市场中的生产者，生产出有形或无形的产品，通过产品市场出售给消费者，同时获得销售收入。

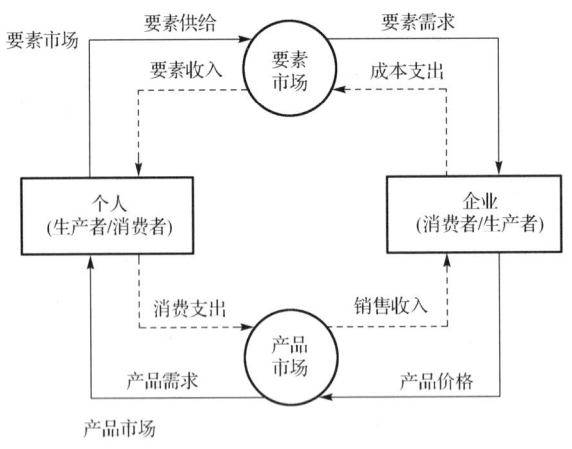

图 1.1 社会微观经济系统模型

(4) 个人(消费者)，即产品市场中的消费者，用自己获得的要素收入从产品市场购买自己需要的产品，满足自己的消费需求，同时付出货币，形成消费支出。

以上活动构成了一个完整的循环，形成了市场经济最基本的循环系统，这种循环将周而复始地进行下去，从而形成永无穷尽的社会再生产运动。

1.4.2 企业决策的基本过程

1. 决策的定义

决策即选择，就是在许多备选可行方案中选择出最优方案。赫伯特·西蒙认为"管理就是决策"，组织中经理人员的重要职能就是做决策。任何作业开始之前都要先做决策，制订计划就是决策，组织、领导和控制也都离不开决策。在决策标准上，他用"令人满意"的准则代替"最优化"准则。以往的管理学家往往把人看成是以"绝对的理性"为指导，按最优化准则行动的理性人。"管理人"假设代替"理性人"假设，"管理人"不考虑一切可能的复杂情况，只考虑与问题有关的情况，采用"令人满意"的决策准则，从而可以做出令人满意的决策。

2. 决策的基本过程

制定良好决策的能力是实现成功的管理绩效的关键。谋求利润的企业的管理者要面对定价、产品选择、成本控制、广告宣传、资本投资和分红政策等领域内(这仅仅是一部分)的各种各样的重要决策。非营利和公共部门中的管理者也要面对类似的各种决策。例如，学院院长必须决定如何在相互竞争的需要(如旅行、电话服务和秘书帮助等)中分配资金，还要制定关于是否建立新设施、是否实施新规划、新的计算机是购买还是租赁、是否要建立一个主管人员培训中心等的长期决策。公共部门管理者面对的这类决策有是否需要增加两艘航母、是否需要支持公共运输系统、是否需要增加对社会保障体系的投入等。

上述各个领域中的决策都存在某些共同的内容或者说有效的决策活动有其一般规律或程序。首先，决策者必须要建立或确定组织的目标。不能正确地确定组织目标就有可能完全拒绝一项得到充分认识和良好实施的计划，本章后面要研究组织目标的问题。

其次，决策者必须确定需要解决的问题。例如，一家啤酒厂的经理发现工厂的销售利润率一直在下降，其原因可能是定价错误、劳工问题或使用过时的生产设备。

一旦确定了问题的原因，经理人员就可以转向研究可能的解决方案。如果问题是使用的设备在技术上无效率，两个可能的方案：①更新和替换工厂的设备；②建立一个全新的工厂。

设计好了备选方案，接着就需要围绕决策目标按一定的决策标准进行分析选择，一是从经济上分析，以利润目标为选择准则，选出几个比较好的方案；二是从整体上分析，结合企业的其他目标，从上述方案中优选一个方案，最后选定的这个方案不一定是利润最大化的方案，但它一定是最优方案。对方案进行选择取决于相关的成本和收益，以及使一个方案优于另一方案的其他组织限制和社会约束。例如，决定在郊区建一家新的啤酒厂可能在政治上是不可取的，如果它意味着市内一家重要工厂必须要关闭的话。

在所有的备选方案都经过确认和评估并选出最佳方案之后，决策过程的最后一步就是决策的实施和评价。这个阶段常常要求持续地进行监测以确保结果与预期相一致，如果不一致，需要在可能的时候采取纠正行动。

1.4.3　经济学原理与企业决策

经济学原理和方法的学习与运用对于提高企业经营管理者的素质、提高企业决策的科学性都具有非常重要的意义。

就企业的决策来说，其科学性就建立在经济学的基本原理上。

原因：首先，当一家企业决定要生产某种产品之前，最基本的问题是，生产出来的产品有没有市场需求，不同的市场对产品的需求将会有怎样的前景。其次，当决定进行生产后，企业还必须考虑推出的产品能否在新市场上受到消费者的欢迎，产品的市场需求将会以多高的速度增长，与相关替代产品相比，产品有没有竞争优势等。最后，对于生产企业来说，还需考虑的是，产品的生产在成本方面的情况如何，它将使用哪些企业生产的零部件，这又将对其成本产生怎样的影响等。

1.5　相关重要概念

1.5.1　稀缺性与竞争

所有事物都具有稀缺性(Scarce)。稀缺性是指，相对于人们的欲望而言，人们想要的东西是不够的。例如，人们希望有更多的衣服，希望得到更多的钱，希望得到别人的尊重和爱。而与人们的需求相反，资源是有限的。面对有限的收入和有限的时间，人们不得不进行选择，以求最大化地利用有限的资源。

把资源与人们的需要联系起来，对理解经济学的稀缺性概念和人的行为非常重要。这意味着无论人们如何努力，所获得的资源总不能完全满足自身的需要。如果不存在需要，也就不会有资源多少的问题，甚至不会有资源这个概念。人类作为一种生物，从维持其生存和延续种族的意义上说，是没有必要提高生产率的。人类从太阳和地球那里可以得到满足个体生存以及种族维持的足够多的，甚至可以说过剩的能量。人类面临的最基本的矛盾就在于他不断地追求更高的生活质量，而这种追求本身会遇到时间、空间和各种资源的限制，于是人们也就不断地为自己制造出了更多的难题、更大的麻烦，于是又要花力气使自身得到发展以解决这些问题、克服这些麻烦，人不过就是这么一种不断为自己制造麻烦又不断想办法去解决麻烦的动物。"非稀缺"的东西要么是免费的，要么是有害的。商品的稀缺性意味着一些人能够获得这些商品而另一些人则不能；资源的稀缺性意味着有些行为可以被选择而另一些则要面对选择。由于人是自私的，而人们想要的东西又是稀缺的，因此顺理成章地会出现争夺。人们争夺稀缺的东西，这就是竞争。

1.5.2 分配机制与竞争准则

任何竞赛都一样，由稀缺性引起的竞争，是要有游戏规则的。哪个人或哪种活动获得资源或产品取决于资源或产品分配的方式。分配机制就是稀缺商品分配的体系。当今使用的分配机制包括价格或市场体系、先到先得，还有各种政府安排，甚至是运气。任何分配机制都无法保证所有的人获得足够的商品，因为商品是有稀缺性的。

虽然价格机制与其他机制一样无法保证所有人获得足够的商品，但是价格机制的一个最大优势在于能够避免浪费。在价格机制下，人们想要通过竞争获得其所需的商品，只需支付相应的价格。而所需的货币是人们在市场上通过贸易交换而来的。如果人们希望获得更多商品，就会通过增加生产的方式和在市场上交换的方式来获取足够的货币，从而为其所需的商品支付足够的价格。从这个角度看，市场体制的激励保证了经济的增长和生活水平的提高。价格机制还能够保证资源被分配到价值最高的地方。如果一件物品的价格升高了，消费者会转而购买其他能够满足相同需求的产品或服务。当消费者转而购买替代品时，替代品的产量就会增加，相应地，资源在该商品上的使用也会增加，这样资源就从价值低的用途上被重新分配到了价值高的用途上。

因此，市场通过价格引导资源分配的机制是唯一不会产生浪费的有效的竞争准则。

1.5.3 产权与激励

决定竞争胜负的准则，需要有一系列的制度确保它的成立。如果有人通过打家劫舍、坑蒙拐骗的方式获取所需的商品，而这些以损害他人利益来获得收入的行为不被制裁，人们就没有遵守价格准则的激励，因此应该通过机制设计使诸如坑蒙拐骗的行为得不偿失，从而阻止人们的行为偏离价格机制。确保价格机制成立的法律制度，就是保护私有产权(Private Property)的制度。私有产权意味着人们可以完全拥有一件或一些东西，他们可以按照自己的意图随意使用这些东西，他人不能盗窃或破坏私有财产。如果私有产权没有得到安全保证，那么人们就无法将私有财产出售、作为抵押品申请贷款或者作为传家之物。因为对这些财产投资的收益得不到保证，所以他们通过投资来改善这些财产的积极性就会大大降低。因此，市场机制有助于资源有效分配的作用也会被大大削弱。

市场机制的正常运行是以私有产权的创设和强制执行为前提的，如果私有产权不存在或者不能得到强制执行，就不存在完全属于个人的物品——他人可以随时将这些物品抢走而不违背任何制度规则。这样，价格机制就完全失效了。

1.5.4 选择与机会成本

既然人们所拥有的资源是有限的，那么人们在进行决策的时候，就有必要进行选择。将有限的资源用于实现某一目的就意味着不能将其用于其他目的。因此，在决策的过程中，人们应该根据自己所面临的约束条件，确定需求的优先顺序，以便选择那些最偏爱的并且最有可能实现的方案。

将资源用于某一特定目的的机会成本，是将资源用于其他可替代的方案中最好方案的价值。换句话说，机会成本就是经济主体获得资源所付出的显性成本和资源用于某一用途后所放弃的次有选择的隐性资本之和。显性成本即实际支付的会计成本，隐性成本是未发生直接货币支付的成本。隐性成本很容易被经济决策主体忽视且不容易度量，因而往往成为决策失误的原因之一。

1.5.5 风险与期望值

风险是指在某一特定环境下，在某一特定时间段内，某种损失的可能性或不确定性。换句话说，风险就是在某个特定时间段里，人们所期望达到的目标与实际出现的结果之间产生的差距。

风险的属性如下。

1. 自然属性

风险是由客观存在的自然现象引起的，大自然是人类生存、繁衍生息的基础。自然界通过地震、洪水、雷电、暴风雨、滑坡、泥石流、海啸等运动形式给人类的生命安全和经济生活造成损失，对人类构成风险。自然界的运动是有其规律的，人们可以发现、认识和利用这些规律，以降低风险事故发生的概率，减少损失的程度。

2. 社会属性

不同的社会环境下，风险的内容不同。风险是在一定社会环境下产生的，这是风险的社会属性。风险事故的发生与一定的社会制度、技术条件、经济条件和生产力等都有一定的关系。例如，战争、冲突、瘟疫、经济危机、恐怖袭击、车祸等是受社会发展规律影响和支配的。

3. 经济属性

风险的经济属性强调风险发生后所产生的经济后果，即风险与经济的相关联性。只有当灾害事故对人身安全和经济利益造成损失时，才体现出风险的经济属性，也才因此被称为风险，否则，不定义为风险。例如，股市风险、信用风险、企业的生产经营风险等，都可能造成相关的经济损失。客观上说，随着人类社会的发展，自然因素和社会因素产生的风险会越来越多，因此风险成了经济主体决策时越来越重视的因素，经济主体对风险管理的需求也越来越大。

期望值是指经济主体对未来可能结果的加权平均数，以相关结果的概率为权重。计算公式：

$$\mu = \sum_{i=1}^{n} R_i P_i$$

式中，μ 为期望值，R_i 为第 i 种情况的收益，P_i 为第 i 种情况发生的概率。

1.5.6　时间价值、贴现率和净现值

货币时间价值是指货币随着时间的推移而发生的增值，是资金周转使用后的增值额，也称为资金时间价值。换句话说，货币的时间价值就是指当前所持有的一定量货币比未来获得的等量货币具有更高的价值。从经济学的角度而言，现在的一单位货币与未来的一单位货币的购买力之所以不同，是因为要节省现在的一单位货币不消费而改在未来消费，则在未来消费时必须有大于一单位的货币可供消费，以作为弥补延迟消费的贴水。

贴现率又称门槛比率，是指商业银行办理票据贴现业务时，按一定的利率计算利息，这种利率即为贴现率，它是票据贴现者获得资金的价格。贴现率常用于票据贴现。企业所有的应收票据，在到期前需要资金周转时，可用票据向银行申请贴现或借款。银行同意时，按一定的利率从票据面值中扣除贴现或借款日到票据到期日止的利息，而只付给余额。贴现率的高低，主要由金融市场利率来决定。

净现值是指投资方案所产生的现金净流量以资金成本为贴现率折现后与原始投资额现值的差额。一般来说，一项投资的净现值(NPV)等于：

$$NPV = 未来收益的现值 - 初始支出$$

净现值大于等于零，则投资项目可行。

1.5.7　代理问题与代理成本

代理问题或委托-代理问题简单来说就是由委托-代理关系所产生的一系列问题，其中所有者和管理者之间不同目标的存在就是一个例子。当一人或多人(委托人)雇用另一人(代理人)，以委托人的名义完成一项服务时就会出现代理关系。在代理关系中，委托人常常把决策权授予代理人。在管理经济学中，最重要的代理关系就是股东(所有者)和经理人员之间的关系。股东与经理由于代理关系而产生的低效率被称为代理问题，这些问题的产生是因为交易各方都是按照与谋求自身效用(福利)最大化相一致的方式来行动。某些经理人员关心的是长期存在(工作安全)，而不是股东财富的最大化，这就是代理问题的一个例子。另一个例子就是那些没有(或部分持有)厂商所有权利益的经理人员对各种在职津贴(如使用公司的飞机、高档轿车、豪华办公室等)的消费。管理人员的偷懒行为也是与代理问题相联系的。

经理人员的行为方式可能并不总是与财富最大化的目标相一致，与这种目标背离相联系的成本常常被叫作代理成本。

1.5.8　利润

利润(Profit)一般定义为收益和成本之间的差额。收益(Revenue)指的是企业从销售其

产品中得到的货币量。成本(Cost)指的是企业为购买投入所支付的货币量。

管理经济学所讨论的利润指经济利润(Economic Profit)。经济利润是指从所受经济收益中减去机会成本计算出来的利润，是供企业经济学家进行决策分析使用的利润。

计算经济利润的目的是为企业决策提供分析的基础。从严格理性的行为角度看，企业所追求的主要是经济利润的最大化。因此，管理经济学将经济利润作为自己考察的利润范畴。

1.5.9 完全信息与不对称信息

在学习经济学原理和模型时，常常需要做出完全信息(Perfect Information)假设。实际上，完全信息假设是对现实世界的一种抽象，然而，绝大多数情况下，现实世界中决策者并不具有完全信息。收集信息的活动能带来收益，能提高决策的质量。同时，它又具有成本，它会消耗资源、时间和金钱。经济学家将这种成本称为信息成本(Information Cost)。理性的决策者会比较信息的收益和成本以决定需要收集的信息量。收集信息的活动将在边际收益等于边际成本，即 MR=MC 时停止，这时，收集信息所增加的利润最大。

既然市场参与者都不拥有完全信息，那么，总有一部分人比其他人占有更多的信息，经济学称这种情况为不对称信息(Imperfect Information)。

1.5.10 隐藏特征与隐藏行为

由于不对称普遍存在，并影响着很多的管理决策，为加以研究，经济学家将其区分为两种类型：隐藏特征(Hidden Characteristics)和隐藏行为(Hidden Action)。隐藏特征指市场中一部分参与者知道的，而其他参与者却不知道的事情。例如，在参加医疗保险时，投保人知道自己的身体状况，而保险公司却不知道。因此，投保人的身体状况就是隐藏特征。隐藏行为是指市场中一部分参与者采取的，不被其他参与者所察觉的行为。例如，一个工人对自己工作的努力程度比其经理了解得更多，那么，该工人的劳动就属于隐藏行为。

1.5.11 逆向选择与道德风险

逆向选择：在存在隐藏特征的情况下，逆向选择(Adverse Selection)通常就会出现。逆向选择指的是由于隐藏特征的存在，使人们的决策导致不良特征被选择的情况。

道德风险：如果人们可以采取隐藏行为，以不合意或者不道德的方式损害其他人的利益，这时，可以说存在道德风险(Moral Hazard)。

道德风险往往在拥有较多信息的代理人代表拥有较少信息的委托人(Principal)完成一些工作时出现。

在做出管理决策时，有必要同时考虑道德风险和逆向选择。医疗保险市场提供了同时存在道德风险和逆向选择的例子。

1.5.12 信号与筛选

当由于不对称信息而处于困境时，管理者希望能采取某些措施以消除或者减轻不对称信息所带来的种种问题。下面介绍发信号和筛选两种应对不对称信息的措施。

1. 发信号

例如，为了改变消费者缺乏新产品信息的情况，企业通过广告、提供免费试用等许多方法来向潜在顾客传递它们具有最高质量产品的信息。这时，可以说企业在发信号。

什么样的信号才算是一种有效信号呢？首先，它不可模仿；其次，信号可以被无信息的一方接收到。

2. 筛选

作为信息缺乏的一方，需要注意的是，信号所披露的信息往往有利于有信息的一方，且不一定是自己所关心的信息。当信息缺乏的一方需要得到自己关心的信息时，他们要进行筛选。筛选是信息缺乏的一方为有信息的一方提供一组选择，有信息的一方所做出的选择会为缺乏信息的一方披露隐藏的信息。

1.5.13　市场失灵与政府失灵

市场失灵是指市场无法有效率地分配商品和劳务的情况。对经济学家而言，这个词汇通常用于无效率状况特别重大时，或非市场机构较有效率且创造财富的能力较私人选择为佳时。另外，市场失灵也通常被用于描述市场力量无法满足公共利益的状况。

政府失灵也称政府失效，指政府在为弥补市场失灵而对经济、社会生活进行干预的过程中，由于政府行为自身的局限性和其他客观因素的制约而产生的新的缺陷，进而无法使社会资源配置效率达到最佳的情景。关于政府失效，萨缪尔森将其定义为："当政府政策或集体行动所采取的手段不能改善经济效率或不能达到道德上可接受的收入分配时，政府失效便产生了。"

1.5.14　价值

价值从历史哲学层面上讲是一种主客体之间的关系，表示客体对主体的意义，客体满足主体需要的关系，价值是一个历史的范畴，这个概念因人类而生，随着人类的进化而进化，随着社会的发展而发展，如果没有人类，价值就不存在了。价值在市场经济社会的一个体现就是市场交易中的价格，各类经济主体交易的目的就是价值的实现或获得，企业存在的宗旨就是为社会创造并实现价值。

1.5.15　组织

组织，一般有两种含义：一种是动词，就是有目的、有系统地集合起来，如组织群众，这种组织是管理的一种职能；另一种是名词，指按照一定的宗旨和目标建立起来的人的集合体，如工厂、机关、学校、医院、寺院、各级政府部门、各种经济实体、各个党派和政治团体等，这些都是组织。人类社会是一个高度组织化的社会，这是人类进化的结果，是人类合作性的体现。

本章小结

管理经济学研究的是如何通过最有效地配置稀缺资源来达到既定的管理目标。管理经济学就是把经济理论和各种分析工具应用于私人、非营利组织及公共机构时所面对的决策问题。随着经济全球化,这些决策问题所涉及的国际方面的内容日益增多。

管理经济学吸取微观经济理论和宏观经济模型的内容,协助经理人员制定最优的资源配置决策。

经济利润的定义是总收益与总经济成本之差。经济成本包括企业所有者提供的资本的正常收益。经济利润的存在是因为投资者承担了风险而对其进行补偿,是因为市场可能暂时存在不均衡的状况,是因为垄断力量的存在,是给予那些在革新上格外成功或以高效率方式进行管理的企业的报酬。

股东财富最大化模型作为企业的一个整体目标是最有说服力的,它灵活地说明了企业在获取效益、发生未来成本的过程中不同水平的风险和时间差别。由于股东财富是根据股票的价值来界定的,所以这个目标就为绩效提供了一个准确的衡量指标,它不存在与使用各种会计指标相关的种种问题。

经理人员的行为方式可能并不总是与财富最大化的目标相一致,与这种目标背离相联系的成本常常被叫作代理成本。

不管企业的具体目标是什么,都应该力求以最有效率的资源配置方式提供其产品或劳务。来自利润最大化模型的边际决策规则在这方面通常是非常有价值的。

管理经济学的主要研究领域包括市场行为、需求、生产、成本、市场结构、定价和资本投资等;主要分析方法为经济分析、边际分析和优化方法。

管理经济学中讨论的利润不是会计利润,而是经济利润。有效的管理决策要求管理者以经济利润作为分析的基础。

管理者必须理解不对称信息所带来的不利影响:逆向选择和道德风险。企业可以利用发信号和筛选的方法来避免或减少由于不对称信息而引起的这些问题。

思考与练习

1. 什么是管理经济学?
2. 管理经济学的研究对象和内容是什么?
3. 什么是边际分析方法?
4. 什么是信息不对称?
5. 什么是机会成本?什么是经济利润?
6. 什么是道德风险和逆向选择?
7. 李四原在一家洗衣房工作,年薪为 30 000 元。现他打算离开那里自办洗衣房,预计年营业收入为 150 000 元。开支包括:雇员薪水 35 000 元,各种用品 10 000 元,房租 30 000 元,水、电、煤气 8000 元,银行利息支出 5000 元。

(1) 请计算:①显性成本;②隐性成本;③会计利润;④经济利润。

(2) 请问:李四自办洗衣房是否合算?

8. 单项选择题

(1) "世界上没有免费的午餐"在经济学上的寓意是(　　)。

A．大多数资源是稀缺的，但并非全部如此

B．任何选择都要付出代价

C．去一家餐厅用餐必须付费

D．大多数行为都要付出代价，但并非全部如此

(2) 研究单个居民与厂商决策的经济学称为（　　）。

　　A．宏观经济学　　　　　　　　B．微观经济学
　　C．实证经济学　　　　　　　　D．规范经济学

(3) 经济学家使用假设的目的是（　　）。

A．使现实世界更加容易理解

B．使模型更加复杂

C．使被构建的模型更准确地反映现实世界

D．使对现实世界的分析更加高深

9．多项选择题

(1) 在世界杯期间，小明私下与朋友赌德国队与巴西队的比赛，结果万万没想到赢了 700 元钱。小明现在面临两个选择，要么花掉请哥们一起聚餐、唱歌，要么背负着小气的名声以 5%的利率定期存上一年，那么小明现在就花掉 700 块钱的机会成本不是（　　）。

　　A．35 元　　　　　　　　　　B．700 元+唱歌的时间成本
　　C．735 元　　　　　　　　　　D．700 元

(2) 假设你是某科技公司的 CEO，公司正在开发一种新产品，已经投资 300 万元人民币，但开发工作还远没完成。在公司昨天的例会上，销售部报告说，由于竞争性产品进入，使公司预期的销售额将减少到 200 万元人民币。如果完成该产品开发，下列哪些不是你的决策选项（　　）。

A．停止该项目，因为成本 300 万元已经超过收益 200 万元

B．设法增加销售收益，力求其超过 300 万元

C．设法将已经投资的部分变现，让成本减少至 200 万元以下

D．如果完成该项目需要的进一步投资不超过 200 万元，就继续投资该项目

(3) 在下列的描述中，属于微观经济学研究范畴的有（　　）。

A．某厂商为开发的新产品是否投放广告的决策

B．政府管制对汽车废气的影响

C．小明家把多少收入用于储蓄的决策

D．研究国民储蓄与经济增长之间的关系

10．判断题

(1) 资源是稀缺的，经济学有存在的必要；资源有多种用途，经济学才得以存在。
　　　　　　　　　　　　　　　　　　　　　　　　　　　　　　　　　　　　（　　）

(2) 只有穷人才有稀缺性问题。　　　　　　　　　　　　　　　　　　　　　　（　　）

(3) 市场经济制度通过市场交换迅速传递市场信息，有助于实现效率。　　　　　（　　）

拓展阅读

1. 迈克尔·贝叶，杰弗里·普林斯. 管理经济学(原书第 8 版). 北京：中国人民大学出版社，2017.
2. 徐玖平，黄云歌. 管理经济学概论. 北京：高等教育出版社，2006.
3. N.格列高利·曼昆. 经济学原理(原书第 3 版). 北京：机械工业出版社，2003.
4. 保罗·萨缪尔森，威廉·诺德豪斯. 经济学(第 19 版). 北京：商务印书馆，2013.
5. 吴德庆，马月才，王保林. 管理经济学(第五版). 北京：中国人民大学出版社，2010.

第2章 企业行为

企业在经济制度中运作，不只会遵守制度的规范，也会利用制度的漏洞，甚至可能有力量改变制度。

——约翰·米克勒斯维特　阿德里安·伍尔德里奇

导入案例

宝洁公司开发一次性尿布[1]

宝洁(P&G)公司以其寻求和明确表达顾客潜在需求的优良传统，被誉为在面向市场方面做得最好的美国公司之一。其婴儿尿布的开发就是一个例子。

1956年，该公司开发部主任维克·米尔斯在照看其出生不久的孙子时，深切感受到一篮篮脏尿布带给家庭主妇的烦恼。洗尿布的责任给了他灵感，于是，米尔斯决定研究开发一次性尿布。

一次性尿布的想法并不新鲜。事实上，当时美国市场上已经有好几个牌子了。但市场调研显示多年来这些尿布只占美国市场1%的份额。原因首先是价格太高；其次是父母们认为这种尿布不好用，只适合在旅行或不便于正常换尿布时使用。调研结果还表明，一次性尿布的市场潜力巨大，因为美国和世界许多国家正处于第二次世界大战后婴儿出生的高峰期，将婴儿数量乘以每日平均需换尿布次数，可以得出一个惊人的潜在销量。

宝洁公司产品开发人员用了一年的时间，力图研制出一种既好用又对父母有吸引力的产品。产品的最初样品是在塑料裤衩里装上一块打了褶的吸水垫子。但1958年夏天的现场试验结果，除父母们的否定意见和婴儿身上的痱子以外，一无所获。于是，一次性纸尿布的开发又回到了图纸阶段。

1959年3月，宝洁公司重新设计了它的一次性尿布，并在实验室生产了多达37 000个试验品，样子类似于现在的产品，拿到纽约州去做现场试验。这一次，有2/3的试用者认为该产品胜过布尿布。然而，接踵而来的问题是如何降低成本和提高新产品的质量。为此，要进行的工序革新比产品本身的开发难度更大，生产方法和设备必须从头搞起。

---

[1] 李福学. 管理经济学. 北京：高等教育出版社，2007.

一位工程师说它是"公司遇到的最复杂的工作"。不过，到了1961年12月，这个项目进入了能通过验收的生产工序和产品试销阶段。

公司选择地处美国最中部的城市皮奥里亚试销这个后来被定名为"娇娃"（Pampers）的产品。通过试销发现皮奥里亚的妈妈们喜欢用"娇娃"，但不喜欢10美分一片尿布的价格。因此，价格必须降下来。降多少呢？在6个地方进行的试销进一步表明，定价为6美分一片就能使这类新产品畅销，使其销售量达到零售商的要求。宝洁公司的几位制造工程师找到了解决办法，用来进一步降低成本，并把生产能力提高到使公司能以该价格在全国销售娇娃尿布的水平。

娇娃尿布终于成功推出，直至今天仍然是宝洁公司的拳头产品之一。公司做成了一桩全赢的生意：一种减轻了每个做父母的最头疼的一件家务的产品，一个为宝洁公司带来收入和利润的重要新财源。

- 知识目标：
  - ◆ 了解企业的行为目标；
  - ◆ 理解企业的行为约束；
  - ◆ 理解政府干预经济的基本动因；
  - ◆ 掌握政府干预经济的基本方法；
  - ◆ 掌握企业的决策原理。
- 能力目标：
  - ◆ 能说明企业行为的基本研究内容；
  - ◆ 能运用相关理论对企业行为的经济性与合理性进行分析；
  - ◆ 能分析利润最大化目标与股东财富最大化目标之间的动态关系；
  - ◆ 能正确区分短期成本与长期成本；
  - ◆ 能将边际分析法用于企业管理实践。

2.1 企业的行为目标

管理经济学研究问题的出发点是企业，企业的管理决策是为实现其目标服务的，不同目标的企业，即使在相同的情况下，也可能会做出不同的决策。作为一门研究管理决策的学科，管理经济学是以企业所要达到的目标为依据来展开研究的。因此，在社会主义市场经济条件下，运用经济理论对企业的行为目标进行分析，有利于进一步提高企业管理人员在经济决策中的理性思考和理性创新水平。表2-1显示了所有与企业利益相关的人员。

表2-1 企业利益相关者利益矩阵

利益相关者	利益矩阵					
	利润	股价	收入	法律	伦理	慈善
投资者	√	√	√			
经营者	√	√		√		
劳动者			√	√		

续表

利益相关者	利益矩阵						
	利润	股价	收入	法律	伦理	慈善
消费者				√	√	
企业	√		√			
社会团体				√	√	√

2.1.1 利润最大化目标

企业作为人类社会的经济组织，具有典型的二重性特点，即作为经济组织，企业的基本目标是在市场中获得尽可能多的利润，甚至可以说是谋求利润最大化；同时，作为社会组织，则应承担尽可能多的社会职责，为社会公众提供产品和服务。企业的二重性决定了企业行为目标的二重性。

这种双重行为目标实际上是有机统一的：提供产品和服务是社会的、外在的要求，而追求利润则是企业内在的动机和意愿。后者须以前者为条件和手段才能真正实现。因此，对企业行为来说，影响更大的是其内在的利润动机。

1. 企业利润的性质

利润一直是企业最核心的问题，利润最大化虽有争议，但利润却是企业生存和发展的最基本前提条件。企业管理者重视利润问题不外乎以下几个原因。

(1) 利润是企业健康发展和成长的前提，企业维持其生存就必须达到最低程度的利润率，否则很难保证企业的资产保值和增值，如果没有利润，不仅不能保证业主的收益，还会导致企业萎缩，失去竞争能力，最后被淘汰出局。

(2) 利润是企业股票现值的基础，因此，利润不仅是企业业绩的标志，也是引导经济资源配置的市场信号，一个企业只有存在利润才能保证其股票价值的升值，才有利于企业在社会上通过银行贷款和股票上市融资。

(3) 利润是企业竞争的根源，是导致企业在产品市场上对目标顾客争夺、在要素市场上对资金供给和合格劳动力争夺及技术上的创新和垄断等竞争的最根本原因。对利润的追求促使企业彼此激烈竞争，而利润的获得则在很大程度上取决于企业在竞争中的正确行动和决策。因此，为了长期的生存和发展，企业必须获得利润并尽可能使其最大化。而众多企业共同的追求则必然导致相互之间不可避免的竞争。

(4) 利润是企业管理的重要手段，对于公司制企业，内部各部门或子公司的绩效管理是一个复杂的问题，虽然可以通过成本管理生产部门的产品指标完成情况、销售部门的市场占有率等考核，但最终都应体现在利润上。因此，在实际管理过程中一般都采用利润管理，如建立"利润中心"，用各部门或子公司的利润额作为考核目标。

关于利润的概念在经济学和会计核算中是不同的，在管理经济学中更强调经济利润，以区别于一般会计核算中的利润。

会计利润也称工商利润，是指企业的总收益与会计成本之差。其中，企业总收益是指企业的营业收入和销售收入之和；会计成本又称显性成本，是指历史上已发生的在账面上显示的成本，如支付的工人工资、原材料和能源费、借贷资本的利息、固定资产折旧等，不含自有资金投入的报酬和企业家本人的报酬。

经济利润，是指企业的总收益与经济成本之差。这里的经济成本可视为所放弃的最有价值的机会发生的成本，即机会成本。例如，企业家用自有资金开办工厂而失去了存款、购买高息债券或股票交易机会等的最佳机会的损失；企业家因开办工厂而为自己服务，失去受雇于其他企业获得劳动报酬的机会损失等。这部分机会成本(损失)在自己企业的账面并不反映，但客观上确实存在，从经济学的角度来看，在决策时必须考虑，否则就可能会导致决策失误。

会计利润=总收益-会计成本

经济利润=总收益-经济成本(会计成本+机会成本)

由此可见，会计利润和经济利润的概念、作用均不相同，前者用于反映企业财务状况和经营成果，后者用作决策者在资源投向选择时的依据。

2. 利润最大化假设

管理经济学关于企业行为的经济模式，是以企业追求利润最大化的假设为基础的。提出和确立这种假设的基本依据主要有以下几点[1]。

第一，在各种推动企业决策的因素中，利润动机是支配企业行为最普遍、最持久和最强有力的力量。在决定企业存在和发展的因素中，其他动机与利润目标相比显然不具有根本性的作用。因此，一般情况下，管理者要求以利润最大化作为企业目标。

第二，竞争迫使企业采纳利润最大化目标，竞争承认只有适者才能生存，这对所有企业都是一种强有力的约束和刺激。竞争的激化驱使企业的行为目标不断向利润最大化趋近。

第三，尽管现实中的企业可能还具有利润之外的行为目标，且企业在实现利润目标时对是否能达到最大化也受许多不确定因素的影响，但为了说明众多企业的一般行为，进行必要的抽象和简化将是恰当的。追求利润最大化的假设可以高度近似地说明大多数企业行为的内在特征和因果联系。

第四，微观经济学曾在按照利润最大化假设作为预言企业价格和产出行为的基础方而取得了很大成功，这表明该假设的预言力已得到某种程度的检验。因此，管理经济学继承和接受该假设也是合理的。

总之，尽管利润最大化与经济分析中的其他假设一样，同现实世界并不完全吻合，但它基本上能合理地反映现实。且最重要的在于这种假设有助于对现实世界进行适度的抽象和简化，从而建立起便于决策分析的经济数量模型。因此，利润最大化成为管理经济学描述企业行为最基本的模式,谋求利润最大化也成为企业进行多方面管理决策的基本准则。

3. 利润最大化模型

管理经济学关于企业利润最大化的决策分析模型是以边际分析原理为基础构建的，该

---

[1] 冯俭，段云程. 管理经济学. 成都：西南财经大学出版社，2006.

模型的思路和方法应用于企业多方面的决策分析①。

(1) 企业收入的相关概念。

所谓企业收入是指企业销售产品或劳务而得到的收入，其中主要是产品销售收入，销售劳务则可以视作是无形产品的销售。企业收入又可以分为总收入、平均收入和边际收入三种不同的概念，分别与边际分析原理中的总值、平均值和边际值概念相对应。

总收入是企业销售产品或劳务所得到的全部收入，等于产品的价格与销售量的乘积。一般用 TR 表示总收入，如果分别用 P 和 Q 表示价格和销售量，则有

$$\text{TR} = P \cdot Q \tag{2-1}$$

平均收入指总收入平分到每单位产品或劳务上的份额，等于总收入除以销售量。一般用 AR 表示平均收入，则有

$$\text{AR} = \frac{\text{TR}}{Q} = \frac{P \cdot Q}{Q} = P \tag{2-2}$$

边际收入指在一定的销售量水平上，销售量变化一个单位所引起的总收入变化的数值。一般用 MR 表示边际收入，则有

$$\text{MR} = \frac{\Delta \text{TR}}{\Delta Q} \tag{2-3}$$

当总收入是销售量的连续可导函数时，边际收入即等于总收入函数在某点对销售量的一阶导数，或者也可以说边际收入 MR 是总收入曲线 TR 上某点的斜率，即

$$\text{MR} = \lim_{Q \to 0} \frac{\Delta \text{TR}}{\Delta Q} = \frac{d\text{TR}}{dQ} \tag{2-4}$$

例 2-1

销售某商品 Q 台的收入函数为 $\text{TR} = 800Q - Q^2/4$。

试求：(1) 边际收入函数；

(2) 销售量为 200 台时的边际收入。

解：(1) 边际收入函数 $\text{MR} = 800 - Q/2$

(2) 销量为 200 台时的边际收入 $\text{MR} = 800 - 200/2 = 700$（元/台）

总收入、平均收入、边际收入均可以表示为以销售量 Q 为自变量的函数形式，并可绘出两种不同情况的曲线。

① 当产品销售价格为一固定常量，或者价格与产品销售量无关时，企业的总收入、平均收入和边际收入分别有如下曲线，如图 2.1 所示。

从图 2.1 可知，由于价格不变，平均收入与边际收入都等于产品价格，而总收入则为一条以价格为固定斜率的倾斜直线。

② 当产品销售价格为变量，或者产品销售量与价格密切相关时，企业的几种收入曲线有如下形状，如图 2.2 所示。

---

① 徐玖平，黄云歌. 管理经济学概论. 北京：高等教育出版社，2006.

(a) 固定斜率上升的收入曲线

(b) 平行于横轴的价格、平均收入和边际收入曲线

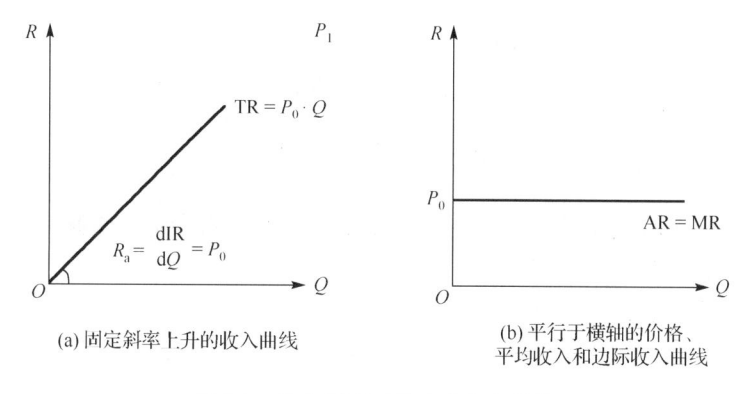

图 2.1　价格不变时的企业收入曲线

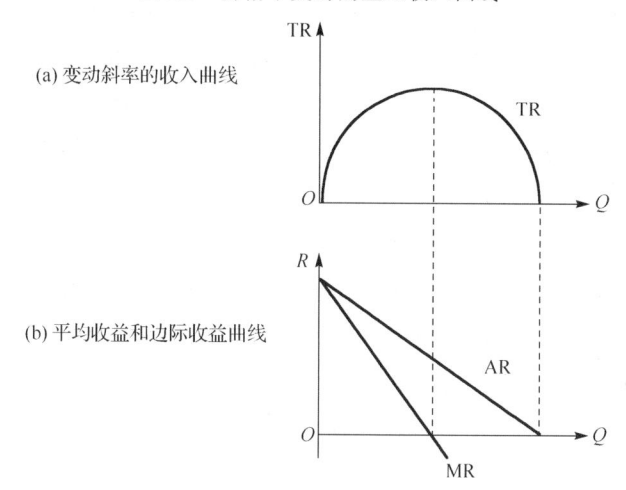

(a) 变动斜率的收入曲线

(b) 平均收益和边际收益曲线

图 2.2　价格变动时的企业收入曲线

从图 2.2 可知,由于价格也是变量,总收入曲线 TR 呈抛物线状;而平均收入曲线 AR=P,即为随销售量变化的价格曲线;边际收入曲线则是对总收入函数各点分别求一阶导数所构成的函数的曲线,为一条向右下方倾斜的直线。

(2) 企业成本的相关概念。

关于企业成本及其函数的详细讨论,本教材将集中放在后面相关章节进行,但为了说明利润最大化的分析规则,有必要对总成本和边际成本的概念做简要说明。

总成本是企业生产和销售产品所消耗的全部资源的价值表现。从其构成来源看,它是全部要素投入量同要素价格的乘积。由于要素价格为外部要素市场所决定,而要素投入量又同特定的产品总产量(假定产量等于销售量)密切相关,因此,总成本在一定意义上可以视作是企业产品销售量 Q 的函数。一般以 TC 表示总成本,则有

$$\text{TC} = f(Q) \tag{2-5}$$

边际成本是指在一定产销量水平条件下,再额外增加一个单位产量,将引起的总成本的变化值。一般以 MC 表示边际成本,则有

$$\text{MC} = \frac{\Delta \text{TC}}{\Delta Q} \tag{2-6}$$

当总成本为产量的连续可导函数时，边际成本就等于总成本函数的一阶导数。其几何意义是：边际成本 MC 为总成本曲线 TC 上某点切线的斜率，即

$$MC = \lim_{Q \to 0} \frac{\Delta TC}{\Delta Q} = \frac{dTC}{dQ} \tag{2-7}$$

由于成本函数同收入函数一样，均以产（销）量 Q 作为自变量，这就为它们结合在同一个坐标系中进行利润分析提供了基础。

连续的总成本函数也可以在以产量 Q 为横坐标的坐标系里绘制出特定的曲线。这种曲线通常呈 S 形，表明成本先随产量增加按递减的比率增长，后随产量的增加逐步按递增的比率增长。

引起这种趋势的原因将在后面详细讨论。这里需要注意的是，成本函数的分析有短期和长期之分。在短期里，一些投入要素如机器设备、厂房等不随产量的变化而变化，它们的开支构成所谓的固定成本，用 TFC 表示；而另一些要素如原材料、劳动工时等的投入量则随产量的变化而变化，这些要素构成变动成本，用 TVC 表示。因此，在短期里，总成本等于固定成本与变动成本之和，即

$$TC = TFC + TVC \tag{2-8}$$

在短期内，其 S 曲线的起点不是从原点开始，而是从 TFC 开始。而在长期内，一切要素的投入均可发生变动，即不存在固定成本与变动成本之分。因此，在短期和长期里，企业成本曲线不尽相同，如图 2.3 所示。

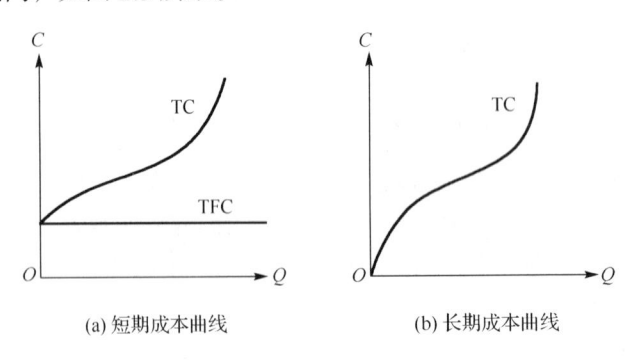

(a) 短期成本曲线　　(b) 长期成本曲线

图 2.3　不同时期企业的总成本曲线

(3) 企业利润的相关概念。

总利润等于总收入与总成本的差额，一般用 π 表示，则有：

$$\pi = TR - TC \tag{2-9}$$

由于总收入 TR 和总成本 TC 都是产量 Q 的函数，因此，利润 π 也是产量的函数。衡量和判定总利润大小，或者表现总利润曲线形状最简单和最直接的方法，就是把总收入曲线和总成本曲线绘制在同一个坐标系中加以比较，并由二者的差绘制出企业的总利润曲线。

这种关系可以分别在产品销售价格不变和可变两种情况下描绘出来，其分析的思路和方法是一致的。

如图 2.4 所示为在产品价格不变时的情况，此时总收入 TR 为一条倾斜的直线，总成

本 TC 是起点为固定成本 TFC 的 S 形曲线，TR 曲线与 TC 曲线相交于两点，这两点分别对应产量 Q_1 和 Q_2，按 TR 和 TC 的关系能够得出相应的总利润 π 的曲线。可以看出，在产量小于 Q_1 和大于 Q_2 的区间，利润 π 为负值；在 Q_1Q_2 区间利润为正值。同时，在 Q_1Q_2 区间有一个最优产量点 Q_m 刚好使总利润 π_m 为最大。

如图 2.5 所示为产品销售价格为可变量的情况，此时，企业总收入 TR 呈抛物线型，它同样与总成本 TC 曲线相交于两点。其分析及结论与前述情况完全相同。

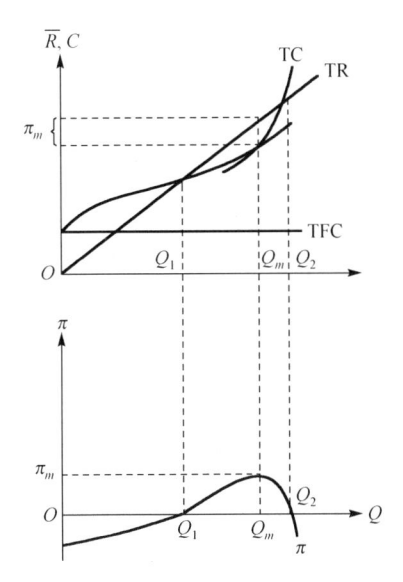

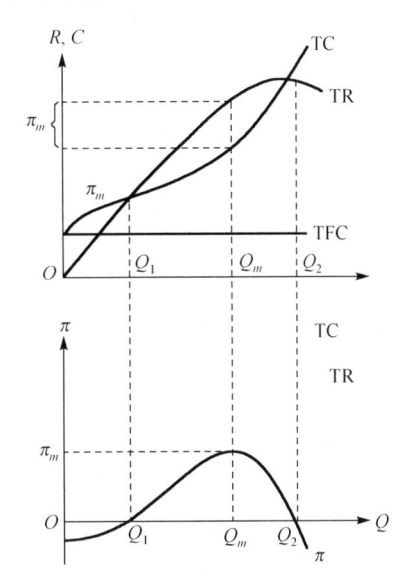

图 2.4　产品价格不变时的企业总利润曲线　　图 2.5　产品价格可变时的企业总利润曲线

(4) 企业利润最大化的边际分析法。

从图 2.4 和图 2.5 中可以看出，使总利润最大的产量 Q_m 点所对应的总收入曲线和总成本曲线上的点，过该两点的切线相互平行，即它们的斜率相等。这表明，在使企业利润达到最大的产量点上有

$$\frac{\mathrm{dTR}}{\mathrm{d}Q} = \frac{\mathrm{dTC}}{\mathrm{d}Q} \tag{2-10}$$

由前面的定义可知，等式(2-10)两边实际上分别是边际收入 MR 和边际成本 MC，即有

$$\mathrm{MR} = \mathrm{MC} \tag{2-11}$$

式(2-11)即为决定利润最大化的产量水平的充分必要条件，由此确立了企业利润最大化的边际分析准则。等式(2-11)说明，当边际收入等于边际成本时，在这个产量水平上再增加或减少一个单位产量所引起的总收入的增量或减量刚好等于总成本的增量或减量，这时增加或减少产量都不会增加企业的总利润，企业的总利润达到了最大。

此时也可以建立边际利润的概念，即在一定销售量水平条件下，销售量变化一个单位所引起的总利润变化值。一般用 $\mathrm{M}\pi$ 表示边际利润，则有

$$\mathrm{M}\pi = \frac{\Delta\pi}{\Delta Q} \quad \text{或} \quad \mathrm{M}\pi = \lim_{\Delta Q \to 0}\frac{\Delta\pi}{\Delta Q} = \frac{\mathrm{d}\pi}{\mathrm{d}Q} \tag{2-12}$$

即边际利润同样为总利润曲线上某点切线的斜率。

此外,边际利润同样为边际收入和边际成本的差额,即

$$M\pi = MR - MC \tag{2-13}$$

由此可以得出企业利润最大化的另一个边际分析准则:当边际利润 $M\pi=0$ 时,其产量水平使企业总利润达到最大。这也可以由图 2.4 和图 2.5 看出。在产量 Q_m 所对应的利润曲线 π 上的点,其切线与横轴平行,即斜率为零,这时总利润最大。

例 2-2

假定某企业产品销售价格为销售量的函数 $p=150-0.5Q$,该企业的总成本函数为 $TC=30+12Q+2.5Q^2$。问该企业利润最大时的产量是多少?此时利润是多少?

解: 总收入 $TR = p \cdot Q = 150Q - 0.5Q^2$

边际收入 $MR = \dfrac{dTR}{dQ} = 150 - Q$

总成本 $TC = 30 + 12Q + 2.5Q^2$

边际成本 $MC = \dfrac{dTC}{dQ} = 12 + 5Q$

按照边际分析法原理,当 MR=MC 时企业利润最大,故有

$$150-Q=12+5Q \text{ 或 } 150-Q-12-5Q=0$$

由此可得 $Q=23$,即使利润最大化的产量为 23 个单位。

此时的总利润 π 应为:

$$\begin{aligned}\pi &= TR - TC = (150Q - 0.5Q^2) - (30 + 12Q + 2.5Q^2) \\ &= -30 + 138Q - 3Q^2 \\ &= -30 + 138 \times 23 - 3 \times 23^2 \\ &= 1557(\text{元})\end{aligned}$$

即这时企业的总利润为 1557 元。

此外,使企业利润最大化的产量也可依据边际利润等于零的法则求得,即:

$$\begin{aligned}\pi &= TR - TC = (150Q - 0.5Q^2) - (30 + 12Q + 2.5Q^2) \\ &= -30 + 138Q - 3Q^2\end{aligned}$$

有 $M\pi = \dfrac{d\pi}{dQ} = 138 - 6Q$,当 $M\pi = 0$ 时企业总利润最大,可得 $Q=23$,代入总利润方程同样可得到企业的总利润 $\pi = 1557$(元)。

正如企业性质所指出的,企业是以盈利为主要目标的经济组织,因此企业的首要目标是利润最大化。在企业决策中,用边际决策准则,制定一系列资源配置决策,都是基于这个目标出发的。例如,如果增量成本定义为由某一决策结果产生的总成本的变化,增量收益定义为由这一决策引起的总收益的变化,那么如果实际结果是下列情况中的任何一种,企业决策就是盈利的:

① 增量收益大于增量成本;

② 收益不变,某些成本下降总和大于其他方面成本增加总和;

③ 成本不变，决策使某些方面收益增加总和大于其他方面收益减少总和；

④ 成本下降总和大于收益减少总和。

企业利用这个简单但是传统的决策准则为企业合理配置资源，从而获得最大利润。

2.1.2 股东价值最大化目标

在现代管理理论中，最为广泛接受的企业目标就是为其所有者(股东)谋求企业价值最大化，通常用股东价值最大化或财富最大化来描述，而股东财富则由企业普通股的市场价格衡量。[①]

案例分析

企业家的身价是如何计算的？

截至 2020 年 10 月 6 日，拼多多、京东、阿里巴巴的市值分别为 871.9 亿美元、1202.21 亿美元、7835.39 亿美元。三家企业创始人分别持有各自企业约 47%、21.3%、8.9% 的股份，企业家身价达到大约 410 亿美元、256 亿美元、697 亿美元。

股东财富最大化的目标，就是决策应使企业所有者(股东)预期的未来收益现值最大。未来收益构成企业的现金流量，为了简化起见，这里把现金流量视为当期利润，因此，股票的价值就等于按照股东所估计的收益率贴现之后，所有预期的未来利润的总和。用数学式表达即为：

$$PV = \frac{\pi_1}{(1+r)} + \frac{\pi_2}{(1+r)^2} + \frac{\pi_3}{(1+r)^3} + \cdots + \frac{\pi_n}{(1+r)^n}$$

即

$$PV = \sum_{t=1}^{n} \frac{\pi_t}{(1+r)^t} \quad (2\text{-}14)$$

式中，PV 为股票的当期价值(现值)；

π_t 为第 t 期预期收益(利润)，$t=1\sim n$；

r 为投资者期望的利润率；

n 为企业的生命周期。

如果考虑未来的预期利润是预期收益和成本之差，则式(2-14)可变为

$$PV = \sum_{t=1}^{n} \frac{TR_t - TC_t}{(1+r)^t} \quad (2\text{-}15)$$

式中，PV 为股票的当期价值(现值)；

TR_t 为第 t 期的收益(如销售收入)；

TC_t 为第 t 期的经营成本；

r 为投资者期望的利润率；

n 为企业的生命周期。

式(2-15)明确地考虑了未来利润的时间因素，把未来的利润按照要求的收益率贴现，也考虑到企业项目的风险水平，如果企业未来风险很大，利润不确定，则可以考虑用提高贴现率 r 的方法补偿风险，即未来与收益、利润相关的风险越大，投资者赋予收益的价值越低。这样，股东财富最大化模型就在一定程度上弥补了静态利润最大化模型的不足。

将模型中的经济变量进一步分解，令 P_t 为第 t 期产品单价，Q_t 为第 t 期产品产量(销售量)，则第 t 期收益为：

$$TR_t = P_t \cdot Q_t \quad (2\text{-}16)$$

即第 t 期成本 TC_t 是单位变动成本 v_t 与产量 Q_t 的乘积，再加上第 t 期的固定成本 F_t，于是第 t 期总成本为

---

① 杨杰. 管理经济学. 长春：吉林大学出版社，2003.

$$PV = \sum_{t=1}^{n} \frac{P_t \cdot Q_t - v_t \cdot Q_t - F}{(1+r)^t} \quad (2\text{-}17)$$

$P_t \cdot Q_t$ 项构成企业第 t 期的总收益，其值与企业产品需求函数和产品价格相关。企业成本，包括固定成本 F_t 和变动成本 v_t，与企业的投资决策相关。资本密集型企业的固定成本比劳动密集型企业相对较高，而变动成本 v_t 则与 t 时刻的原材料价格、工资水平及生产组织效率有关。

2.1.3 其他目标[①]

企业以追求利润最大化为主要行为目标是管理经济学在对现实进行了必要抽象和简化后的假设。如果使企业行为目标的分析更接近于现实，可以发现，实际企业的行为目标是多元化的，企业往往在不同的时期追求不同的目标。

1. 利润满意化

现实中的企业几乎都要受利润动机的驱使，但是有相当多的企业并不把自己限制在非要获得最大利润的目标上，它们以实现某种令自己感到满意的利润水平为决策准则。这种利润水平通常并没有达到企业可能达到的最佳水平，但它已经能够使结合成企业的各利益群体感到满意而被接受。换句话说，这种行为模式追求的是次优化的利润目标。

决定企业实行利润满意化行为目标的基本因素如下。

(1) 企业经营活动的不确定性。

利润最大化的行为模式是以企业的销售收入、生产及成本等函数能够被确定为前提的。但现实中的企业由于信息的不完善、产品市场和要素市场的激烈竞争和供求变化，收入和成本等函数实际上是很难确定的，企业各种行动的结果也是不确定的。这常常使制定利润最大化的行为目标和行动方案变得毫无意义。

(2) 企业经营资源的有限性。

任何企业的活动都要受到既有资源的约束。对于不少企业来说，试图花太多的时间、精力和费用去寻求、设计和实施一种能实现利润最大化的行动方案并不是一件易事。资源的约束使它们放弃这种过于困难和不现实的目标，转而谋求较为现实的满意化利润。

(3) 企业集合体成员利益偏好的多元性。

严格地看，利润最大化主要是投资者或股东追求的目标，但构成企业集合体的还有经营者和劳动者，同时企业还要对消费者、供应商、债权人、政府和社会等各方面的利益负责。各种群体的利益偏好并不相同，例如，劳动者希望得到更多的工作机会，并为其劳动力的支出争取更高的价格；而经理人员则期望扩大企业规模以提高自己的身价。企业组织作为这些社会成员的利益集合体，常常需要在各种利益偏好之间寻求妥协和平衡。妥协的结果常常是谋求某种使各方均感满意的利润。随着企业经营控制权和财产所有权的进一步分离，经理人员在制定企业目标上拥有更大的权力，谋求非利润最大化的行为趋势也就得到了进一步的发展。

---

① 冯俭，段云程. 管理经济学. 成都：西南财经大学出版社，2006.

2. 销售收入最大化

这是企业行为多目标模式中最常见的模式。这种行为目标假设：当企业的利润达到可以接受的水平时，一些企业将把追求最大的销售收入置于追求更高利润之前作为企业关心的主要目标，由此将引起不同于利润最大化的产量和价格决策行为。表 2-2 是世界 500 强企业的排名依据。

表 2-2 世界 500 强企业的排名依据

2019 年排名	2020 年排名	公司名称	营业收入（百万美元）	净利润（百万美元）	国家
1	1	沃尔玛	514 405	6 670	美国
2	3	中国石化	414 649	5 845	中国
3	5	壳牌	396 556	23 352	荷兰
4	4	中国石油	392 976	2 270	中国
5	2	国家电网	387 056	8 174	中国
6	—	沙特阿美	355 905	110 974	沙特
7	8	英国石油	303 738	9 383	英国
8	9	埃森克美孚	290 212	20 840	美国
9	7	大众公司	278 341	14 322	德国
10	6	丰田汽车	272 612	16 982	日本

确立这种假设的主要依据有以下两点。

第一，销售收入是衡量企业绩效和竞争能力的重要尺度。销售收入的大小既反映消费者对企业产品的认可程度，又反映企业在产品市场上的竞争地位，同时也体现了企业的经营规模。所有这些都是象征企业活力的重要标志。

第二，扩大销售收入是经理人员谋求个人利益目标的基础，因为在多数情况下，经理人员的薪水和其他待遇同企业经营规模的关系，比之同利润水平的关系要更为密切。在经理人员起决策主导作用的条件下，追求销售收入最大化就成为现实企业较为常见的目标模式。

当然，追求销售收入最大化仍然要受特定利润水平的制约，这种利润水平一方面应能使股东满意，另一方面应能有利于企业向外部筹资。

销售收入最大化的行为模式可以用图 2.6 来分析和说明。

从图 2.6 可知，企业的销售总收入、总成本和总利润分别用它们的常规形状曲线 TR、TC 和 π 表示。根据边际分析的概念，当总收入曲线 TR 达到最大值时，过该点的切线与横轴平行，即切线斜率 $\dfrac{dTR}{dQ}=0$，这表明边际收入 MR=0 为销售收入最大化的条件。前面的分析已证明，利润最大化的条件为 MR=MC，这就表明企业在追求利润最大化和追求销售收入最大化时做出的产量及价格决策是不同的。例如，总利润最大时的产量为 Q_1，销售收入最大时的产量为 Q_0。

下面分三种情况讨论企业的产量和价格决策行为。

(1) 假定企业的利润目标是 π_1，企业在达成利润目标 π_1 之后，才允许追求销售收入最大的目标。那么，显然企业的产量不会超过 Q_1。因为即使在产量为 Q_1 时，企业能实现的最大利润水平也达不到目标利润 π_1。不过，选择和保持 Q_1 的产量，将使企业最接近实现目标利润 π_1。

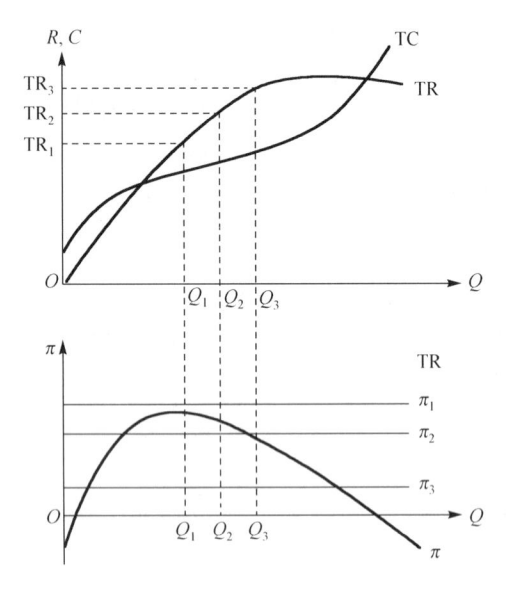

图 2.6 销售收入最大化

(2)假定企业的目标利润是 π_2，企业就有可能既实现利润目标，又实现销售收入目标。企业通过降低价格将可能使销售量增加到 Q_2，销售收入增加到 TR_2，利润也达到 π_2。这时的 π_2 虽然低于最大可能得到的利润，但是企业这时既实现了利润目标，又能使销售收入水平有所增加。这就是所谓有利润目标制约条件下的销售收入最大化。

(3)假定企业的利润目标要求较低，仅为 π_3，这时企业就可能继续降低价格，使销售量增加到 Q_3，同时销售收入增加到最大值 TR_3。此时企业的实际利润水平可能高于 π_3，它既超过了利润目标，又实现了最大销售收入。尽管它可以继续降价以增加销售量，并可能使实际利润高于或等于 π_3，但企业实际上不会使销售量超过 Q_3，因为销售量超过 Q_3，销售收入将会下降。

由此可见，当销售量低于 Q_1 时，降低价格既能增加销售收入又能增加利润，利润目标和销售收入目标是相辅相成的。当销售量在 Q_1 和 Q_2 之间时，降低价格增加销售量会使销售收入增加，但使利润减少，此时利润目标和销售收入目标相互矛盾。当销售量超过 Q_3 时，降低价格增加销售量会使销售收入和利润同时减少。

由上述销售收入最大化行为模式可以得出：当企业谋求在一定利润水平制约下实现销售收入最大的目标时，如果既定的利润水平低于可能得到的最大利润，那么企业的产品价格可以比利润最大化目标时的价格定得低，产量则可以比保证利润最大化目标时的产量定得高。

3. 市场占有率最大化

市场占有率，是企业某种产品销售量占该种产品全行业市场销售总量的比率。如果以 Q_i 表示 i 企业的销售量，Q 表示市场销售总量，以 S_i 表示 i 企业的市场占有率，则有

$$S_i = \frac{Q_i}{Q} = \frac{Q_i}{\sum Q_j} \tag{2-18}$$

因此，市场占有率最大化的行为模式假设企业为了在同种产品的市场竞争中占据领导者的有利地位，把拼命扩大产品销售量作为其主要的目标。提出这种假设的主要依据有以下三点。

第一，扩大销售量，提高市场占有率，可以有效地排挤竞争者，赢得对本企业产品有利的需求态势。因此，有一定资源实力的企业都愿意做这方面的努力。

第二，市场占有率的最大化可能使企业成为市场上的领导者，甚至垄断者，从而拥有决定价格和产量等支配或影响市场的权力。

第三，市场占有率的最大化，有利于企业克服市场不确定性的影响，从而有助于企业实现利润最大化或销售收入最大化的目标。

可见，市场占有率最大化主要是竞争性的目标，并不产生直接的经济利益，且其目标实施常常受多种因素的制约。

首先，过分地追求高市场占有率常常导致以过低的价格扩大销售量，这将导致销售收入和利润同时减少。当销售总收入降到总成本以下时，企业的利润变为负值，即出现亏损。显然，以亏损为代价去追求销售量的扩大即市场占有率最大化是不可能持久的。

其次，为了避免在追求市场占有率最大化的同时陷于持续亏损，企业显然必须致力于降低成本。因此，从长期来看，企业要追求实现市场占有率最大化必须同时谋求成本的最小化。

最后，当企业成功地实现了市场占有率最大化目标，成为支配市场的垄断性企业时，常常受到政府反垄断法规的制约和处罚。这又决定了企业追求的市场占有率最大化有一定的法律界限。

2.2 企业的行为约束

企业的行为受特定目标所引导，而企业目标能够实现则要受企业内部和外部诸多因素的制约。为了避免决策的盲目性，企业在选择确定目标的同时，也应该考虑可能或将要对自身行为产生约束条件的相关因素。因此，约束条件在管理决策中扮演着重要的角色，并与决策目标一起构成了管理中有约束条件的最优化问题。这里主要介绍实际生活中对企业行为构成约束的几种常见情况。

2.2.1 基本约束

不同企业会面临不同的约束条件，但对于在市场经济中活动的企业来说，通常会面临三种基本类型的约束，即需求约束、资源约束和预算约束。

1. 需求约束

需求约束是社会消费者或产业用户对某种产品有支付能力的最大购买需求量。显然，这种约束在明确产品品种的前提下规定了特定行业的企业合理的最大产出数量。在这个约束条件的限度范围内，产品的销售量将同产出量保持一致；超出限度，将有一部分产出量无法实现销售，生产将会出现过剩。在越是发达的市场经济社会里，需求对企业生产行为的制约作用就越明显和有效。因此，企业特别重视对市场需求的研究和分析。

需求约束反映了人们行为的规律性，它本身又是购买者行为动机和行为约束条件等因素综合作用的产物。购买者对特定产品功能、用途、质量、价格、可替代性等的认识和偏好，以及自身的收入预算和消费满足最大化的目标要求等，都将影响需求的约束边界或强度。一般来说，需求约束是相对较软的或有弹性的，企业可以通过改进产品、调整价格、加强广告等经营活动在一定程度上影响人们的行为，从而在一定范围内改变需求约束的边界或限制力，为自己实现特定的利润目标或销售目标拓展较大的空间。

2. 资源约束

资源约束是企业生产投入端所拥有的现实物质条件。例如，企业生产某种产品所必需的原料、零部件、半成品，拥有特殊生产技能的劳动力，用于完成特定作业的机器设备等。

资源约束反映了物质和技术的必然性，这就使资源条件对企业行为的约束具有较强的限制力或较高的强度。企业生产不能无中生有，不能在物质条件不具备时凭空生产出产品。在产品方向和技术方式既定的条件下，只要多种必要资源条件中的一种资源出现相对短缺，就会使企业整个生产陷于停顿。在传统计划经济体制下，由于缺乏要素市场，资源由计划分配，物质资源对生产的约束是企业难以逾越的。在市场经济条件下，企业内部的资源约束将可能通过企业在要素市场的采购活动而得到缓解或消除，而当要素市场的资源供给数量也有限时，资源对生产的约束将从企业扩展到社会。因此，合理配置和利用资源就成为市场运作和企业行为的中心议题。在短期内，企业将可能通过分析资源的可替代性、选择和优化投入要素组合，以实现资源约束下的生产最优化。从长期看，只有技术进步才能比较有效地突破资源约束的限制。

3. 预算约束

预算约束是指企业为购买各种投入而进行资金偿付的最大能力。与需求约束和资源约束不同，预算约束属于企业的内部约束。

预算约束可以从短期和长期两个方面来认识：从短期或狭义的角度看，预算约束是企业一个会计年度内可支配的全部资金拥有量，包括即期的货币存量、销售收入和借款等各种现金流入量，但一般不包括流动性很差的固定资产存量；从长期或广义的角度看，预算约束则是企业已得和可能得到的全部投资和销售收入。

预算约束的原则是：企业必须用自己的收入来偿付自己的支出。因此，企业在短期内购买生产投入资源的数量要受到其现金流入量的限制；尽管它可以暂时不考虑实际销售收入的限制，但超过实际收入的开支将构成企业的债务。从长期看，当企业的支出或债务总额超过企业的收入或资产总额时，它将因没有偿债能力而破产。

由此可见，在长期内，预算约束规定着企业生存的边界线；而在短期内，预算约束一方面成为资源约束的重要成因，另一方面又成为迫使企业遵守需求约束，制订合理生产销售计划的强制性因素。因为能购买的投入品数量最终仍要受销售收入的限制，而预期的销售收入或可能的销售数量又要受需求约束的限制，从而迫使企业自觉地在需求约束水平上制订自己的生产计划。

预算约束的强度受特定社会产权关系的强烈影响。在我国传统计划经济体制下的国有企业由于同所有者国家的产权关系不明晰，通常预算约束都较软，当其出现亏损或资不抵债时，总会得到外来帮助，包括减免税收、提供补贴或追加贷款等，使之很难出现真正的破产。这种软化的预算约束不可避免地会导致企业行为的扭曲和变形，如不关心市场需求、不重视降低成本、盲目投资、忽视经济核算等。随着我国产权制度的改革和完善，企业的预算约束将会逐渐硬化，使企业真正按照独立商品生产者的行为方式来规范自己的活动。

2.2.2 市场竞争

竞争是在市场中活动的企业为了谋求和保护自身利益而表现出的抗争性行为。这些行为可能是进攻性的，也可能是防卫性的；这些行为的产生可能是主动的，也可能是被动的。但在市场经济体制里，每个企业都会为了自己特定的经济目标以相同或不同的方式不断表现这种抗争行为则是必然的。

竞争既然是企业的抗争性行为，它必然以另外的企业为抗争对象，因此具有相互影响性。在同一个产品市场上，甲企业的竞争行为可能构成对乙企业的行为制约，而丙企业的行为又可能是对乙企业或甲企业行为的竞争反应。换句话说，竞争既是企业的独立行为，又是限制个别企业独立行为的约束条件。这就是竞争所具有的双重含义。任何个别企业在制定自己的市场行动目标和方案时，都不能不充分考虑其他企业所形成的市场竞争力量对自己行为的约束。

供应商、产品购买者、替代品生产者、潜在进入者和同行业企业的竞争五种因素构成了对参与竞争企业的综合行为约束，并最终决定着企业所能赚取的利润水平。

市场竞争以多种形式展开，可以划分为最基本的两大类型，即价格竞争和非价格竞争。在这两种情况下，企业行为表现出明显不同的特点。

1. 价格竞争

价格竞争，既以价格为关注焦点和主要调整手段的竞争，这是市场竞争最基本和普遍的形式。这种竞争形式普遍发展的基本原因在于：价格既是清晰可见、能够充分量化和比较的经济指标，又是可以直接改变竞争各方既定利益格局的可调性变量。

对于购买方来说，价格的变化将直接影响其消费需求的满足程度或者决定其投入组合的开支和生产成本；对于相互竞争的供应方来说，个别企业的价格调整变动将可能在较短时间内吸引更多的购买者，带动销售量的增加，从而带来销售收入和利润的增加。价格基本上是一种经济关系，而不是物质和技术关系，因此它的变化调整比起产品等物质性因素的变化要快捷容易得多，这也是价格竞争普遍发展的原因，尤其是当同种产品难以形成差别时更是如此。

企业在价格竞争中的决策行为大致可以概括为三个层面：

第一，企业根据市场的竞争结构和实力比较，明确自己在价格制定上所具有的实际地位；

第二，在具有价格制定主动权条件下，企业根据市场的需求约束和内部生产过程的成本和预算约束，规划和制定实现利润目标或销售目标的价格方案；

第三，与特定的价格方案或被迫接受的外部市场价格相适应，企业须规划和制定实现预定目标的最优产量。

因此，价格和产量是企业在纯粹价格竞争中关注的两个主要变量，制定二者的关联决策是企业的基本任务。

2. 非价格竞争

非价格竞争，即以价格之外的其他因素为关注重点和调整手段的竞争。这种竞争形式所涉及的范围和因素极为广泛。而最基本的企业活动则是产品的差别化，即围绕产品这一物质性因素本身来发展其与竞争对手的差别，以吸引和争取购买者。

企业进行产品差别化可以通过不同层次的活动方式来实现，包括通过技术革新、改进产品性能和设计来实现；通过提高产品质量水平来实现；通过良好的服务来实现；通过强有力的促销宣传、塑造独特的品牌形象来实现等。

可见，非价格竞争要求企业大量地参与各种物质技术性活动。这些活动的竞争效果通常不如价格变化那样直接迅速，且具有一定的隐蔽性和时滞性，但其效果的影响也更为深远和持久。这一竞争形式拓宽了竞争的领域，避免了众多竞争企业简单地集中在价格方面争斗从而造成两败俱伤的局面。因此，非价格竞争日益得到广泛发展。

企业参与非价格竞争同样是为了实现自己预定的销售目标或利润目标，而且它同样需要投入，甚至增加各种资源。因此，企业在规划非价格竞争策略时，同样需要认真分析调整非价格因素可能产生的直接和间接效果，并在资源和预算的约束下比较投入成本和销售效果的关系。不过这种分析很难通过较为简单的模型来完成。

2.2.3 政府干预

传统微观经济学通常假设社会的经济活动是自由放任的，企业除受市场竞争力量的相互约束外，不会受政府的任何干预。然而，现实并非如此。在现代任何社会制度的国家里，为了弥补市场失灵产生的影响，政府对经济进行干预都是一种不容忽视的客观存在，因而它也是一种不容忽略的企业行为约束因素。为了简单化地研究问题，来自传统经济学的理论模型几乎都未纳入政府行为因素。但是，充分认识这种约束因素的存在，对于企业决策者将是十分重要的。

1. 政府干预经济的基本动因

在现代社会里，导致政府干预经济的因素是多方面和错综复杂的。不过，从经济学的角度看，最基本的至少有以下四个方面的因素。

(1) 社会分配的公平性。

公平和平均化实际上是两个不同的概念，在经济分析中有很多情况把公平与平均混为一谈，甚至将社会上的贫富差距也视为公平问题。

经济学界将收入分配的标准分为以下三种[①]。

① 贡献标准——指按生产要素的价格，按社会成员的贡献分配国民收入，这实际上体现了按劳分配的原则，能促进经济效率的提高，从理论上讲是公平的，但是会引起分配不平等。

---

① 杨杰. 管理经济学. 长春：吉林大学出版社，2003.

② 按需分配——即按社会成员对生活必需品的需要量分配，目的在于保证社会成员最基本的生存需要，这实际上并不意味着每个人的需求量相同。从理论上讲，这是一种公平的方式，但实现起来非常困难，如生活的必需标准如何确定、如何制止浪费等。

③ 平均分配——这是一种将国民收入平均分配给社会成员的办法，实际上是不计贡献、不考虑个人间不同用量问题的"大锅饭"办法，是一种不考虑经济效率的分配方式。

经济学中讨论分配问题是从要素价值分配出发的，社会成员的分配按要素价格即贡献率分配，从理论上讲是可行的和公平的。但是这种分配方式注定使素质高、劳动能力强的成员收入远远多于素质差、劳动能力弱的成员，特别是对于先天残疾者或后天失去劳动能力的人，按要素分配时则无收入，从而导致贫富差距拉大，引起社会动荡。社会是社会成员的社会，从这个角度出发，按要素经济价格分配是合理的、公平的，但又会引发分配的严重不平等。

由此可见，市场竞争和企业追求利润最大化的行为，有利于保证社会经济活动的效率，使资源得到有效配置和充分利用，但它们并不保证社会收入分配的公平性。当通过市场进行的分配导致各利益集团收入差距过度拉大时，将会引起某些集团的不满，导致社会矛盾激化和动乱，反过来，又会影响经济活动的效率。因此，政府作为社会管理者，有责任维护社会的稳定，它必须兼顾经济效率和分配公平的双重目标，对于按市场机制运作的经济活动给予必要的干预。

(2) 外部效应。

所谓外部效应，是指一个经济行为者在独立进行自己活动的同时带给其他行为者的某种后果或影响。这种后果或影响可能是有利的，也可能是不利的。有利的称为外部正效应或外部经济性，不利的则称为外部负效应或外部不经济性。例如，一家养蜂场可能使邻近的苹果园得到更好的花粉授精而获得高产，这就是养蜂场带给苹果园的外部正效应。化工企业排放废气到空气中，或排放污水到江河中，导致下游的食品厂生产出无法食用的产品而破产倒闭，而化工企业却不付出代价；消费者使用空调设备、电冰箱等，其氟利昂对环境产生影响，破坏了地球外围的臭氧层，引起温室效应，对人类造成危害，而消费者也不额外付出代价，则产生了外部负效应。

在市场经济体制下，自行其是的企业通常只关注自己的利润、销售或市场目标，并不关心或注意自己行为的外部效应。这就存在着给社会整体或社会其他成员造成危害的可能性。政府为了保证社会整体经济活动的最大效率，减少各种有形或无形的社会损失或社会成本，必须担负起对企业行为外部效应进行干预的重要责任。

此外，在具有外部经济性的情况下，产品的社会效益大于私人效益，实际上是效益溢出，即从私人溢向社会。例如，养蜂场使苹果园高产，却难以从受益方获得补偿。一般来讲，这种溢出使当事人的利益受损，因此，在没有利益补偿的情况下，人们不愿从事对社会有益而对自己利益不大的生产活动，此时也需要政府通过资源配置进行干预。

(3) 公共产品。

所谓公共产品，是相对于必须严格经过市场等价交换才能取得消费权的商品而言的。公共产品具有以下两个显著的特点。

① 消费的非竞争性，即它可以供众多的消费者同时消费，而不会因消费者数目的增多使每个消费者获得的供给减少。例如，无线电视公开播放的节目可以供给任何数目的观众同时观看。

② 该种产品的非排斥性或非拒绝性，即这种产品几乎不能阻止任何社会成员无偿地消费和使用它。例如，城市的街道每个人都可以免费地使用它；某一国内的任何公民不管他愿意与否都能够享受到本国国防带给他的和平与安全；对环境的治理将使空气质量得到改善，而无法阻止区域内的任何一个人享受并呼吸清新的空气。

公共产品的特点使纯粹的市场机制难以对它的生产起到有效的引导作用。随着社会的发展，人们对公共产品的需求不断增长；而市场机制的失灵，则使公共产品的生产和资源配置须由政府干预才能有效地进行。

(4) 有效竞争。

市场经济的效率在于其适度和有效的竞争。竞争不足，特别是出现垄断将会使企业缺乏活力，放弃技术进步和资源的合理配置，造成生产的低效率和社会福利的损失，危害消费者和社会整体利益。竞争过度或者出现用非正当行为进行竞争，又可能造成生产的盲目性，浪费社会资源，败坏社会风气，加剧社会矛盾。因此，对市场竞争秩序进行管理将是必要的。这种管理只有由代表社会公共利益的政府运用社会赋予的权力来干预才能奏效。

2. 政府干预经济的主要形式

政府对经济活动实行干预大致通过法律法规、政策调节和经济参与三种方式进行。

(1) 法律法规。

法律法规是国家用法的形式对社会成员行为进行约束的规范。它是市场经济运行的必要条件。完备的法律法规能从各个方面保证社会成员机会均等地分享市场的效率，维持社会的公平。政府运用法律法规作为干预经济的手段，具有以下几个方面的特点。

一是平等性。法律法规排除了不确定因素，条理化地反映了客观规律稳定的必然联系，具有普遍适用性，对绝大多数社会成员都是平等的。

二是强制性。它通过国家权威强制地要求每个社会成员都遵守它。

三是相对稳定性。法律法规的制定需要经过长期的科学分析和讨论，而一旦建立则在较长时期内具有效力，成为政府调节社会生活的武器。政府用来干预和调节经济的法律法规内容十分广泛，如规范和调整经济主体相互关系的企业法、公司法、合同法；调节经济收入、保证分配公平的各种税法；维护市场竞争秩序的反不正当竞争法、反垄断法等。

(2) 政策调节。

政策是政府为管理国家而制定的行为准则，其基本功能在于向社会展示政府的价值观念和行为倾向，以此吸引和动员社会的各种调节手段来实现政府所期望的目标。政府运用政策来干预经济具有以下几个方面的特点。

第一，政策调节的指向通常具有阶段性和倾斜性。政策总是为了实现某一时期的特定目标而出台的，它不像法律法规那样具有较长期的稳定性和规范性。

第二，政策操作具有较大的灵活性或弹性，它可以弥补法律条文无法涉及不确定情况的不足。

第三，政策调节的作用具有间接性。它主要靠动员社会经济杠杆来引导社会成员的行为。政府用来调节和干预社会经济、企业活动的政策内容构成十分广泛，主要包括产业政策、贸易政策、金融政策、价格政策等。

(3) 经济参与。

经济参与指政府不仅作为社会管理者，而且也作为经济行为者直接参与社会经济活动。政府经济参与的主要途径是采购和投资。

政府通常要为自身的机构运作采购办公物资，还要为社会公众采购和供应某些公共产品。政府采购往往构成影响经济的非市场力量。政府投资则是用国家财政收入兴办企业，用国家资产的力量来影响市场均衡，或弥补市场机制的缺陷。

政府投资通常集中在公共产品的生产领域，然后是如电力、煤气、供水等容易形成自然垄断的产业部门，以及对整个经济构成瓶颈的薄弱产业和有利于扩大就业的产业等。在社会主义国家里，政府代表国家运用公共积累进行的投资是影响市场经济运行十分重要的力量。

本章小结

利润在现代市场经济中扮演着十分重要的角色，管理经济学主要关注经济利润，即考虑了机会成本后的利润。企业的总利润等于总收益减去总成本，边际利润等于边际收益减去边际成本。经济学家假定企业的目标是实现利润最大化。而由于种种原因，现实生活中的企业并不总以利润最大化为目标，而会选择股东价值最大化、利润满意化、销售收入最大化或市场占有率最大化为目标。在实现其目标的过程中，企业总是会受到许多条件的约束，而作为基本的约束，企业将面对需求约束、资源约束和预算约束。在竞争市场的企业还将受到竞争对手、客户、供应商、潜在进入者和替代品生产商等多方面的压力，形成了对企业的竞争约束。此外，为了弥补市场失灵，政府也可能采取法律法规、政策和经济参与等方式对经济进行干预。

案例分析

谋求企业价值最大化——杜克电力公司的污染许可证交易

美国缅因州和乔治亚州因电厂和其他重工业排放二氧化硫，该地区酸度明显提高，导致树木死亡、植物脱皮、建筑物和纪念碑的石料腐蚀脱落。为了以最低的成本控制污染，1990年《清洁空气法案》创造了一个排放二氧化硫的产权市场。由环保署向467家企业发放可交易的排污许可证，公用事业公司可进行许可证交易。这样，控制污染成本高的企业将出售许可证，而控制污染成本低的企业则买进许可证。杜克电力公司按当前用高硫煤炭发电方式，估计需50 000吨或15 000吨以上的排污许可证。环保署出售污染排放权的价格为131美元/吨。企业决策者面临三种选择：安装污染控制装置（如烟道除尘器）、改用其他燃料（如低硫煤和天然气）、按当时市场价格支付由环保署发放的许可证。

对于谋求企业价值最大化的决策者来

说，是根据污染许可证相对于控制污染所需设备的寿命周期成本预测做出选择的。污染许可证的市场已经出现，可以帮助企业做出决定。通过购买环保署发放的1年、2年或3年的未来合同来对污染成本进行套利，这种做法是可能的，这就决定了该时间范围内排放二氧化硫副产品的费用。如果许可证价格上升，那么期货合同持有者的合同价值就会上升，于是便能抵消许可证成本的上升；如果许可证价格下降，期货合同持有者的合同价值也相应下降，从而抵消许可证降低了的成本。

这种污染许可证现货和期货市场的设置存在很大弊端，最大的问题就是失去了对控制污染方面技术创新的刺激。由于许可证交易市场的存在，新的控制污染技术的发明者的收益会明显减少。从本质上讲，环保署发放的交易许可证降低了控制污染的相对收益，结果是获得污染的期权合同要比许可证当前的现货市场更受欢迎。但是，如果要求对期权溢价预先支付，环保署发放的污染期权允许公司在一定的作用期内以某种"非常价格"选择污染，并确定这种非常价格和许可证的作用期。这种公共政策将可以更好地推动谋求企业价值最大化的经理人员积极开发和采用控制污染的新技术。

问题

1. 杜克电力公司在当前控制污染成本和排污权价格下进行排污许可证交易，对企业价值有何影响？
2. 排污许可证现货和期货市场设置有什么问题？
3. 在当前我国环境污染严重的情况下，进行排污许可证交易是否可行？为什么？

思考与练习

1. 简述政府干预的基本动因及干预方式。
2. 试分析哪些主要因素导致了现代经济中的政府干预。
3. 分析利润在市场经济中的作用，说明利润是如何促进市场竞争的。
4. 解释企业以利润最大化为目标时，需要平衡哪些关系方的利益。
5. 已知企业的总成本函数为 $TC=200+3Q+5Q^2$，企业的总收益函数为 $TR=93Q$，则企业利润最大化时的产量是多少？这时该公司得到多少利润？
6. 企业行为的首要目标是（　　）。
   A. 股东财富最大化　　　　　　　　B. 企业利润最大化
   C. 社会效益最大化　　　　　　　　D. 市场占有率最大化
7. 股东价值最大化用什么来衡量（　　）。
   A. 企业利润率　　　　　　　　　　B. 普通股股票市场价格
   C. 市场占有率　　　　　　　　　　D. 销售收入
8. 边际收入等于边际成本用来确定（　　）。
   A. 企业销售收入的多少　　　　　　B. 企业利润最大化时的产量
   C. 利润的多少　　　　　　　　　　D. 企业的经营成本
9. 先做市场，再做利润体现了（　　）。
   A. 市场占有率对企业的重要性　　　B. 利润对企业的重要性

C. 股东财富最大化的重要性 D. 以上都是
10. 当企业边际成本大于边际收入时，企业应该（ ）。
   A. 降低产量 B. 扩大产能
   C. 维持现有规模不变 D. 不能确定

拓展阅读

1. 徐玖平，黄云歌. 管理经济学概论. 北京：高等教育出版社，2006.
2. N. 格列高利·曼昆. 经济学原理(原书第3版). 北京：机械工业出版社，2003.
3. 吴德庆，马月才，王保林. 管理经济学(第五版). 北京：中国人民大学出版社，2010.

第3章 个人行为

> 作为经济学家，我们必须满足行为主体所拥有的只有偏好——而且是极简意义上的偏好——这个事实。
>
> ——保罗·格莱姆齐

导入案例

美元与睡梦[①]

我们对闲暇的需求及对其价格反应的隐含意义并不令人感到惊讶。当工资率很高时，我们会试图发现能够使我们的宝贵时间的占用达到最小化的方式。例如，与票贩子打交道，并且为音乐会入场券或戏票支付很高的价钱，而不是自己排队数小时去购买以票面价格出售的门票。我们会雇用保姆或者把我们的孩子送到日托中心让别人照看，而不是从劳动力市场中撤出，自己亲自照看孩子；我们会消费许多现成的饮食，并预订比萨馅饼或是外卖的中式食品，而不是亲自致力于冗长的膳食准备。

我们对时间的配置会对经济激励做出反应，甚至当不存在易得的替代品时也是如此，比如，我们决定睡眠多少小时。睡眠占据了我们较多时间，比其他任何活动都多，包括市场中的工作。男人通常每周睡眠56小时，女人通常每周睡眠56.9小时。虽然大多数人认为，我们睡眠多长时间是由生物学（甚至也许是文化的）因素决定的，但近来的研究表明，从某种程度上讲，睡眠时间可以被看作我们需要对其配置的一种稀缺资源（时间）。只要能够达到某种安眠药催眠长度的最低生物学门槛，对睡眠时间的需求似乎就是对经济环境的变化所做出的反应。

尤其是一个人赚取收入的能力与花费在睡眠上的时数之间存在着一种负相关关系。例如，一个人的受教育程度越高，他睡眠的时间就越少。每增加4年的学校正规教育，每周的睡眠时间就会减少1小时。类似地，工资每增加20%，睡眠时间就会减少1%，或是每周减少大约34分钟的睡眠时间。因此，当工资很高时，做梦似乎也很昂贵。

[①] Jeff E. Biddle and Daniel S. Hamermesh.Sleep and the Allocation of Time[J]. *Journal of Political Economy*，1990(10): 922-943.

- 知识目标：
  - ◆ 了解个人偏好与效用的基本概念；
  - ◆ 掌握偏好和效用之间的辩证关系；
  - ◆ 理解影响偏好的具体因素；
  - ◆ 理解个人预算约束线的基本原理；
  - ◆ 掌握个人效用最大化和购买产品的最佳组合条件。
- 能力目标：
  - ◆ 能说明支配消费者购买行为的规律；
  - ◆ 能运用相关理论对个人行为的经济性与合理性进行分析；
  - ◆ 能正确区分互替商品与互补商品；
  - ◆ 能根据互补商品的特点为产品正确定价；
  - ◆ 能根据互替商品的特点为产品制定销售方案。

3.1 主观愿望——偏好与效用

人类生存必然伴随着各种各样的需要或欲望，即人们对某种东西想要得到而又没有得到的一种心理状态。正像达尔文发现有机界的发展规律一样，马克思发现了人类历史的发展规律，即历来为纷繁芜杂的意识形态所掩盖着的一个简单事实，人们首先必须吃、喝、住、穿，然后才能从事政治、科学、艺术、宗教等[1]。满足人们对产品和劳务的需求，是人类一切经济活动的出发点，也是一切经济活动的归宿点，因而也就成为经济学研究的首要问题。生产活动的根本目的，正是为了最大限度地满足人们日益增长的物质和文化生活的需要。[2] 因此，以企业经济活动为研究对象的管理经济学也就必然把个人行为作为首要问题进行分析。

3.1.1 偏好

偏好是指消费者按照自己的意愿对可供选择的商品组合进行的排列，实际是潜藏在人们内心的一种情感和倾向，是非直观的。偏好是主观的，也是相对的概念，引起偏好的感性因素多于理性因素。

当面对两种或两种以上的物品时，消费者的偏好使他们能够做出选择。假设现在有物品 A 和物品 B，消费者可能做出以下三种决策中的任意一种：偏好 A、偏好 B、对 A 和 B 同样满意。可见，偏好与价格无关，它只是关于人们如何排列不同物品的一个理论概念。[3] 常见的影响消费者偏好的因素有习惯、方便和求名(名牌)。

偏好是微观经济学最基本的假设，它具有以下三个特点。

---

[1] 恩格斯. 马克思恩格斯全集(第19卷). 北京：人民出版社，1963.
[2] 陈章武. 管理经济学. 北京：清华大学出版社，2003.
[3] 徐玖平，黄云歌. 管理经济学概论. 北京：高等教育出版社，2006.

1. 次序性

次序性，即消费者可根据各种商品组合所提供的满足程度排列出对各种商品组合偏好的先后次序。例如，消费者对任意两种商品 A 和 B 的任意两个组合(2A 和 3B)以及(3A 和 2B)进行选择时，消费者可明确说出自己的偏好程度，对前一个组合的偏好大于、小于或等于对后一个组合的偏好，三者必居其一且仅居其一。

2. 传递性

传递性，即消费者的偏好是可以传递的。例如，有 A、B、C 三种物品，如果消费者在 A 和 B 之间更偏好 A，在 B 和 C 之间更偏好 B，那么在 A 和 C 之间他一定更偏好 A。这一假设适用于任意数量的物品及其组合，如果消费者能够排列任两种物品，那么他就能排列所有可以设想的物品。

3. 一致性

一致性，即消费者对数量较多的商品组合的偏好要大于对数量较少的商品组合的偏好。例如，两种商品 A 和 B 的两种组合(3A 和 3B)以及(2A 和 2B)，则对前一个组合的偏好明显大于对后一个组合的偏好。

此外，经济学还假设消费者偏好拥有尽可能多的物品，即在较多的某种物品和较少的同种物品之间，消费者一定偏好前者。在实际生活中，人们可能希望某些物品越少越好，如工作时间，但在经济学的研究中，由于人们的可支配时间有限，通常可用闲暇时间代替工作时间。可见，人们对工作时间的偏好仍可遵循这个假设。

3.1.2 效用

消费者之所以购买产品，是因为产品对他们具有效用(Utility)。例如，粮食可以充饥、电灯能够照明。所谓效用就是人们占有、使用、消费商品或劳务而得到的满足。[①]一个消费者用有限的收入购买商品 A，而不购买商品 B，是因为他认为 A 比 B 对他具有更大的效用。由于消费者的偏好不同，同一商品为不同的消费者提供的效用是不同的。例如，有人可以从饮酒中得到乐趣，而不会饮酒的人可能由此感到痛苦。

【小案例】到底什么东西才是美味的

兔子和猫争论，世界上什么东西最好吃。兔子说："世界上萝卜最好吃。萝卜又甜又脆又解渴，我一想起萝卜就要流口水。"

猫不同意，说："世界上最好吃的东西是老鼠。老鼠的肉非常嫩，嚼起来又酥又松，味道美极了！"

兔子和猫争论不休、相持不下，跑去请猴子评理，你认为猴子会怎么说？

由于消费者偏好程度的变化，同一商品对同一消费者在不同时间提供的效用也是不同的。当一个人三天未吃饭时给他一个馒头，他会觉得无比香甜；但当他刚吃完大餐，此时

---

① 李福学. 管理经济学. 北京：高等教育出版社，2007.

再给他一个馒头，他会觉得这是一个负担。由此可见，效用是存在于消费者心目中的一种观念，是一种看不见、摸不着的东西，实质上是一种心理上的满足。

1. 总效用和边际效用

消费者某一时期从消费一定量的商品中得到的全部满足称为总效用(Total Utility)，由一个单位消费量的变化而引起的总效用的变化量则称为边际效用(Marginal Utility)。对消费者来说，总效用反映由消费一定量商品产生的满足和消费数量之间的关系，边际效用则反映最后消费的一个单位商品提供的满足程度。

(1) 总效用。

为了对人们如何选择进行具体的分析，经济学家以效用函数来解释人们的偏好。总效用函数表明了总效用和消费品数量之间的关系，即

$$TU = f(X_1, X_2, X_3, \cdots, X_n) \tag{3-1}$$

其中，X_i 代表第 i 种物品的数量，TU 代表消费者从消费特定 $X_1, X_2, X_3, \cdots, X_n$ 的物品组合中得到的总效用。

为了分析的方便，一般仅考虑只有两种物品可供选择的情况，此时，式(3-1)可简化为

$$TU = f(X, Y) \tag{3-2}$$

或

$$TU = f(X) + f(Y) \tag{3-3}$$

式(3-2)和式(3-3)中，X 和 Y 分别代表消费品 X 和 Y 的数量，f 表示函数关系，TU 代表消费者从消费特定 X 和 Y 的物品组合中得到的总效用。

其中，式(3-3)表示总效用为 X 和 Y 两种商品各自效用之和，它意味着 X 的效用与 Y 的效用互不影响，如看一场电影带来的效用和吃一顿晚餐所带来的效用互不影响。然而，实际情况并不总是如此，如味精单独使用很难有什么效用，但若将其加入菜中，所带来的总效用则会大大增加，说明味精和菜的效用是相互影响的。显然，总效用函数以式(3-2)表示更适合。

在实际生活中，虽然人们很难给消费一定数量的物品或物品组合中所得到的效用确定一个具体的数值，但效用函数为分析人们如何选择提供了一个有用的工具。在分析时，只要知道如果一个人在包含 10 单位 A 和 5 单位 B 的组合与另外一个包含 7 单位 A 和 10 单位 B 的组合之间，更偏好前者，就可以得到他从消费前者中所得到的效用一定大于消费后者。可见，总效用的关键点不在于两个组合的总效用之间到底相差多少，而在于二者相比较的大小，即

$$TU_1 = f(10,5) > TU_2 = f(7,10) \tag{3-4}$$

(2) 边际效用。

对于效用函数式(3-2)来说，当 Y 保持不变时，就称由于 X 的单位变化而引起 TU 的相应变化值为 X 的边际效用，一般用 MU_X 表示 X 的边际效用，则有

$$MU_X = \frac{\Delta TU}{\Delta X} \tag{3-5}$$

若该商品的消费量是无限制的，则总效用函数就是连续函数，在 ΔX 趋于零时，上面的增量形式就成了导数形式，商品 X 的边际效用就成了总效用函数对商品 X 消费变量的一阶偏导数，即：

$$MU_X = \lim_{\Delta X \to 0} \frac{\Delta TU}{\Delta X} = \frac{dTU}{dX} = \frac{\partial TU(X,Y)}{\partial X} \tag{3-6}$$

同理可得，当 X 保持不变时，由于 Y 的单位变化而引起 TU 的相应变化值称为 Y 的边际效用，用 MU_Y 表示，有：

$$MU_Y = \frac{\partial TU(X,Y)}{\partial Y} \tag{3-7}$$

一般来讲，当增加商品消费时，会引起总效用的增加；当减少商品消费时，会引起总效用的减少。但这是否意味着消费者对某种商品连续消费的数量越多，获得的满足即总效用越大呢？下面以表 3-1 为例进行分析。

表 3-1 某消费者消费面包的效用

面包的消费量	总效用	边际效用
0	0	0
1	10	10
2	19	9
3	26	7
4	30	4
5	30	0
6	29	−1
7	26	−3
8	21	−5

表 3-1 中，总效用与边际效用两列中的数字，表示消费者从消费不同数量的面包中所获得的满足程度。从上表可以看出，当消费者消费第一个面包时，边际效用最大，当消费到第 5 个时，其边际效用降为 0，消费前 5 个面包的总效用是 30。因此，边际效用为 0 的这一点又称为饱和点，过了这一点，消费者的总效用开始下降。

通过以上分析可知，虽然一个消费者的需求从整体上来说是无限的，但对于某一种具体商品在一定时间内的需求则是有限的；随着商品消费量的增加，其边际效用是递减的，即存在边际效用递减规律，当消费者对某种商品的消费达到一定数量时，再增加消费，不仅不会从中得到满足和享受，反而会引起烦恼和痛苦。

2. 边际效用递减规律

人们在实际生活中，往往有这样的感受——当其他商品的消费量保持不变时，不断增加某种商品的消费量 X，在 X 很小的时候，人们获得的满足感的增加幅度 (MU_X) 很大，但当 X 增加到一定数量后，满足感的增加幅度就会逐渐下降。例如，一个人在非常饥饿的时候，对于食物的欲望非常强烈，那时食物的边际效用就相当大；若他不太饿的时候，食物的边际效用就要小一些；如果在他很饱的时候，食物的边际效用就可能为零，甚至为负数。

由此可知，在一定的时间内，边际效用的大小与消费数量的多少成反向变动关系，随着消费数量的增加，满足程度继续增加，消费的欲望就会减少，边际效用就会下降。但由于人们的欲望具有再生性和反复性，因此，边际效用也就具有了时间性，即过一段时间后，边际效用又会提高。

在消费者行为理论中，边际效用是一个非常重要的概念。从以上论述可知，边际效用有一个明显的变化趋势，即在一定时间内，当消费者连续追加同一种商品的消费时，他从商品消费增量中获得的边际效用或总效用的增量具有递减的趋势，边际效用的上述重要特征被称为边际效用递减规律（Law of Diminishing Marginal Utility），即有

$$\frac{\mathrm{dMU}_X}{\mathrm{d}X} = \frac{\partial^2 \mathrm{TU}(X,Y)}{\partial X^2} < 0 \tag{3-8}$$

例 3-1

假设某商品的总效用函数为 $\mathrm{TU} = 14x - x^2$，求消费者的最佳消费量是多少？

解：边际效用为总效用函数的一阶导数，有

$$\mathrm{MU} = \frac{\mathrm{dTU}}{\mathrm{d}x} = 14 - 2x$$

令 MU=0，可以得到 $x = 7$，即当消费者消费 7 个单位的商品时，总效用最大，此时，TU 的值为 49，达到最大值。

一个正常消费者的合理消费，一般在边际效用为零时，就会自动停止。否则，边际效用出现负数，会导致总效用降低。上题中总效用与边际效用之间的关系如图 3.1 所示。

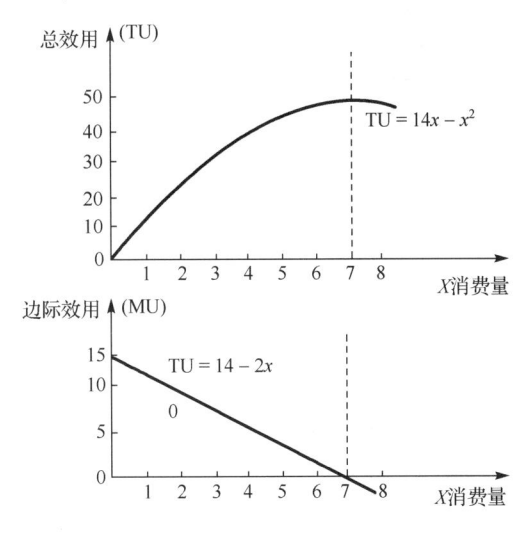

图 3.1 总效用与边际效用之间的关系

为什么边际效用会递减呢？一方面是生理与心理上的原因：消费一种物品的数量越多，生理上得到的满足或心理上对重复刺激的反应就递减了；二是若一种物品有几种用途，当只有一个物品时，他一定会用来满足最重要的用途，再多一个再用于次要的用途，因此，后一个单位的效用一定会小于前一个单位的效用。这时，边际效用递减就出现了。

3.1.3 无差异曲线

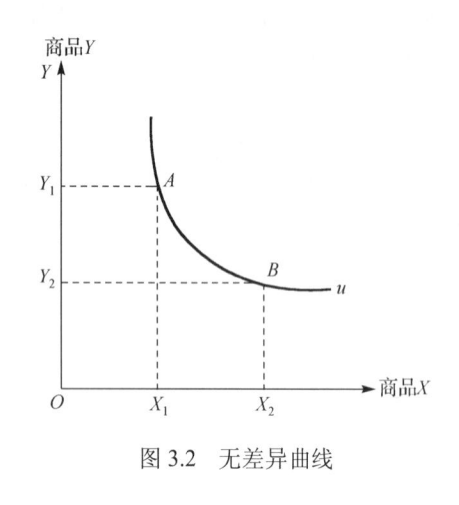

无差异曲线(Indifference Curve)是指在消费者偏好不变的情况下，给消费者带来同等满足程度或相同效用的两种商品的各种不同组合的轨迹。由于"无差异"即"效用相等"的意思，因此，无差异曲线又称为等效用曲线(Iso-utility Curve)。如图3.2所示，横轴表示商品X的消费量，纵轴表示商品Y的消费量，则给偏好既定的某消费者带来相同满足程度的X和Y两种商品组合点的连线u即为无差异曲线。

图3.2中，曲线上任意一点均表示商品X和商品Y的一种组合，且这些组合对消费者而言具有相同的偏好程度，其效用水平是无差异的。例如，曲线上A点的组合为X_1单位的X商品和Y_1单位的Y商品，B点的组合为X_2单位的X商品和Y_2单位的Y商品，而A和B两种组合对消费者的满足程度或效用水平相同，均为u。

图3.2 无差异曲线

1. 无差异曲线的特征

大多数的无差异曲线具有共同的曲线形状，这是由无差异曲线所代表的消费者偏好所决定的。无差异曲线具有以下四大典型特征。

(1)离原点越远的无差异曲线代表的满意程度越高。

由于通常假定效用函数是连续的，因此，在同一坐标平面上的任何两条无差异曲线之间，可以有无数条无差异曲线，即可以绘制出无数条无差异曲线，从而构成无差异曲线群(Indifference Map)，每条无差异曲线都代表着一种满足程度或效用水平。所有这些无差异曲线之间的相互关系是：离原点越远的无差异曲线代表的效用水平越高，离原点越近的无差异曲线代表的效用水平越低。

在如图3.3所示的无差异曲线群中，有三条无差异曲线u_1、u_2和u_3，其代表效用水平从高到低依次为$u_3 > u_2 > u_1$。由于无差异曲线的形成原因在于X和Y两种商品的数量可无限增减，因此，无差异曲线离原点越远，表明商品数量增多，由此带来的效用水平就越高，所代表的消费者的满足程度也就越高。

如前所述，在较高的无差异曲线和较低的无差异曲线之间，为了实现个人的效用最大化，人们更偏好前者，即由于更偏好较多的物品量，人们会选择离原点更远的无差异曲线。

(2)无差异曲线永不相交。

若两条无差异曲线相交，那么多量的商品与少量的商品给消费者带来了相同的满足，这显然与多量的商品比少量的商品能给消费者带来更大满意度的假设相矛盾。

如图3.4所示，若u_1和u_2两条无差异曲线相交于A点，根据无差异曲线的定义，由无差异曲线u_1可得，A、B两点的效用水平是相等的，同样，由无差异曲线u_2可得，A、C两点的效用水平是相等的。根据偏好传递性的假定，必定有 B 和 C 两点的效用水平是相等的。但通过观察和比较图 3.4 中 B 和 C 这两点的商品组合可以发现，C 组合中商品 X 和商品 Y 的数量均都多于 B 组合，根据偏好的一致性假定，必定有 C 点的效用水平大于 B 点的效用水平。于是，矛盾产生了——该消费者在认为 B 点和 C 点无差异的同时，又认为 C 点要优于 B 点，这就违背了偏好的次序性假定。由此可证明：对于任何一个消费者来说，两条无差异曲线不可能相交。

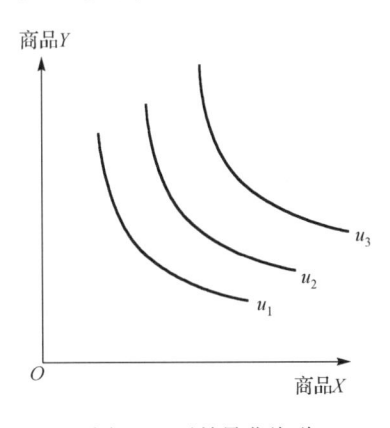

图 3.3　无差异曲线群

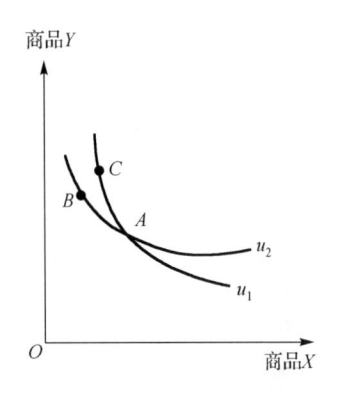

图 3.4　相交的无差异曲线

(3) 无差异曲线的斜率为负数。

假定每个商品都被限定为多了比少了好，那么无差异曲线一定是一条向右下方倾斜的线，斜率为负数，即为了对消费者产生同样的满足程度(总效用保持不变)，减少商品 X 的消费($dX<0$)，必须增加商品 Y 的消费($dY>0$)，所以有 $\dfrac{dY}{dX}<0$。因此，无差异曲线的斜率为负数。

(4) 无差异曲线凸向原点。

无差异曲线不仅向右下方倾斜，而且还是以凸向原点的形状向右下方倾斜的，即无差异曲线上任一点的切线斜率的绝对值是递减的。这是由于为了使效用保持不变，当商品 X 的消费量上升时，消费者愿意为消费同等数量的 X 而放弃的 Y 的数量将逐渐下降，如图 3.5 所示。

假设横轴上的 $OX_1 = X_1X_2 = X_2X_3 = X_3X_4 = X_4X_5 = 1$ 单位 X 商品的消费量，从商品组合 (X_1, Y_1) 开始，沿着无差异曲线向下移动，就会发现刚开始消费者愿意放弃 Y_1Y_2 单位的 Y 商品来换取一个单位的 X 商品(较少的 X 可以替代较多的 Y)，但当他得到的 X 越来越多的时候，一个单位的 X 商品可以替代的 Y 商品数量将会越来越少。明显看到的是，沿着无差异曲线各点的交换比率是不断下降的。

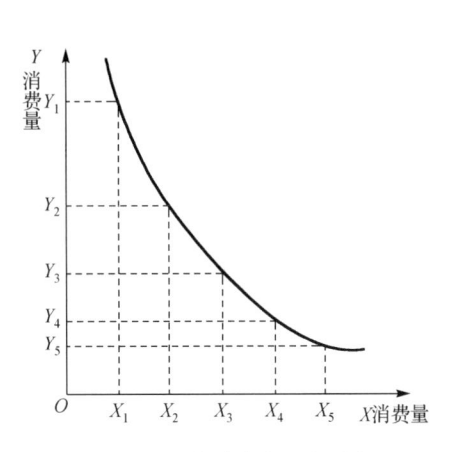

图 3.5　无差异曲线凸向原点

边际效用递减规律可以解释这种情况。

对任意的无差异曲线，有效用函数 TU = $f(X,Y)$，对其求全微分，由于 TU 为常量，得到

$$\frac{\partial TU}{\partial X}dX + \frac{\partial TU}{\partial Y}dY = 0 \tag{3-9}$$

则无差异曲线的斜率为

$$\frac{dY}{dX} = -\frac{\frac{\partial TU}{\partial X}}{\frac{\partial TU}{\partial Y}} = -\frac{MU_X}{MU_Y} \tag{3-10}$$

假设消费者从曲线的最左侧开始，不断地增加商品 X 的消费量，则 X 的边际效用 MU_X 递减，而 Y 的边际效用 MU_Y 递增，因此，$\frac{MU_X}{MU_Y}$ 在 X 替代 Y 的整个过程中递减，而无差异曲线的斜率 $\frac{dY}{dX}$ 递增，由此可见，无差异曲线凸向原点。

2. 边际替代率

从无差异曲线的特征可知，消费者为了保持同等满足程度，每增加一单位某种商品的消费量，就必须放弃另一种商品的消费量，换句话说，他是在用一种物品替代另一种物品，即边际替代率(Marginal Rate of Substitution，MRS)。MRS 表示消费者为了保持总效用不变，在商品组合中用一种商品替代另一种商品的比率，或是在得到一个单位的 X 时所必须放弃的 Y 的数量。

在图 3.2 中，消费者的两种商品 X 和 Y 的组合由 A 点移至 B 点，商品 X 的消费量增加了 $\Delta X = X_2 - X_1$，商品 Y 的消费量减少了 $\Delta Y = Y_2 - Y_1$，则 X 对 Y 的边际替代率为

$$MRS = \frac{\Delta Y}{\Delta X} \tag{3-11}$$

需要注意的是，根据边际替代率的定义，MRS 应为正值，而 ΔX 和 ΔY 总是一个为正一个为负，因此，式(3-11)应修改为

$$MRS = -\frac{\Delta Y}{\Delta X} \tag{3-12}$$

当商品的变化量非常小，即 ΔX 趋近于零时，MRS 可由无差异曲线的斜率来近似地表示，即有

$$MRS = -\lim_{\Delta X \to 0} \frac{\Delta Y}{\Delta X} = -\frac{dY}{dX} \tag{3-13}$$

由式(3-10)可得

$$MRS = -\frac{dY}{dX} = \frac{MU_X}{MU_Y} \tag{3-14}$$

式(3-14)揭示了边际替代率与边际效用之间的关系：边际替代率可以解释为商品 X 的

边际效用与商品 Y 的边际效用的比值。根据边际效用递减规律,消费者在用 X 替代 Y 的过程中,随着 X 的消费量的增加,其单位增量所能提供的效用即 MU_X 递减,随着 Y 的消费量的减少,其单位增量所能提供的效用即 MU_Y 递增,因此,MRS 也随着递减。这就是管理经济学中的边际替代率递减规律(Law of Diminishing Marginal Rate of Substitution),这也印证了无差异曲线凸向原点的特征。

3.2 客观条件——预算约束线

由无差异曲线的特征可知,个人行为主体所选择的无差异曲线越是远离原点,其获得的满足感越大,即效用越高。但事实上,行为主体不能随意选择无差异曲线是因为他们会受到收入和商品价格的约束或限制,即预算的约束。

3.2.1 预算约束线

预算约束线(Budget Constraint Line)是指在消费者收入和商品价格一定的情况下,消费者所能购买到的两种商品的最大可能组合的轨迹。因此,预算约束线又称为等支出线(Iso-expenditure Line)或消费可能线(Consumption-possibility Line),表示在收入和物品价格固定的情况下,消费者消费全部收入所能够得到的物品组合,也标明了对消费者可以支付的物品组合的限制。

为了简化事实,假设一个消费者只购买两种物品,即可乐和比萨饼。当他的月收入为1000 元时,其收入制约了该消费者对于可乐和比萨饼的消费量。假设他将全部收入都用于购买可乐和比萨饼,一瓶可乐的价格是 4 元,而一个比萨饼的价格是 20 元。

表 3-2 显示了该消费者可以购买的可乐和比萨饼的多种组合。第一行表示,如果消费者把全部收入都用于购买比萨饼,他一个月可以吃 50 个比萨饼,但这样他就不能购买可乐;最后一行则表示,如果消费者把全部收入都用于购买可乐,他一个月可以喝 250 瓶可乐,但这样他就不能购买比萨饼。以此类推,表中的每一行均表示了消费者的一种可能的消费组合,而每种消费组合的花费均为 1000 元。

表 3-2 某消费者的消费组合

可乐数(瓶)	比萨饼数(个)	可乐支出(元)	比萨饼支出(元)	总支出(元)
0	50	0	1000	1000
50	40	200	800	1000
100	30	400	600	1000
150	20	600	400	1000
200	10	800	200	1000
250	0	1000	0	1000

若用横轴代表消费者消费比萨饼的数量,纵轴代表消费可乐的数量,图 3.6 画出了该消费者在现有收入下可以选择的消费组合。

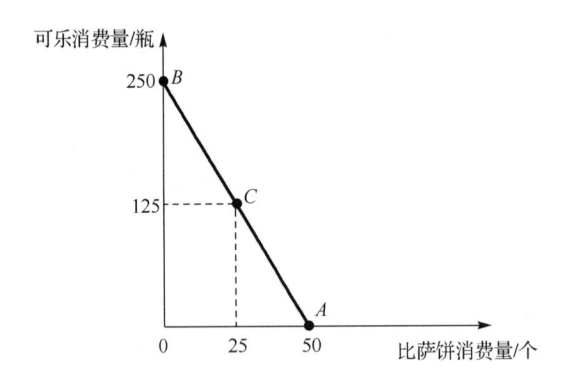

图 3.6 消费者的消费组合和约束线

图 3.6 中标出了三个点，在 A 点，消费者不买可乐，消费 50 个比萨饼；在 B 点，消费者不买比萨饼，消费 250 瓶可乐；在 C 点，消费者购买 25 个比萨饼和 125 瓶可乐。C 点正好是线段 AB 的中点，在这一点上，消费者在可乐和比萨饼上的支出相同，均为 500 元。当然，这只是消费者可以选择的可乐和比萨饼的众多组合中的三种。线段 AB 上所有各点都是可能的，且消费者将所有收入都用于购买这两种商品。同时，线段 AB 左下方的各点也是可能的，原点与 AB 之间的三角形区域(不包括线段 AB)表明消费者能够实现两种商品的组合，且消费者的收入还有剩余。此时，线段 AB 就是该消费者的预算约束线。

可见，假设消费者仅购买 X 和 Y 两种商品，预算约束线的斜率 $\Delta Y / \Delta X$ 表示增加一个单位的商品 X 所不得不放弃的商品 Y 的消费量，该线表示的仍然是 X 和 Y 之间的替代关系，它指明了由于预算约束，消费者所不得不做出的选择。

若用 P_X 和 P_Y 分别表示商品 X 和 Y 的价格，I 表示消费者的收入(全部花在购买 X 和 Y 两种商品上)，则消费者收入和预算约束线上的物品组合之间的关系可以表示为

$$P_X \cdot X + P_Y \cdot Y = I \tag{3-15}$$

式(3-15)又可以改写为

$$Y = \frac{I}{P_Y} - \frac{P_X}{P_Y} \cdot X \tag{3-16}$$

式(3-16)中，I/P_Y 表示消费者不购买任何 X 时所能够得到的 Y 的消费量，即图 3.7 中预算约束线的截距；P_X/P_Y 等于两种商品的相对价格，反映了市场提供给消费者的选择——一个单位的 X 换 P_X/P_Y 个单位的 Y，即图 3.7 中预算约束线斜率($-P_X/P_Y$)的绝对值。

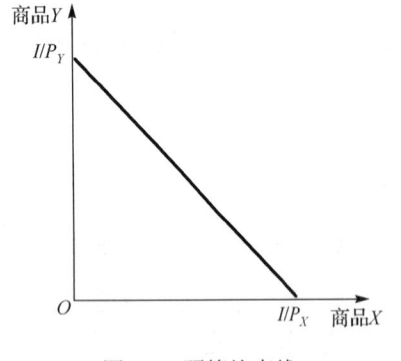

图 3.7 预算约束线

3.2.2 收入和价格影响下的预算约束线

由式(3-16)可知，随着消费者收入和商品价格的变化，消费者的预算约束线也会发生相应的变化。

1. **收入影响下的预算约束线**

假设商品的价格保持不变,即 P_X 和 P_Y 的值不变,仅消费者的收入 I 变动,若消费者的收入从初始收入 I_1 增加到 I_2,则消费者购买商品 X 的最大量从 I_1/P_{X1} 增加到 I_2/P_{X1};购买商品 Y 的最大量则从 I_1/P_{Y1} 增加到 I_2/P_{Y1}。

由于预算约束线的斜率为 $-P_X/P_Y$,因此,当商品的价格保持不变时,消费者收入增加并不会影响预算约束线的斜率,只会使消费者的预算约束线发生平移。由于在更高的收入水平上,消费者有能力购买更多的商品 X 和 Y,因此,消费者收入增加,预算约束线向右平移,如图 3.8 所示。

同样,当消费者的收入减少,在更低的收入水平上,消费者只能购买较少的商品 X 和 Y,因此,预算约束线将向左平移。

2. **价格影响下的预算约束线**

假设消费者的收入 I_1 固定,且商品 Y 的价格 P_Y 保持不变,仅商品 X 的价格 P_X 发生了变化。

由于预算约束线的斜率为 $-P_X/P_Y$,因此,当商品 X 的价格从 P_{X1} 降低到 P_{X2} 时,将改变预算约束线的斜率。同时,由于消费者的收入和商品 Y 的价格均未发生改变,因此,预算约束线的截距 I_1/P_Y 并没有改变。但因为商品 X 价格的下降,消费者能够购买到更多的 X,即购买 X 的最大量由原来的 I_1/P_{X1} 增加到了 I_1/P_{X2},预算约束线斜率的绝对值由 P_{X1}/P_Y 减少到了 P_{X2}/P_Y,即倾斜度更小了,此时,预算约束线随着商品 X 价格的降低,以其与 Y 轴的交点为端点发生了逆时针旋转,如图 3.9 所示。

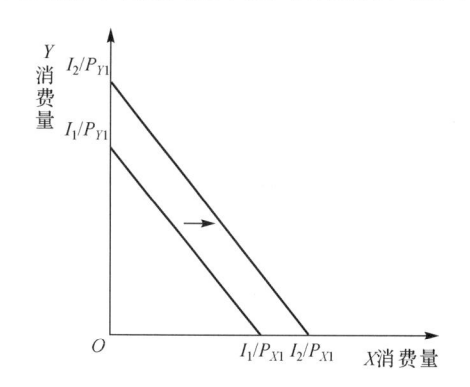

图 3.8　收入增加导致的预算约束线向右平移　　图 3.9　价格降低导致的预算约束线逆时针旋转

同理可知,在消费者的收入 I_1 固定,且商品 Y 的价格 P_Y 保持不变的情况下,商品 X 的价格增加,将导致预算约束线以其与 Y 轴的交点为端点顺时针旋转。

3.3　主体均衡——效用最大化

无差异曲线代表消费者偏好既定条件下想要达到的满意程度,即主观的满足水平;而预算约束线则表示消费者在现有收入和物品价格水平下能够达到的满意程度,即客观的满足水平。由此可知，消费者在追求尽可能大的满足程度的过程中，必然要受到其预算的约束。因此，只有将二者结合起来，才能分析消费者应该做出怎样的最优决策。

3.3.1 消费者的最优选择

消费者的目标是选择能使他的效用最优的消费组合。如果不存在货币收入的限制，消费者就可以任意选择各种物品组合。但是，货币收入的限制意味着消费者只能在满足预算约束的物品组合中进行选择，即选择他有能力支付的物品组合。根据前面的分析可知，图 3.10 中 $\triangle \frac{I_1}{P_{Y1}} O \frac{I_1}{P_{X1}}$ 为消费者的预算空间，在该空间内的商品组合，消费者不但能够实现，还有货币的剩余。而购买位于预算约束线上的商品组合，则正好用完全部收入。对于预算空间以外的商品组合，是消费者无法实现的消费情况。

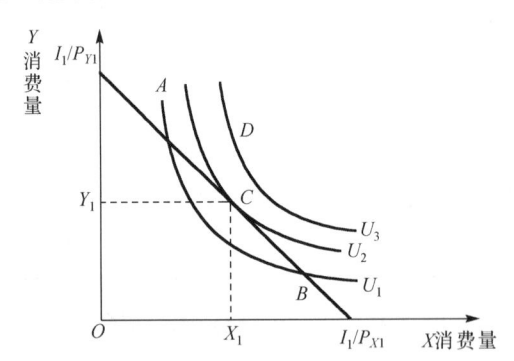

图 3.10 消费者购买商品的最优选择

图 3.10 表明，在所有商品 X 和 Y 的组合中，C 点是最能满足消费者需要的组合点，在这一点上，消费者可以购买到 X_1 单位的商品 X 和 Y_1 单位的商品 Y。

每个消费者都有自己的一组无差异曲线，根据无差异曲线的特点，离原点越远的无差异曲线代表的满足感越大。由于无差异曲线凸向原点的性质，消费者的该组无差异曲线可以分为三类：

一类如图中的 U_3，它们和预算约束线不相交，即超出了消费者的预算空间，无法实现到那样的满足程度。

一类如图中的 U_1，它们和预算约束线相交且有两个交点，如图所示，U_1 和预算约束线相交于 A 点和 B 点。在 A 点，消费者可以沿着 U_1 增加一点商品 X 的消费并减少一点商品 Y 的消费，仍然能保持原有的满足程度，但货币会有剩余，这意味着消费者还可以追求更大的满足。同样，在 B 点，消费者可以沿着 U_1 减少一点商品 X 的消费并增加一点商品 Y 的消费，同样能保持原有的满足程度，但货币也会有剩余，消费者还可以追求更大的满足。可见，这类情况下消费者没有实现最优的选择。

因此，只有在无差异曲线和预算约束线相切，即第三种情况，如图中的 U_2，两者仅有一个交点时，切点 C 所代表的商品组合 (X_1, Y_1) 才是消费者的最优选择，此时，C 点的商品组合代表了消费者均衡——消费者一旦做出这个选择，就不会再转向别的能够支付的物品组合。

从图 3.10 中可以看出，消费者均衡的一个重要特征是在效用最优时，无差异曲线与预算约束线相切，即无差异曲线的斜率刚好等于预算约束线的斜率。由于无差异曲线斜率的绝对值为 MRS，预算约束线的斜率是两种商品的相对价格，因此，在消费者均衡 C 点处，有：

$$\text{MRS} = \frac{\text{MU}_X}{\text{MU}_Y} = \frac{P_X}{P_Y} \tag{3-17}$$

例 3-2

已知某人月收入 120 元，全部花费于 X 和 Y 两种商品，他的效用函数为 $U=X \cdot Y$，$P_X=2$ 元，$P_Y=3$ 元。求：

(1) 为使效用最大，他购买的数量组合。

(2) 假如 X 的价格提高 44%，Y 的价格不变，为保持原有的效用水平，收入必须增加多少？

解：

(1) 由 $U=X \cdot Y$，得 $MU_X=Y$，$MU_Y=X$，根据消费者均衡条件得 $Y/2=X/3$，或者 $Y/X=2/3$，预算方程为 $2X+3Y=120$。

解得 $X=30$，$Y=20$

(2) 提价后 $P_X=2.88$，新的消费者均衡条件为 $Y/2.88=X/3$ 或者 $Y/X=2.88/3$

由题意知 $X \cdot Y=600$，解得 $X=25$，$Y=24$

将其代入预算方程 $M=2.88 \times 25+3 \times 24=144$ 元

$\Delta M=144-120=24$ 元

式 (3-17) 表明，消费者均衡的条件是两种商品的边际效用之比等于该两种商品的价格之比，即消费者愿意用一种物品交换另一种物品的比率等于市场愿意用一种物品交换另一种物品的比率。

从以上分析可知，市场价格反映了消费者对物品的边际评价。消费者在进行消费决策时，会根据市场给定的两种物品的相对价格，选择使他的边际替代率等商品相对价格的最优点，即消费者的均衡点。在均衡点，消费者对两种商品的评价(MRS)等于市场的评价(相对价格)。

3.3.2 消费者选择的变动

前面关于消费者最优决策的研究是建立在商品价格和消费者收入不变的假定之上的，若仍假定消费者的偏好次序不变，但商品的价格发生变动，或消费者的收入发生变动，则消费者的最优选择点，即均衡点也会随之发生变动。那么此时，消费者又将做出怎样的选择呢？

1. 收入变动对消费者选择的影响

在消费者偏好和两种商品 X 和 Y 的价格 P_X 和 P_Y 均保持不变的情况下，假设消费者收入增加了，此时，消费者能够支付更多的两种商品，预算约束线向右平移，消费者的预算约束被扩大，能够获得更高的无差异曲线，如图 3.11 所示。

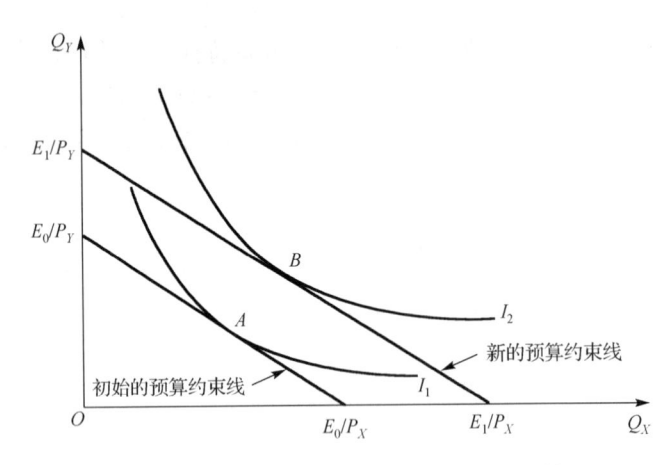

图 3.11 收入增加导致正常物品的消费量增加

假设消费者最初位于均衡点 A 处，当消费者的收入从 E_0 增加到 E_1 时，随着他的预算约束线向右平移，消费者现在可以获得一个比以前更高的效用水平。现在这个消费者发现，如果他选择图中 B 点，就能够提高自己的效用水平。此时，经过 B 点的无差异曲线 I_2 与新的预算约束线相切。

需要注意的是，在图 3.11 中，消费者选择消费更多的 X 和更多的 Y，这符合实际生活中的大部分情况。若消费者收入的增加（下降）将导致对商品 X 的消费量增加（减少），就称 X 为正常物品（Normal Good），如出租车、高档汽车。在图 3.11 中，由于消费者收入的增加，他对商品 X 和 Y 的消费量都增加了，可见，该消费者将商品 X 和 Y 均视为正常物品。相反，若消费者收入的增加（下降）使其对商品 X 的消费量减少（增加），就称 X 为低档物品（Inferior Good）[①]，如公共汽车。

在图 3.12 中，在初始收入水平上，消费者选择 A 点可以获得最优效用。当他的收入增加后，在更高的预算约束线上，消费者选择 B 点以使其效用最优。

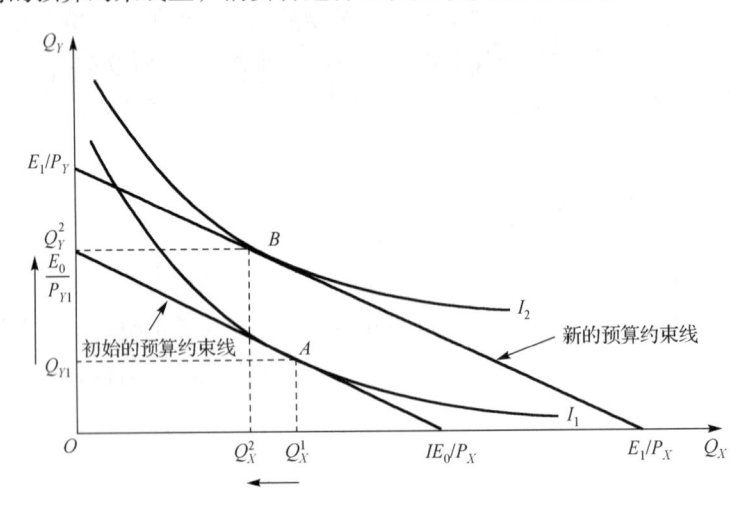

图 3.12 收入增加导致低档物品的消费量减少

---

① 徐玖平，黄云歌. 管理经济学概论. 北京：高等教育出版社，2006.

从图 3.12 可以看出，消费者收入增加导致消费者多买商品 Y 而少买商品 X。根据对正常物品和低档物品的定义，由于在 B 点消费者所消费的商品 Y 比在 A 点的多，所以商品 Y 是正常物品。而由于消费者在 B 点所消费的商品 X 比在 A 点的少，说明他将商品 X 视作低档物品。

2. 价格变动对消费者选择的影响

为了研究商品价格变动对消费者选择的影响，假设消费者的收入不变，仅商品 X 的价格由原来的 P_X^0 下降到 P_X^1，这会使预算约束线围绕点 A 逆时针旋转，如图 3.13 所示。

若消费者最初位于均衡位置 B 点，当商品 X 的价格下降到 P_X^1，他可以选择的商品组合就增多了。在这种情况下，消费者有机会获得更高的效用。在图中就表现为消费者的均衡点由 B 点变为了 C 点。

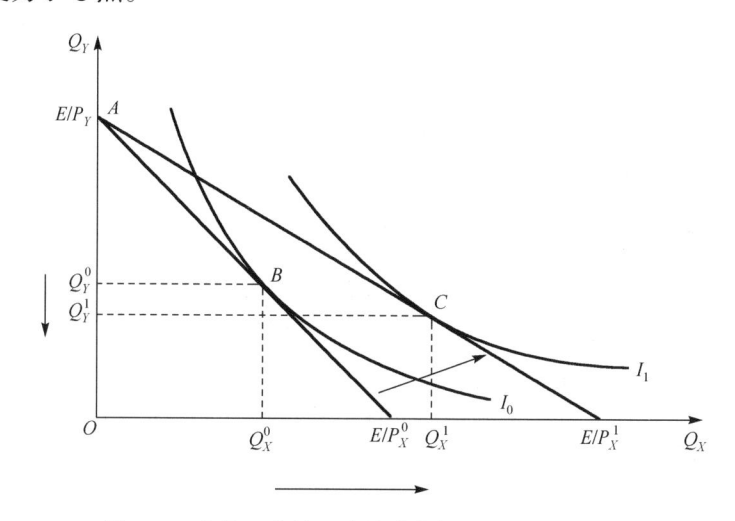

图 3.13　商品 X 价格下降导致替代品 Y 的消费量减少

当价格变动后，要准确地判断消费者新的均衡点位于新的预算约束线上的什么位置，取决于无差异曲线，即商品 X 和 Y 之间的关系。

若商品 X 的价格上升（下降）导致商品 Y 的消费量增加（减少），则称商品 X 与 Y 互为替代品（Substitute Good）。例如，咖啡和茶对某些人来说都可以用来提神，即用途相近，能够满足相同的欲望。因此，当咖啡的价格上升时，他们可能会更多地购买茶，而少买咖啡。在图 3.13 中，X 价格的下降导致消费者的均衡点从 B 转向 C，消费者选择了更少的商品 Y，此时，商品 X 和 Y 互为替代品。

若商品 X 的价格上升（下降）导致商品 Y 的消费量减少（增加），则称商品 X 与 Y 互为互补品（Complement Good），例如，打印机和打印纸对一位使用者来说都是非常必要的，是必须同时使用的物品，当其中一种商品的价格上升时，另一种商品的需求将下降。因此，当打印机的价格降低时，消费者可能会增加打印纸的购买量。在图 3.14 中，X 价格的下降导致消费者均衡点从 A 转向 B，消费者选择了更多的商品 Y，此时，商品 X 和 Y 互为互补品。

对管理者来说，关键是要注意价格变动给消费者发出的信号：消费者对两种商品的评价（用边际替代率表示）不再等于市场的评价（用相对价格表示）。这将影响到消费者的行为。价格变动可能由于公司内部新的价格策略而引起，也可能由于竞争对手或其他行业的企业对价格进行调整而导致。最终，价格变动改变了消费者对这两种物品的评价，进而改变其在均衡点处所购买的商品组合。[①]

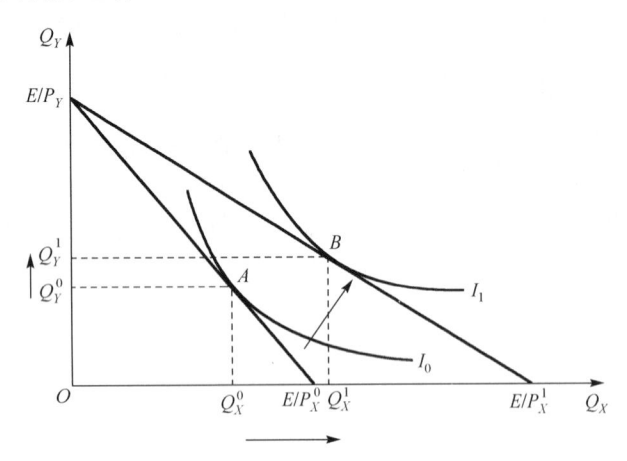

图 3.14 商品 X 价格下降导致互补品 Y 的消费量增加

3. 收入效应与替代效应[②]

这里，我们将前面对商品价格变动和消费者收入变动的分析结合起来以更好地理解价格变化对消费者行为的影响。

如图 3.15 所示，直线 AB 为消费者初始的预算约束线，其与无差异曲线 I_0 相切，此时消费者位于均衡点 C。如果商品 X 的价格下降，导致预算约束线围绕点 A 逆时针旋转，新的预算约束线为 AD。

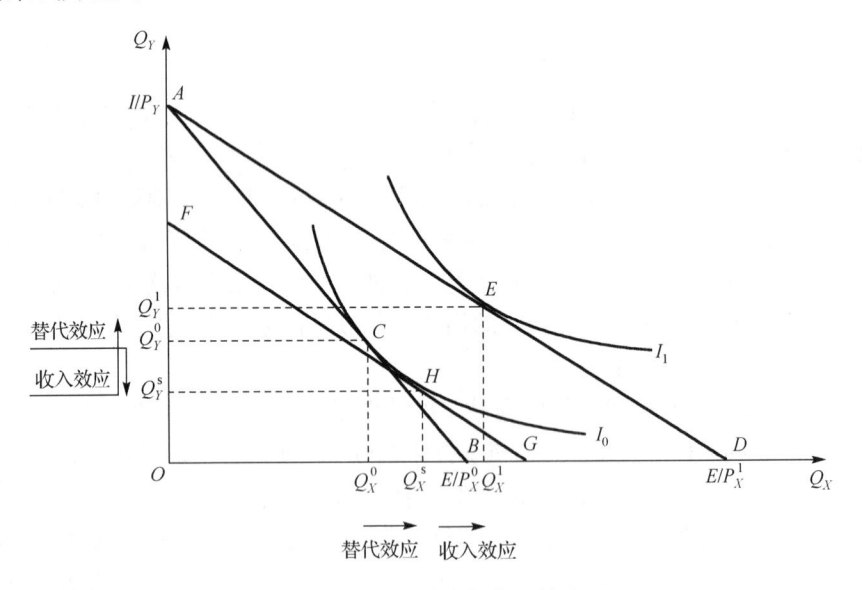

图 3.15 替代效应与收入效应

---

① 徐玖平，黄云歌. 管理经济学概论. 北京：高等教育出版社，2006.
② 同上.

在这一变化过程中,需要注意的是:

(1)价格下降后,消费者可以达到一条更高的无差异曲线,因此,消费者所得到的"实际收入"增加了,他现在可以选择更多的商品 X 和 Y 的组合,从而获得更大的效用;

(2)商品 X 价格的下降将导致预算约束线变得平缓,这就意味着两种商品的相对价格(市场替代率)变得更低。

在图 3.15 中,这两个因素导致消费者从最初的均衡点 C 移动到了一个新的均衡点 E。

这里,为了更好地理解价格变动的影响,我们将这两个因素的作用分离开来。

首先,假设在商品 X 的价格下降后,消费者面临的预算约束线为 FG。这条预算约束线的斜率表示价格变动后的相对价格(市场替代率),与初始的无差异曲线 I_0 相切于 H 点,即消费者将选择均衡点 H,此时,MRS 等于新的相对价格。在这个均衡点,消费者所消费的商品 X 的数量比在最初的均衡点 C 处要多。沿着同一条无差异曲线 I_0,从 C 点到 H 点的移动所引起的消费变动就称为替代效应(Substitution Effect),它反映了消费者如何对相对价格的变动做出反应。

在图 3.15 中,对商品 X 来说,替代效应就是 Q_X^0 与 Q_X^s 之间的距离;对商品 Y 来说,替代效应则是 Q_Y^0 与 Q_Y^s 之间的距离。由于消费者仍在同一条无差异曲线上,所以从 C 点到 H 点的移动只是反映了更低的相对价格 P_X/P_Y 而不是消费者"实际收入"的变化。

当商品 X 的价格下降时,消费者实际上并不会面对预算约束线 FG,而是面对预算约束线 AD。由于 FG 与 AD 的斜率相同,因此,预算约束线从 FG 移动到 AD 只是反映了价格下降后消费者"实际收入"的增加。在这一前提下,从假设的均衡 H 点到具有相同边际替代率的实际均衡点 E 的移动所引起的消费变动就称为收入效应(Income Effect)。

在图 3.15 中,对商品 X 来说,收入效应就是 Q_X^s 与 Q_X^1 之间的距离;对商品 Y 来说,收入效应则是 Q_Y^s 与 Q_Y^1 之间的距离。由于图中的商品 X 和 Y 均为正常物品,因此,"实际收入"的增加导致对 X 和 Y 的需求量均增加。

综上所述,价格变动所带来的总效应由替代效应和收入效应两部分组成。替代效应是沿着同一条无差异曲线的移动所引起的消费变动,反映了相对价格(P_X/P_Y)的变化对消费者行为的影响;收入效应是在不同的无差异曲线间移动所引起的消费变动,反映了消费者"实际收入"的变化对消费者行为的影响。当某种商品的价格变动后,其需求量变化的方向和数量就取决于这两种效应的总和。

本章小结

企业的目标是利润最大化,因此,管理者必须理解关于个人行为的基本理论,即人们如何做出选择。偏好是指消费者按照自己的意愿对可供选择的商品组合进行的排列,效用则是衡量人们从消费某种商品组合中所获得的满足程度。对消费者来说,总效用反映由消费一定量商品产生的满足和消费数量之间的关系,边际效用则反映最后消费的一个单位商品提供的满足程度。边际效用递减规律指出,随着总消费量的增加,相同数量的某种商品给消费者带来的效用将下降。无差异曲线是在消费者偏好不变的情况下,给消费者带来同等满足程度或相同效用的两种商品的各种不同组合的轨迹。边际替代率(MRS)则表示消费者为了保持总效用不变，在商品组合中用一种商品替代另一种商品的比率。消费者虽然总是追求更高的无差异曲线，但会受到收入和商品价格的约束或限制，即存在预算约束线。消费者收入的变化使预算约束线发生水平移动，商品价格的变化则将改变预算约束线的斜率。为了实现效用最优，消费者必须选择无差异曲线与预算约束线相切的均衡点所代表的商品组合。此时，边际替代率等于相对价格。收入变动对消费者选择的影响区分了正常物品和低档物品；价格变动对消费者选择的影响则区分了替代品和互补品。由于收入水平变动导致收入效应，商品价格变动导致替代效应，因此，二者的综合作用将使消费者改变他们的消费行为，进行重新选择。

案例分析

风险与收益的替代[①]

某投资者有 100 万元，他有意投资于国债和普通股票。如果全部投资于国债，他将得到5%的回报，没有任何风险。而如果全部投资于普通股票，则预计会得到 10%的回报，但有相当的风险。如果一半投资于国债，一半投资于普通股票，预计会得到 7.5%的回报，但是有一些风险。图中的 RT 线表示 100 万元在两类证券间所有可能的分配产生的期望收益与风险程度的关系。

投资者在为了得到的期望收益而需承担的风险多少上是有区别的。投资者的无差异曲线如图 3.16 所示。

问题

1. 为什么这些无差异曲线是向右上方倾斜，而不是像本章中其他的无差异曲线向右下方倾斜？

2. 投资者将如何在国债和普通股票之间分配 100 万元？

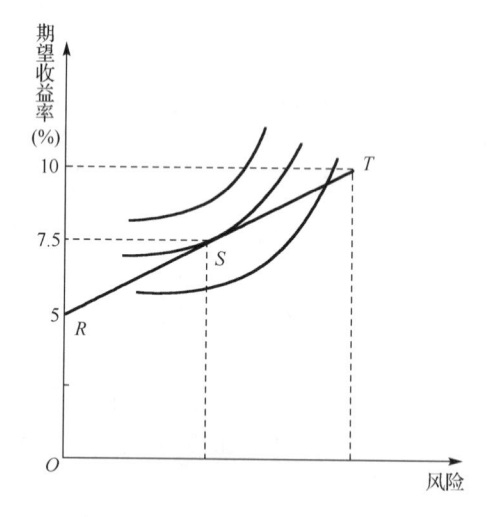

图 3.16 投资者的投资风险收益

思考与练习

1. 简述偏好的概念和特点。
2. 说明总效用和边际效用之间的关系。
3. 解释什么是无差异曲线，说明其基本特征。
4. 解释为什么无差异曲线不能相交。
5. 结合自己的亲身经历，谈谈生活中的效用递减规律。
6. 解释为什么边际替代率恒为负数。

[①] 周勤. 管理经济学(第二版). 北京：北京师范大学出版社，2008.

7. 假设某商品的总效用函数为 $TU = 35 - 180x + 5x^2$，则消费者的最佳消费量是多少？

8. 假设小张的每月收入为 2000 元，并且他只会将收入花在食物和娱乐(看电影)上。假设食物的单位价格为 20 元，电影票的单位价格为 40 元，请画出小张的预算约束线。若商品价格不变，小张的月收入增加到 4000 元，他的预算约束线将如何变化？若小张的月收入不变，电影票的单位价格上涨到 50 元，他的预算约束线又将如何变化？

9. 以下( )项指的是边际效用。
   A. 张某吃了第二个面包，满足程度从 10 个效用单位增加到了 15 个单位，增加了 5 个效用单位
   B. 张某吃了两个面包，共获得满足程度为 15 个效用单位
   C. 张某吃了四个面包后再不想吃了
   D. 张某吃两个面包，平均每个面包带给张某的满足程度为 7.5 个效用单位

10. 若某消费者消费了两个单位某物品之后，得知边际效用为零，则此时( )。
    A. 消费者获得了最大平均效用
    B. 消费者获得的总效用最大
    C. 消费者获得的总效用最小
    D. 消费者所获得的总效用为负

11. 若消费者张某只准备买两种商品 X 和 Y，X 的价格为 10，Y 的价格为 2。若张某买了 7 个单位 X 和 3 个单位 Y，所获得的边际效用值分别为 30 个单位和 20 个单位，则( )。
    A. 张某获得了最大效用
    B. 张某应当增加 X 的购买，减少 Y 的购买
    C. 张某应当增加 Y 的购买，减少 X 的购买
    D. 张某想要获得最大效用，需要借钱

12. 无差异曲线上任一点斜率的绝对值代表了( )。
    A. 消费者为了提高效用而获得另一些商品时愿意放弃的某一种商品的数量
    B. 消费者花在各种商品上的货币总值
    C. 两种商品的价格比率
    D. 在确保消费者效用不变的情况下，一种商品和另一种商品的交换比率

13. 对一位消费者来说古典音乐磁带(X)对流行音乐磁带(Y)的边际替代率是 1/3，如果( )。
    A. 古典音乐磁带的价格是流行音乐磁带价格的 3 倍，他可以获得最大的效用
    B. 古典音乐磁带的价格与流行音乐磁带价格相等，他可以获得最大的效用
    C. 古典音乐磁带的价格是流行音乐磁带价格的 1/3，他可以获得最大的效用
    D. 他用 3 盘流行音乐磁带交换 1 盘古典音乐磁带，他可以获得最大的效用

14. 一位消费者只消费两种商品 X 和 Y，X 对 Y 的边际替代率在任一点 (X,Y) 是 X/Y。假定收入为 260 元，P_X=2 元，P_Y=3 元，消费者消费 40 单位 X 商品和 60 单位 Y 商品，那么( )。
    A. 消费者实现了效用最大化
    B. 消费者可以通过增加 X 商品的消费，减少 Y 商品的消费来增加他的效用

C. 消费者可以通过增加 Y 商品的消费，减少 X 商品的消费来增加他的效用
D. 消费者可以通过增加 X 商品和 Y 商品的消费，来增加他的效用

拓展阅读

1. N. 格列高利·曼昆. 经济学原理(原书第 3 版). 北京：机械工业出版社，2003.
2. 保罗·萨缪尔森，威廉·诺德豪斯. 经济学(第 19 版). 北京：商务印书馆，2013.
3. 吴德庆，马月才，王保林. 管理经济学(第五版). 北京：中国人民大学出版社，2010.

第4章 需求与供给

市场类似于天气，总是变幻莫测，风暴不时起伏，错综复杂而又富有魅力。

——保罗·萨缪尔森

导入案例

猪肉价格为什么上涨

猪肉是我国人民消费的主要肉类品种，猪肉的生产和供应关系到人们生活、社会稳定，甚至国家安全，与粮食供应一样重要，所以有"猪粮安天下"的说法。2018年到2020年间，猪肉的价格经历了大幅上涨，给人们的生活消费带来很大影响。那么，猪肉价格上涨的原因是什么呢？

任何物品的价格都是受供求关系影响的，就像钻石和黄金，猪肉价格持续上涨也是因为猪肉缺口收紧引起的，说明猪肉供应量还难以满足国民猪肉消费量。

第一，国民对猪肉的偏爱决定了猪肉的庞大需求量。随着居民生活水平的提高，家庭生活购买力提高，使猪肉消费量逐步增加。

第二，非洲猪瘟导致生猪存栏下降。2018年，我国突发非洲猪瘟，并迅速在中华大地上蔓延传播，许多猪场不幸中招，整场覆灭，损失惨重，且种猪供应逐渐减少，母猪存栏数、生猪出栏数大幅下降。

第三，2020年，我国春节前突发的新型冠状病毒疫情也对养猪业造成了不利的影响。部分高速公路封闭停运，部分屠宰场关闭停业，饲料、猪肉流通受阻。用人难，饲料运输难，饲料价格涨幅明显，肥猪销售受阻。

第四，国际贸易和冻肉进口量收紧。疫情影响下，进口冻肉和生鲜外包装检测出新冠病毒阳性，这在一定程度上影响了冻肉进口，增加了国内猪肉产量的压力，短期内出现了猪价上涨的情况。

除了以上原因之外，你认为还有哪些因素影响了猪肉价格的上涨呢？

资料来源：李若楠. 当前猪肉价格上涨的影响及原因分析[J], 今日养猪业, 2020.3

- 知识目标：
  - 掌握需求、需求量的基本概念；
  - 理解需求的影响因素；
  - 掌握需求弹性的基本概念和计算；
  - 理解需求弹性的影响因素；
  - 掌握需求估计和预测的基本方法；
  - 掌握供给、供给量的基本概念；
  - 理解供给的影响因素；
  - 掌握供给弹性的基本概念和计算；
  - 理解供给弹性的影响因素。
- 知识目标：
  - 掌握需求、需求量的基本概念；
  - 能分析需求和需求量变动的相关内容；
  - 能运用需求弹性的相关知识分析现实案例；
  - 能进行需求估计和需求预测；
  - 能分析供给和供给量变动的相关内容；
  - 能运用供给弹性的相关知识分析现实案例。

4.1 需求分析

需求和供给是市场上最基本的两种力量。市场上所有的买方决定了商品的需求，而市场上所有的卖方决定了商品的供给。供给和需求这两种力量在市场这只"看不见的手"的作用下调节着市场资源的优化配置。

需求理论和分析在许多方面指导着企业的管理决策和计划活动。它可以为企业的生产、销售、财务、人事计划等活动提供有效的决策依据。为了进行正确的决策和计划，管理者需要时刻关注产品的市场需求状况，通过分析影响产品需求变动的相关因素，对消费者需求做出尽可能准确的预测。本小节从对需求的介绍开始，然后讨论需求的影响因素，进而对需求的弹性进行分析，以使读者对了解需求弹性的变动对消费者选择的影响，最后介绍需求估计和预测的相关方法。

4.1.1 需求和需求量

在经济学中，商品的需求（Demand）是指在其他条件不变的前提下，在一定时期内，消费者在该商品各种可能的价格水平下，愿意购买并且能够购买的该商品的数量。这里，"其他条件不变"，指的是除了商品本身的价格，影响需求的相关因素，诸如消费者收入、偏好等不变。"在一定时期内"，通常是指一年。消费者对某种商品的需求包含两个方面的含义：①消费者对该商品有购买欲望；②消费者具备购买这种商品的能力。要形成对某一种商品的需求，这两个条件缺一不可。

例如，某消费者想要购买某品牌的特定规格大小的瓶装果汁饮料，并且有支付能力。当价格为 5 元时，他会买 10 瓶；当价格为 4 元时，他会买 20 瓶；当价格为 3 元时，他会买 30 瓶。这就是该消费者对于该饮料的需求。

商品的需求量（Quantity Demanded）是指在其他条件不变的前提下，在一定时期内，消费者在某一特定价格水平下，愿意购买并且能够购买的商品的数量。

例如，在前例中，10 瓶就是该消费者在商品价格为 5 元时对该饮料的需求量。需要注意的是，需求量是消费者愿意购买且能够购买的商品数量，不一定等于实际购买的数量。例如，某种商品在市场上出现供不应求的时候，消费者的需求就会得不到满足，从而使消费者的实际购买量小于需求量。

由上述可见，需求并不是一个确定的数量，而是不同价格下的需求量的集合。它描述的是需求量和价格之间的关系；而需求量却是一个确定的数量。需求量和需求之间的关系是个别与整体的关系。

4.1.2 需求函数和需求曲线

1. 需求函数

在一定时期内，消费者对某种商品的需求量会受到诸多因素影响，如该商品的价格、相关商品的价格、消费者的收入水平、消费者的偏好、消费者对商品未来的价格预期、商品的广告宣传、潜在消费者数量等。有些因素的变化会引起需求量发生同向变化，有些因素的变化则会引起需求量发生反向变化。这些因素的共同作用，就决定了该商品这段时期内总的需求量。

需求函数就是某种商品的需求量与影响这一数量的各种因素之间的关系的一种数学表达式，可记为：

$$Q_D = f(P_X, P_Y, I, T, E, A, \cdots) \tag{4-1}$$

式中，Q_D 为 X 商品在一定时期内的需求量，P_X 为该商品的价格，P_Y 为相关商品的价格，I 为消费者的收入，T 为消费者的偏好，E 为消费者对商品的价格预期，A 为商品的促销广告费用。

当需求量与其他自变量之间的关系呈线性关系时候，其表达式可记为：

$$Q_D = c_0 + c_1 P_X + c_2 P_Y + c_3 I + c_4 T + c_5 E + c_6 A + \cdots \tag{4-2}$$

如果假定其他因素保持不变，只考虑商品自身的价格对该商品的需求量的影响，则需求函数可表示为：

$$Q_D = f(P) \tag{4-3}$$

例 4-1

需求函数与需求量

某冰箱制造厂冰箱的需求函数估计为：

$$Q_D = -300P + 25I + 0.5A$$

式中，Q_D 为消费者对该厂冰箱的需求量，P 为冰箱的价格，I 为消费者的平均收入，A 为广告费用。该需求函数表明，冰箱价格每增加 1 元，对冰箱的需求量将减少 300 台；消费者收入每增加 1 元，对冰箱的需求量将增加 25 台；广告费每增加 1 元，对冰箱的需求量将增加 0.5 台。如果计划年度 I、A 值分别估计为 40 000 元、1 000 000 元，那么在计划期内该厂冰箱的需求函数可以进一步表示为：

$$Q_D = 1\,500\,000 - 300P$$

据此，我们就可以估计出在各种价格水平下该冰箱的需求量。

2. 需求表与需求曲线

正如我们所看到的，任何一种商品的需求量都是由很多因素决定的，其中有一种因素起着核心作用，那就是商品的价格。例如，当某种冰箱的价格上升时，消费者对这种冰箱的需求量会下降，而当商家降价促销时，消费者对这种冰箱的需求量会增加。经济学中用需求定理来反映需求量与价格之间的变动关系。需求定理(Law of Demand)是指当其他条件相同时，一种物品的价格上升，其需求量减少；一种物品的价格下降，其需求量增加。或者说消费者愿意购买的商品数量和商品的价格是一种负相关关系。当商品价格上升时，人们会减少对它的购买量，反之，则会增加购买量。需求定理适用于经济中的大多数物品。

当其他条件相同时，需求量与价格之间的关系可以用需求函数方程 $Q_D=f(P)$ 来表示；也可以用表格的形式表示，如需求表(Demand Schedule)；还可以用图形的形式来表示，如需求曲线(Demand Curve)。

例如，在【例 4-1】中，在其他条件相同时，冰箱的需求函数用数学方程表示为：

$$Q_D = 1\,500\,000 - 300P$$

将冰箱的需求情况以表格形式(需求表)表示出来，结果如表 4-1 所示。由下表我们可以看到，在较低的价格水平上，消费者对该冰箱的需求量较多。随着价格的上升，消费者对该冰箱的需求量逐渐减少。

表 4-1 某冰箱的需求表

价格(千元/台)	0	1	2	3	4	5
需求量(万台)	150	120	90	60	30	0

将冰箱的需求函数关系以图形的形式(需求曲线)表示出来，结果如图 4.1 所示。图中，横轴代表冰箱的需求量 Q_D，纵轴代表冰箱的价格 P。需求曲线上的各点反映了该冰箱的价格与需求量之间的关系。例如，当价格为 3000 元/台时，需求量为 60 万台。

任何需求曲线都有一个共同的规律，即需求曲线总是一条自左上向右下倾斜(斜率为负)的曲线。这一重要性质被称为需求曲线向下倾斜规律。这是因为需求量的变动有自己的规律：价格上涨，需求量就减少；价格下跌，需求量就增加。两者通常按相反方向变化。价格下跌时，需求量为什么会增加呢？原因有两个。第一个原因是替代效应。价格下跌后，消费者会把对替代品的需求转移到这种商品上，因而使这种商品的需求量增加。第二个原因是收入效应。价格下跌后，消费者可以用同样多的钱购买到比以前更多的东西，这就意味着消费者的实际收入提高了，因而对该商品的需求量会有所增加。

价格和需求量之间的关系可以是线性关系,也可以是非线性关系。当价格和需求量之间的关系是线性关系时,需求曲线是一条向右下方倾斜的直线,直线上各点的斜率相等,如图 4.1 中的需求曲线。当价格和需求量之间的关系是非线性关系时,需求曲线是一条向右下倾斜的曲线,曲线上各点的斜率是不同的,如图 4.2 就是一般意义上的需求曲线。

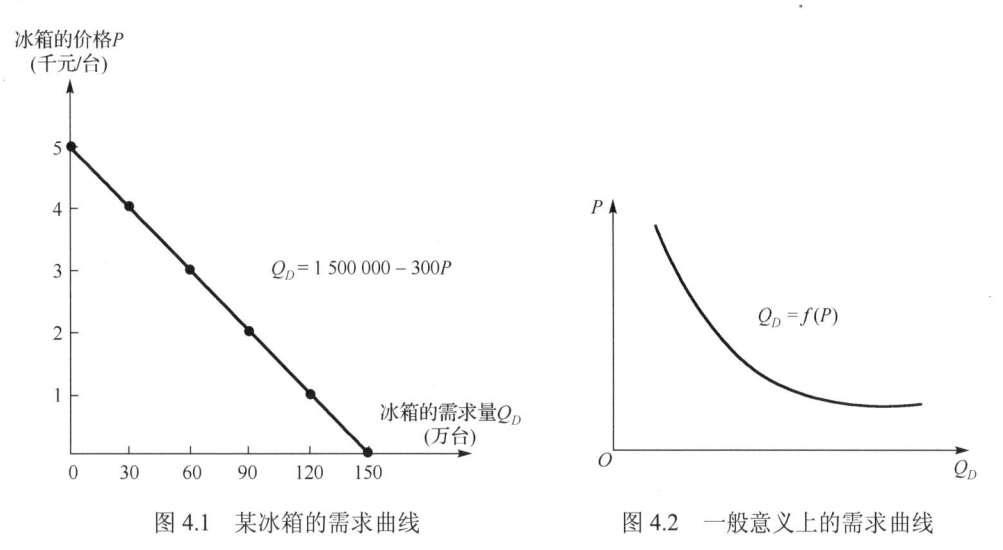

图 4.1　某冰箱的需求曲线　　　　图 4.2　一般意义上的需求曲线

需要注意的是,需求曲线是在其他条件不变的情况下绘制出来的。这就意味着只有商品的价格变动时,需求曲线上表现的价格与需求量之间才会出现一种负相关关系,即此时消费者的收入、偏好、预期等影响需求的因素是不变的。在进行经济分析时,区分什么是不变因素,什么是变动因素是非常重要的。

4.1.3　个人需求与市场需求

在进行需求分析时,我们有必要区分个人需求和市场需求。

个人需求是指市场中的单个个体对某种商品的需求。我们可以根据消费者行为理论,通过无差异曲线和预算约束线的共同作用得到个人需求曲线。如图 4.3 所示,假设消费者的收入为 3000 元,商品 X 和 Y 的价格分别为 40 元和 50 元,则相应的预算约束线为图 4.3 中的 AB_0。当无差异曲线与预算约束线相切时,消费者可以实现效用最大化。因此,消费者会选择无差异曲线 U_0 与 AB_0 的切点 E_0 所代表的物品组合。当收入和 Y 商品的价格不变时,假设 X 的价格上涨到 50 元。新的预算约束线如图 4.3 中的 AB_1。这时无差异曲线 U_1 与 AB_1 相切,消费者选择切点 E_1 所代表的物品组合时,效用最大。如果 X 的价格下降到 30 元,则此时消费者选择切点 E_2 所代表的物品组合时,效用最大。

按照这个方法,给定消费者的无差异曲线,就可以列出在任意价格时 X 的需求量。以商品 X 的价格作为纵轴,商品 X 的需求量作为横轴,就得到了图 4.3 中的商品 X 的个人需求曲线 D_X。该需求曲线符合需求曲线向下倾斜规律。

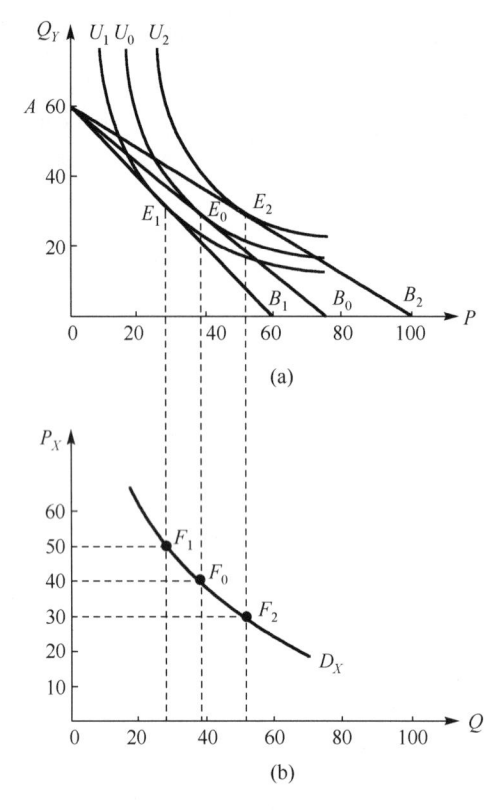

图 4.3 消费者均衡与个人需求曲线

在确定了个人需求后,我们可以进一步确定市场需求。市场需求是市场中所有个体对某种商品需求的总和。

假设对于某种商品 X,市场中只有两位购买者甲和乙。那么,该商品 X 的市场需求就是这两个购买者个人需求的总和。每一价格下的个人需求量相加就是市场在该价格下的需求总量,如表 4-2 所示。

表 4-2 个人需求与市场需求表

商品 X 的价格(元)	甲的需求量(个)	乙的需求量(个)	市场需求量(个)
1	12	8	20
2	9	6	15
3	6	4	10
4	3	2	5

根据市场需求表,可以得到相应的市场需求曲线。市场需求曲线是表示商品的市场总需求量与价格之间变动关系的图形。事实上,把所有的个人需求曲线水平相加,就可以得到市场需求曲线。要得任何一种价格时的总需求量,只需将这个特定价格下所有的个人需求曲线横轴上表示的个人需求量相加即可,如图 4.4 所示。因为个人需求曲线是向右下倾斜的,所以水平相加得到的市场需求曲线也是向右下倾斜的。

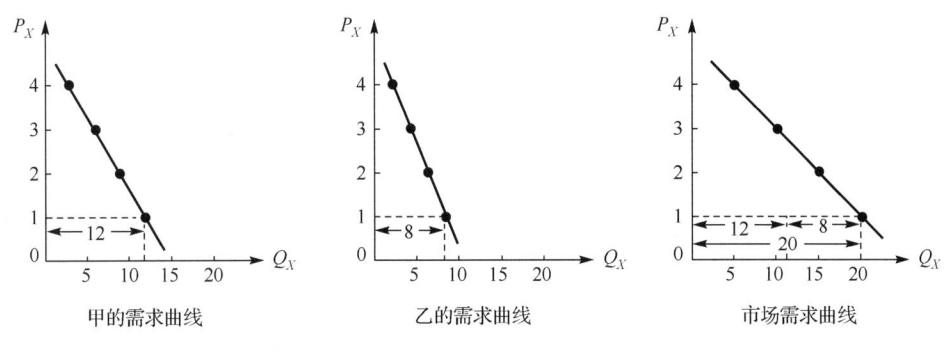

图 4.4 个人需求曲线与市场需求曲线

例 4-2

需求曲线

已知某产品在三个地区中每个地区的需求曲线如下。

地区 1：$Q_1 = 300 - 5P$

地区 2：$Q_2 = 200 - 3P$

地区 3：$Q_3 = 500 - 9P$

求三个地区总的需求曲线。

解：

设 P_0 为某一特定的产品价格。

当 $P = P_0$ 时，

$Q_1 = 300 - 5P_0$

$Q_2 = 200 - 3P_0$

$Q_3 = 500 - 9P_0$

$Q_0 = Q_1 + Q_2 + Q_3 = 1000 - 17P_0$

∴ 三个地区总的需求曲线为：$Q = 1000 - 17P$

4.1.4 需求的变动与需求量的变动

前面提到，需求和需求量是两个不同的概念。需求反映的是一种关系，即需求量与价格之间的关系，其表现形式可以是一个需求函数方程，可以是一张需求表，也可以是一条需求曲线。需求量则是一个具体的数量，指的是在其他条件不变的前提下，在一定时期内，消费者在某一特定价格水平下，消费者愿意购买并且能够购买的商品的数量。

需求的变动是指由于除商品自身价格以外的因素（即非价格因素，如消费者收入、偏好等）发生变化而引起的需求量与价格之间的关系发生变化。这意味着消费者在每一种价格水平下愿意购买并且能够购买的该商品的数量都发生了变化。在需求曲线图例上，表现为整条需求曲线发生移动（线的移动）。

例如，在图 4.5 中，D 为某商品的初始需求曲线，在相同价格水平下，假定消费者收入增加，消费者购买的该商品的数量也会相应增加。比如，在 P_1 价格下，消费者收入增加会导致该商品的需求量由 Q_1 增加到 Q_1'，那么，需求曲线就会整体向右发生移动（如果需求曲线的方程是线性的，这种位移就是平行位移），由此形成收入增加后的新的需求曲线 D'。同理，当消费者收入下降时，需求曲线会整体向左发生移动，形成新的需求曲线 D''。这种由初始需求曲线到新需求曲线的位移变动，就是需求的变动。

需求量的变动是指在其他条件不变的情况下（即非价格因素不变，此时需求曲线固定），由于商品本身价格发生变化而引起的需求量的变化。在需求曲线图例上，表现为需求曲线维持不动，点在需求曲线上发生移动（点的移动）。

例如，在图 4.6 中，D 为某商品的需求曲线，假定非价格因素（如消费者收入、偏好等）不变，那么需求曲线将维持不动。当商品价格上涨时，需求量下降；当价格下跌时，需求量增加。比如，在商品价格由 P_1 下跌到 P_2 时，需求量由 Q_1 沿着需求曲线移动到 Q_2。同理，商品价格由 P_1 上升到 P_3 时，需求量将由 Q_1 沿着需求曲线移动到 Q_3。这种点在需求曲线上的移动，就是需求量的变动。

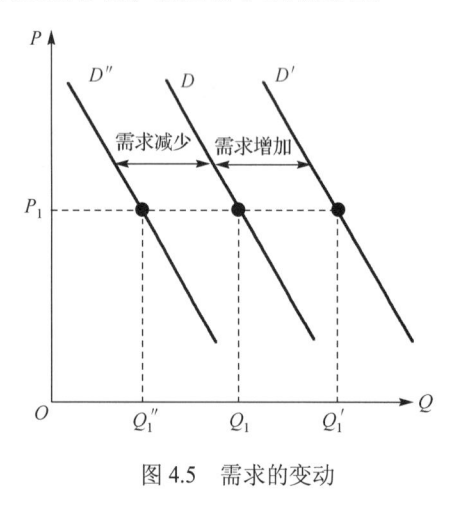

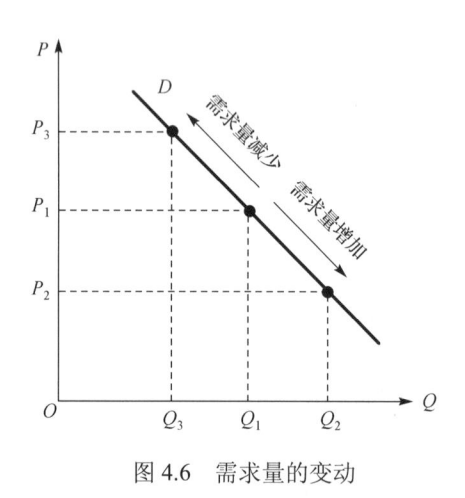

图 4.5　需求的变动

图 4.6　需求量的变动

4.1.5　需求的影响因素

在市场上，一种商品的需求量并不是固定不变的，要受到诸多因素影响，其中，商品的价格是影响需求量变化的主要因素。那么，除商品自身的价格以外，具体哪些因素会影响需求的变动，进而引起需求量的变化呢？概括起来，主要有以下几种因素。

1. 相关商品的价格

一种商品的需求常常会受到其他相关商品价格变化的影响。影响的性质取决于这两种商品是互为替代品还是互补品。

如果两种商品的功用相同或相似，可以满足消费者的同一需要，对消费者而言可以互相代替使用，这两种商品就互为替代品。例如，可乐和橙汁，摩托车和电动车，电风扇和空调等。一种商品的需求量与其替代品的价格之间具有正相关关系，或者说二者呈同方向变化，体现在需求函数[式(4-2)]中，即 P_Y 的系数 $C_2>0$。例如，当可乐的价格上涨时，人们会减少对可乐的购买，进而把需求转移到橙汁上，增加对橙汁的购买，从而使橙汁的需求量增加。反之，可乐的价格下降，将使橙汁的需求量减少。

如果两种商品必须共同使用才能满足消费者的某种需要，这两种商品就是互补品。例如，打印机和打印纸，球拍和球，汽车和汽油等。一种商品的需求量与其互补品的价格之间具有负相关关系，或者说二者呈反方向变化，体现在需求函数[式(4-2)]中，即 P_Y 的系数 $c_2<0$。例如，当汽车的价格下降时，人们会增加对汽车的需求量，从而使汽油的需求量也增加。反之，汽车的价格上涨，将使汽油的需求量下降。

2. 消费者的收入

消费者的收入，在这里指的是消费者的平均收入水平。对于正常品，需求量与消费者收入呈同方向变化，体现在需求函数[式(4-2)]中，即 I 的系数 $c_3>0$。消费者收入增加，对正常品的需求量就增加；反之，消费者收入下降，对正常品的需求量也就减少。生活中绝大多数物品都是正常品。对于低档品，需求量与消费者收入呈现反方向变化，体现在需求函数[式(4-2)]中，即 I 的系数 $c_3<0$。消费者收入增加，对低档品的需求量就越少；反之，消费者收入下降，对低档品的需求量也就增加。例如，公共汽车。随着消费者收入增加，人们更可能乘坐汽车或者出租车等交通工具，而对公共汽车的需求量会减少。

3. 消费者的偏好

消费者的偏好是指人们对于产品的爱好和选择，它主要受自身爱好与性格的影响。如果消费者喜欢某种物品，他会花费较多的收入购买该物品。例如，性能好、质量好、外观新颖的手机销路也好，是因为受到大多数消费者的喜爱。当然，偏好也会受到社会习俗、习惯和流行时尚等因素的影响。例如，在一段时间内，季度流行风格的服饰销量较大，是因为消费者受流行因素影响而偏好这一款式的服饰。同时，人们的偏好不是固定不变的，有可能会发生变化，因此，管理者需要经常研究消费者偏好的变化，并分析偏好变化可能给商品需求带来的影响。

4. 消费者对商品的价格预期

人们对一种物品未来的价格预期，会影响该物品当期的需求量。一般来说，如果人们预期某物品的未来价格会上涨(看涨)，那么人们对该物品的当期需求量会增加。例如，如果人们预期房价在未来会上涨，那么人们更可能在当下购房，从而增加当期的需求量。反之，如果人们预期某物品的未来价格会下降(看跌)，那么人们对该物品的当期需求量会减少。例如，如果人们预期房价在未来会下降，那么在当期人们更可能会减少购房量。

【小案例】1988 年，全民抢购风潮

1988 年，为解决严重的通货膨胀和社会收入分配不公问题，国家取消价格双轨制，放开了物价管制，使"官倒"的活动空间大大缩小。同时，物价开始飞涨，因此引起了普遍的恐慌。全国几乎都出现了抢购风潮，柴米油盐和日常生活用品，都成了抢手货，有些商店的东西几乎被买空。

资料来源：https://xw.qq.com/.

5. 商品的广告宣传

商品的广告宣传会影响人们对于商品的偏好，进而影响商品的需求量。一般来说，某商品的广告投入越大，人们对于该商品的需求量也越大。当然，广告投入也有一个合理的限度。在广告投入的初期，增加广告投入会使商品的需求量增多，但是当广告费到达一定限度后，增加一单位的广告费所引起的需求量的增加将会递减，甚至会是负数。这时，再增加广告费就不一定划算了。管理者应该会判断广告宣传给需求量带来的影响，从而做出正确的决策。

6. 消费者数量

一种商品的消费者人口(市场规模)变化会影响该商品的市场需求。消费者人口增加会在所有价格水平下带来购买量的增加，并使需求曲线向右移动。反之，消费者人口减少会在所有价格水平下带来购买量的减少，并使需求曲线向左移动。

以上是影响需求变化的主要因素，除此以外，自然灾害、疾病、战争、气候、宗教、社会运动等特殊因素也对物品的需求有一定的影响。同时，不同的物品，影响其需求变化的因素也有所不同。例如，雨具、取暖器等物品的需求量还与季节有关。

4.1.6 需求弹性的影响因素及其计算

我们已经知道，商品的需求量受诸多因素的影响。例如，价格上涨，商品的需求量会减少。但是不同的商品受到影响的程度不同。例如，大米价格上涨50%引起的需求量的变化与冰箱因价格上涨50%而引起的需求量的变化是不同的。为了分析不同产品的需求量因为某种因素的变化而受到影响的程度，我们引入需求弹性这一工具。

需求弹性(Elasticity of Demand)是指商品的需求量对于某种影响因素变化的反应程度，用公式表示为：

$$需求弹性 = \frac{需求量变动的百分比}{某影响因素变动的百分比}$$

为了研究商品价格、消费者收入和相关商品的价格对于需求量的影响，下面重点介绍需求的价格弹性、需求的收入弹性和需求的交叉弹性。

1. 需求的价格弹性

(1) 需求价格弹性的定义。

需求定理表明，一种物品的价格下降将使其需求量增加。需求的价格弹性(Price Elasticity of Demand)衡量需求量对价格变动的反应程度，表示价格一定比例的变动将会引起的需求量的变动比例。经济学上用需求量变动百分比除以价格变动百分比来计算需求价格弹性，即：

$$需求的价格弹性 = \frac{需求量变动的百分比}{价格变动的百分比}$$

如果用 E_P 表示需求的价格弹性，Q 和 ΔQ 分别表示需求量和需求量的变动量，P 和 ΔP 分别表示价格和价格的变动量，那么需求的价格弹性可以进一步表示为：

$$E_P = \frac{\Delta Q / Q}{\Delta P / P} = \frac{\Delta Q}{\Delta P} \cdot \frac{P}{Q} \tag{4-4}$$

需要注意的是，在价格弹性公式(4-4)中，由于需求量与价格一般是呈反方向变动的，即 ΔQ 和 ΔP 总是有着相反的符号，因此计算出来的价格弹性在数值上通常是负值。遵循一般做法，本教材用计算结果的绝对值来表示价格弹性的大小。例如，我们说某产品的价格弹性大，是指其价格弹性的绝对值大。一种物品的需求量对价格变动的反应越敏感，价格弹性就越大。一种物品的需求量对价格变动的反应越小，价格弹性就越小。

(2) 需求价格弹性的影响因素。

一种物品的价格弹性的大小是由许多因素影响和决定的。一般来说，这些因素主要有以下几种。

① 替代品的可获得性。

商品的需求价格弹性首先取决于消费者获得该商品替代品的难易程度。如果对于市场上的某一种商品，消费者很容易就可以找到其他一种或者几种替代品，那么该商品的需求弹性往往较大。因为在该商品的替代品价格不变的情况下，一旦这种商品涨价，消费者就会转而购买其替代品，从而导致这种商品的需求量发生较大的减少。例如，苹果作为家常水果，很容易找到诸如梨子等其他水果作为替代品，其弹性就大。相比之下，食盐就几乎没有其他食品可以替代，因此，其弹性就小。

② 商品的市场定义范围。

商品的需求弹性还受其市场定义范围大小的影响。市场定义范围小的物品，其需求弹性往往大于市场定义范围大的物品，因为前者更容易找到相近的替代品。例如，饮料的市场定义范围很大，它的需求弹性就比较小，因为很难找到合适的饮料的替代品。而对于具体的某一种饮料，如可乐，其市场定义范围较小，它的需求弹性就比较大，因为很容易找到其他饮料来替代它。

③ 商品对人们生活的必需程度。

一般而言，生活必需品的价格弹性较小，而奢侈品的价格弹性较大。例如，粮食是生活必需品，如果涨价，人们对它的需求量不会减少很多；如果降价，人们对它的需求量也不会增加很多。而对于珠宝等奢侈品，如果涨价，人们对它的需求量就会大幅减少；如果降价，需求量就会大幅增加。

④ 商品购买支出占消费者总收入的比例。

一种商品的价格弹性同样受其价格占消费者总收入的比例的影响。价格占消费者总收入比例大的商品，其价格弹性往往较大。价格占消费者总收入比例小的商品，其价格弹性往往较小。例如，对于香皂、牙膏等低价格商品，即使其价格上涨一倍，对其需求量也不会有太大影响。因为其购买支出只占消费者总收入的很小比例，涨价不会对消费者的个人经济状况造成影响。因此，这类商品的价格弹性较小。但对于电视机、电冰箱、汽车等高价格商品，如果价格上涨一倍，其需求量就会大幅减少。因为其购买支出占消费者总收入的比例较大，其价格变化对于消费者经济状况的影响也较大。因此，这类商品的价格弹性往往就比较大。

⑤ 时间跨度。

商品的需求弹性往往从长期看更大。这是因为，时间跨度越长，消费者就可以有更多的机会来改变他们的偏好、习惯和技术条件等去使用替代品，以适应商品价格的变化。例如，当汽油价格上升时，在短期内，消费者不太容易找到合适的替代品，汽油的需求量只是略微减少，因此在短期内价格弹性较小。但是随着时间的推移，人们或许会购买更省油的汽车，或者转而乘坐公共交通工具，或者搬到距离工作地点更近的地方。因此，从长期看，汽油的需求量会更大幅度地减少，价格弹性较大。由此可见，同样的商品，从长期看，其价格弹性就大；从短期看，其价格弹性就小。

(3) 需求价格弹性的计算方法。

需求价格弹性的计算方法有两种：点弹性和弧弹性。两种方法的适用范围和所需数据有所不同。点弹性适用于评价价格的微小变化所带来的影响，或者计算在某一特定价格上的价格弹性。而弧弹性适用于分析价格的离散变化所带来的影响。

① 点弹性。

所谓价格点弹性，就是计算需求曲线上某一点的价格弹性。此时式(4-4)中的 ΔQ 和 ΔP 都极微小，接近于零，所以 $\Delta Q/\Delta P$ 可以写作 dQ/dP，即为 Q 对 P 的导数。

价格点弹性的计算公式可以写为：

$$E_P = \lim_{\Delta P \to 0} \frac{\Delta Q/Q}{\Delta P/P} = \lim_{\Delta P \to 0} \frac{\Delta Q}{\Delta P} \cdot \frac{P}{Q} = \frac{dQ}{dP} \cdot \frac{P}{Q} \tag{4-5}$$

该公式可以用来计算需求曲线上任意一点的价格弹性，如图 4.7 所示。

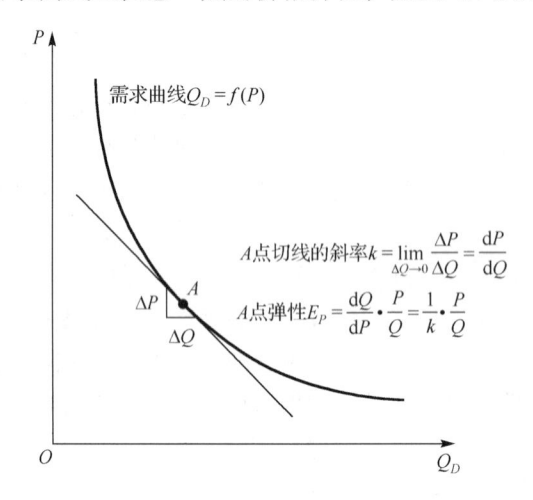

图 4.7 计算需求曲线上任意一点的价格弹性

例 4-3

价格点弹性

假定某产品的市场需求曲线方程为：$Q = 100 - 5P$。求 $P=4$ 时的价格弹性，并解释其经济意义。

解：

$$\frac{dQ}{dP} = -5$$

$$E_P = \frac{dQ}{dP} \cdot \frac{P}{Q} = -5 \cdot \frac{4}{80} = -0.25$$

即 $P=4$ 的价格弹性为 0.25。表明当价格为 4 时，价格变动 100%，将使需求量变动 25%。例如，价格由 4 上涨到 8(上涨 100%)时，根据价格弹性，可以估计，需求量将由 80 下降到 60(下降 25%)。

② 弧弹性。

计算价格点弹性需要知道需求曲线的方程，而多数情况是，不知道需求曲线的方程，但知道需求曲线上两点的坐标，此时就要用另一种方法——弧弹性来计算弹性值。

所谓价格弧弹性，是指计算需求曲线两点间曲线的价格弹性。在计算价格弧弹性时，会出现这样的问题：一段曲线总是有两个端点，那么以哪个端点作为计算的依据呢？选择的基点不同，得出的价格弹性也不同。为了避免这个问题，可以利用中点法来计算弧弹性，即以两个端点的平均值为基点来计算弧弹性。

价格弧弹性的计算公式如下：

$$E_P = \frac{\Delta Q/Q}{\Delta P/P} = \frac{(Q_2-Q_1)/\frac{Q_2+Q_1}{2}}{(P_2-P_1)/\frac{P_2+P_1}{2}} = \frac{Q_2-Q_1}{P_2-P_1} \cdot \frac{P_2+P_1}{Q_2+Q_1} \tag{4-6}$$

例 4-4

价格弧弹性

某音乐会的票价由 100 元上涨到 150 元后，销售量由 2 万张下降到了 1 万张。求价格从 100 元到 150 元之间的弧价格弹性。

解：

已知 $P_1=100, P_2=150, Q_1=20000, Q_2=10000$

$$E_P = \frac{Q_2-Q_1}{P_2-P_1} \cdot \frac{P_2+P_1}{Q_2+Q_1} = \frac{10000-20000}{150-100} \cdot \frac{150+100}{10000+20000} = -1.67$$

即价格从 100 元到 150 元之间的价格弧弹性为 1.67。

需要注意的是，需求价格弹性不受计量单位的影响。例如，上例中以元为单位和以分为单位是不影响价格弹性的大小的。不管计量单位是什么，变化的百分比都是一样的，从而价格弹性也是相同的，这就剔除了规模因素对弹性的系数影响，有利于不同商品需求价格弹性的比较。

(4) 需求价格弹性的分类。

根据价格弹性的大小，一般可以把需求价格弹性分为五大类，分别是：完全弹性、富有弹性、单位弹性、缺乏弹性和完全无弹性，如表 4-3 所示。

表 4-3 需求价格弹性的分类

价格弹性	需求价格弹性的类型
$\|E_P\|=0$	需求完全无弹性
$0<\|E_P\|<1$	需求缺乏弹性
$\|E_P\|=1$	需求具有单位弹性
$\|E_P\|>1$	需求富有弹性
$\|E_P\|=\infty$	需求具有完全弹性

① 需求完全无弹性，$|E_P|=0$，表示无论价格怎么变动，需求量总是固定不变的。此

时，需求曲线是一条平行于 Y 轴的垂直直线，如图 4.8(a)所示。生活中的一些必需品，如自来水、电、气、食盐等，在没有替代品的情况下，价格变化，需求量基本不变。这类物品的需求就近似于完全无弹性。

② 需求缺乏弹性，$0<|E_P|<1$，表示需求量变动的比例小于价格变动的比例，或者说价格很大比例的变动只给需求量变动带来微小的影响。此时，需求曲线是一条较为陡峭的曲线，如图 4.8(b)所示。农产品、生活用品等，大多属于缺乏弹性的商品。

③ 需求具有单位弹性，$|E_P|=1$，表示需求量变动的比例等于价格变动的比例。此时，需求曲线是一条方程为 $Q=\dfrac{k}{P}$ 的双曲线，如图 4.8(c)所示。在这条需求曲线上，所有各点的价格弹性均为 1。例如，某人每月总是从工资收入中取出 300 块钱买猪肉吃，如果猪肉涨价，他就少买，猪肉降价，他就多买。那么，他对猪肉的需求就是单位弹性需求。

④ 需求富有弹性，$|E_P|>1$，表示需求量变动的比例大于价格变动的比例，或者说价格微小比例的变动就会给需求量变动带来很大的影响。此时，需求曲线是一条较为平坦的曲线，如图 4.8(d)所示。生活中可买可不买的非必需品，以及奢侈品等往往就属于富有弹性的商品。

⑤ 需求具有完全弹性，$|E_P|=\infty$，表示价格极小的变动都会引起需求量极大的变动。只要价格稍有上升，需求量就会立刻降为零。此时需求曲线是一条平行于 X 轴的水平直线，如图 4.8(e)所示。在完全竞争市场里，某些同质的无差异商品，由于竞争而按同一价格出售，如果有企业稍微提价，就会卖不出去。这种商品的需求就近似于完全弹性需求。

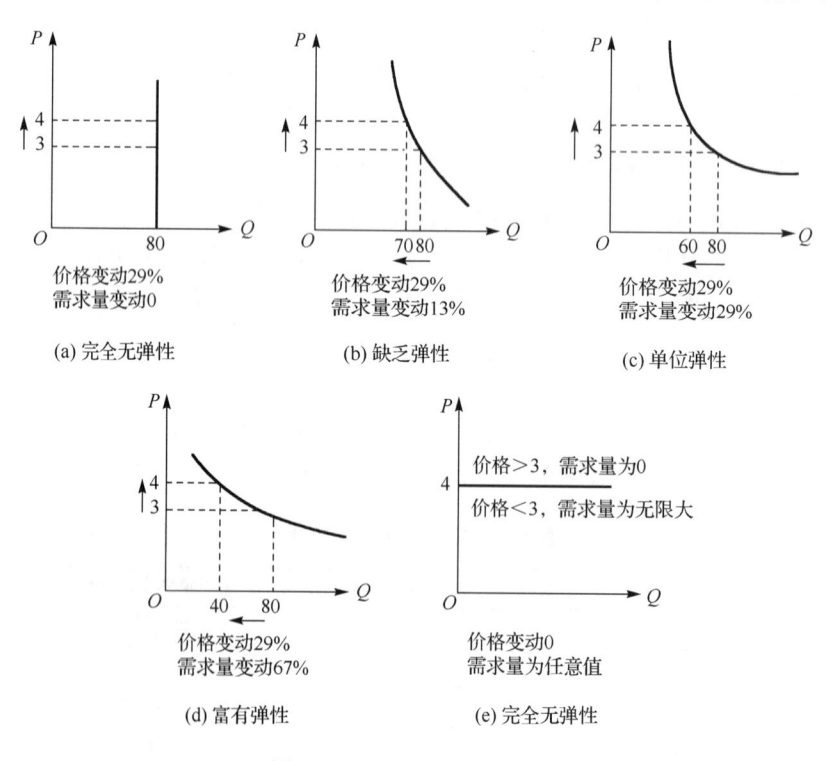

图 4.8 需求价格弹性的分类

在现实生活中，两种极端的完全弹性和完全非弹性需求的物品基本上是不存在的，只是存在近似的情况。单位弹性需求的商品也较少。现实生活中的大多数商品要么是缺乏弹性的，要么是富有弹性的。图 4.8 描述了各种需求弹性不同的需求曲线，而图中的变动比例皆由中点法计算而来。

需要注意的是，一条倾斜的线性需求曲线上每一点的需求弹性都是不同的。如图 4.9 所示，在 A 点，$|E_P|=\infty$，因为在 A 点的坐标中，$Q=0$，所以 $|E_p|=\left|\dfrac{\mathrm{d}Q}{\mathrm{d}P}\cdot\dfrac{P}{Q}\right|=\infty$。在 B 点，$|E_P|=0$，因为在 B 点的坐标中，$P=0$，所以 $|E_p|=\left|\dfrac{\mathrm{d}Q}{\mathrm{d}P}\cdot\dfrac{P}{Q}\right|=0$。在中点 M，$|E_P|=1$，因为 M 点的斜率 $\dfrac{\mathrm{d}P}{\mathrm{d}Q}$ 恰好等于 $\dfrac{P}{Q}$，所以 $|E_p|=\left|\dfrac{\mathrm{d}Q}{\mathrm{d}P}\cdot\dfrac{P}{Q}\right|=1$，在该点处需求具有单位弹性。需求曲线的 AM 部分，$|E_p|>1$，需求富有弹性；MB 部分，$0<|E_p|<1$，需求缺乏弹性。

(5) 需求价格弹性与总收益之间的关系。

为了研究价格弹性和总收益之间的关系，我们首先看一个实例。假定市场上某种饮料具有线性需求，需求函数为 $Q=10-P$。根据需求函数，可以得到该商品在不同价格水平下的需求量、价格弹性和总收益，如表 4-4 所示。

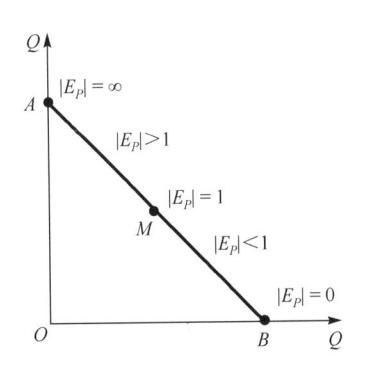

图 4.9 需求曲线上各点的价格弹性不同

表 4-4 价格弹性与总收益、边际收益

价格(元)	需求量(瓶)	价格弹性	总收益
10	0	∞	0
9	1	9.00	9
8	2	4.00	16
7	3	2.33	21
6	4	1.50	24
5	5	1.00	25
4	6	0.67	24
3	7	0.43	21
2	8	0.25	16
1	9	0.11	9
0	10	0.00	0

线性需求曲线的斜率 $k=\dfrac{\mathrm{d}Q}{\mathrm{d}P}=-1$，固定不变，这意味着需求弹性 $|E_P|=\left|\dfrac{\mathrm{d}Q}{\mathrm{d}P}\cdot\dfrac{P}{Q}\right|$ 也将随着价格的下降而下降。

由表 4-4 可得，当价格弹性大于 1 时，价格下降使总收益增加。当价格弹性小于 1

时，价格下降使总收益减少。当价格弹性等于1时，总收益最大。例如，当价格从10元降到9元时(这两个价格处的需求弹性都大于1)，总收益增加9元。当价格从4元降到3元时(这两个价格处的需求弹性都小于1)，总收益减少3元。当价格等于5元时，总收益最大。

根据需求函数及表4-4中的数据，图4.10给出了该商品的需求曲线及对应的边际收益、总收益曲线。

由图可知：当点A沿着需求曲线向下移动到点B时，需求弹性越来越小，在M点，即为单位弹性，此时，总收益最大。在需求曲线上位于M点左上方的各点，需求富有弹性，总收益随着价格的下降而增加；而在位于M点右下方的各点，需求缺乏弹性，总收益随着价格的下降而减少。

归结起来，价格弹性与总收益之间的关系如表4-5所示。

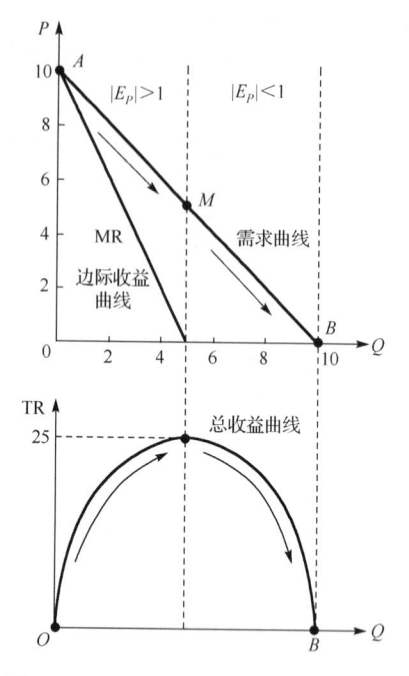

图4.10 需求的价格弹性及总收益变动

表4-5 价格弹性与总收益之间的关系

价格变化	富有弹性	单位弹性	缺乏弹性
价格下降	总收益增加	总收益不变	总收益减少
价格上升	总收益减少	总收益不变	总收益增加

由此可以看出，当需求富有弹性时，总收益与价格变化反向变动；当需求缺乏弹性时，总收益与价格同向变动。因此，在实际生活中，当商品的需求富有弹性时，人们常常采取降低价格的方式来增加总收益，即企业常说的"薄利多销"。

【小案例】谷贱伤农

《汉书·食货志上》："籴(dí)甚贵，伤民；甚贱，伤农。民伤则离散，农伤则国贫。"现实生活中，常常出现这样的景象，农产品丰收了，但是由于市场供应同类型农产品太多，造成许多丰收的水果、蔬菜销售不出去，形成农产品滞销。

结合需求弹性理论解释，为什么农产品丰收了反而伤农。

2. 需求的收入弹性

(1) 收入弹性的定义。

消费者对某种商品需求量的大小，除了受到价格影响，还受收入水平高低的影响。需求的收入弹性(Income Elasticity of Demand)衡量需求量对收入变动的反应程度，表示收入一定比例的变动将会引起的需求量的变动比例。经济学上用需求量变动百分比除以收入变动百分比来计算收入弹性，即：

$$收入弹性 = \frac{需求量变动的百分比}{收入变动的百分比}$$

如果用 E_I 表示收入弹性，Q 和 ΔQ 分别表示需求量和需求量的变动量，I 和 ΔI 分别表示收入和收入的变动量，那么收入弹性可以用数学式表示为：

$$E_I = \frac{\Delta Q / Q}{\Delta I / I} = \frac{\Delta Q}{\Delta I} \cdot \frac{I}{Q} \tag{4-7}$$

(2) 收入弹性的计算方法。

需求收入弹性与价格弹性一样，其计算方法有两种：点弹性和弧弹性。

① 点弹性。

收入点弹性是衡量需求曲线上某一点上需求量对收入水平变动的反应程度。如果收入只是发生了微小变化，就计算收入点弹性。其计算公式为：

$$E_I = \lim_{\Delta I \to 0} \frac{\Delta Q / Q}{\Delta I / I} = \lim_{\Delta I \to 0} \frac{\Delta Q}{\Delta I} \cdot \frac{I}{Q} = \frac{\mathrm{d}Q}{\mathrm{d}I} \cdot \frac{I}{Q} \tag{4-8}$$

② 弧弹性。

收入弧弹性是计算两个收入水平之间收入弹性的一种方法。收入的变化较大时，一般计算收入弧弹性。其计算公式为：

$$E_I = \frac{\Delta Q / Q}{\Delta I / I} = \frac{(Q_2 - Q_1) / \frac{Q_2 + Q_1}{2}}{(I_2 - I_1) / \frac{I_2 + I_1}{2}} = \frac{Q_2 - Q_1}{I_2 - I_1} \cdot \frac{I_2 + I_1}{Q_2 + Q_1} \tag{4-9}$$

例 4-5

收入弹性

某市地方政府为了解决居民住房问题，要制定住宅建设的长远规划。假定根据资料，已知该市住房需求的收入弹性为 1.2，估计 10 年后，每人的平均收入可增加 20%。据此预测，10 年后，由于收入的影响，该市对住房的需求量将增加多少？

解：

根据题意，已知：

$$E_I = 1.2$$

$$\Delta I / I = 20\%$$

$$需求量变动比例 = \Delta Q / Q = E_I \cdot (\Delta I / I) = 1.2 \times 20\% = 24\%$$

即可以预测 10 年后，由于收入的影响，该市对住房的需求量将增加 24%。

(3) 收入弹性的分类。

根据需求收入弹性的大小，可以将商品分为五类，如表 4-6 所示。

表 4-6　收入弹性与商品类型

收入弹性 E_I	商品类型	
$E_I > 1$	富有收入弹性商品(奢侈品)	正常品
$E_I = 1$	单位收入弹性商品	
$0 < E_I < 1$	缺乏收入弹性商品(必需品)	
$E_I = 0$	收入无弹性商品	
$E_I < 0$	负收入弹性商品	低档品

① 富有收入弹性商品($E_I>1$)：奢侈品。

这类商品是指当其他因素不变，收入变动引起需求量相同方向变动，并且需求量变动的比例大于收入变动比例的商品。这类商品属于奢侈品，如高档的家用电器、室内装修、境外旅游等，在消费者收入增加时，需求量会更大幅度地增加。

② 单位收入弹性商品($E_I=1$)。

这类商品是指当其他因素不变，收入变动引起需求量相同方向变动，并且需求量变动的比例等于收入变动比例的商品。统计表明衣服是一种较为接近单位收入弹性的商品。

③ 缺乏收入弹性商品($0<E_I<1$)：必需品。

这类商品是指当其他因素不变，收入变动引起需求量相同方向变动，但是需求量变动的比例小于收入变动比例的商品。这类商品属于必需品，如食用油，当消费者收入增加时，食用油的消费量会有所增加，但增加的百分比要小于收入增加的百分比。

④ 收入无弹性商品($E_I=0$)。

这类商品较特殊，在消费者的收入变化后，这类商品的消费量完全没有变化。也就是说消费者对这类商品的需求量是基本固定的，如食盐被认为是一种收入无弹性商品。

⑤ 负收入弹性商品($E_I<0$)：低档品。

这类商品是指当其他因素不变，收入变动引起需求量反方向变动的商品。消费者收入增加后，需求量反而减少，需求收入弹性为负。这类商品属于低档消费品或劣质品，如肥肉、公共交通等在人们收入提高之后需求量普遍减少。

需要注意的是，奢侈品、必需品、低档品的概念是动态的、相对的。随着收入水平的普遍提高，有些曾经被视作高档品的商品，现在可能已是必需品了，以后也许会成为低档品。

【小案例】恩格尔系数

恩格尔系数(Engel's Coefficient)是食品支出总额占个人消费支出总额的比重。19世纪德国统计学家恩格尔根据统计资料，对消费结构的变化得出一个规律：一个家庭收入越少，家庭收入中(或总支出中)用来购买食物的支出所占的比例就越大，随着家庭收入的增加，家庭收入中(或总支出中)用来购买食物的支出比例则会下降。因此，恩格尔系数越大，表示一个国家或家庭生活越贫困；反之，恩格尔系数越小，表示一个国家或家庭生活越富裕。结合食品的收入弹性来解释恩格尔发现的这一规律的合理性。

3. 需求的交叉弹性

(1) 需求交叉弹性的定义。

许多商品的需求量大小会受到相关商品价格变化的影响。需求的交叉弹性

(Cross-Price Elasticity of Demand)正是衡量一种商品的需求量对于另一种相关商品的价格变动的反应程度，表示另一种商品价格一定比例的变动将会引起的这种商品的需求量的变动比例。

设有两种相关商品 X 和 Y，商品 X 的需求量对商品 Y 价格变动的反应程度，即 X 商品的交叉弹性可表示为：

$$X商品的交叉弹性 = \frac{X商品需求量变动的百分比}{Y商品价格变动的百分比}$$

如果用 E_{XY} 表示 X 商品的交叉弹性，Q_X 和 ΔQ_X 分别表示 X 的需求量及 X 的需求量的变动量。那么 X 商品的交叉弹性可以用数学式表示为：

$$E_{XY} = \frac{\Delta Q_X / Q_X}{\Delta P_Y / P_Y} = \frac{\Delta Q_X}{\Delta P_Y} \cdot \frac{P_Y}{Q_X} \tag{4-10}$$

(2)需求交叉弹性的计算方法。

同前面两种弹性的计算方法类似，需求交叉弹性也有两种具体的计算方法，即点弹性和弧弹性。

① 点弹性。

如果 X 商品的价格只是发生了微小的变化，或者为了了解在一定的 X 的价格水平上的交叉弹性，可以计算交叉点弹性，其计算公式为：

$$E_{XY} = \lim_{\Delta P_Y \to 0} \frac{\Delta Q_X / Q_X}{\Delta P_Y / P_Y} = \lim_{\Delta P_Y \to 0} \frac{\Delta Q_X}{\Delta P_Y} \cdot \frac{P_Y}{Q_X} = \frac{\mathrm{d} Q_X}{\mathrm{d} P_Y} \cdot \frac{P_Y}{Q_X} \tag{4-11}$$

② 弧弹性。

如果 X 的价格变化较大，一般计算交叉弧弹性，其计算公式为：

$$E_{XY} = \frac{\Delta Q_X / Q_X}{\Delta P_Y / P_Y} = \frac{Q_{X_2} - Q_{X_1} / \dfrac{Q_{X_2} + Q_{X_1}}{2}}{P_{Y_2} - P_{Y_1} / \dfrac{P_{Y_2} + P_{Y_1}}{2}} = \frac{Q_{X_2} - Q_{X_1}}{P_{Y_2} - P_{Y_1}} \cdot \frac{P_{Y_2} + P_{Y_1}}{Q_{X_2} + Q_{X_1}} \tag{4-12}$$

需要注意的是，需求交叉弹性的数值不总是对称的，即因 Y 价格变动而引起的 X 需求量的变动 E_{XY}，不一定等于因 X 价格变动而引起的 Y 需求量的变动 E_{YX}。但是，这两个交叉弹性的符号总是一致的。

例 4-6

交叉弹性

对某公司的 X 产品的需求如下：

$$Q_X = 12 - 3P_X + 4P_Y$$

假设 X 产品的售价为每单位 6 元，而 Y 产品的售价为每单位 3 元。

在给定价格下，计算产品 X 与 Y 之间的需求交叉价格弹性(产品 Y 的价格变动对产品 X 需求量的影响)。

解：

根据题意，已知当 $P_X=6, P_Y=3$ 时，$Q_X=6$

所以 $E_{XY}=\dfrac{dQ_X}{dP_Y}\cdot\dfrac{P_Y}{Q_X}=4\cdot\dfrac{3}{6}=2$

即产品 X 与 Y 之间的需求交叉价格弹性是 2。

(3) 需求交叉弹性的分类。

根据交叉弹性的不同，可以将其分成三类，并据此来判断商品相关性的特性，如表 4-7 所示。

表 4-7 交叉弹性与商品之间的关系

交叉弹性	商品 X 与 Y 之间的关系
$E_{XY}>0$	替代品
$E_{XY}<0$	互补品
$E_{XY}=0$	无关品

① 交叉弹性为正值，$E_{XY}>0$，表示 X 商品的需求量与 Y 商品的价格两者变动方向一致。这表明这两种商品互为替代品，在一定程度上可以互相替代。例如，猪肉价格提高会使猪肉需求量下降，从而导致牛肉需求量增加。交叉弹性数值越大，替代性就越强。

② 交叉弹性为负值，$E_{XY}<0$，表示 X 商品的需求量与 Y 商品的价格两者变动方向相反。这表明这两种商品互为互补品，需要相互搭配一起使用，才能发挥各自的功效。例如，剃须刀刀架价格上升会使其需求量下降，从而导致刀片的需求量也下降。交叉弹性(绝对值)越大，互补性就越强。

③ 交叉弹性为零，$E_{XY}=0$，表示 Y 商品的价格对于 X 商品的需求量不会造成任何影响。这表明这两种商品互相独立，互不相关。X 和 Y 既不是替代品，也不是互补品，两者之间没有任何关系。例如，牛肉和化妆品。

【小案例】为什么很多酒吧喝水要钱，花生米却免费

有些酒吧一杯清水卖四块钱，但免费的花生米却可随意索要。花生米的生产成本肯定比水高，那这到底是怎么回事呢？

理解这种做法的关键在于，弄明白水和花生米对这些酒吧的核心产品——酒精饮料的需求量会造成什么样的影响。花生米和酒是互补的。酒客吃的花生米越多，要点的啤酒或白酒也就越多。既然花生米相对便宜，而每一种酒精饮料又都能带来相对可观的利润率，那么，免费供应花生米能提高酒吧的利润。反之，水和酒是不相容的。酒客水喝得越多，点的酒自然也就越少了。所以，即便水相对廉价，酒吧还是要给它定个高价，以打消顾客的消费积极性。

资料来源：罗伯特·弗兰克. 牛奶可乐经济学. 北京：中国人民大学出版社，2008.

4.1.7 需求估计和预测

前面我们在讨论需求函数、需求曲线和需求弹性时，往往假定它们是已知的。接下来本小节将探讨企业如何对市场需求进行估计和预测。

1. 需求估计

进行估计的方法有很多，大体可以分为两大类：①市场调查法，是指根据市场调查所得资料估计需求；②统计法，是指根据积累的统计资料，用统计方法进行估计。事实上，这两种方法是不可分割的。对调查所得资料进行分析和判断，离不开统计方法；当统计资料不足时，需要以市场调查资料作为补充，才能进行统计分析。

(1) 市场调查法。

① 明确调查目的。需求估计的调查目的通常是了解到底哪些人群(年龄、受教育程度、收入水平等)最可能购买这种产品，以及不同的价格政策将会如何影响消费者的购买决策。

② 确定调查对象。调查访问对象可以根据调查项目的要求来选择，或者采用抽样方法来确定。

③ 实施调查过程。将拟调查的项目，以面谈、电话、电子邮件或者书信等形式向消费者提问，以获得所需的资料。

④ 调查数据的整理和分析。结合相关统计方法对调查所得原始数据进行汇总、列表、分析，以此为依据估计出该产品的市场需求情况。

市场调查法的成功与调查人员的调查技巧有很大关系。提问应该清楚，调查对象应该有代表性。要注意调查方式，应使较多的人愿意回答提出的问题而不带偏见。访问调查法的主要问题是，从调查中得到的关于消费者需求量的信息不一定准确，因为有些问题往往无法得到量化的确切答案。因此，最好把这种方法同其他方法，如市场实验法结合起来使用，效果会更好。

(2) 统计法。

需求估计的统计方法有很多，这里主要介绍回归分析法。利用回归分析法进行需求估计就是依据多组观察数据，根据最小二乘法原理，找出关于这些数据点的最佳拟合曲线，从而确定影响需求量变化的诸因素对需求量影响的关系式，并用需求函数描绘出来。

运用回归分析法估计需求，一般可分为四个步骤。

① 确定自变量。

确定自变量即确定有哪些因素会影响需求量。主要因素一般有：商品价格、消费者收入、相关产品的价格等。

② 取得观察数据。

回归分析法的实质是从观察数据中找出自变量与因变量之间的相关关系。这些观察数据可以是时间序列数据，也可以是同一时间的剖面数据。观察数据既可以从历史记录中取得，也可以从市场调查中取得。

③ 选择回归方程的形式。

常用的需求函数的形式有两种：线性函数和幂函数。

A. 线性函数的表达式为：

$$Q = a + b_1 X_1 + b_2 X_2 + \cdots + b_n X_n \tag{4-13}$$

式中，Q 为需求量；$X_1, X_2, \cdots, X_n$ 为函数中的自变量，分别代表影响需求量的各种因素。

B. 幂函数的表达式为：

$$Q = aX^{b_1}Y^{b_2}Z^{b_3} \qquad (4\text{-}14)$$

式中，Q 为需求量；X、Y、Z 为函数中的自变量，分别表示影响需求量的各种因素。

选择哪一种函数形式，需要看到底哪种形式更能反映变量之间的实际关系。一般来说，幂函数更符合需求变动的实际情况；但是线性函数比较简单，在一般数据观察范围内，也能满足需求估计的实际需要。

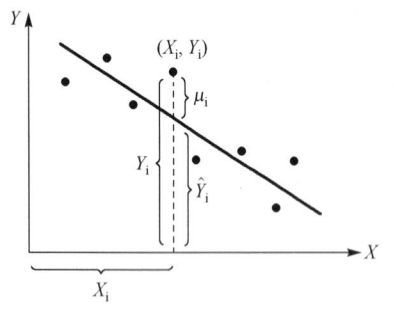

④ 估计回归参数。

为了便于说明估计回归参数的方法，假定需求函数(回归方程)的形式为一元线性方程 $Y = a + bX$，如图 4.11 所示。

假定现有观察数据 $(X_1, Y_1), (X_2, Y_2), \cdots, (X_n, Y_n)$，现需要对这些数据进行拟合，以估计出线性需求函数方程。实际上就是需要估计出线性需求函数中常数 a 和系数 b 的值。根据数学统计的相关知识，对线性函数系数的最佳估计，就是让拟合的直线从各数据点中通过，使每一点到该直线垂直距离的平方和最小。这种方法被称为最小二乘回归估计。

图 4.11 估计回归参数

在 $X = X_i$ 时，Y 的估计值为 $\hat{Y}_i$；此时 Y_i 与 $\hat{Y}_i$ 之间的离差(也称残值或者预测误差)为 μ_i ($\mu_i = Y_i - \hat{Y}_i$)。

根据最小二乘法，当离差的平方和(即 $\sum_{i=1}^{n}\mu_i^2$)最小时，回归方程 $\hat{Y} = a + bX$ 能最好地拟合观察数据。

$$\because \quad \mu_i = Y_i - \hat{Y}_i; \ \hat{Y}_i = a + bX_i$$
$$\therefore \quad \mu_i = Y_i - (a + bX_i) = Y_i - a - bX_i$$
$$\sum_{i=1}^{n}\mu_i^2 = \sum_{i=1}^{n}(Y_i - a - bX_i)^2$$

根据微分知识，为使上式中的值最小，a、b 必须满足下列条件：

$$\begin{cases} \dfrac{\partial \sum_{i=1}^{n}\mu_i^2}{\partial a} = 2\sum_{i=1}^{n}(Y_i - a - bX_i)(-1) = 0 \\ \dfrac{\partial \sum_{i=1}^{n}\mu_i^2}{\partial b} = 2\sum_{i=1}^{n}(Y_i - a - bX_i)(-X_i) = 0 \end{cases}$$

对上式加以整理得：

$$\begin{cases} na + b\sum_{i=1}^{n}X_i = \sum_{i=1}^{n}Y_i \\ a\sum_{i=1}^{n}X_i + b\sum_{i=1}^{n}X_i^2 = \sum_{i=1}^{n}X_iY_i \end{cases}$$

进一步计算可得：

$$\begin{cases} b = \dfrac{n\sum\limits_{i=1}^{n}X_iY_i - \sum\limits_{i=1}^{n}X_i\sum\limits_{i=1}^{n}Y_i}{n\sum\limits_{i=1}^{n}X_i^2 - (\sum\limits_{i=1}^{n}X_i)^2} \\ a = \dfrac{\sum\limits_{i=1}^{n}Y_i - b\sum\limits_{i=1}^{n}X_i}{n} = \overline{Y} - b\overline{X} \end{cases} \qquad (4\text{-}15)$$

其中，$\overline{X}$ 为观察数据 X_i 的算术平均值，即 $\overline{X} = \dfrac{\sum\limits_{i=1}^{n}X_i}{n}$。$\overline{Y}$ 为观察数据 Y_i 的算术平均值，即 $\overline{Y} = \dfrac{\sum\limits_{i=1}^{n}Y_i}{n}$。

例 4-7

龙虾晚餐的需求估计

假定有一家连锁餐馆专门供应新鲜的龙虾晚餐。连锁店的经理随机选择8家连锁餐馆作为样本，收集它们每天用餐的价格和平均用餐人数。数据如表 4-8 所示。

表 4-8 连锁餐馆每天用餐的价格和平均用餐人数

连锁店餐馆编号	价格(P)（美元）	每天用餐人数(Q)
1	15	100
2	18	90
3	19	85
4	14	110
5	13	120
6	19	90
7	16	105
8	14	100

请用回归分析法估计需求函数 $Q = a + bP$。

解：

设龙虾的价格为 X，需求量为 Y，需求函数为 $Y = a + bX$。

根据最小二乘法，计算系数需要的各种数据如表 4-9 所示。

表 4-9 计算数据表

连锁店餐馆编号	价格(X_i)（美元）	每天用餐人数(Y_i)	X_i^2	X_iY_i
1	15	100	225	1500

续表

连锁店餐馆编号	价格(X_i)(美元)	每天用餐人数(Y_i)	X_i^2	X_iY_i
2	18	90	324	1620
3	19	85	361	1615
4	14	110	196	1540
5	13	120	169	1560
6	19	90	361	1710
7	16	105	256	1680
8	14	100	196	1400
$n=8$	$\sum_{i=1}^{n}X_i=128$	$\sum_{i=1}^{n}Y_i=800$	$\sum_{i=1}^{n}X_i^2=2088$	$\sum_{i=1}^{n}X_iY_i=12625$

将表中数据代入式(4-15)得：

$$\begin{cases} b = \dfrac{n\sum_{i=1}^{n}X_iY_i - \sum_{i=1}^{n}X_i\sum_{i=1}^{n}Y_i}{n\sum_{i=1}^{n}X_i^2 - \left(\sum_{i=1}^{n}X_i\right)^2} = \dfrac{8\times 12625 - 128\times 800}{8\times 2088 - 128^2} = -4.375 \\ a = \dfrac{\sum_{i=1}^{n}Y_i - b\sum_{i=1}^{n}X_i}{n} = \dfrac{800 - (-4.375)\times 128}{8} = 170 \end{cases}$$

所以，拟合观察数据的回归方程为：$Y=170-4.375X$。

即，估计出该餐馆龙虾晚餐的需求曲线为：$Q=170-4.375P$。

以上简要介绍了用最小二乘法估计一元线性回归方程的参数的方法。随着计算机的普及，我们可以采用计算机进行估计。利用计算机进行回归分析的内容读者可以参考相关统计分析书籍资料。

2．需求预测

用于需求预测的方法很多，基本上可以分为定性预测和定量预测两大类。其中定量预测法又分为时间序列预测法和因果分析预测法。每种预测方法都有其自身的特点和其适用的情形。为了使预测的结果更具客观性，应该从总体上评估和把握各种预测方法的基本特点、适用预测的时间跨度、对数据资料的要求等。通常为了更好地预测，人们还可以同时使用两种以上的方法进行，再结合管理者的分析判断，最后确定预测的结果。下面介绍几种常见的需求预测方法。

(1) 德尔菲法。

德尔菲法，又称专家意见预测法，是指采用背对背的通信函询方式征询专家小组成员的预测意见，经过几轮征询，使专家小组预测意见趋于几种，最后做出符合市场未来发展趋势的需求预测结论。这是一种定性预测的方法，其具体步骤如下。

① 确定预测项目，选定专家小组。

② 制定征询表，准备问题及说明等相关资料。

③ 采用匿名方式进行多轮函询。具体操作为，向每个参与者发放预测问题及说明，收集并整理各参与者预测的结果，把整理后的结果再度发给各参与者，供其考虑是否修正

以前的预测结果。重复发放问题—收集整理—再发放,直到大家的意见基本一致,或者大家不再对自己的意见做出修改为止。

④ 统计处理,得出预测结论。

对预测结果进行统计处理的方法有中位数法、上下四分位法、算术平均数法和主观概率法等。这些方法同样适用于反复征询阶段的每一轮专家意见的处理,一般情况下专家意见经过三到五次的反馈之后,预测结果的概率分布接近于正态分布,就可以进行统计处理。

运用这种方法的关键有几点:第一,要选择好专家;第二,要有适当的专家规模,一般以 10~50 人为宜;第三,要拟定好调查表,调查表的质量直接影响着预测的精确度,尤其是所提的问题是否集中、是否确切、能否定量或确切的描述。

德尔菲法不受地区和传统的数量分析限制,为更合理地制定决策开阔了思路。同时德尔菲法这种背靠背的方式又能避免集体意见法的缺点,由于大家互不见面,同时匿名发表意见,这种情况下能够避免受到权威人士的意见的影响,从而克服传统面对面预测方法的缺陷。

这种方法的不足之处是需要进行多轮反复调查,花费的时间相对比较长,一旦有专家由于某种原因中途退出,那么预测结果的全面性将会受到影响。而且预测的结论是根据专家的主观判断做出的,专家的意见没有经过严格的论证,这也会影响预测结果的准确性。

(2)时间序列分析法。

如果随着时间的推移,数据之间呈现出某种可识别的有规律的变化模式,我们就可以采用时间序列分析法进行预测。这种方法是将影响预测目标的一切因素都由"时间"综合起来加以描述。考虑影响预测目标的因素只是时间,所以分析的关键是寻求预测目标随时间变化的规律。

时间序列分析法的重点是确定数据的变化是由哪几个部分构成的。一般而言,这些构成数据主要分为四类。

① 长期趋势变动:指在一个比较长的时期内,由于受到某种稳定性因素的影响,变量沿着一个方向变化,呈现逐渐上升或逐渐下降趋势。例如,中国的人口在一个较长时间内呈上升趋势,而濒危动物,如老虎,则呈下降趋势。

② 季节变动:指时间序列受到季节性因素影响而发生的在一定时间间隔重复出现的周期性变动,通常以一年为周期。例如,由于气候条件、风俗习惯、节假日等原因,引起某些商品的生产和消费在每年相同时段出现旺销和淡销的规律性变动。

③ 周期性变动:指以一段较长时间为周期的涨落起伏相间的变动。周期性变动不同于长期趋势变动,它所表现的不是单一方向(上升或下降)的持续运动,而是涨落相间的波浪式发展变化;也不同于季节变动,季节变动一般以一年、一季或一月等为一个周期,其变动情况一般可以预见,而周期性变动没有固定的循环周期一般在数年以上,各周期的长短和幅度较难把握。

④ 不规则变动:指由于突发事件或偶然因素影响使时间序列呈现非周期性、非趋势性的随机变动。例如,由突发的自然灾害、意外事故或重大政治事件所引起的剧烈变动。由不规则变动因素引起的变量变化是不可预测的。一个时间序列的不规则变动越大,根据这些数据预测的准确性就越小。

一个时间序列是上述一种或几种变动成分的混合,因此在运用时间序列进行分析预测时，应首先分析时间序列的变动特点符合哪种情况。不同的变动类型适用不同的数学模型。属于几种变动混合的，还要将影响因素进行分解，建立合成的数学模型才能进行预测。

具体而言，时间序列分析法有多种，例如，简单平均法、移动平均法、指数平滑法、趋势延伸法、季节指数法等。这里主要介绍移动平均法和指数平滑法。

① 移动平均法。

移动平均法是将时间序列的数据由远及近，按一定的跨越期进行平均的一种预测方法。随着观测期的"逐期推移"，观测期内的数据也随之向前移动，每移动一期，就去掉最前面一期的数据，新增原来观测期之后的数据，保证跨越期不变，然后逐个求出其算术平均值，并将离预测期最近的一个平均数作为预测值。

移动平均法又分为简单移动平均法和加权移动平均法两种。

A. 简单移动平均法。

简单移动平均法是对一定跨越期的数据，使用简单算术平均法计算平均数，并将其作为下一期预测值。其计算公式为：

$$\begin{cases} MA_t = \dfrac{A_t + A_{t-1} + \cdots + A_{t-n+1}}{n} \\ F_{t+1} = MA_t \end{cases} \qquad (4\text{-}16)$$

式中：

MA_t 表示从 $t-n+1$ 期到 t 期的 n 期移动平均数；

A_t，A_{t-1}，A_{t-2}，$\cdots$，A_{t-n+1} 表示第 t 期到第 $t-n+1$ 期的实际值；

F_{t+1} 表示 $t+1$ 期的预测值。

例 4-8

利用简单移动平均法进行销售预测

某企业为了对下一季度的销量做出预测，统计了过去 12 个季度的销售情况，如表 4-10 所示。

表 4-10 某企业过去 12 个季度销售数据

观察时间（年/季度）	2017/1	2017/2	2017/3	2017/4	2018/1	2018/2	2018/3	2018/4	2019/1	2019/2	2019/3	2019/4
期数	1	2	3	4	5	6	7	8	9	10	11	12
实际销售量（千件）Q	7	6	4	6	8	7	6	7	10	9	6	9

表 4-10 中，共有 12 个季度的销售量数据。根据式 (4-16)，为了预测第 5 期的销售量，需要计算第 4 期的移动平均值。取实际跨度 $n=4$，于是有：

$$\begin{cases} MA_4 = \dfrac{A_4 + A_3 + A_2 + A_1}{4} = \dfrac{Q_4 + Q_3 + Q_2 + Q_1}{4} = \dfrac{6+4+6+7}{4} = 5.75 \\ F_5 = MA_4 = 5.75 \end{cases}$$

以此类推，可以计算第 5 期到第 12 期的移动平均值，即第 6 期到 13 期的预测值，如表 4-11 所示。

表 4-11　利用 4 期移动平均法进行预测的结果

观察时间 (年/季度)	2017/1	2017/2	2017/3	2017/4	2018/1	2018/2	2018/3	2018/4	2019/1	2019/2	2019/3	2019/4
期数	1	2	3	4	5	6	7	8	9	10	11	12
实际销售量 (千件)Q	7	6	4	6	8	7	6	7	10	9	6	9
4期移动 平均 MA_4				5.75	6.00	6.25	6.75	7.00	7.50	8.00	8.00	8.50
预测值 (千件)F					5.75	6.00	6.25	6.75	7.00	7.50	8.00	8.00

将表 4-11 中的数据用图表示出来，如图 4.12 所示，该图可以直观地比较预测值与实际销售值。

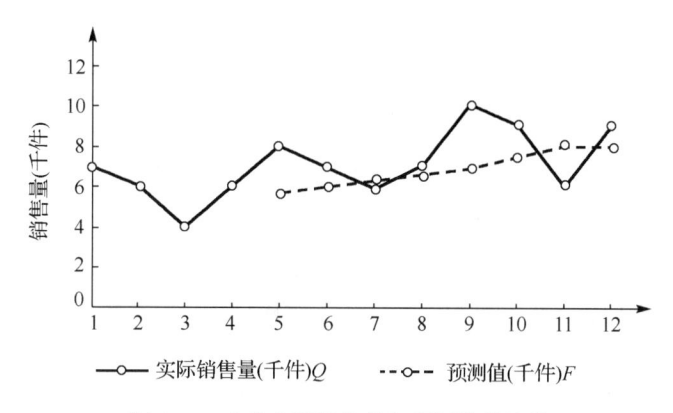

图 4.12　企业实际销售值与预测值的比较

从表 4-11 及图 4.12 可以看出，移动平均数的变动性大大小于销售量的变动性，这说明通过计算移动平均数可以消除原始销售量数据中的季节性的影响。每个移动平均数都包含第一至第四个季度的值，因此，它表示的是该一年期内典型的季度销售水平。为了更准确地进行预测，还应考虑长期趋势变动、季节变动，以及周期性变动对销售量的影响，可以进一步采用时间序列分析法确定时间序列分解模型中的各因子，即确定长期趋势值、季节指数和周期系数，进而得出反应长期趋势变化、季节性变化和周期性变化的预测值。

B. 加权移动平均法。

加权移动平均法是对跨越期内不同重要程度的数据乘以不同的权数，将这些乘积之和除以各权数之和，求得加权移动平均数，并以此来预测下一期数据。其计算公式为：

$$\begin{cases} MA_t = \dfrac{w_1 A_t + w_2 A_{t-1} + w_3 A_{t-2} + \cdots + w_n A_{t-n+1}}{w_1 + w_2 + w_3 + \cdots + w_n} \\ F_{t+1} = MA_t \end{cases} \quad (4\text{-}17)$$

式中：

MA_t 表示从 $t-n+1$ 期到 t 期的 n 期加权移动平均数；

A_t，A_{t-1}，A_{t-2}，$\cdots$，A_{t-n+1} 表示第 t 期到第 $t-n+1$ 期的实际值；

$w_1, w_1, \cdots, w_n$ 表示跨越期内各数据对应的权重；

F_{t+1} 表示 $t+1$ 期的预测值。

② 指数平滑法。

指数平滑法是一种特殊的加权移动平均法，是以预测目标历史数据的加权平均数作为预测值的一种预测方法。其加权的特点是对离预测期近的历史数据给予较大的权数，对离预测期远的历史数据给予较小的权数，权数由近到远按指数规律递减，所以，这种方法被称为指数平滑法。

这种方法适用于观察期数据变化呈现平稳趋势的预测对象，是时间序列模型中用于需求预测的常用方法。它也可以"剔除"数据中偶然出现的因素，同时它也优于 n 期移动平均法，主要表现在：第一，旧数据不会被有意删掉或者丢失；第二，数据越旧权重越低；第三，计算简单，仅需要新的数据。

假设有 n 个观测值组成的时间序列 $A_1, A_2, \cdots, A_n$，其中 A_t 为第 t 期的数据，S_t 是 t 时期的指数平滑值。指数平滑值的计算公式为：

$$\begin{cases} S_t = S_{t-1} + w(A_t - S_{t-1}) = wA_t + (1-w)S_{t-1} \\ F_{t+1} = S_t \end{cases} \tag{4-18}$$

式中，w 为平滑系数，其取值在 0～1 之间。一般来说，如果数据波动较大，w 取值应大一些；如果数据变化平稳，w 取值应小一些。在实际应用中，可比较不同 w 值下的预测误差，以选取预测误差最小的 w。

例 4-9

利用指数平滑法进行销售预测

表 4-12 中列出了某食品公司 2017 年第一季度至 2019 年第四季度各季度的销售量。根据表中的销售数据，采用指数平滑法进行预测。

表 4-12 某食品公司销售数据

观察时间(年/季度)	2017/1	2017/2	2017/3	2017/4	2018/1	2018/2	2018/3	2018/4	2019/1	2019/2	2019/3	2019/4
期数	1	2	3	4	5	6	7	8	9	10	11	12
实际销售量(万件)Q	1.90	1.70	1.40	1.50	1.80	1.60	1.60	1.90	2.30	2.70	2.30	2.10

表 4-12 中共有 12 个季度的销售数据。由于第一期没有以前的数据可供使用，所以令 $S_1 = A_1 = 1.9$。当 $w = 0.1$ 时，根据式(4-18)，有：

$$S_2 = 0.1A_2 + (1-0.1)S_1 = 0.1 \times 1.7 + 0.9 \times 1.9 = 1.88$$

$$S_3 = 0.1A_3 + (1-0.1)S_2 = 0.1 \times 1.4 + 0.9 \times 1.88 = 1.83$$

依次类推，可以计算当 $w = 0.1$ 时，各期的平滑值，再根据 $F_{t+1} = S_t$，得到相应的预测值。

当 $w = 0.5$，$w = 0.9$ 时，可以采用类似的计算方法得到各期的平滑值和预测值。具体结果如表 4-13 所示。

表 4-13　w 取不同值时的平滑值及预测值

观察时间(年/季度)	2017/1	2017/2	2017/3	2017/4	2018/1	2018/2	2018/3	2018/4	2019/1	2019/2	2019/3	2019/4	RMSE
期数	1	2	3	4	5	6	7	8	9	10	11	12	
实际销售量(万件)Q	1.90	1.70	1.40	1.50	1.80	1.60	1.60	1.90	2.30	2.70	2.30	2.10	
平滑值 S_t(w=0.1)	1.90	1.88	1.83	1.80	1.80	1.78	1.76	1.78	1.83	1.91	1.95	1.97	0.374
预测值 F_t(w=0.1)	1.90	1.90	1.88	1.83	1.80	1.80	1.78	1.76	1.78	1.83	1.91	1.95	
平滑值 S_t(w=0.5)	1.90	1.80	1.60	1.55	1.68	1.64	1.62	1.76	2.03	2.36	2.33	2.22	0.311
预测值 F_t(w=0.5)	1.90	1.90	1.80	1.60	1.55	1.68	1.64	1.62	1.76	2.03	2.36	2.33	
平滑值 S_t(w=0.9)	1.90	1.72	1.43	1.49	1.77	1.62	1.60	1.87	2.26	2.66	2.34	2.12	0.277
预测值 F_t(w=0.9)	1.90	1.90	1.72	1.43	1.49	1.77	1.62	1.60	1.87	2.26	2.66	2.34	

用哪一种权值来预测更精确呢？最常用的方法是通过计算误差平方均值之根(Root Mean Squared Error，RMSE)来判断。

$$\text{RMSE} = \sqrt{\frac{\sum (A_t - F_t)^2}{n}}$$

式中，A_t 为第 t 期的实际值；F_t 为第 t 期的预测值；n 为总期数。RMSE 越小，说明预测的平均误差越小，精度越高。根据表 4-13 可知，当 w=0.9 时，RMSE 最小，为 0.277。因此，本例中按照权重值 w=0.9 来预测销售量是最精确的。

将表 4-12 中的数据用图表示出来，如图 4.13 所示。该图可以直观地看到当 w 取不同权重值的预测情况，同时 w 越小，预测结果越平滑；从图中也可以看到，当 w=0.9 时，预测曲线与实际曲线更接近。

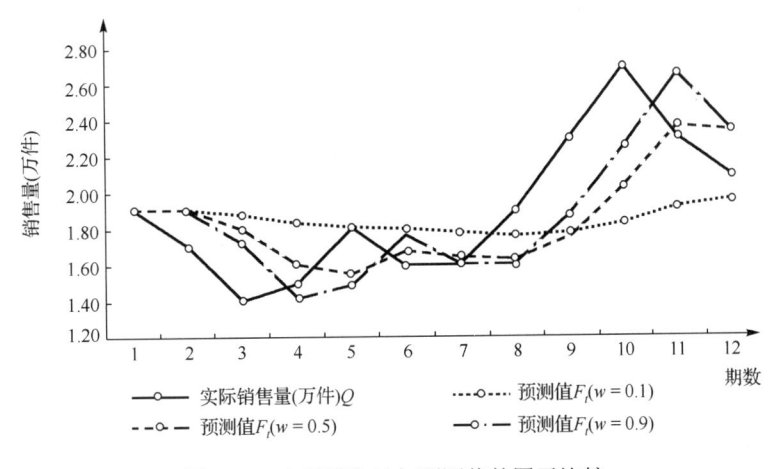

图 4.13　实际销售量与预测值的图示比较

(3)回归分析预测法。

回归分析预测法也称相关分析法，是在分析因变量与自变量之间的相互关系，建立变量间的数量关系近似表达的函数方程,并进行参数估计和显著性检验以后,运用回归方程式预测因变量数值变化的方法。回归分析预测法是对具有相关关系的变量,利用回归方程测算一个(些)变量的变化对另一个(些)变量变化的影响。

按照自变量个数划分,回归分析预测有一元回归预测和多元回归预测。一元回归预测分析是指回归预测模型中只有一个自变量。当回归预测模型中有两个或两个以上自变量时,则称多元回归预测。

下面举例说明如何利用多元回归模型来预测销售量。

例 4-10

利用多元回归模型来预测销售量

假定某公司产品的需求函数为:

$$Q = 16 - 10P + 0.01I + 5C$$

式中,Q 为销售量(吨);P 为该公司产品的价格(元);I 为社会人均收入水平(元);C 为主要竞争对手的定价水平(元)。

假定该公司下个季度的价格预计为 5.8 元,主要竞争对手的价格预计为 5 元,收入预测值为 5000 元,请预测销售量。

分析:

把已知数据代入需求函数,得:

$$\begin{aligned} Q &= 16 - 10P + 0.01I + 5C \\ &= 16 - 10 \times 5.8 + 0.01 \times 5000 + 5 \times 5 \\ &= 33(吨) \end{aligned}$$

即该公司下个季度的销售量预计为 33 吨。

需要注意的是,该公司必须在预测社会人均收入水平和竞争对手的可能定价水平后,再根据自己产品的定价来预测未来产品的销售量。

以上就是几种常见的需求预测方法。每种预测方法对不同预测对象及目标的有效性是不同的。在进行预测时,应从总体上评估和把握各种预测方法的基本特点、适用预测的时间长度、对数据资料的要求等。如表 4-14 所示为几种常见的预测方法及其特点比较。

表 4-14 常见的预测方法及其特点比较

项目	定性预测方法	定量预测方法		
	德尔菲法	时间序列分析法		因果分析法
		移动平均法	指数平滑法	回归分析预测法
特点	由于匿名性及反复函询,预测结果具有数理统计特性	消除了季节性及不规则变动	与移动平均法相比,需要较少的数据即可建立预测模型	研究两个或两个以上变量之间的相互关系,通过建立回归函数进行预测
预测时间跨度	中长期	短期	短期	短中长期
需要的数据资料	背景资料、专家意见及其综合分析资料	预测目标历史资料,数据越多越好	预测目标历史资料,越多越好	数据越多,预测精度通常越高

4.2 供给分析

决定市场价格的因素有需求和供给两个方面。前面我们讨论了需求及需求的变动等相关内容,接下来本节将讨论供给及供给的变动的相关内容。

4.2.1 供给与供给量

商品的供给来源于厂商,厂商对于某种商品的供给(Supply)是指在其他条件不变的情况下,在一定时期内,厂商在各种价格水平下愿意而且能够提供出售的该商品的数量。这里,"其他条件不变"指的是除了商品本身的价格外,影响供给的相关因素,如厂商的生产技术、工艺成本等不变。"在一定时期内"通常是指一年。与需求的概念相似,在有关供给的定义中,同样包含两个方面的含义:①厂商愿意提供某种商品;②厂商具备提供该商品的能力。供给也是供给欲望与供给能力的统一,这两个条件缺一不可。

商品的供给量(Quantity Supplied)是指在其他条件不变的前提下,在一定时期内,对于某一特定的价格,厂商愿意并且能够提供的商品的数量。

应该指出的是,供给反映的是价格与厂商的供给量这两个变量之间的组合关系。可以理解为,厂商对一种商品的供给是针对一系列可能的价格而制订的一个计划。

与需求相同,供给也可分为个别供给和市场供给。个别供给是指单个厂商对某种商品的供给。市场供给是指该商品市场中所有供给的总和,即某一售价相对应的每个厂商供给量的总和。

4.2.2 供给函数和供给曲线

1. 供给函数

在一定时期内,厂商对某种商品的供给量会受到诸多因素影响,如该商品的价格、生产成本、技术水平、生产厂商对商品未来的价格预期及厂商的数量等。如果把影响供给的各种因素作为自变量,把当期的供给量作为因变量,则可以用函数关系来表达影响供给的因素与供给之间的关系,这种函数便称为供给函数,可记为:

$$Q_S = f(P, C, T, E, N \cdots) \tag{4-19}$$

式中,Q_S 代表厂商在一定时期内对于某种商品的供给量;P 代表该商品的价格;C 代表商品的生产成本;T 代表技术水平;E 代表企业对未来的预期;N 代表厂商数量。

如果供给量 Q_S 是商品价格、生产成本,以及其他变量的线性函数,那么,该供给函数就是线性的,其表达式为:

$$Q_S = c_0 + c_1 P + c_2 C + c_3 T + c_4 E + c_5 N + \cdots \tag{4-20}$$

其中,c_i ($i = 0,1,2,\cdots$) 是常数系数,系数的正负取决于各种因素与供给量之间的相互关系。

同需求一样,价格也是决定一种商品供给量的最基本的因素。我们假定其他条件不变,只研究某种商品的供给量与其价格之间的关系,则供给函数可记为:

$$Q_S = f(P) \tag{4-21}$$

例 4-11

供给函数与供给量

假定某厂商对于某一冰箱的供给函数估计为：

$$Q_S = -5000 + 5P$$

其中 P 为该冰箱的价格。该供给函数表明，只有当冰箱价格高于 1000 元时，厂商才愿意生产该冰箱；而且价格每上涨 0.2 元，厂商愿意提供的冰箱数量就会增加 1 台。

线性供给函数的一般形式可以写为：

$Q_S = -a + bP$，式中，a，b 为常数，且大于 0。

2. 供给表与供给曲线

可以看到，在其他条件不变的情况下，某商品的供给量与价格之间呈同方向变动，即供给量随着商品本身价格的上升而增加，随着商品本身价格的下降而减少。供给量和价格之间的这种关系在经济学中被称为供给定理（Law of Supply）。

供给函数 $Q_S = f(P)$ 反映了一种商品的供给量与其价格之间一一对应的关系，这种关系还可以用供给表或者供给曲线表示。

例如，在【例 4-11】中，在其他条件相同时，冰箱的供给函数用数学方程表示为：

$$Q_S = -5000 + 5P$$

将冰箱的供给情况以表格形式（供给表）表示出来，结果如表 4-15 所示。由此表我们可以看到，当价格降低时，厂商的供给量减少。随着价格上升，厂商愿意提供的数量也越来越多。

表 4-15 某冰箱的供给表

价格（元/台）	1000	2000	3000	4000	5000	6000
供给量（台）	0	5000	10 000	15 000	20 000	25 000

将供给表中的价格与供给量的数量组合描绘在平面坐标图上就形成了供给曲线，结果如图 4.14 所示。图中，横轴代表冰箱的供给量 Q_S，纵轴代表冰箱的价格 P。供给曲线上的各点反映了该冰箱价格与供给量之间的关系。例如，当价格为 1000 元时，冰箱的供给量为 0；当价格上升到 5000 元时，冰箱的供给量为 20 000 台。

相应地，供给曲线既可以是直线型的，也可以是曲线型的，这取决于供给函数是线性的还是非线性的。当供给函数是线性函数时，相应的供给曲线是一条直线，直线上各点的斜率相等。当供给函数是非线性函数时，相应的供给曲线是一条曲线，曲线上各点的斜率是不相等的。为了简化分析，在不影响分析结论的情况下，一般使用线性供给曲线。

供给曲线可以分为企业供给曲线和行业供给曲线，它们分别表示企业和行业中某种产品的供给量与价格之间的关系。在制图时，行业供给曲线是由行业内诸企业的供给曲线横向相加而得。假设该市场上只有 A、B 两家企业，则市场供给曲线等于企业 A 和企业 B 的供给曲线横向相加的结果如图 4.15 所示。

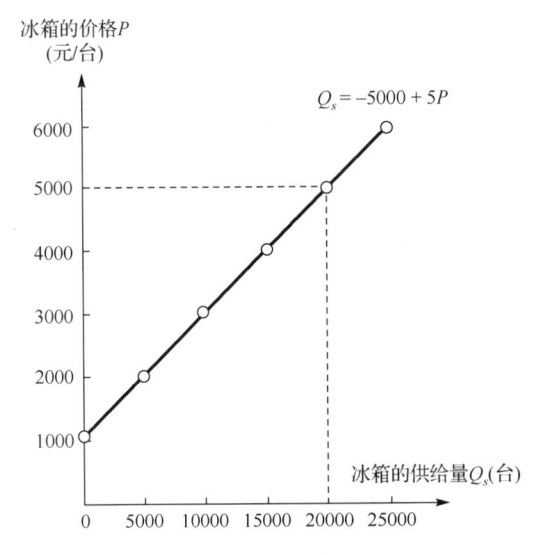

图 4.14 某冰箱的供给曲线

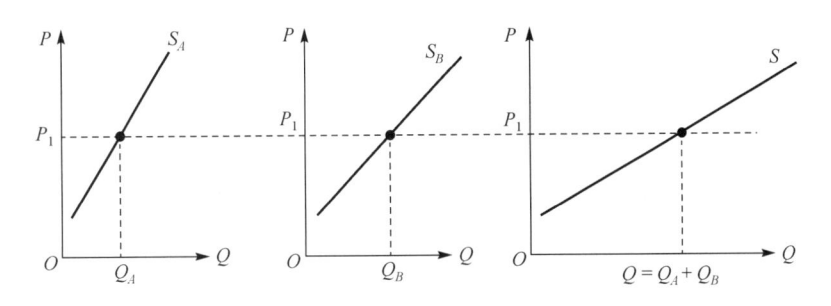

图 4.15 企业和行业的供给曲线

供给曲线是一条从左到右上倾斜的曲线。价格上涨，供给量就增加；价格下降，供给量就减少，两者呈同方向变化。价格上涨，供给量会增加的原因是：产品价格上涨后，①原来亏损的不愿意生产这种产品的企业可能扭亏为盈，变得愿意生产这种产品；②原来盈利的企业更有利可图，会进一步扩大生产，增加供给量；③企业会把原来用于生产替代品的资源转而生产这种产品，使这种产品的供给量增加；④会吸引新的企业加入这个行业，从而增加该产品的供给。

4.2.3 供给与供给量的变动

供给变化与供给量变化的差别和需求变化与需求量变化的差别类似。

首先，供给的变动是指由于除商品自身价格以外的因素(即非价格因素，如生产成本、技术水平等)发生变化而引起的供给量与价格之间的关系发生变化。这意味着厂商在每种价格水平下愿意提供生产并且能够生产的该商品的数量都发生了变化。在供给曲线图例上，表现为整条供给曲线发生移动(线的移动)。

如图 4.16 所示，S 为某商品的初始市场供给曲线，在相同价格水平下，假定市场上生产厂商的技术水平提高，那么市场提供的该商品的数量也会相应增加。例如，在 P_1 价格下，厂商的技术水平提高，会导致该商品的供给量由 Q_1 增加到 Q_1'。那么，供给曲线就会整体向右发生移动(如果供给曲线的方程是线性的，这种位移就是平行位移)，由此，形成收入增加后的新的供给曲线 S'。同理，当技术水平下降时，供给曲线会整体向左发生移动，形成新的供给曲线 S''。这种由初始供给曲线到新供给曲线的位移变动，就是供给的变动。

其次，供给量的变动是指在其他条件不变的情况下(即非价格因素不变，此时供给曲线固定)，由于商品本身价格发生变化而引起的供给量的变化。在供给曲线图例上，表现为供给曲线维持不动，点在供给曲线上发生移动(点的移动)。

如图 4.17 所示，S 为某商品的供给曲线，假定非价格因素(如生产成本、技术水平等)不变，那么供给曲线将维持不动。当商品价格上涨时，在相同条件下，企业的收益就会增加，从而驱使企业增加供给量；相反地，当价格下跌时，将导致商品的市场供给量减少。例如，当商品价格由 P_1 下跌到 P_2 时，供给量将由 Q_1 沿着供给曲线减少到 Q_2。同理，当商品价格由 P_1 上升到 P_3 时，供给量将由 Q_1 沿着供给曲线增加到 Q_3。这种点在供给曲线上的移动，就是供给量的变动。

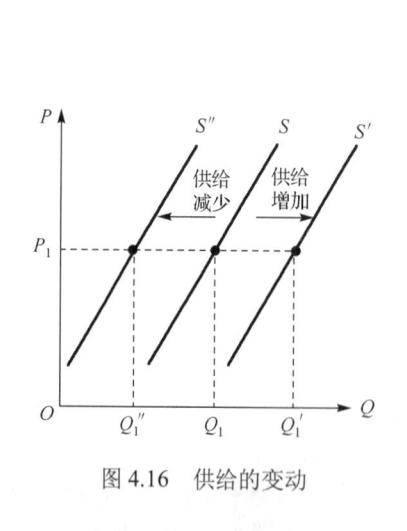

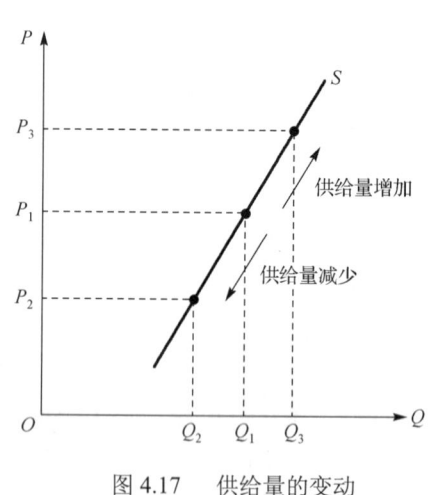

图 4.16　供给的变动　　　　图 4.17　供给量的变动

4.2.4　供给的影响因素

在市场上，一种商品的供给量并不是固定不变的，要受到诸多因素影响。其中，商品的价格是影响供给量变化的主要因素。那么，除了商品自身的价格以外，具体哪些因素会影响供给的变动，进而引起供给量的变化呢？概括起来，主要有以下几种因素。

1. 生产的成本

在商品自身价格不变的情况下，生产成本上升，企业利润就会减少，从而减少商品的供给量。反之，生产成本下降，企业利润就会增加，从而企业会增加商品的供给量。

2. 生产技术和管理水平

企业的生产技术和管理水平的提高一般会导致要素使用效率的提高，从而使生产成本降低，企业利润增加，这就会使商品供给量增加。

【小案例】流水线生产的威力

技术创新会带来供给变化，管理创新也会得到同样的效果。1769 年，英国人乔赛亚·韦奇伍德开办埃特鲁利亚陶瓷工厂。他在厂内实行精细化劳动分工，把原来由一个人从头到尾完成的制陶流程分成几十道工序，分别由专人完成。这样一来，制造陶具的流程更加简单，市场上供应的陶器也随之增多。

资料来源：唐炯炯. 开启"国民化"时代的汽车"流水线"[J]，汽车科技，2013，(04).

3．其他商品的价格

如果商品间的相对价格发生了变化，将使资源重新配置，从而影响商品的供给。

4．生产者对商品的价格预期

如果生产者预期某种商品价格要上涨，短期内会囤积居奇，待价而沽，从而使该商品的短期市场供给减少；而从长期来看，生产者会增加商品供给。反之，如果预期价格将下跌时，则会大量抛售库存商品，使市场供给短期内增加；而从长期来看，生产者则会减少商品供给。

5．厂商的数量

市场供给还取决于生产者的数量。当有新的企业进入某个行业时，在每个特定价格处的市场供给量将会增加。这表现为供给曲线的向右移动。

以上是影响供给量的主要因素。此外，其他诸如自然条件、政府政策等因素，也会影响商品的供给。

4.2.5 供给弹性

商品的供给量受到诸多因素的影响。例如，价格上涨，商品的获利更大，厂商愿意提供的商品数量就增加。不同的商品受到价格影响的程度不同。为了分析不同商品的供给量因为某种因素的变化而受到影响的程度，我们引入供给弹性这一工具。

供给弹性(Elasticity of Demand)是指商品的供给量对于某种影响因素变化的反应程度，用公式表示为：

$$供给弹性 = \frac{供给量变动的百分比}{某影响因素变动的百分比}$$

在经济学中，供给弹性包括供给的价格弹性、供给的交叉价格弹性和供给的预期价格弹性等。以下重点介绍供给的价格弹性。

1．供给的价格弹性及其影响因素

(1)供给的价格弹性的定义。

供给的价格弹性(Price Elasticity of Supply)常常被简称为供给弹性。供给定理表明，一种物品的价格下降将使其供给量减少。供给的价格弹性衡量供给量对价格变动的反映程度，表示价格一定比例的变动将会引起的供给量的变动比例。经济学上用供给量变动百分比除以价格变动百分比来计算供给的价格弹性，即：

$$供给的价格弹性 = \frac{供给量变动的百分比}{价格变动的百分比}$$

其计算公式为：

$$E_S = \frac{\Delta Q_S / Q_S}{\Delta P / P} = \frac{\Delta Q_S}{\Delta P} \cdot \frac{P}{Q_S} \tag{4-22}$$

式中，E_S 表示供给的价格弹性；Q_S 和 ΔQ_S 分别表示供给量和供给量的变动量；P 和 ΔP 分别表示价格和价格的变动量。

由于价格与供给量之间是正向变动的，因此，供给的价格弹性值通常是正值。

(2)供给弹性的影响因素。

影响供给弹性的因素主要有以下几种。

① 商品生产的难易程度。

一般来说，在一定时期内，容易生产的产品，其供给量变化速度快，因而供给弹性就大；较难生产的产品，其供给量变化速度慢，因而供给的弹性较小。例如，轻工业产品的供给弹性较大，重工业产品的供给弹性则较小。因此，供给弹性的大小与商品生产的难易程度成反向变化。

② 生产规模的大小和规模变动的难易程度。

一般来说，生产规模大的企业，其生产规模受设计生产能力和专业化设备的制约，较难变动或调整周期较长，因而其供给弹性小；而生产规模较小的企业，应变能力强，生产规模较易变动或调整周期较短，因而其供给弹性较大。例如，一个食品厂的供给弹性要比一个飞机制造厂的供给弹性大。所以，生产规模大，资本密集型的企业，供给弹性较小；生产规模小，劳动密集型的企业，供给弹性大。

③ 生产成本。

如果随着产量的提高，单位产品的成本轻微提高、不变，甚至降低，供给弹性就较大；如果随着产量的提高，单位产品的成本明显上升，则供给弹性就较小。

④ 时间的长短。

一般来说，在短期内，企业无法及时调整生产，因此往往供给弹性较小；长期来说，企业可以通过扩大生产来调整生产量，因此供给弹性较大。

此外，自然因素、原材料的供应、技术水平等因素都对供给弹性有一定的影响。

【小案例】油价与供给

在 20 世纪 70 年代，石油输出国组织(OPEC)的成员决定提高世界石油价格，以增加它们的收入。这些国家通过减少它们提供的石油产量实现了这个目标：从 1973 年到 1974 年，石油价格上涨了 50%以上；从 1979 年到 1981 年，石油价格几乎翻了一番。

但 OPEC 发现要维持高价格是困难的。从 1982 年到 1985 年，石油价格一直以每年 10%的速度稳步下降。不满与混乱很快蔓延到 OPEC 各国。1986 年，OPEC 成员国之间的合作完全破裂了，石油价格猛跌了 45%。1990 年，石油价格(根据总体通货膨胀水平进行了调整)又回到了 1970 年的水平，并在 20 世纪 90 年代的大部分时间内保持在这一水平。

在短期内，石油的供给是缺乏弹性的，因此，价格变动大。而从长期来看，OPEC 以外的石油生产者对高价格的反应是加强石油勘探并建立新的开采能力，长期的供给曲线更富有弹性。

资料来源：http://www.xny365.com/.

2. 供给的价格弹性的计算

和需求的价格弹性一样,供给的价格弹性也分为点弹性与弧弹性两种。

供给的价格点弹性表示某商品供给曲线上某一点的弹性。假定供给函数为 $Q_S = f(P)$,则供给的价格点弹性计算公式为:

$$E_S = \lim_{\Delta P \to 0} \frac{\Delta Q_S / Q_S}{\Delta P / P} = \lim_{\Delta P \to 0} \frac{\Delta Q_S}{\Delta P} \cdot \frac{P}{Q_S} = \frac{\mathrm{d}Q_S}{\mathrm{d}P} \cdot \frac{P}{Q_S} \tag{4-23}$$

供给的价格弧弹性计算公式为:

$$E_S = \frac{\Delta Q_S / Q_S}{\Delta P / P} = \frac{(Q_{S2} - Q_{S1}) / \dfrac{Q_{S2} + Q_{S1}}{2}}{(P_2 - P_1) / \dfrac{P_2 + P_1}{2}} = \frac{Q_{S2} - Q_{S1}}{P_2 - P_1} \cdot \frac{P_2 + P_1}{Q_{S2} + Q_{S1}} \tag{4-24}$$

例 4-12

供给的价格弹性

某电视机厂的供给函数为 $Q = 5P - 6000$,请问当 $P=1500$ 时,该厂的供给价格弹性是多少?其含义是什么?

解:

根据供给的点价格弹性公式,得:

$$E_S = \frac{\mathrm{d}Q_S}{\mathrm{d}P} \cdot \frac{P}{Q_S} = 5 \cdot \frac{1500}{1500} = 5$$

表示当价格等于 1500 元时,价格每上涨 1%,将使厂商增加 5%的供给量。

供给的价格弹性 E_S 根据值的大小也分为五种类型:$E_S > 1$ 表示富有弹性;$E_S < 1$ 表示缺乏弹性;$E_S = 1$ 表示单位弹性;$E_S = \infty$ 表示完全弹性;$E_S = 0$ 表示无弹性。

在大多数市场上,供给的价格弹性并不是固定不变的。如图 4.18 所示,当供给量较小时,供给弹性较高。因为企业在这一阶段,往往存在闲置的生产能力和资源,对商品的价格变动比较敏感,能及时做出较大反应,调整生产量。随着供给量逐渐增加,企业的生产能力受限,供给变得缺乏弹性。

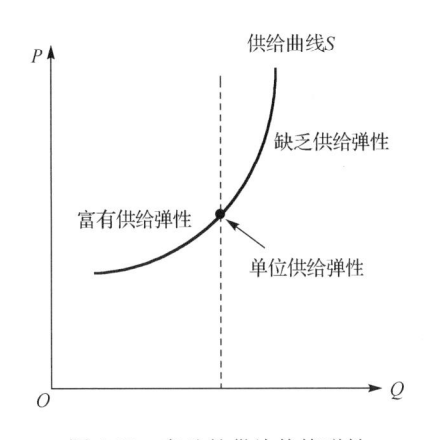

图 4.18 变动的供给价格弹性

本章小结

供求理论在管理经济学中占有十分重要的地位,它揭示了以市场为媒介的生产者与消费者之间的联系及其变化规律。市场机制集中反映了供求关系与价格变化相互影响、相互作用的对立统一关系。供求理论是企业正确认识价格杠杆的作用、实现市场导向、进行管理决策的基本依据,是企业实现资源优化配置的方向标、出发点。

在本章中,我们主要分析了市场需求和市场供给的一般规律,目的是让读者懂得市场运行的规律,以便能更好地掌握市场的变化,正确进行企业决策,指导企业经营。在需求分析部分,重点介绍了需求及需求的影响因素、需求弹性、需求估计等相关概念。通过需求分析,企业可以分析消费者的需求变化,对消费者的需求进行估计和预测,以使产品更好地适应市场需求。在供给分析部分,重点介绍了供给的影响因素和供给弹性等概念。通过供给分析,深入思考企业生产成本和产品价格对于市场供给的影响,以便做出正确的生产决策。本章通过分析需求和供给的一般原理,帮助企业更好地掌握市场变化规律,提高决策水平。

> [案例分析]

汽油价格与小型汽车的需求

在市场上,往往一种产品的价格变动,会影响另一些产品的需求。20 世纪 70 年代,美国汽油价格的上升,影响了对小型汽车的需求就是一个典型例子。

回顾 20 世纪 70 年代,美国市场的汽油价格两次上升。第一次发生在 1973 年,当时石油输出国组织(OPEC)切断了对美国的石油输出;第二次是在 1979 年,由于伊朗国王被推翻而导致该国石油供应短缺。经过这两次事件,美国的汽油价格从 1973 年的每加仑 0.27 美元猛增到 1981 年的每加仑 1.40 美元。美国是一个"轮子上的国家",汽车是老百姓代步的必需品,石油价格的上升对他们当然不是件小事情。

据统计,20 世纪 70 年代初,美国每年大型汽车的销售量为 250 万辆,中型汽车为 280 万辆,小型汽车为 230 万辆。但到了 1985 年,这三种车型的销售比例出现了明显变化,当年售出的大型、中型和小型汽车的数量分别为 150 万、220 万和 370 万辆。即自 20 世纪 70 年代以来,大型汽车的销量迅速下降,小型汽车销售量则持续攀升,只有中型汽车的销量勉强还保持原来水平。原因很简单,每加仑汽油可供大型汽车行驶 15 英里,但可供小型汽车行驶 30 英里。如果一个人每年需要行车 15 000 英里,用大型车每年需耗油 1000 加仑,但如果用小型车则仅需 500 加仑。按 1981 年的汽油价格,即每加仑 1.4 美元计算,选择小型汽车就意味着每年可节省开支 700 美元。这就是人们当时在购买新车时纷纷选购小型汽车的原因。

注:1 英里=1609.344 米

资料来源:毛军权. 管理经济学习题与案例指南. 上海:复旦大学出版社,2011.

问题

1. 如何根据需求交叉弹性来判断商品的相关性特征?

2. 请结合需求弹性的相关理论分析本案例中小型汽车需求增加的原因。

思考与练习

1. 单项选择题

(1)其他条件不变,某商品价格下降将导致( )。
    A. 需求增加   B. 需求减少
    C. 需求量增加   D. 需求量减少

(2)消费者预期某商品未来价格上涨,则对该商品的当期需求会(   )。
　　A．增加　　　　　　　　　　　　　B．减少
　　C．不变　　　　　　　　　　　　　D．以上都有可能
(3)如果商品 X 和 Y 是替代品,那么 X 的价格下降将导致(   )。
　　A．X 的需求曲线向右移动　　　　　B．X 的需求曲线向左移动
　　C．Y 的需求曲线向右移动　　　　　D．Y 的需求曲线向左移动
(4)某种商品价格下降,对其互补品的影响是(   )。
　　A．需求曲线向左移动　　　　　　　B．需求曲线向右移动
　　C．供给曲线向右移动　　　　　　　D．价格上升
(5)下列商品中需求价格弹性最大的是(   )。
　　A．大米　　　　　　　　　　　　　B．大白菜
　　C．食盐　　　　　　　　　　　　　D．甜点
(6)假定某商品的价格从 10 元下降到 9 元,需求量从 70 增加到 75,则可以认为该商品(   )。
　　A．缺乏弹性　　　　　　　　　　　B．富有弹性
　　C．单位弹性　　　　　　　　　　　D．弹性不确定
(7)假定商品 X 和商品 Y 的需求交叉弹性是-2,那么(   )。
　　A．X 和 Y 是互补品　　　　　　　　B．X 和 Y 是替代品
　　C．X 和 Y 是正常商品　　　　　　　D．X 和 Y 是劣质品
(8)其他条件不变,某商品的主要原材料的价格上涨,将导致该商品的(   )。
　　A．供给量增加　　　　　　　　　　B．供给量减少
　　C．供给增加　　　　　　　　　　　D．供给减少

2. 多项选择题

(1)下列能使总收益增加的情况是(   )。
　　A．需求缺乏弹性的商品,提高价格　B．需求缺乏弹性的商品,降低价格
　　C．需求富有弹性的商品,提高价格　D．需求富有弹性的商品,降低价格
(2)下列属于需求变动的是(   )。
　　A．当其他条件不变时,价格下降,需求量增加
　　B．当苹果的价格提高时,人们对梨的需求增加
　　C．当苹果的价格提高时,人们对苹果的需求量增加
　　D．当人们的收入水平提高时,人们对苹果的需求增加
(3)若某商品的需求曲线是向右下方倾斜的直线,则可以断定(   )。
　　A．该商品具有不变的弹性
　　B．价格较高的点弹性比价格较低的点弹性大(绝对值)
　　C．价格较高的点弹性比价格较低的点弹性小(绝对值)
　　D．在该需求曲线与坐标轴交点的线段上,中点处的需求价格弹性为 1
(4)根据需求收入弹性的大小,正常商品可以区分为(   )。

A．奢侈品　　　　　　　　　　　B．低档品
　　C．必需品　　　　　　　　　　　D．替代品
(5)西红柿供给的变化可能是由于(　　)。
　　A．西红柿涨价了　　　　　　　　B．消费者得知西红柿有益健康
　　C．种植西红柿的技术有了改进　　D．生产者预期西红柿将降价

3．判断题

(1)商场打折促销的商品往往缺乏弹性。　　　　　　　　　　　　　　(　)
(2)一般情况下，商品的供给量和价格之间是一种正向变化关系。　　(　)
(3)收入效应是指消费者收入变化引起商品的价格变化和需求量变化。(　)
(4)当某种商品的替代品价格上升时，人们会减少对这种商品的消费。(　)
(5)如果人们对小麦的需求高度缺乏弹性，那么小麦丰收将减少农民的收入。(　)

4．问答题

(1)为什么需求曲线会向右下方倾斜？
(2)请解释需求量变动和需求变动之间的区别。
(3)影响供给曲线变动的因素有哪些？
(4)根据需求弹性理论解释"薄利多销"的含义。
(5)用供求分析说明"谷贱伤农"的道理。

5．计算题

(1)已知某商品的需求函数为$Q_D = 30 - 3P$。
试求：
① 当价格$P = 2$元时，需求的点价格弹性；
② 当价格在2元和4元之间时，需求的弧价格弹性。
(2)假定某消费者关于某种商品的消费数量Q与收入I之间的函数关系为$I = 100Q^2$。
求：当收入$I = 6400$时需求的点收入弹性。
(3)假定肉肠和面包是完全互补品。人们通常用一根肉肠和一个面包做一个热狗，并且已知一根肉肠的价格等于一个面包的价格。
① 求肉肠的需求的价格弹性。
② 求面包对肉肠的需求的交叉弹性。
③ 如果肉肠的价格是面包的价格的两倍，那么肉肠的需求的价格弹性和面包对肉肠的需求的交叉弹性各是多少？
(4)假定某企业产品X的需求函数为$Q_X = 34 - 8P_X + 20P_Y + 0.04I$。
式中，P_X为产品本身的价格；P_Y为相关产品的价格；I为居民收入。
请问：当$P_X = 10$元，$P_Y = 20$元，$I = 5000$元时，
① 产品X的价格弹性是多少？
② 产品X的交叉弹性(产品Y的价格变动对产品X需求量的影响)是多少？两种产品

是替代品还是互补品？

③产品 X 的收入弹性是多少？X 是正常品还是低档品？

(5) 已知某商品的供给函数为 $Q_S = -2 + 2P$。

试求：

① 价格 $P = 3$ 元时的供给的点价格弹性。

② 求出价格在 3 元和 5 元之间的供给的弧价格弹性。

(6) 需求预测。

已知某企业产品从 2014—2019 年各季度的销售数据如下表所示。

请运用指数平滑法按照 $W=0.3$ 和 $W=0.8$ 分别预测 2020 年度的销售量。

某企业销售数据表

年份	季度			
	一	二	三	四
2014	781	1323	927	539
2015	804	1025	825	487
2016	822	1000	739	528
2017	850	1291	735	578
2018	1020	1374	869	702
2019	956	1148	1013	673

拓展阅读

1. N. 格里高利·曼昆. 经济学原理(第 7 版). 北京：北京大学出版社，2015.
2. 罗伯特·弗兰克. 牛奶可乐经济学. 北京：北京联合出版公司，2017.

第5章 市场均衡与社会福利

> 别指望靠教会鹦鹉说"供给"和"需求",就能让它们变成经济学家。
>
> ——佚名

导入案例

供求矛盾凸显劳动力市场陷"两难"迷局

2014年春节过后,各省招聘会相继开场。一边是招聘会上人头攒动,求职者众;一边是企业抱怨"粥多僧少",不停喊"渴",劳动力市场的这种迷局让人有点看不懂。山东省劳动就业办公室最新出炉数据显示,总体来看,2014年1月全省人力资源市场供求双方整体依然保持平稳,人力资源需求大于供给,与2013年同期相比,企业需求明显增加,求职人员有所减少。

具体而言,2014年1月份进入各级公共人力资源市场的用人单位对人力资源的总需求(即需求人数)为16.9万人,同比增加20.82%;市场总供给(即求职人数)为10.9万人,同比减少2.3%;企业用工缺口6万人,同比增加112.05%。求人倍率是劳动力市场需求人数与求职人数之比,它表明劳动力市场每个岗位需求所对应的求职人数,如果求人倍率大于1,说明人才供不应求,反之,则说明人才供过于求。从求人倍率来看,山东省全省为1.7,除德州、菏泽两市求人倍率小于1以外,其余各市均大于1,人力资源供不应求。其中,济南、威海、枣庄和东营四市求人倍率较高,分别为4.48、2.49、2.09和2.05。

为预防缺工,大部分企业春节前已经开始紧锣密鼓地招兵买马,为生产扩张做准备。为招聘到满意的员工,企业工资普遍上调10%以上,并承诺签订劳动合同、缴纳社会保险、提供培训和带薪休假等待遇,用工更加规范。

之所以会出现招工和就业两难并存的现象,一方面,在供需对接上,企业对技能型人才需求增加,但供给相对不足,2014年1月份用人单位对技能型人才的需求占需求总量的56%,并主要集中在中级以上专业技术人员,然而,具有中级以上技能的求职者所占求职人员总量的比例仅为12.2%;另一方面,很多求职者又找不到工作。与此同时,劳动者求职的期望值也在提高,劳动者的心态发生了很大变化,这在新生代农民工身上表现得尤为明显,不仅要求薪酬待遇,还看重工作环境、保险缴纳等,而一些劳动条件差，用人不规范的小微企业难以留人，劳动力市场流动性强，由此出现当前企业"频繁招工"而劳动者"频繁求职"并存的现象。

资料来源：供求矛盾凸显劳动力市场陷"两难"迷局. 大众日报，2014，2.

- 知识目标：
  - ◆ 掌握市场均衡、均衡价格、均衡数量基本概念；
  - ◆ 掌握价格上限、价格下限的基本概念及其对均衡市场的影响；
  - ◆ 理解征税对市场的影响；
  - ◆ 掌握需求、供给的变动对均衡市场的影响；
  - ◆ 理解生产者剩余、消费者剩余的基本概念及计算。
- 知识目标：
  - ◆ 能分析市场均衡的形成及变动；
  - ◆ 能根据需求和供给的变动判断市场均衡的变动；
  - ◆ 能利用市场均衡的知识分析现实案例；
  - ◆ 能利用生产者剩余、消费者剩余的知识分析现实案例；

5.1 市场均衡

商品的价格是需求与供给共同作用的产物。在分析了供给和需求之后，本章节将把需求与供给结合起来，研究它们是如何决定市场上商品的价格的，从而说明均衡价格的来源及其变化过程。

5.1.1 市场均衡及其形成

1. 市场均衡

商品的需求说明了商品在不同价格水平下的需求量；而供给则说明了商品在不同价格水平下的供给量。在竞争性的商品市场上，对于某种商品的任一价格来说，其需求量和供给量不一定相等。但在该商品各种可能的价格中，必定有一价格使它的需求量和供给量相等，从而使该商品在市场上达到均衡状态。

市场均衡(Market Equilibrium)就是指在影响需求和供给的其他因素都既定不变的条件下，市场上的商品价格达到这样一种水平，即使消费者愿意购买的数量刚好等于生产者愿意供给的数量。在这种状态下，买者与卖者都不再希望改变商品的价格与买卖的数量。市场处于均衡状态时商品的价格被称为均衡价格(Equilibrium Price)。在均衡价格下的成交数量被称为均衡交易量(或均衡产量、均衡销量)。均衡价格有时也被称为市场出清价格。

如图 5.1 所示，D 为需求曲线，S 为供给曲线。供给曲线和需求曲线相交于 E 点，这一点就被称为市场的均衡点，其对应的价格 P_E 为均衡价格，对应的数量 Q_E 为均衡交易量。

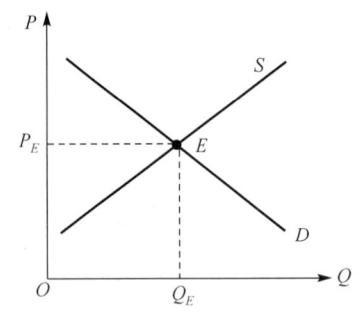

图 5.1 市场均衡

市场均衡状态用函数形式表示为:

$$Q_D = Q_S \tag{5-1}$$

例 5-1

市场均衡价格与均衡交易量

某商品的市场需求曲线为 $Q_D = 200 - 30P$,供给曲线为 $Q_S = 100 + 2P$,求均衡价格和均衡交易量?

解:

市场均衡状态下: $Q_D = Q_S$

根据需求曲线和供给曲线函数得:

$$200 - 30P = 100 + 2P \Rightarrow P = 2$$

∴均衡价格: $P_E = P = 2$ 均衡交易量: $Q_E = Q_D = Q_S = 140$

2. 市场均衡的形成

均衡价格是通过市场供求的自发调节而形成的。当市场价格背离均衡价格时,需求与供给曲线位置没有变,也就是说市场上的供需均衡点没有改变,市场机制就会自发地发挥作用,促使市场价格恢复到均衡状态。

买方和卖方的行为将自然而然地使市场向均衡变动。为了说明原因,我们来看一下当市场价格不等于均衡价格时,会出现什么情况。

如图 5.2(a)所示,假定商品的供给曲线为 S,需求曲线为 D,那么,E 为均衡点,P_E 为市场均衡价格,Q_E 为均衡交易量。此时,市场的供需之间是平衡的,即供给量 $Q_S =$ 需求量 $Q_D =$ 均衡交易量 Q_E。

首先假定市场价格高于均衡价格,如图 5.2(b)所示。当商品的价格上涨到 P_H 时,供给量增加到 Q_S',而需求量下降到 Q_D'。此时,供给量大于需求量,市场上的商品出现过剩(供过于求)。过剩状态也被称为超额供给状态。厂商就会出现许多想卖但是卖不出去的商品库存。于是,他们对于价格的反应就是降低价格。随着价格的下降,市场供给量会逐渐减少,需求量则会逐渐增加,价格会持续下降,直到市场到达均衡为止。

再考察市场价格低于均衡价格的情况,如图 5.2(c)所示。当商品的价格下降到 P_L 时,供给量下降到 Q_S'',而需求量增加到 Q_D''。此时,商品的需求量超过了供给量,市场上的商品出现短缺(供不应求)。短缺状态也被称为超额需求状态。此时,购买者不得不排队抢购短缺的商品，于是销售者对于价格的反应就是抬高价格。随着价格的上涨，市场供给量逐渐增加，需求量逐渐减少。当价格上涨到 P_E 时，供给量等于需求量，市场再次达到均衡。

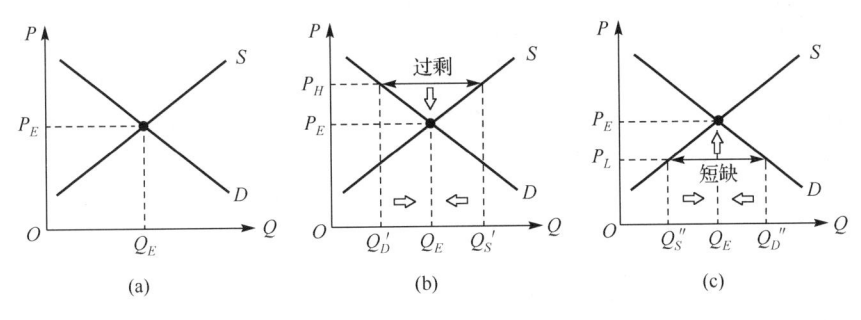

图 5.2 市场均衡的形成

总之，当市场价格高于均衡价格时，在市场机制作用下市场价格会下降到均衡价格，商品过剩会消失；当市场价格低于均衡价格时，在市场机制作用下市场价格会上升到均衡价格，商品短缺会消失。一旦市场达到均衡，需求和供给的市场力量就达到了平衡，所有买者和卖者都得到了满足，也就不再存在提高或者降低价格的激励。在大多数市场上，过剩与短缺都只是暂时的，最终都要达到均衡价格和数量。经济学家称这种现象为供求定理（Law of Supply and Demand）：通过商品价格的调整，市场最终会达到均衡状态。

需要注意的是，上述市场价格向均衡价格变动的过程，只适用于完全竞争市场的情况。在不完全竞争或者垄断市场，企业在一定程度上具有控制价格的能力。此外，这里讨论市场均衡所用的供给曲线和需求曲线都是整个行业的供需曲线，而不是单个企业的供需曲线。

【小案例】歌星的高收入合理吗

某歌星一场演唱会的出场费是几十万元人民币，是普通人几年或几十年的收入，老百姓难免有不平衡感，那么，歌星的高收入是否合理呢？我们知道，歌星的演唱会收入主要来源是门票的收入。对于演唱会门票的价格，如果想听演唱会的人增加了，而歌手的供给不变，则门票的价格就会上升，由于演唱会举办方与歌手都能从高价格的门票中得到更多的收益，他们还会增加演唱会的场次；同理可以推出，如果没有那么多歌迷，需求减少，门票的价格必然下降，他们会减少演唱会的场次。如果歌手增加，演唱会的场次增加，门票的价格会下降；同理可以推出，歌手减少，演唱会的场次会减少，门票的价格就会上升。

歌星的高收入是由歌星的供给和公众的需求决定的，这是市场机制作用的结果，既然对歌星的消费需求如此之大，而供给方又稀缺，也就是说在市场上少数著名歌星有完全垄断地位，因此他们的高收入不仅是合理的也是公正的。少数歌星是竞争出来的。尽管当我们看到一夜走红的歌星收入高于十年寒窗苦读的教授许多时，难免有不平衡感，但从经济学的理性来看，歌星的高收入是市场决定的。

5.1.2 价格上限和价格下限

前面讨论了在自由市场中供给和需求双方共同决定了成交的价格与数量。在自由市场上，商品可能形成任意的价格。在现实生活中，由于政府和行业联盟等的干预，在某些商品市场上可能存在着对价格的限制，而这些限制有可能影响市场均衡。以下将分析价格上限和价格下限对市场均衡的影响。

1. 价格上限

价格上限(Price Ceiling)是政府为了限制某些物品的价格,而制定的在一个市场上所允许收取的最高价格。往往是在战争或出现重大自然灾害时对居民生活必需品规定最高限价。这多为在战时采用的价格政策。战争期间,军费开支增大,大量资源由民用转为军用,民用品供不应求,有些消费品(如糖、肉、奶蛋、糖等)如不控制,物价就会上涨,这会影响全体国民的士气。因此,政府为了保障人民的基本生活水平,就会对一些基本消费品规定最高价格。

当存在价格上限时,会出现两种可能的结果。如图 5.3(a)所示,均衡价格为 P_E,价格上限为 P_C,在这种情况下,由于价格上限 P_C 高于均衡价格 P_E,价格上限并没有限制作用,也就没有实际意义。

另一种可能的结果是,价格上限 P_C 低于均衡价格 P_E,如图 5.3(b)所示。此时,价格上限对于市场价格有约束作用。实施限价以后,一方面,生产者愿意生产的数量从 Q_E 下降到 Q_S;另一方面,消费者希望购买的数量从 Q_E 增加到 Q_D。因此,价格上限的直接结果就是导致商品出现短缺,其短缺数量为 $Q_D - Q_S$。

(a) 无限制作用的价格上限　　(b) 有限制作用的价格上限

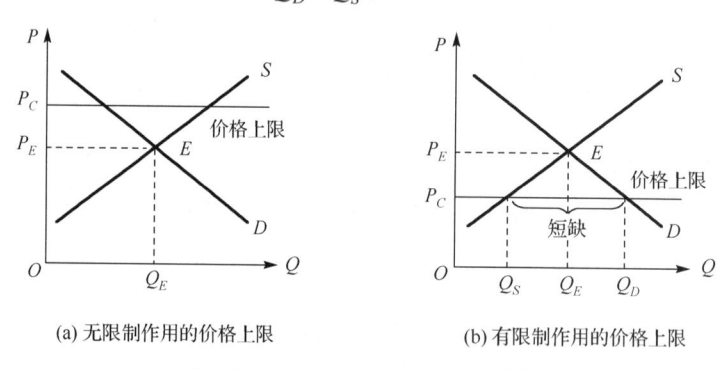

图 5.3　价格上限对市场均衡的影响

商品短缺可能在市场上引起一系列反常现象,如排队、走后门、搭配次货、黑市交易等。为了避免上述现象发生,保证商品在社会成员之间的公平分配,政府往往要实行配给制,凭票供应。

例 5-2

价格上限与短缺

某产品的市场需求和供给曲线如下所示。

需求曲线:　$Q_D = 200 - 2P$

供给曲线:　$Q_S = 40 + 2P$

(1) 市场均衡价格为多少?

(2) 如果政府限定该产品的最高价格是 30 元,那么此时会产生市场短缺吗?如果出现短缺,那么,短缺数量是多少?

解:

(1) 令:$Q_D = Q_S$　得:$P = 40$　即:市场均衡价格为 40 元。

(2) 当价格 $P = 30$ 时：

$$Q_D = 200 - 2P = 200 - 2 \times 30 = 140$$

$$Q_S = 40 + 2P = 40 + 2 \times 30 = 100$$

此时 $Q_D > Q_S$，因此，市场会出现短缺。短缺数量为 $Q_D - Q_S = 140 - 100 = 40$ 单位。

2. 价格下限

价格下限（Price Floor）是政府为了扶植某一行业的发展或某一产品的生产，对一个市场规定的所必须支付的最低价格。在这方面比较典型的例子是美国政府长期实行的"支持价格"（Support Price）政策。第二次世界大战后，由于农业技术的进步，美国农产品产量大幅度增加，但是农产品的需求却增长缓慢，结果造成了农产品市场价格的大幅度下跌，严重影响了美国农场主的经济利益和生产积极性。为了避免"谷贱伤农"，保障农场主的合法收益，政府经常为某些谷物规定最低限度的支持价格。

当存在价格下限时，同样有两种可能，如图 5.4 所示。一种可能的情况是，价格下限 P_F 低于均衡价格 P_E，如图 5.4(a) 所示，此时，价格下限没有约束作用。

另一种可能的情况是，价格下限 P_F 高于均衡价格 P_E，如图 5.4(b) 所示，此时，价格下限对市场有约束作用。市场力量使价格向均衡价格变动，但是当市场价格下降到价格下限时，就不能再下降了，此时的市场价格就等于价格下限。在价格下限处，供给量将超过需求量，其差额为 $Q_S - Q_D$，即存在 $Q_S - Q_D$ 个单位的过剩。因此，价格下限将引起市场过剩。

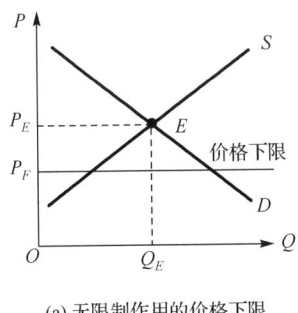

(a) 无限制作用的价格下限 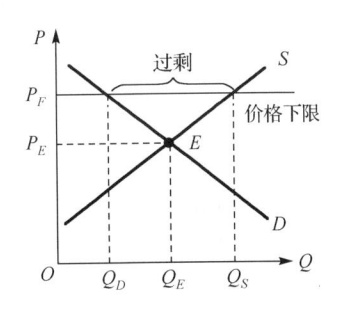　　　(b) 有限制作用的价格下限

图 5.4　价格下限对市场均衡的影响

例如，在农产品丰收时，市场均衡价格往往较低，政府为了保护农民的收益往往会实行农产品限价，制定最低价格。而这种情况，往往会导致农产品过剩。对于农产品过剩问题，政府必须考虑对策加以解决。在美国，通常采用三种办法解决：通过限制农民的耕种面积来限制农产品的产量；加强科学研究工作，扩大农产品的用途，以刺激需求；由政府收购，储存起来供将来使用或出口。

【小案例】最低工资对劳工市场的影响

许多经济学家研究了最低工资如何影响劳动市场。这些研究者比较了多年来最低工资的变动与就业的变动。虽然对于最低工资如何影响就业仍有一些争论，但有代表性的研究发现，最低工资每上升10%，就会使就业减少1%~3%。在解释这种估算时，我们注意到，最低工资提高10%并没有使劳动者的平均工资提高10%。法律变动并没有直接影响那些工资已大大高于最低工资的劳动者，而且，最低工资法的实施也并不彻底。因此，就业减少1%~3%的估算是有意义的。

资料来源：N. 格里高利·曼昆. 经济学原理(第5版)，北京：北京大学出版社，2009.

5.1.3 征税对均衡的影响

税收是一种非常重要的政策工具，在许多方面影响着人们的生活。那么，当政府对某一商品征税时，对均衡价格有什么影响呢？又是谁承担了税收负担呢？是消费者还是生产者呢？或者如果是消费者和生产者共同分摊税收，什么因素将决定分配机制呢？

先假定某产品原来的供给曲线为 S，需求曲线为 D，均衡价格为 P_0，如图5.5所示。

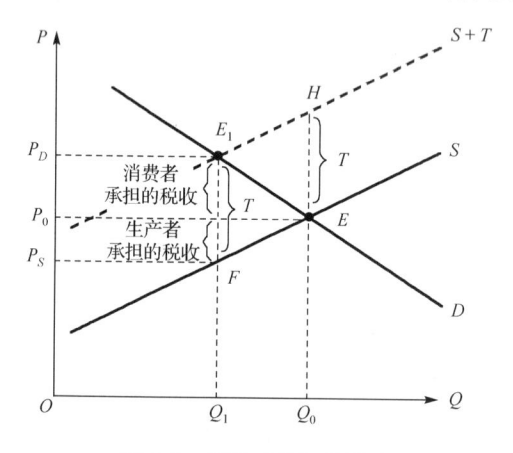

图5.5 征税对均衡的影响

假定政府现在拟对这种产品进行征税，办法是按单位产品征一定量的税额。显然，这种征税对需求曲线不会有影响，因为税费是由销售者或者是由生产者支付给国家的，购买者对于价格中是否包括税金并不关心，他们只是关心价格的高低。价格如果提高了，需求量就会减少，反之，就增加。所以，征税对需求曲线没有影响。

但征税对供给曲线有影响。在征税前，生产者生产 Q_0 数量的产品，获得的单位产品收入 P_0。现在征了税，假定单位产品的税额是 T，那么，单位产品的价格必须是 $T+P_0$ 时，生产者才能获得和原来相同的收入，才愿意生产 Q_0 数量的产品。同样，在征税前，生产 Q_1 数量的产品的相应的价格是 P_S，征税后(假定税额是 T)，价格必须提高到 $P_S+T=P_D$，生产者才愿意生产 Q_1 数量的产品。

把 E_1、H 等点连接起来就是征税后新的供给线 $S+T$。可见，由于政府征税，供给曲线就会向左上方平行移动(从 S 移到 $S+T$ 的位置)。原供给曲线 S 与新供给曲线 $S+T$ 之间的在 y 轴上的竖直距离(注意：并不是指直线之间的距离) $T=E_1F=$ 单位产品的税额。

所以，征税后，由于供给曲线发生位移(需求曲线不变)，均衡点由 E 移到了 E_1，产品价格由 P_0 提高到了 P_D，供给量、需求量(均衡量)由 Q_0 减少到了 Q_1。可见，由于征税，使产品价格提高了，而销售量却减少了。

那么，税金由谁负担呢？通常情况下，政府征收的产品税实际上是由买卖双方共同承担的。从图中可以看出，消费者负担的税额为 $P_D - P_0$；生产者负担的税额为 $P_0 - P_S$。其中，P_D 表示征税后消费者实际支付的价格；P_S 表示征税后生产者实际得到的价格；P_0 表示没有税收时的交易价格。

事实上，买卖双方各自实际税负大小取决于需求和供给的相对弹性的大小。如果需求相对于供给缺乏弹性，则税收主要是向前转嫁给消费者；而如果供给相对于需求缺乏弹性，则税收主要转嫁给生产者。换言之，需求弹性越小(需求曲线越陡峭/需求曲线斜率越大)，消费者负担的税收比例越大；供给弹性越小(供给曲线越陡峭/供给曲线斜率越大)，生产者负担的税收比例越大，如图 5.6 所示。

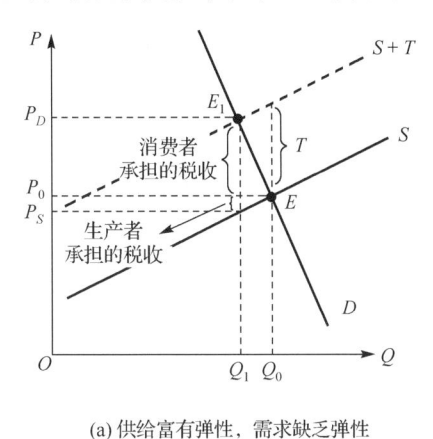

(a) 供给富有弹性，需求缺乏弹性　　　　(b) 供给缺乏弹性，需求富有弹性

图 5.6　税收如何分摊

图 5.6 说明了关于税收负担划分的一般结论：税收负担将更多地落在缺乏弹性的市场一方。其原因是，弹性衡量了当条件变得不利时，买方或者卖方离开市场的意愿。弹性小，意味着买方或卖方对这种物品没有适当的替代品。当对这种物品征税时，替代品较少的市场一方不太愿意离开市场，从而必须承担更多的税收负担。

5.2　均衡的变动

前面有关市场均衡分析的理论表明，当市场价格高于均衡价格时，市场上就会存在超额供给，即产品过剩；当市场价格低于均衡价格时，市场上就会存在超额需求，即产品短缺。但是在生活中，时常出现不一样的情况。例如，在 2020 年年初的新冠肺炎疫情初期，口罩、消毒酒精等防疫用品价格上涨，但市场上并没有出现卖不出去的现象，反而是有大批顾客排队购买。同样，在禽流感期间，鸡蛋价格大幅下降，但并没有出现人们排队购买鸡蛋的现象，反而是堆积了很多的库存。这些现象是否说明均衡价格理论有错误呢？

答案是否定的。前面的均衡分析是在考虑影响需求和供给的其他因素不变的前提下进行的，即需求曲线和供给曲线固定不变，只是分析商品本身价格变动对供给量和需求量的影响。但是，当影响需求和供给的其他因素发生变化时，就会造成需求曲线和供给曲线本身的移动，这时在市场的调节下将形成新的均衡。下面我们将分三种情况讨论供给和需求的变化对市场均衡变动的影响。

第 5 章　市场均衡与社会福利　**115**

5.2.1 供给不变，需求发生变动

如前所述，需求变动是由影响需求的非价格因素变动所引起的，这种变动在图形上表现为整条需求曲线的移动。假定供给曲线不变，我们可以用图 5.7 来分析新的均衡价格和均衡产量。

如图 5.7 所示，初始的需求曲线 D_0 与供给曲线 S 相交于 E_0 点，形成了市场均衡价格 P_0 和均衡产量 Q_0。当需求由于某种因素作用增加时，需求曲线向右移动，形成一条新的需求曲线 D_1，与原来供给曲线相交形成新的均衡点 E_1。我们可以发现与原来的均衡点相比，均衡价格和均衡产量均提高了。新的均衡价格为 P_1，均衡产量为 Q_1。反之，当需求曲线向左移动，则新的均衡价格和均衡产量均会下降。

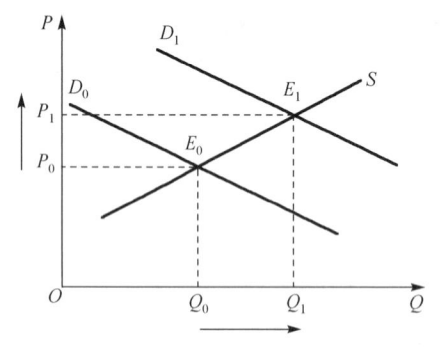

图 5.7 需求变动对均衡的影响

因此，当供给不变时，均衡价格和均衡产量的变动方向与需求的变动方向一致。

5.2.2 需求不变，供给发生变动

同样，供给变动是由于影响供给的非价格因素变动所引起的，这种变动在几何图形上表现为整条供给曲线的移动。假定需求曲线不变，我们可以用图 5.8 来分析新的均衡价格和均衡产量。

如图 5.8 所示，需求曲线 D 与供给曲线 S_0 相交于 E_0 点，形成了均衡价格 P_0 和均衡产量 Q_0。当供给由于某种因素作用增加时，供给曲线向右移动，形成一条新的供给曲线 S_1，与原来的需求曲线 D 相交形成新的均衡点 E_1。我们发现与原来的均衡点相比，均衡价格下降到了 P_1，均衡产量上升到了 Q_1；反之，如果供给曲线向左移动，则新的均衡价格会上升，新的均衡产量会下降。

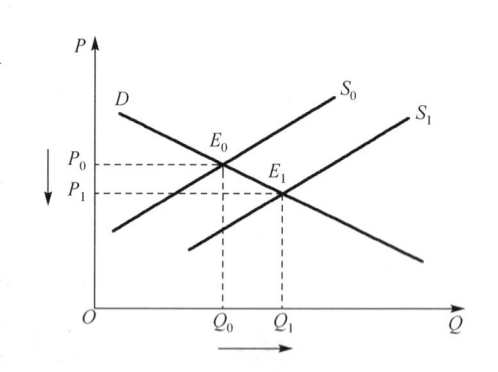

图 5.8 供给变动对均衡的影响

因此，当需求不变时，均衡价格与供给变动方向相反，均衡产量与供给变动方向一致。

5.2.3 需求与供给同时发生变动

当需求和供给同时发生变动时，均衡价格和均衡产量的变动就相对比较复杂，需求和供给变动方向和程度的差异都会对均衡产生不同的影响。

现假定需求和供给出于各种因素的影响同时增加，如图 5.9 所示，需求曲线由 D_0 移动到 D_1，供给曲线由 S_0 移动到 S_1，均衡点随之由 E_0 移动到 E_1。根据前面的分析我们知道，当需求和供给同时增加后，均衡产量一定也随之增加，即由 Q_0 增加到 Q_1。但是均衡价格的变化却不能确定。因为需求增加导致均衡价格上升，而供给增加导致均衡价格下降。那

么两者同时增加所导致均衡价格如何变动将取决于两者增加的程度。如果需求增加的程度大于供给增加的程度，则均衡价格将上升，即如图 5.9 所示的 P_0 上升到 P_1；反之，则均衡价格下降。注意，如果需求和供给增加的程度相同，那么均衡价格将保持不变。

因此，在需求和供给同时增加的情况下，均衡产量一定上升，而均衡价格则不能确定，可能上升、下降或不变。

同样的道理，如果需求和供给同时减少，均衡产量将一定减少，而均衡价格则不能确定。

现假定需求和供给出于各种原因发生了相反方向的变动，我们讨论需求增加、供给减少的情况。如图 5.10 所示，需求曲线由 D_0 移动到 D_1，供给曲线由 S_0 移动到 S_1，均衡点随之由 E_0 移动到 E_1。根据前面的分析我们知道，当需求增加、供给减少时，均衡价格一定上升，即如图 5.10 所示的 P_0 上升到 P_1；但是均衡产量我们却无法确定，因为需求增加，导致均衡产量增加，但是供给减少会导致均衡产量减少。这时候均衡产量就要取决于两者变动的程度。如果需求增加的程度大于供给减少的程度，则均衡产量就会增加，即由 Q_0 增加到 Q_1；反之，则均衡产量减少。注意，如果需求增加的程度和供给减少的程度相同，则均衡产量不发生变化。所以，在需求增加、供给减少的情况下，均衡价格一定上升，但均衡产量的变动不能确定，可能上升、下降或不变。

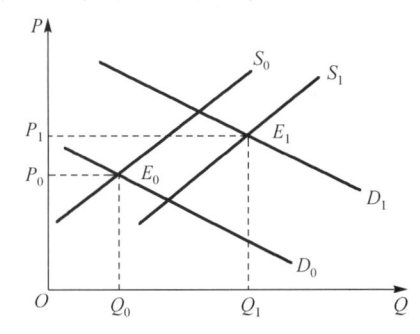

图 5.9　需求与供给同时增加对均衡的影响　　图 5.10　需求增加、供给减少对均衡的影响

同样的道理，如果需求减少、供给增加，则均衡价格必然下降，均衡产量不能确定，可能增加、减少或不变。

综上所述，我们将需求变动和供给变动对均衡的影响归纳为表 5-1。

表 5-1　需求和供给变动对均衡的影响

需求	供给	均衡价格	均衡产量
增加	不变	上升	增加
减少	不变	下降	减少
不变	增加	下降	增加
不变	减少	上升	减少
增加	增加	不确定	增加
减少	减少	不确定	减少
增加	减少	上升	不确定
减少	增加	下降	不确定

总的来说，在分析供给与需求的变化对均衡的影响时，可以按照三个步骤进行：①确

定事件是使供给曲线还是需求曲线发生移动，或者两条曲线都移动；②确定曲线移动的方向；(3) 比较新的均衡与原来的均衡，研究两种均衡状态下价格和数量发生的变化。

【小案例】疫情期间口罩的价格变化

我们以口罩的价格为例来说明供给与需求变化对均衡价格的影响。

如图 5.11 所示，在 2020 年新冠疫情暴发以前，口罩的市场供给和需求处于 E_0 均衡状态，此时的均衡价格为 P_0。

在疫情暴发初期，人们对于口罩等防护用品的需求迅速增加，需求曲线向右移动到 D_1 的位置；由于生产企业采购原料、扩大生产等需要调整时间，再加之疫情爆发初期正值春节，口罩生产企业并没有及时做出生产调整，因此，供给曲线并没有移动。于是，形成新的市场均衡 E_1，此时价格上涨到较高的水平，同时均衡数量也增加。在现实生活中，就出现了口罩涨价，人们仍然排队购买的现象。

在疫情逐渐稳定控制以后，工厂也开始复工复产，国家出台相应的政策支持防疫用品企业的生产。于是，供给扩大，供给曲线从原来的 S_0 向右移动到 S_1 的位置。而在这期间，疫情防控逐渐常态化，人们对于口罩的需求也并没有发生变化。于是供给曲线 S_1 和需求曲线 D_1 相交于 E_2，市场达到新的均衡。此时，口罩的价格恢复到与疫情暴发以前类似的价格水平。

可以预料的是，在疫情结束以后的初期，人们对于口罩的需求会减少，需求曲线会再次从 D_1 回到 D_0 位置，而生产企业规模并没有迅速缩减，于是会出现很多库存商品，此时需求曲线 D_0 和供给曲线 S_1 相交于 E_3，均衡价格会更低。

等到疫情完全结束，生活常态化以后，由于企业的利润减少，企业将缩减口罩生产规模，有些企业甚至会退出口罩等防护用品市场，从而使市场供给减少，最终从 S_1 减少到 S_0 水平，于是，市场再次形成新的均衡 E_0。

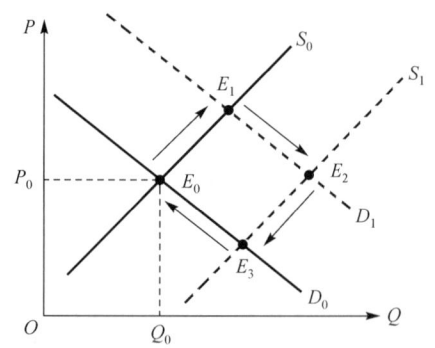

图 5.11 供需变化对口罩价格的影响

【小案例】西红柿的价格为什么会有季节性的波动？

如图 5.10 所示，假定 S_1、S_2 和 S_3 分别为西红柿在 1 月、4 月和 8 月的供给曲线。由于 1 月气温偏低，西红柿的生产成本最高，因此，供给曲线在最左侧；8 月气温偏高，西红柿的生产成本最低，因此，供给曲线在最右侧。由于不同季节供给曲线的文职不同，而人们对于西红柿的消费需求并不会随着季节发生变化。因此，在不同的季节，供需曲线形成的市场均衡价格不相同，分别为 P_1、P_2 和 P_3；销售量也不相同，分别为 Q_1、Q_2 和 Q_3。因此，西红柿的价格会有季节性的波动。

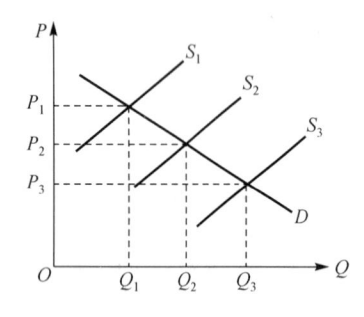

图 5.12 西红柿价格的季节性波动

资料来源：吴德庆，等. 管理经济学(第 7 版)，北京：中国人民大学出版社，2018.

5.3 社会福利

消费者总是希望价格越低越好，生产者总是希望价格越高越好。这是因为价格的这些变化符合他们各自的经济福利。本小节将讨论社会福利(Social Welfare)，即消费者和生产者从市场交易中所获得的利益，包括消费者剩余和生产者剩余。

5.3.1 消费者剩余

消费者愿意支付一定货币购买产品或劳务是为了得到效用，只有认为获得的效用超过实际付出的代价，才会购买。根据边际效用理论，消费者对于不同数量的商品，愿意支付不同的价格。

消费者剩余(Consumer Surplus)是指消费者的支付意愿减去为这种商品实际支付的价格。支付意愿是指消费者愿意为某种商品支付的最高价格。消费者剩余反映了超出消费者实际支付代价的效用。

例如，我们在购买某一商品时为获得其效用愿意支付一定的费用，而实际购买时按市场价格支付，当实际支付的费用低于消费者愿意支付的费用时，就会感到合算、便宜，形成消费者剩余。消费者的支付的目的是获得最大的总效用，因此，他支出的每单位商品或劳务的价格取决所获得效用的大小。而消费者的实际支付取决于市场上的供给与需求。

例如，某机械厂急需钢材但供应紧张，为保证生产，愿以每吨 1800 元买 100 吨以解燃眉之急，而实际按市场价格每吨 1400 元成交，消费者剩余为每吨 400 元；再购买第二个 100 吨时，厂方愿以每吨 1600 元购买，在实际支付每吨 1400 元的情况下，消费者剩余为每吨 200 元；当购买第三个 100 吨时，厂方愿以每吨 1400 元购买，在实际支付每吨 1400 元的情况下，无消费者剩余。这样厂方购买 300 吨钢材的消费者剩余为：

$$100 \times (1800-1400) + 100 \times (1600-1400) + 100 \times (1400-1400) = 60000 \ (元)$$

由图 5.13 可知，消费者剩余在数值上等于图中阴影部分的面积。

如果购买量是连续变量，则图 5.13 中各直方图端点形成一条连续的曲线，即需求曲线。一般情况下，消费者剩余是需求曲线与市场价格水平线之间的面积，如图 5.14 阴影部分所示。在图 5.13 和图 5.14 中，S 为供给曲线，D 为需求曲线，P_E 为实际支付价格(均衡价格)。

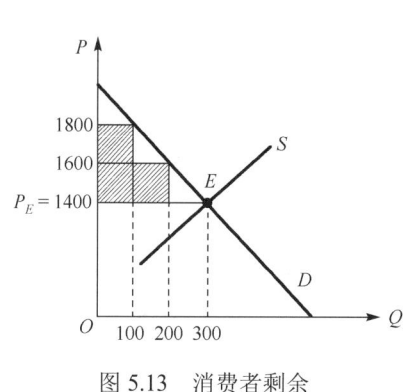

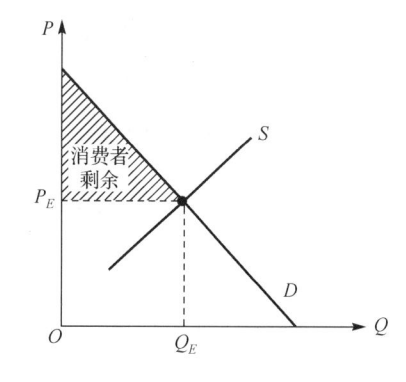

图 5.13 消费者剩余

图 5.14 需求曲线与消费者剩余

5.3.2 生产者剩余

生产者剩余与消费者剩余是类似的，只是它是从生产者角度进行的衡量。

生产者剩余(Producer Surplus)是指生产者得到的货币量减去销售意愿(生产成本)。销售意愿是指生产者愿意为某种商品接受的最低价格,一般为生产成本。

在图 5.15 中,S 为市场供给曲线。供给曲线反映的是,对应于任何一个价格,生产者所愿意销售的商品的数量。例如,当市场价格为 10 元的时候,可能有生产者 A 愿意生产并销售这种商品(A 的生产成本为 10 元);当市场价格为 20 元的时候,则有生产者 B 愿意提供这种商品(B 的生产成本为 20 元);以此类推,当市场价格为 50 元的时候,又有生产者 C 愿意提供这种商品(C 的生产成本为 50 元)。然而,市场的均衡价格是统一的,因此,在市场按统一价格 50 元进行交易的时候,生产者 A 和生产者 B 分别获得 40 元和 30 元的生产者剩余,而生产者 C 则没有任何剩余。

那么,该商品的生产者剩余在数值上就等于图中阴影部分的面积之和。

如果将所有的生产者作为一个总体来看,那么,生产者剩余就应该等于所有单个生产者剩余之和。当市场上所有的供给形成一条连续的供给曲线时,生产者剩余就等于供给曲线和市场价格水平线之间的面积,如图 5.16 阴影部分所示。图中 S 为供给曲线,D 为需求曲线,P_E 为实际支付价格(均衡价格)。实际上,供给曲线上每个点的高度都衡量了生产者的成本,而价格和生产成本之间的差额就是每个生产者的生产者剩余。因此,总面积就是所有生产者的生产者剩余之和。

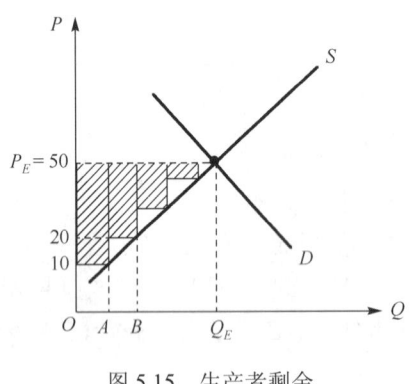

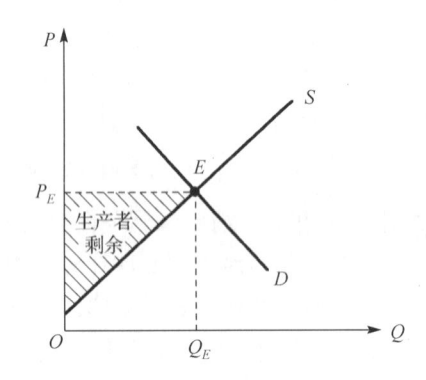

图 5.15　生产者剩余　　　　　　图 5.16　供给曲线与生产者剩余

本章小结

本章所介绍的内容在管理经济学中占据十分重要的地位。因为掌握市场需求变化规律是在社会主义市场经济条件下,企业管理决策的基本前提和出发点。在完全竞争市场条件下,需求曲线与供给曲线决定市场的均衡价格和均衡交易量。需求-供给分析法通过供给和需求曲线分析供需双方及其影响因素和价格之间的关系,寻求供需均衡点的变化趋势。

为了深入了解价格波动对资源配置的影响,本章主要介绍了均衡的形成、均衡的变动,以及社会福利等概念。市场运行机制实质上是需求法则和供给法则由对立转化为统一的过程。供需均衡是企业资源配置合理性的重要标准。市场供求关系变化是永恒的,因此,了解均衡趋势是企业资源配置体现市场导向的要求。

案例分析 5-1

谁支付奢侈品税

1990年，美国国会通过了对游艇、私人飞机、珠宝、皮草、豪华轿车等奢侈品征收新的奢侈品税的政策。支持这项税的人认为，这些奢侈品全部由富人消费，只有富人才能买得起这类奢华的东西，奢侈品税也必然由富人承担。向富人收税以补助低收入者，平等又合理。但实施之后反对者并不是富人，而是生产这些奢侈品的企业及其工人，其中大部分是这项税所要帮助的低收入者。于是，到了1993年，大部分奢侈品税被废除了。

税收的功能实际上是多方面的，包括获得政府收入和调节生产、消费与收入分配等。中国更有自身的特殊国情。例如，中国消费的奢侈品很大比重是进口的，这就决定了奢侈品消费税在很大程度上要与进出口贸易政策挂钩。此外，中国奢侈品消费在很多情况下还具有"送礼"等特殊文化需要。因此，奢侈品税问题在中国是比较复杂的。

资料来源：N. 格里高利·曼昆. 经济学原理（第5版），北京：北京大学出版社，2009.

问题

1. 为什么在美国，奢侈品税反对者并不是富人，而是奢侈品生产企业及其工人？
2. 如果产品税设计主要是为了调节收入分配，需要考虑哪些问题？

思考与练习

1. 单项选择题

(1) 需求不变，供给变动会导致（　　）。
  A. 均衡价格和均衡数量按相同方向变动
  B. 均衡价格按相反方向变动，均衡数量按相同方向变动
  C. 均衡价格按相同方向变动，均衡数量按相反方向变动
  D. 均衡价格和数量的变动要视供求双方增减的程度大小而定

(2) 如果供给不变，需求增加，则（　　）。
  A. 均衡价格和均衡数量都会提高
  B. 均衡价格和均衡数量都会下降
  C. 均衡价格会提高，均衡数量会下降
  D. 均衡价格会下降，均衡数量会提高

(3) 政府规定最高限价会导致（　　）。
  A. 过分旺盛的需求得到遏制　　B. 供给不足现象消失
  C. 供过于求现象　　　　　　　D. 供不应求现象

(4) 政府规定最低价格会导致（　　）。
  A. 过分旺盛的需求得到遏制　　B. 供给不足现象消失
  C. 供过于求现象　　　　　　　D. 供不应求现象

(5) 如果（　　），则消费者将承担大部分商品税。

A. 需求富有弹性而供给缺乏弹性
B. 需求缺乏弹性而供给富有弹性
C. 需求有完全的弹性而供给富有弹性
D. 需求缺乏弹性而供给无弹性

2. 多项选择题

(1)某商品的需求增加，供给减少，将导致(　　)。
  A. 均衡交易量增加   B. 均衡交易量变化不确定
  C. 均衡价格上升   D. 均衡价格变化不确定

(2)某商品的需求增加，供给也增加，将导致(　　)。
  A. 均衡交易量增加   B. 均衡交易量变化不确定
  C. 均衡价格上升   D. 均衡价格变化不确定

(3)在(　　)情况下，生产者将比消费者承担更多的税收。
  A. 需求富有弹性而供给缺乏弹性
  B. 需求缺乏弹性而供给富有弹性
  C. 需求有完全的弹性而供给富有弹性
  D. 需求缺乏弹性而供给无弹性

(4)就单位产品而言，价格上限对于社会福利(消费者剩余和生产者剩余)的影响是(　　)。
  A. 消费者剩余增加   B. 消费者剩余减少
  C. 生产者剩余增加   D. 生产者剩余减少

(5)就单位产品而言，价格下限对于社会福利(消费者剩余和生产者剩余)的影响是(　　)。
  A. 消费者剩余增加   B. 消费者剩余减少
  C. 生产者剩余增加   D. 生产者剩余减少

3. 判断题

(1)均衡价格就是供给量等于需求量时的价格。(　　)
(2)政府向消费者征税税收由消费者承担；向生产者征税税收就由生产者承担。(　　)
(3)当供给不变、需求增加时，均衡价格会增加，但均衡产量不会变，因为供给没有变。(　　)
(4)对香烟征收销售税时，其税收主要由生产者负担。(　　)
(5)对小汽车征收消费税时，其税收主要由生产者承担。(　　)

4. 问答题

(1)什么是均衡价格？它是如何形成的？又是如何变动的？
(2)政府对基本生活必需品规定价格上限，会导致市场发生什么变化？政府应相应采取什么措施？

(3)价格下限对市场有什么影响？
(4)什么是消费者剩余？
(5)什么是生产者剩余？

5. 计算题

(1)已知某一时期内某商品的需求函数为 $Q_D = 50 - 5P$，供给函数为 $Q_S = -10 + 5P$。
① 求均衡价格 P_E 和均衡数量 Q_E，并做出几何图形。
② 假定供给函数不变，由于消费者收入水平提高，使需求函数变为 $Q_D = 60 - 5P$。求相应的均衡价格 P_E 和均衡数量 Q_E，并做出几何图形。
③ 假定需求函数不变，由于生产技术水平提高，使供给函数变为 $Q_S = -5 + 5P$。求相应的均衡价格 P_E 和均衡数量 Q_E，并做出几何图形。

(2)某市场初始状态下的供给函数为 $Q_S = -50 + 3P$，需求函数为 $Q_D = 100 - 2P$。
① 求初始状态下的市场均衡价格和均衡数量。
② 若由于某种原因，市场需求函数变为 $Q_D = 150 - 2P$，求新的市场均衡价格和均衡数量。
③ 若政府想要维持初始市场价格不变，以 40 元价格购进其他市场产品后并以初始价格投放市场，需购入多少？
④ 若政府对生产企业进行补贴以维持初始价格，每单位产品应补贴多少？

(3)假定棉布的需求曲线为 $Q_D = 100 - 2P$；棉布的供给曲线为 $Q_S = 0.5P$（Q_D、Q_S 均以万米为单位，P 以元/米为单位）试问：
① 棉布的均衡价格是多少？
② 棉布的均衡销售量是多少？
③ 如果政府规定棉布的最高价格为 30 元/米，棉布的供求关系会发生什么变化？
④ 如政府对棉布征税，税额为每米 10 元，征税后均衡价格应是多少？

(4)假设你是政策制定者，正在考虑是否对生产某种商品的企业征收消费税。在这之前，你需要考虑该税收变化将如何影响消费者和生产企业。该种商品的供给与需求函数估计为 $Q_D = 500 - 2P$ 和 $Q_S = 2P - 60$。
① 画出供给曲线与需求曲线。
② 计算均衡价格和均衡数量。
③ 在此市场上，生产者剩余和消费者剩余各为多少？
④ 如果对每单位产品征收 2 元的消费税，均衡价格和均衡数量将会发生什么变化？
⑤ 征税后生产者剩余和消费者剩余各为多少？

(5)考虑如下需求和供给曲线 $Q_D = 5800 - 6P$ 和 $Q_S = 4P - 120$。
① 画出需求曲线与供给曲线。
② 均衡价格和均衡数量各为多少？
③ 在该市场上，生产者剩余和消费者剩余各为多少？
④ 如果对该物品规定 600 元的价格下限，该市场将发生什么变化？
⑤ 这时，生产者剩余和消费者剩余将发生什么变化？

⑥ 如果对该物品规定 500 元的价格上限而不是规定价格下限，该市场又将怎样变化？
⑦ 这时，生产者剩余和消费者剩余又将发生什么变化？

拓展阅读

1. 保罗·萨缪尔森，威廉·诺德豪斯. 经济学(第 19 版). 北京：商务印书馆，2013.
2. 薛兆丰. 经济学通识(第二版). 北京：北京大学出版社，2015.

第6章 生产优化

生产率并非一切，但从长远来看，它几乎就是一切。

——保罗·克鲁格曼

导入案例

海信是如何做到生产优化的

海信集团是我国一家知名的集科、工、商、贸于一体的大型高新技术企业集团。多年以来，海信坚持"高科技、高质量、高水平服务、创国际名牌"的发展战略，创造了经济规模与规模经济持续、稳健地同步增长。至今，海信集团已经成为山东省最大的专业电子信息企业集团。2004年，海信平板电视开始脱颖而出，平板电视的成功让海信从"CRT第三军团"一跃而进入"平板第一品牌"行列。2007年1月，被美国最权威的消费电子媒体TWICE评为"中国消费电子产业领先品牌十强"。海信的成功取决于在失败中不断地探索和开拓。2001年时，海信曾亏损1000万元，50%的产品平进平出，海信没有把亏损的原因简单地归咎于整个行业的大环境，而且开始从自身内部寻找原因。通过实施一些措施和建立相关机制，对各种生产要素进行优化，使生产维持在一个优化的生产函数上。

在劳动力的数量和质量上，2002年年初海信精简了3000人，提高了劳动效率，通过管理层的努力工作，以表率作用带动较高水平的雇员提高产出率，尤其是技术人员的才能得到充分利用。作为企业最宝贵的资源，海信为每一个个体的成长搭建了良好的平台，建立了"求人、用人、育人、令人、留人"的人力资源开发机制，完善了"待遇留人、事业留人、氛围留人"的文化，形成了良好的人力资源开发和管理体系，设在研发中心的海信学院，每年培训支出近千万元，为研发人员的知识更新与发展创造了良好的条件。

在资源配置上，优化产品结构，缩减了小型低端的产品，加大了大屏幕彩电及其他高端产品的投资力度。从2001年开始，海信公司的核心工作就围绕高端产品展开，提出了"8：2"战略，用80%的人力、物力、财力研发等离子等高端产品，让高端产品的销售占到公司总销售额的80%，低端产品只占20%。

在生产技术上，海信重视核心技术的引进，更重视应用技术的研发。海信一般都是引进第一代产品，而第二代、第三代产品都是自己开发"的，并且没有局限于为了引进而引进，而是善于把技术转换成产品。环保电视、互动电视、变频空调等家电产品的相继推出，始终引领家电流行趋势。

资料来源：张承耀. 中国企业改革与发展案例. 北京：经济管理出版社，2000.

- 知识目标：
  - ◆ 理解生产和生产函数；
  - ◆ 理解技术效率和经济效率；
  - ◆ 掌握短期生产和长期生产的概念；
  - ◆ 掌握规模收益的三种类型；
  - ◆ 熟悉短期生产函数中总产量、平均产量和边际产量的含义及三者之间的关系；
  - ◆ 掌握边际收益递减规律及其应用；
  - ◆ 掌握短期生产最优投入量的确定；
  - ◆ 掌握等产量线和等成本线的含义和运用；
  - ◆ 掌握长期生产最优投入量的确定。

- 能力目标：
  - ◆ 能应用生产优化理论，分析解决短期生产和长期生产的投入量最优问题。

6.1 生产函数及其相关概念

6.1.1 生产函数

生产是消费的源泉，只有生产的高度发展，才可能满足整个社会日益增长的各种需求。纵观人类文明史，生产方式是社会进步的标志之一。企业的基本功能是生产商品或提供服务，其主要目的是盈利。在企业经营管理决策中，生产决策占据着重要的地位。

生产是指利用资源创造出产品和服务的活动。其中，资源包括土地、厂房、设备、原材料、人力等。生产不仅包括物质商品的有形加工或制造，也包括法律服务、管理咨询、教学和发明、研究与开发等无形的服务活动。生产的经济理论由一个规范的结构组成，它帮助经理人员在既定的技术条件下进行生产决策，实现一定产量下投入的最小化；或者一定投入条件下的产出最大化；决定如何最有效地把生产预期产量(产品或服务)的各种投入要素组合起来。

生产函数是指在一定的技术条件下，各种生产要素投入量的组合与所能生产的最大产量之间的对应关系。其一般数学表达式为：

$$Q = f(x_1, x_2, \cdots x_3) \tag{6-1}$$

式中，Q 为产量；$x_1, x_2, \cdots x_3$ 为投入要素，如原材料、资金、动力等。

为了简化，本教材把所有的投入或生产要素分为两大类：资本(K)和劳动(L)。故生产函数的一般形式可以简化为：

$$Q = f(K, L) \tag{6-2}$$

例如，$Q = K^{\frac{1}{2}}L^{\frac{1}{2}}$ 是一个生产函数，在这里，Q 为产量，K 为资本量，L 为劳动量，假定在生产中投入的资本量 $K=25$，劳动量 $L=9$，那么根据这一生产函数，其最大产量为 $\sqrt{25} \times \sqrt{9} = 15$。

6.1.2 技术效率和经济效率

生产函数表示在一定的技术水平下，各种投入要素组合所能生产的最大产量。但是此函数并没有提供产量一定时成本最低的投入要素的信息，因此，需要引入技术效率和经济效率来帮助我们进一步掌握生产函数的经济含义。

在经济学意义上，技术效率是指投入与产出之间的关系，即在一定的投入下实现了产出最大化，或者在生产一定的产量时实现了投入最小化。技术效率是指由技术水平的提高而带来的产出成效，反映了对现有资源有效利用的能力。

经济效率是人们在配置和使用资源上的效率。它要求在不同生产目的之间合理分配与使用资源，最大限度地满足人们的各种需要。经济效率有两重含义，一是经济组织如何运用自己可支配的稀缺资源，使之发挥最大作用，避免浪费，用既定生产要素生产出最大量的产品；二是资源配置效率，即在不同区域、行业、企业分配有限资源达到的效率。

简单来说，当一个企业以可能的最低成本生产出特定产量的产品，就称其实现了经济效率。或者说，企业以特定的成本生产出可能的最大产量，也称其实现了经济效率。这就是经济效率的两种情况。

技术效率和经济效率的关系是，技术效率是指投入要素与产出量之间的实物关系。当投入既定产量最大或产出既定投入最少时就实现了技术效率。经济效率是指成本与收益之间的关系。成本既定收益最大或收益既定成本最低时就实现了经济效率。技术效率是经济效率的基础，但并不等于经济效率，实现了技术效率并不一定也实现了经济效率。

总之，技术效率只取决于技术上的可行性，经济效率要取决于资源的相对成本。经济上有效率的方法就是使用最少数量的更昂贵的资源和最大数量的更便宜的资源。

例 6-1

工业机器人使用密度

根据国际机器人联合会(IFR)的数据显示，中国自 2013 年开始成为全球工业机器人使用的最大市场，2017 年全球工业机器人在中国的销量为 13.8 万台，占全球的比重为 35.7%。但是，按照自动化生产的单元产品(机器人)的使用密度(平均每万名制造业工人所使用的工业机器人数量)来衡量某个国家制造业自动化设备使用情况下，中国的机器人密度远低于世界平均水平，潜力空间巨大。以工业机器人最早推广、渗透的汽车行业为例，根据国际机器人联合会(IFR)数据显示，2016 年我国工业机器人在制造业每万名工人中的密度为 505 台/万人，而日本、美国、德国、意大利等国家汽车行业机器人密度普遍高于 1000 台/万人的水平,是我国的两倍。考虑到汽车行业是工业机器人最早推广、渗透的行业,其他行业的机器人的普及程度甚至可能更低。

资料来源:根据国际机器人联合会(IFR)2018 年 2 月发布的数据整理而成

6.1.3 短期生产和长期生产

生产分为短期生产和长期生产,这是由投入要素在一定时期内所显示的静态与动态的特性决定的。短期和长期在经济学的意义不是指时间的长短,而是指在既定的时间框架中,投入要素是否发生了变化。

所谓短期,是指企业在此期间,某些投入要素的数量不变,显示静态,如厂房、机器设备等;而另一些投入要素的数量不断变化,显示动态,如劳动力、原材料等。短期生产主要表示产出量与投入的变动要素之间的数量关系。它主要研究边际收益递减原理和如何实现要素间的最佳组合等问题。所谓长期,是指企业在足够长的时间里,所有投入要素的数量都发生了变化,不存在不变要素。长期生产表示产出量与所有投入要素之间的数量关系。它主要研究生产规模收益率等问题。可见,短期生产与长期生产的划分是以全部投入要素是否发生变化为依据的,而不在于日历时间的长短。

假定投入的生产要素只有资本和劳动,产出则假定为一种产品,可得到:

短期生产函数:

$$Q = f(K_0, L) \tag{6-3}$$

或

$$Q = f(L) \tag{6-4}$$

它表示在短期,资本 K 的投入量不变(即生产规模既定),而劳动 L 投入量可变时,产量随着劳动投入量的变动而变动。

长期生产函数:

$$Q = f(K, L) \tag{6-5}$$

它表示在长期,资本 K 的投入量与劳动 L 的投入量均可变(即生产规模可调整)时,产量随着要素投入量的变动而变动。

例如,服装厂接到一份大额的订单,但要求在一个月内交货,要完成这份订单的生产已超出服装厂常规的生产能力,服装厂该如何完成任务呢?显然他一般是通过让工人加班,或临时雇用更多的工人的方法来按时完成任务。在一个月的时间里,来不及通过扩建厂房和增加设备来增加生产。在这种情况下,我们说劳动是可变生产要素,而厂房设备是不变生产要素。可变生产要素是指那些随着产量的变动可以变动的投入,不变生产要素是指那些不能随着产量的变动而变动的投入。显然,在区分一种要素是可变生产要素还是不变生产要素的关键是时间,只要时间足够长,任何投入都是可变的,因此经济学就有了短期和长期的区分。

所谓的短期就是指这样的时期,在这个时期内至少有一种生产要素的投入是不可改变的;长期是指这样的时期,这个时期足够长,以至于任何生产要素的投入都是可以改变的。注意:对企业来说,短期与长期不是绝对的,而是相对的概念,且不同行业的长期、短期是不同的。

6.1.4 规模收益

1. 规模收益的三种类型

资本和劳动的投入量决定了生产的规模，改变这两种要素的投入量会导致规模发生改变。规模收益指规模的变化与产量的变化之间的关系，有的教材也将规模收益称为规模报酬。

用生产函数[式(6-2)]解释规模收益，假设投入要素(K,L)都增加 λ 倍，使产量增加 η 倍，即：

$$\eta Q = f(\lambda K, \lambda L) \tag{6-6}$$

通过对 η 和 λ 的比较，有以下三种类型。

第一种类型：当 $\eta > \lambda$ 时，为规模收益递增，即产量增加的倍数大于投入要素增加的倍数，如图 6.1(a) 所示。

第二种类型：当 $\eta = \lambda$ 时，为规模收益不变，即产量增加的倍数等于投入要素增加的倍数，如图 6.1(b) 所示。

第三种类型：当 $\eta < \lambda$ 时，为规模收益递减，即产量增加的倍数小于投入要素增加的倍数，如图 6.1(c) 所示。

这三种类型的总产量曲线的形状如图 6.1 所示。

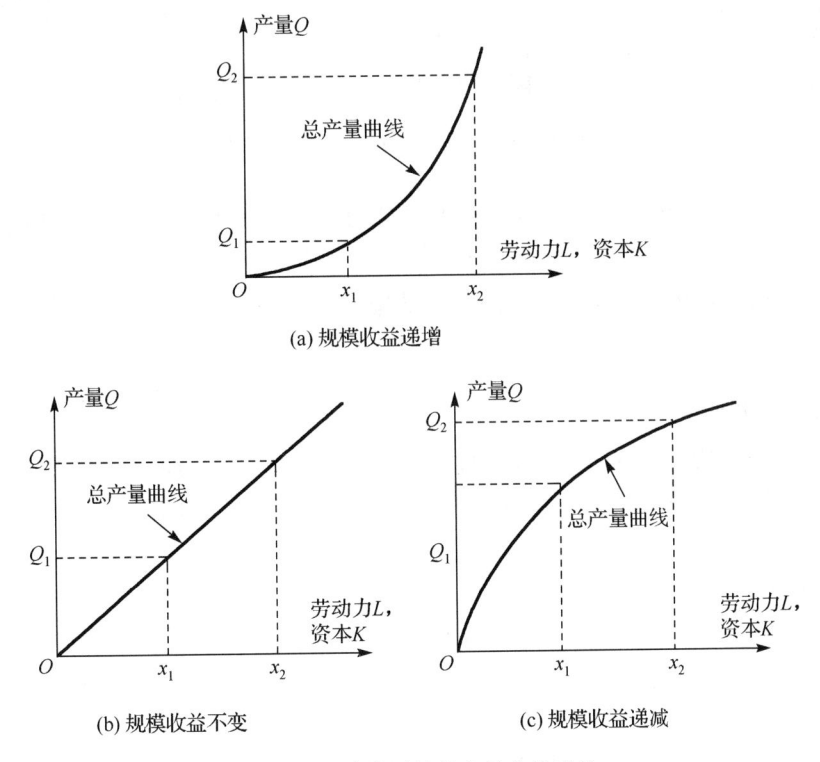

(a) 规模收益递增

(b) 规模收益不变

(c) 规模收益递减

图 6.1 三种类型的总产量曲线形状

规模收益递增的原因可以从亚当·斯密《国富论》中的例子来解释：

"举一个制针行业的例子。工人是未经训练的，也不知道如何使用机械，他们即使十分勤劳，也很难一天做出 1 根针来，更不可能一天做 20 根了。但如果现在把这个制针的活计进行分工，即一个人拔丝，另一个人拉直，第三个人切断，第四个人磨针尖，第五个人抛光，另外制作针头需要两到三个工序……这样制针作业被分为 18 个不同的工序……我看到在一家小工厂里，只有 10 个工人，但按此方式生产，一天即做出 48 000 根针来。如果按人计算，相当于每人一天可以生产 4800 根针。但如果他们各自独立制作，没有分工，也不经任何训练，肯定每天每人做不到 20 根针，甚至连 1 根也做不出来。"由此可知，规模收益递增的主要原因是规模化后的社会分工促进了技术改善，提高了劳动生产率，或者理解为规模的经济性作用。

2. 柯布-道格拉斯生产函数

柯布-道格拉斯生产函数由美国数学家柯布(C.W.Cobb)和经济学家道格拉斯(Paul.H.Douglas)于 20 世纪 30 年代提出，是经济学中使用最广泛的一种生产函数形式，其采用的边际分析方法，可用于分析要素投入对产量(产出)的贡献率、规模收益和其他一系列问题。它在数理经济学与计量经济学的研究与应用中都具有重要的地位。

柯布-道格拉斯生产函数的基本形式是：

$$Q = AL^\alpha K^\beta (A>0, \alpha>0, \beta<1) \tag{6-7}$$

式中，Q 表示产量，L 表示劳动投入量，K 表示资本投入量，α 和 β 表示劳动和资本在生产过程中的相对重要性，A 表示综合技术水平。

使用规模收益函数[式(6-6)]进行分析可得，规模收益有以下三种类型。

(1) $\alpha+\beta>1$，规模收益递增，表明按照现有技术，用扩大生产规模来增加产出是有利的。

(2) $\alpha+\beta<1$，规模收益递减，表明按照现有技术，用扩大生产规模来增加产出是得不偿失的。

(3) $\alpha+\beta=1$，规模收益不变，表明生产效率并不会随着生产规模的扩大而提高，只有提高技术水平，才会提高经济效益。

3. 规模收益的影响因素

当改变生产规模时，随着生产规模从小变大，一般会先后经历规模收益递增、不变和递减三个阶段。之所以会出现这样三个阶段，是因为在不同的阶段，有不同的因素在起作用。

(1)促使规模收益递增的因素。

如果原来生产规模较小，现在增加生产规模，这时会使规模收益递增。这是因为有以下因素在起作用。

① 工人可以专业化。在小企业中，一个工人可能要做好几种作业。在大企业中，工人多就可以分工分得更细，实行专业化。这样就有利于工人提高技术熟练程度，有利于提高劳动生产率。

② 可以使用专门化的设备和较先进的技术。小企业因为产量少，只能采用通用设备。

大企业实行大量生产，有利于采用专用设备和较先进的技术。

③ 大设备单位能力的制造和运转费用通常比小设备低。例如，大型电机比小型电机单位能力的制造成本和运转成本低。

④ 生产要素具有不可分割性。例如，一座1000吨的高炉，由于不可分割，除非产量达到1000吨，否则就不能充分利用。

⑤ 其他因素。例如，大规模生产便于实行联合化和多种经营，便于实行大量销售和大量采购(可以节省购销费用)等。

(2) 促使规模收益不变的因素。

规模收益递增的趋势不可能是无限的，当生产达到一定规模后，上述促使规模收益递增的因素会逐渐不再起作用。例如，工人分工如果过细，就会导致工人工作单调，影响工人的积极性；设备生产率的提高，最终也要受当前技术水平的限制。所以，通常工厂总会有一个最优规模。对公司来说，当工厂达到最优规模时，再扩大生产，它就采用建若干个规模基本相同的工厂的办法。这时，规模收益基本处于不变阶段。这个阶段往往要经历相当长一个时期，但最终它要进入规模收益递减阶段。

(3) 促使规模收益递减的因素。

导致规模收益递减的因素主要是管理问题。企业规模越大，对企业各方面业务进行协调的难度也会越大。许多专家认为，由于高级经理人员很少接触基层，中间环节太多，就必然会造成官僚主义，使管理效率大大降低，导致规模收益递减。

6.2 短期生产投入量的决定

企业在短期内某些生产要素的投入量可以保持不变。假定其他投入要素的投入量不变，只有一种投入要素的数量是可变的，研究这种投入要素的最优使用量(即这种使用量能使企业的利润最大)，就属于单要素生产函数问题。这类问题在短期决策中经常遇到。例如，在短期内现有企业的厂房、设备都无法变更，若要增加产量，只有增加劳动力，那么增加多少劳动力才是最优的呢？这就属于单一可变投入要素的最优利用问题。为了探讨这个问题，需要分析总产量、边际产量和平均产量三者之间的相互关系。

6.2.1 总产量、平均产量和边际产量

研究生产函数经常要用到总产量、平均产量和边际产量的概念。总产量是指企业投入的生产要素所能产出的产品总量。平均产量是总产量除以该要素的投入量所得的商。边际产量表示某一投入要素一个单位量的变化所引起的总产量的变化量。

1. 总产量

总产量是指在技术水平不变的条件下，某种固定投入(如劳动 L)与另一种固定投入(如资本 K)相结合所能生产的最大产量。其函数表达式为：

$$TP = f(\bar{L}, \bar{K}) \tag{6-8}$$

式中，TP 为总产量；$\bar{K}$ 为固定投入(资本)；$\bar{L}$ 为固定投入(劳动)。

劳动的总产量(TP_L)，表示可变的劳动投入量和固定的资本投入量结合，能生产的最大产量，其函数为：

$$TP_L = f(L, \bar{K}) \tag{6-9}$$

资本的总产量(TP_K)，表示可变的资本投入量和固定的劳动投入量结合，能生产的最大产量，其函数为：

$$TP_K = f(\bar{L}, K) \tag{6-10}$$

2. 平均产量

平均产量是指在一定的技术条件下，其他的投入要素保持不变的情况下，平均每单位变动投入要素的产量，等于总产量除以变动投入要素的投入量。例如，当劳动是变动投入时，劳动的平均产量用函数表示为：

$$AP_L = \frac{TP_L}{L} \tag{6-11}$$

其含义是：当资本固定时，每一单位的劳动所能产出的产量。

同理，资本的平均产量用函数表示为：

$$AP_K = \frac{TP_K}{K} \tag{6-12}$$

3. 边际产量

边际产量是指在一定的技术条件下，每增加一个单位可变投入要素所引起总产量的变化量。当劳动是可变要素时，劳动的边际产量用函数表示为：

$$MP_L = \frac{\Delta TP_L}{\Delta L} \tag{6-13}$$

其含义是：当资本固定时，增加一单位的劳动所增加的产量。

同理，当资本是可变要素时，资本的边际产量用函数表示为：

$$MP_K = \frac{\Delta TP_K}{\Delta K} \tag{6-14}$$

其含义是：当劳动固定时，增加一单位的资本所增加的产量。

如果生产函数连续可导，则边际产量为生产函数对可变投入量的一阶导数，即：

$$MP_L = \frac{dTP_L}{dL} \tag{6-15}$$

$$MP_K = \frac{dTP_K}{dK} \tag{6-16}$$

6.2.2 总产量、平均产量和边际产量的关系

下面举例说明总产量、平均产量和边际产量三者之间的关系。

假定某印刷车间拥有 4 台印刷机。如果该车间只有 1 名工人,这名工人的产量一定有限,因为他不能利用他的全部时间来操作印刷机,他还必须亲自做许多辅助工作,如取原料、搬运制成品、打扫卫生等。现假定这时他的日产量为 13 个单位。如果车间增加到 2 名工人,尽管第 2 名工人的才干与第 1 名工人相同,但增加这名工人所增加的产量一定会超过第 1 名工人原来的产量。这是因为有了两个人就可以进行协作,协作可以产生新的生产力。现假定增加第 2 名工人所增加的日产量为 17 个单位。此时总产量从每天 13 个单位提高到 30 个单位。同理,假定增加到 3 名工人时,总产量达到每天 60 个单位。增加到 4 名工人时,即每人操作 1 台印刷机时,总产量上升到每天 104 个单位。如果车间工人数增加到 5 名、总产量将继续上升,因为新增的第 5 名工人可以专做搬运等辅助工作。但第 5 名工人增加的产量会少于第 4 名工人增加的产量。现假定第 5 名工人使日产量增加 30 个单位,使总产量达到 134 个单位。如果工人数目增加到 6 名,第 6 名工人可能是个替换工,即当其他工人需休息或请假时由他来替代,这样,也能增加产量,但增加的量更少了。如果工人继续增加下去,可以设想一定会达到这样的阶段,即增加工人不仅不会增加产量,而且还会使产量减少。例如,当工人太多,许多工人无活可干,到处闲逛,以致影响生产正常进行时,就会出现这种情况。

现在把这个例子中的数据汇总成表 6-1。

表 6-1 总产量、边际产量、平均产量情况

工人人数	总产量	边际产量	平均产量
0	0		
1	13	13	13
2	30	17	15
4	104	44	26
5	134	30	26.8
6	156	22	26
7	168	12	24
8	176	8	22
9	180	4	20
10	180	0	18
11	176	-4	16

根据表 6-1 可画出总产量、边际产量和平均产量图,如图 6.2 所示。

从图 6.2 中可以看出,在总产量、平均产量和边际产量之间存在着下面三种关系。

(1) 工人人数取某值时的边际产量等于总产量曲线上该点的切线的斜率。因为根据边际产量的定义,$MP = \dfrac{\Delta TP}{\Delta L}$,即当 ΔL 取很小值时,$MP = \dfrac{dQ}{dL}$,$\dfrac{dQ}{dL}$ 就是总产量曲线上当工人人数取某值时该点切线的斜率。因此,图 6.2(a) 中总产量曲线上的拐点 A(斜率最大的

点)，也就是图 6.2(b)中边际产量曲线的顶点 A'；总产量曲线上的顶点 C(斜率为零的点)，也就是边际产量曲线上边际产量为零的点 C'。

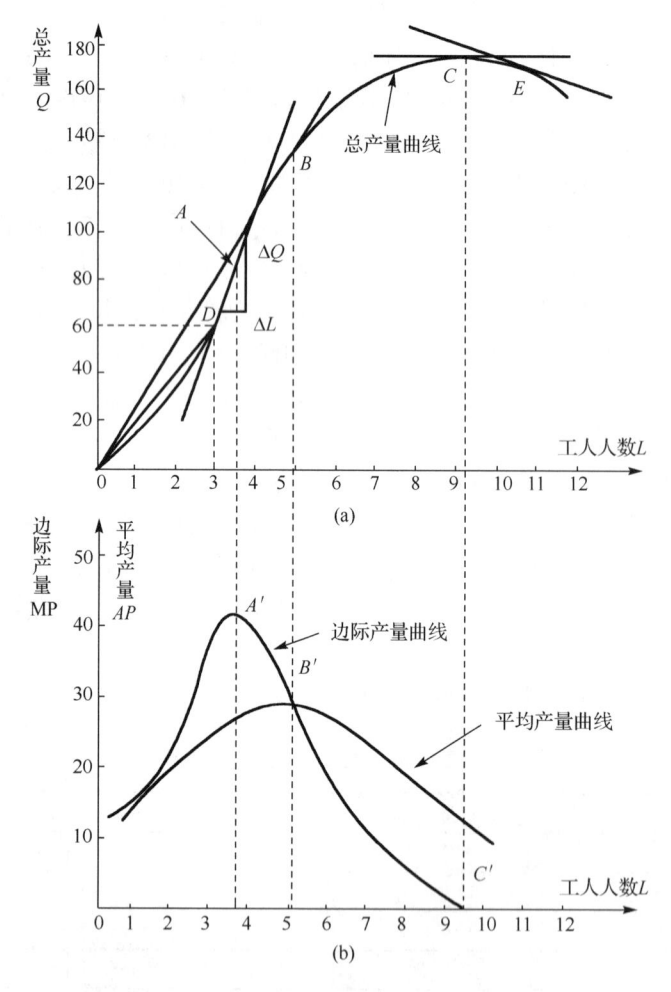

图 6.2 总产量、边际产量和平均产量的关系图

边际产量与总产量之间的这个关系告诉我们：当边际产量为正值时，总产量曲线呈上升趋势(斜率为正值)，此时增加工人能增加产量；当边际产量为负值时，总产量为最大(斜率为零)，此时增加工人产量没有变化。

(2)工人人数取某值时的平均产量等于总产量曲线上该点与原点的连接线的斜率。因为 $AP = \dfrac{TP}{L}$，而 $AP = \dfrac{TP}{L}$ 也正是总产量曲线上该点与原点之间的连接线的斜率。例如，在图 6.2(a)中，车间拥有 3 名工人时的平均产量，即等于原点与 D 点的连接线 OD 的斜率，也即等于 20 个单位。因此，在图 6.2(a)中的 B 点，由于在这一点上总产量曲线的切线和其与原点的连接线重合(即两条线的斜率相等)，所以在这一点，平均产量等于边际产量。表现在图 6.2(b)中，就是平均产量曲线和边际产量曲线相交于 B' 点。

(3)当边际产量大于平均产量时，平均产量呈上升趋势；当边际产量小于平均产量时，平均产量呈下降趋势；当边际产量与平均产量相等时，平均产量为最大。这是因为边际产量是指新增 1 名劳动力会使总产量增加多少。如果边际产量大于以前的平均产量，它必然会使平均数上升。反之，如果边际产量小于以前的平均产量，就必然使平均数下降。如果边际产量等于平均产量，说明平均产量在这一点上既不上升，又不下降，正好处于顶峰(或谷底)，这时的平均产量为最大(或最小)。

下面探讨 AP 曲线与 MP 曲线的关系，即什么时候 AP 最大。

已知 AP 最大的必要条件是：

$$\frac{d(AP)}{dL} = 0$$

即

$$\frac{d(AP)}{dL} = \frac{d(TP/L)}{dL} = \frac{1}{L} \cdot \frac{d(TP)}{dL} - \frac{1}{L^2} \cdot TP = 0$$

又∵

$$\frac{1}{L}\left[\frac{d(TP)}{dL} - \frac{TP}{L}\right] = 0$$

∴

$$\frac{d(TP)}{dL} = \frac{TP}{L}$$

即：MP=AP。所以当边际产量等于平均产量时，平均产量最大。

在图 6.2(b)中当边际产量曲线在平均产量曲线之上时，平均产量曲线呈上升趋势；当边际产量曲线在平均产量曲线之下时，平均产量曲线呈下降趋势；当边际产量曲线和平均产量曲线相交时，即在 B'点，两者相交(即其值相等时)，平均产量最大。

以上就是总产量、平均产量和边际产量之间的主要关系，弄清这些关系对于在决策分析中判断有关曲线的走向和它们之间的相互关系是很有用的。

6.2.3 边际收益递减规律

对只包含一种生产要素的生产函数来说，随着生产要素投入量的连续增加，每增加 1 单位生产要素所引起的产量的增加(即边际产量)表现出先上升最终下降的规律，也就是说如果技术不变，增加生产要素中某个要素的投入量，而其他要素的投入量不变，增加的投入量起初会使该要素的边际产量增加，增加到一定量后，再增加投入量就会使产量递减。

根据以上说明，我们总结出一个重要的经济学规律，即边际收益递减，也就是：当存在固定要素时(短期内)，增加可变要素的投入量，边际产量先上升后下降。在理解这个规律时，要注意两个重要的限制条件：

(1)其他生产要素投入量不变；
(2)技术水平不变。

边际收益递减规律存在的原因在于在任何产品的生产过程中，可变生产要素与不变生产要素之间都存在一个最佳组合比例，这是一个经验规律。

边际收益递减规律的启示在于：在一定的技术条件下，生产要素的投入量必须按照一定的比例进行优化组合，才能充分发挥各生产要素的效率；否则，片面地追加某一种生产要素的投入，只能导致资源的浪费和生产报酬的减少。

6.2.4 生产的三个阶段

根据边际收益递减规律所决定的可变要素投入增加过程中 MP、TP、AP 之间的关系，可将可变要素的投入分为三个阶段，如图 6.3 所示。

第一阶段：AP 始终上升，MP 始终大于 AP。在此阶段只要增加可变要素的投入产量就会增加。理性的生产者不会停留在此阶段，这是生产不合理阶段。

第二阶段：起点在 AP 与 MP 相交处，终点在 MP 与横轴的相交处。理性的生产者会停留在这一阶段，这是生产合理阶段。

第三阶段：AP 继续下降，MP 降为负值，总产量下降。理性的生产者会通过减少可变要素的投入来增加产量，这也是生产不合理阶段。

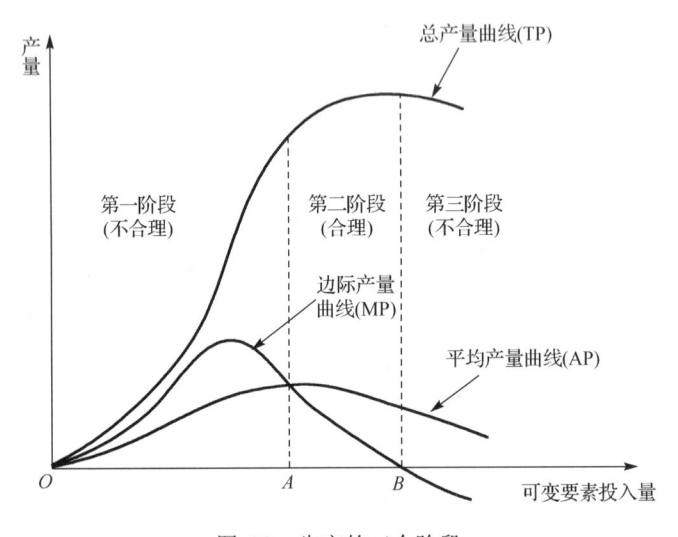

图 6.3 生产的三个阶段

6.2.5 短期最优投入量的确定

在短期，因为固定要素(厂房、设备等)无法变动或变动的成本无限大，所以企业只能通过增加可变要素(工人、原料等)来提高产量，也就是说在这种情况下，企业的其他投入要素是固定的，只有一种投入要素的投入量是可变动的，那么现在需要研究的是在这种情况下企业可变要素投入多少才是最优的。要研究这个问题，首先要明确两个概念。

(1) 边际产量收益(MRP)，指在可变投入要素一定投入量的基础上，再增加 1 个单位的投入量会使企业的总收益增加多少。如果资本 K 是固定要素，劳动 L 是可变的投入要素，则有劳动的边际产量收益：

$$\mathrm{MRP}_L = \frac{\Delta \mathrm{TR}_L}{\Delta L} = \frac{\Delta \mathrm{TR}}{\Delta \mathrm{TP}_L} \times \frac{\Delta \mathrm{TP}_L}{\Delta L} = \mathrm{MR} \times \mathrm{MP}_L \tag{6-17}$$

其含义是：劳动的边际产量收益等于边际收益乘以劳动的边际产量。

同理，有资本的边际产量收益：

$$\text{MRP}_K = \frac{\Delta \text{TR}_K}{\Delta K} = \frac{\Delta \text{TR}}{\Delta \text{TP}_K} \times \frac{\Delta \text{TP}_K}{\Delta K} = \text{MR} \times \text{MP}_K \tag{6-18}$$

其含义是：资本的边际产量收益等于边际收益乘以资本的边际产量。

（2）边际要素成本(MFC)，指在可变投入要素一定投入量的基础上，再增加 1 个单位的投入量会使企业的总成本增加多少。如果可变的投入要素是劳动，则有劳动的边际要素成本：

$$\text{MFC}_L = \frac{\Delta \text{TC}_L}{\Delta L} \tag{6-19}$$

其含义是：增加 1 个单位劳动所增加的总成本，即劳动的价格，可以简化为工资率(ω)。

同理，也有资本的边际要素成本：

$$\text{MFC}_K = \frac{\Delta \text{TC}_K}{\Delta K} \tag{6-20}$$

其含义是：增加 1 个单位资本所增加的总成本，即资本的价格，可以简化为利息率(γ)。

以劳动为可变要素为例进行分析，如果 $\text{MRP}_L > \text{MFC}_L$，说明此时企业的利润不是最大，再增加劳动的投入，还能增加利润；如果 $\text{MRP}_L < \text{MFC}_L$，说明此时企业的利润也不是最大，因为减少 L 的投入量，反而能再增加利润。因此，只有当：

$$\text{MRP}_L = \text{MFC}_L = \omega \tag{6-21}$$

这时企业的利润获得最大化，可变投入要素 L 的投入量为最优。

同理，当劳动固定，资本为可变要素时，满足下列条件：

$$\text{MRP}_K = \text{MFC}_K = \gamma \tag{6-22}$$

企业也获得利润最大化，可变投入要素 K 的投入量为最优。

例 6-2

已知某企业的生产函数为 $Q=30L-0.5L^2$。式中，L 为劳动力数，Q 为每小时产量。

(1) 试求劳动的边际产量函数；
(2) 如果工资率为每小时 60 元，产品的边际收益为 30 元，该企业应雇佣多少工人？

解：（1）

$$\text{MP}_L = \frac{d\text{TP}_L}{dL} = 30 - L$$

（2）由短期利润最大化条件：

$$\text{MRPL} = \text{MFCL} = \omega$$

可得：

$$30 \times (30 - L) = 60$$

$$L = 28$$

为获得利润最大化，企业应雇用 28 名工人。

6.3 长期生产最优投入量的确定

在生产理论中，通常以包含两种可变生产要素的生产函数来考察企业在长期内的生产问题。包含两种可变生产要素的生产函数可以写为：

$$Q = f(L,K) \tag{6-23}$$

式中，L 为可变要素劳动投入量；K 为可变要素资本投入量；Q 为产量。

6.3.1 等产量曲线

1. 等产量曲线的概念及性质

假定要素 L、K 在一定范围内具有替代性。

等产量曲线(Isoquant Curve)就是在技术水平一定的条件下，使产量不变的两种要素投入的各种可能组合的点的轨迹。由于投入要素之间可以互相替代，所以，同一个产量可以通过不同比例的投入要素来生产。假如有两种投入要素 x 和 y。如果 $x=3$，$y=8$；$x=4$，$y=6$；$x=6$，$y=4$；$x=8$，$y=3$ 等，都可以生产出 20 件产品，那么把这些点连接起来的曲线就是产量为 20 件的等产量曲线，如图 6.4 所示。等产量曲线与效用论中的无差异曲线非常相似。

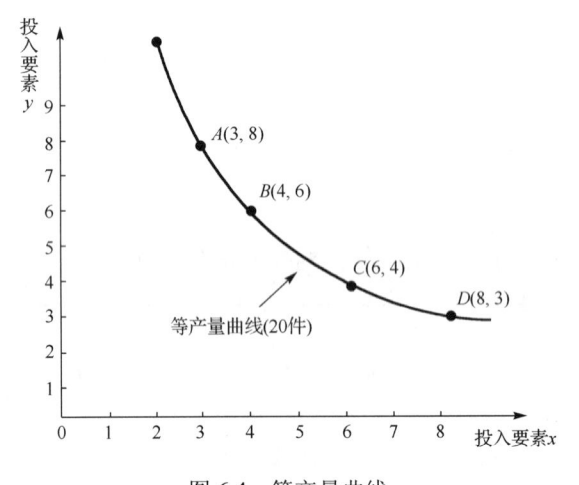

图 6.4 等产量曲线

等产量曲线有一个重要的特性，即处于较高位置的等产量曲线总是代表较大的产量。如在图 6.5 中，等产量曲线 Q_2 的位置高于等产量曲线 Q_1。这表明 Q_2 的产量一定大于 Q_1 的产量，即 $Q_2>Q_1$。这是因为在较高的等产量曲线上投入要素 x 和 y 的量必然要大于(至少是等于)在较低的等产量曲线上的量。在图 6.5 中，$x_2>x_1$，$y_2=y_1$。由于假设较大的投入量一定会取得较大的产量，所以较高的等产量曲线一定代表较大的产量。

按照投入要素之间能够相互替代的程度，可以把等产量曲线划分为三种类型。

第一种：投入要素之间完全可以替代。例如，如果发电厂的锅炉燃料既可全部用煤气又可全部用石油(当然也可以部分用煤气、部分用石油)，就称这两种投入要素是完全可以替代的。这种等产量曲线的形状是一条直线，如图 6.6 所示。在这里，煤气替代石油的比例(替代率)为 1.5:1，是个常数。

第二种：投入要素之间完全不能替代。例如，生产自行车，投入要素车架和车轮是完全不能替代的。这种等产量曲线的形状是一个直角,如图 6.7 所示。完全不能替代的投入要素之间的比例是固定的。在这里,车架与车轮之间的比例为 1∶2。

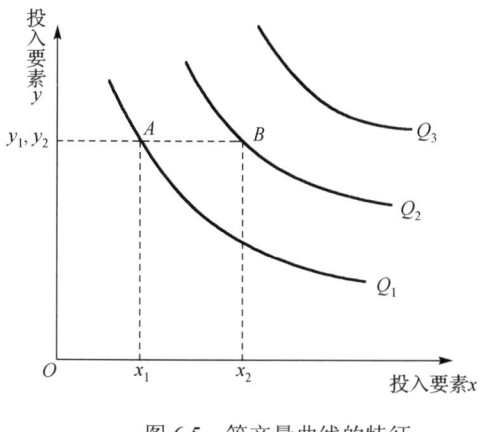

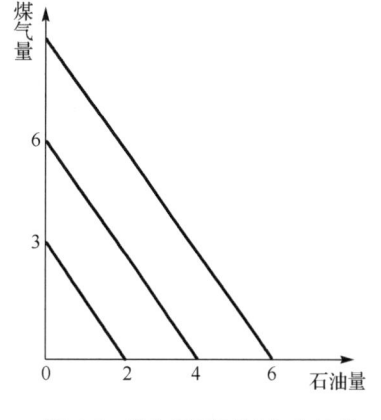

图 6.5 等产量曲线的特征

图 6.6 投入要素可以完全替代

第三种:投入要素之间的替代是不完全的。例如,在生产中,设备和劳动力能互相替代,但设备不可能替代所有的劳动力,劳动力也不能把所有的设备都替代下来,就属于这种情况。这种等产量曲线的形状一般为向原点凸出的曲线,如图 6.8 所示。会出现这种形状是因为对不能完全替代的投入要素来说,它们的等产量曲线的斜率一般随着投入要素量的增加而递减。

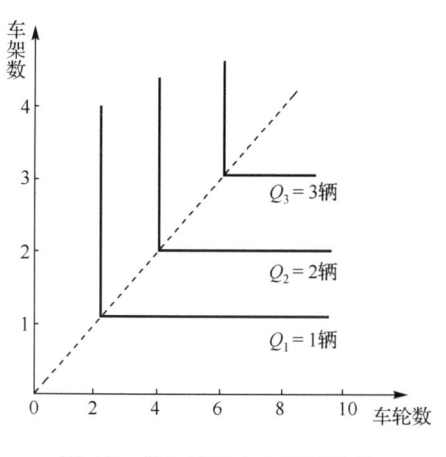

图 6.7 投入要素完全不能替代

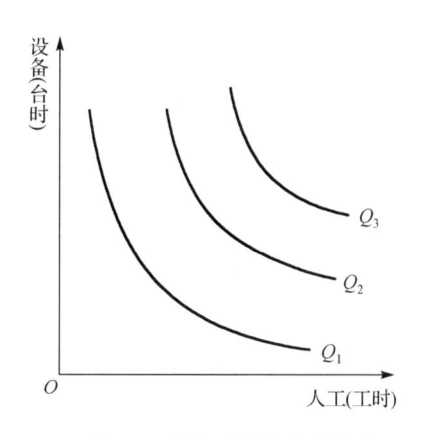

图 6.8 投入要素能部分替代

2. 边际技术替代率

边际技术替代率是指在维持产量不变的条件下,增加 1 个单位的基本要素投入量,所能替代的另一要素投入量。根据定义可知等产量曲线上某一点的边际技术替代率就是等产量线在该点的斜率的绝对值。

边际技术替代率包括劳动对资本的边际技术替代率 MRTS_{LK}:

$$\text{MRTS}_{LK} = -\frac{\Delta K}{\Delta L} \tag{6-24}$$

其含义是：为维持产量不变，增加 1 个单位劳动，必须放弃的资本的数量。由于ΔK 和ΔL异号，加上负号表示取绝对值。

边际技术替代率也包括资本对劳动的边际技术替代率 MRTS_{KL}：

$$\text{MRTS}_{KL} = -\frac{\Delta L}{\Delta K} \tag{6-25}$$

其含义是：为维持产量不变，增加 1 个单位资本，必须放弃的劳动的数量。

在等产量线中，由于沿着等产量线移动，总产量保持不变，所以有：

$$\Delta L \times \text{MP}_L = \Delta K \times \text{MP}_K \tag{6-26}$$

综合式(6-24)和式(6-26)，通过移项可得：

$$\text{MRTS}_{LK} = -\frac{\text{MP}_L}{\text{MP}_K} \tag{6-27}$$

即劳动对资本的边际技术替代率等于劳动对资本的边际产量之比。

边际技术替代率递减规律：在维持产量不变的前提下，当一种生产要素的使用量连续增加时，该种生产要素所能够替代的另一种生产要素的数量是递减的。原因在于以劳动对资本的替代为例，随着劳动投入的不断增加，劳动的边际产量是逐渐下降的；同时，随着资本数量的逐渐减少，资本的边际产量是逐渐增加的。由此可见，边际技术替代率是由要素的边际收益递减规律造成的。边际技术替代率递减规律使向右下方倾斜的等产量线必然凸向原点。

3. 生产的有效经济区间

生产者需要的是找到生产要素的最佳组合。在所有生产要素 K 和 L 可能的组合中，有一部分不处于有效经济区间，可以不予考虑。那么什么是"有效经济区间呢"？如图 6.9 所示。

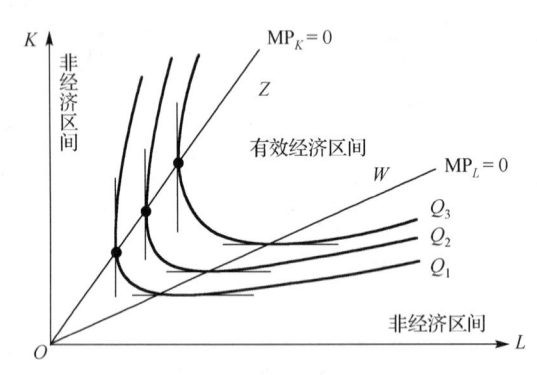

图 6.9 生产的有效经济区间

图 6.9 给出了几条属于同一生产函数的等产量曲线。从这几条曲线可以看出，只要曲线的斜率为负，生产要素 K 和 L 之间可以互相替代，即增加一个生产要素的使用就要减少另一个的使用，以保持总产量不变。但当曲线斜率为正时，生产要素 K 和 L 必须同时增加才能保持总产量不变。这时一定有一个生产要素的边际产量为负。也就是说使用量过多，

存在浪费现象。显然，最佳生产要素组合不可能在等产量曲线斜率为正时出现。所以，可以将等产量曲线斜率为正的部分去掉而不予考虑。

这样，对生产的有效经济区间就可以定义为所有等产量曲线斜率为负的区间。在此区间，两个生产要素的边际产量都是正值。也就是说，增加任何一个生产要素的使用量都会导致总产量的增加。

为了清楚地显示出生产要素的有效经济区间，需要给出其分界线。这里分界线由某生产要素所有边际产量为零的点组成。在图 6.9 中，直线 OZ 是生产要素 K 的边际产量为零（$MP_K=0$）时在所有等产量曲线上点的连线；直线 OW 是生产要素 L 的边际产量为零（$MP_L=0$）时在所有等产量曲线上点的连线。

生产脊线就是把所有等产量曲线上切线斜率为零和斜率为无穷大的点与原点一起联结起来，形成的两条线。直线 OZ、OW 又称为脊线。

在脊线范围之外，必须同时增加两种要素投入才能使总产量不变。脊线表明生产要素替代的有效范围。企业只能在脊线范围内从事生产，实现不同要素的组合——脊线围成的区域是"生产区域"，即有效经济区间。

6.3.2 等成本曲线

1. 等成本曲线的含义

假定两种投入要素为 K 和 L，它们的价格分别为 r 和 w，C_0 为总成本，则等成本曲线的图形如图 6.10 所示，其一般表示式为：

$$C_0 = r \cdot K + w \cdot L \tag{6-28}$$

将上式移项，可以得到一个用等成本曲线的斜率和截距表示的方程：

$$K = \frac{C_0}{r} - \frac{w}{r} \cdot L \tag{6-29}$$

根据一个成本函数及其推导的等成本线方程式，可以画出无数条等成本线，共同组成等成本曲线图。

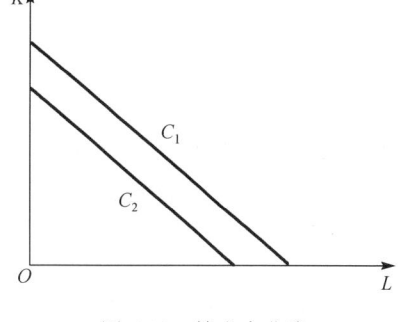

图 6.10 等成本曲线

2. 等成本曲线的特征

等成本曲线具有以下特征：
(1) 相互平行，不相交；
(2) 离原点越远，代表的成本水平越高；
(3) 斜率为负，两种要素反方向变化；
(4) 要素价格比发生变化时，等成本线的斜率改变。

等成本线上点的含义：等成本线上任何一点均表示在企业的成本支出和要素价格既定的情况下，两种生产要素购买量的一种组合；等成本线右上方的任何一点所表示的要素组合，均表示在现有成本支出下无法实现；等成本线左下方的任何一点表示的要素组合，在现有成本水平下能够实现，但用于购买要素的资金仍有盈余。

3. 等成本曲线的变动

如果成本固定和生产要素价格已知，便能够得到唯一的一条等成本线。所以，任何关于成本和生产要素价格的变化，都会使等成本曲线发生相应的变动。

当企业的生产支出增加或减少时，等成本线将向右或向左移动。如图 6.11 所示，若原来的等成本曲线为 K_0L_0，若生产支出增加，则等成本曲线向右移动至 K_2L_2；若生产支出减少，则等成本曲线向左移动至 K_1L_1。

当要素的相对价格发生变动时，则等成本曲线将会向右或向左旋转。如图 6.12 所示，我们只假设劳动的要素价格变化的情形；若劳动的要素价格下降，则等成本曲线由原来的 K_0L_0 向右旋转至 K_0L_2，若劳动的要素价格增加，则等成本曲线由原来的 K_0L_0 向左旋转至 K_0L_1。

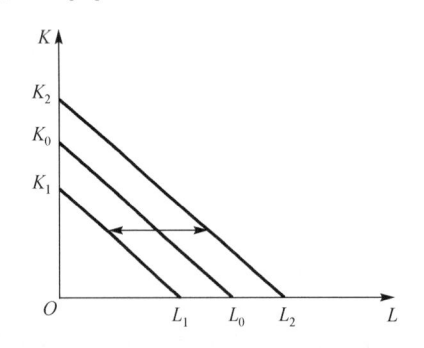

图 6.11　成本变化与等成本曲线的移动 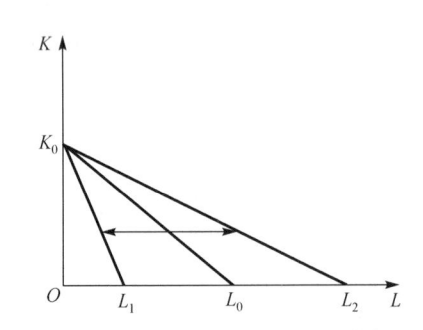　　图 6.12　价格要素变化与等成本曲线的移动

6.3.3　最优投入要素的确定

当资本和劳动都是可变要素时，需要同时采用等成本线和等产量线这两个工具来解决长期生产的最优投入量的问题。根据技术效率和经济效率可知，技术效率是经济效率的前提，经济效率是利润最大化的条件，因此，我们按照经济效率的两种情况来分别讨论长期生产的最优化投入量的确定问题。

1. 成本一定，产量最大

如图 6.13 所示，当成本一定时，等成本线为 K_0L_0，等产量线 Q_1 和等成本线没有交点，超过了成本的限制；等产量线 Q_3 和等成本线相交于 B、C 点，由等产量线的性质可知，A 点的产量等于 B、C 点的产量，而 A 点位于等成本线的内部，属于小于成本的投入产量组合，不满足成本一定的前提条件。所以，只有当等产量线 Q_2 和等成本线相切于 E 点时，才实现了成本一定时产量最大。

在等产量线和等成本线的切点 E 上，两条曲线的斜率相等，即：

$$\text{等产量线的斜率} = \frac{\Delta K}{\Delta L}; \text{等成本线的斜率} = -\frac{w}{\gamma}$$

综合式(6-24)和式(6-27)，可得：

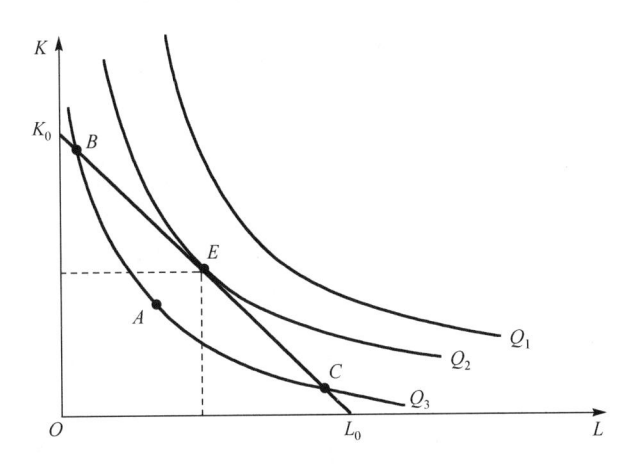

图 6.13　成本一定，产量最大时最优投入量的确定

$$\frac{\mathrm{MP}_L}{\mathrm{MP}_K}=\frac{\omega}{\gamma} \tag{6-30}$$

整理后可得：

$$\frac{\mathrm{MP}_L}{\omega}=\frac{\mathrm{MP}_K}{\gamma} \tag{6-31}$$

其含义是：当劳动和资本的边际产量之比等于劳动和资本的相对价格时，企业获得了利润最大化，实现了经济效率，此时的劳动和资本的投入量即为最优投入量。

2. 产量一定，成本最小

如图 6.14 所示，产量一定时，等产量线为 Q_0，等成本线 L_1 和等产量线相交于 B、C 点，此时的成本水平高于 E 点，产量水平和 E 点相同，因此 L_1 不是最优化的情况；L_3 的成本最低，但和等产量线没有交点，也不是最优，所以，当等成本线 L_2 和等产量线相切于 E 点时，获得了产量一定时成本最小。

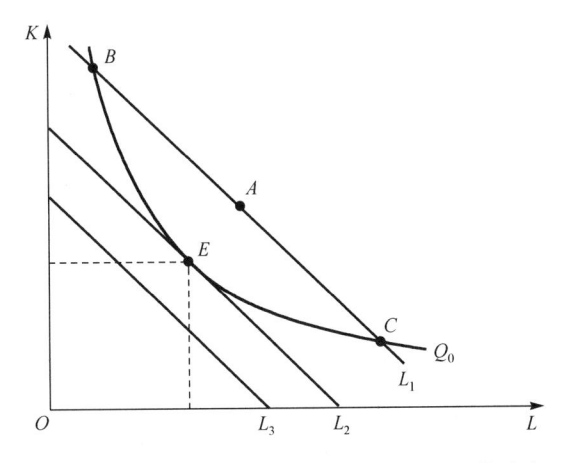

图 6.14　产量一定，成本最小时最优投入量的确定

由此可知，在经济效率的两种情况下，均能推导出相同的结果，即满足式(6-30)的条

第 6 章　生产优化　143

件下，企业可以确定长期生产的投入量最优化决策。

式(6-30)和式(6-31)也可以做如下拓展：

假设将多种投入要素 $x_1, x_2, \cdots, x_n$ 结合起来生产一种产品，它们的边际产量分别为 $\mathrm{MP}_{x_1}, \mathrm{MP}_{x_2}, \cdots, \mathrm{MP}_{x_3}$，它们的价格分别为 $P_{x_1}, P_{x_2}, \cdots, P_{x_3}$，那么，只有当满足 $\dfrac{\mathrm{MP}_{x_1}}{P_{x_1}} = \dfrac{\mathrm{MP}_{x_2}}{P_{x_2}}, \cdots, \dfrac{\mathrm{MP}_{x_3}}{P_{x_3}}$ 时，各种投入要素之间的组合比例才是最优的。

这个一般原理之所以成立，是因为如果各种投入要素每多投1元所增加的产量不等，那么，从每元边际产量较小的投入要素上抽出资金，用来增加每元边际产量较大的投入要素的投入量，就能在成本不变的情况下，使产量增加。既然有可能增加产量，就说明这时的投入要素组合不是最优的。例如，企业有两种投入要素 x_1 和 x_2。投入要素 x_1 每增加1元，可使产值增加5元；x_2 每增加1元可使产值增加10元。那么，从投入要素 x_1 中抽出1元资金转投于投入要素 x_2，就可以在总成本不变的情况下，使企业的总产值增加5元。既然总产值还有增加的余地，说明现有 x_1 和 x_2 的组合不是最优的。结论是，只有当所有投入要素每多投1元的边际产量都相等时，投入要素的组合才是最优的。

例6-3

已知企业的生产函数为 $Q = L^{3/8} K^{5/8}$，工资率等于3元，资本的利息率等于5元，求总成本为160元时的 L 和 K 的投入量。

解： $\mathrm{MP}_L = \dfrac{\partial \mathrm{TP}}{\partial L} = \dfrac{3}{8} K^{5/8} L^{-5/8}$；$\mathrm{MP}_K = \dfrac{\partial \mathrm{TP}}{\partial K} = \dfrac{5}{8} K^{-3/8} L^{3/8}$

由最优化公式 $\dfrac{\mathrm{MP}_L}{\mathrm{MP}_K} = \dfrac{\omega}{\gamma}$ 可得：

$$K = L$$

由等成本线函数 $3L + 5K = 160$ 得：

$$K = L = 20$$

此时的产量 $Q = 20^{3/8} \times 20^{5/8} = 20$

6.3.4 扩展线

在分析扩展线之前先引入等斜线的概念。等斜线是一组等产量曲线中两种生产要素的边际技术替代率相等的点的轨迹。如图6.15所示，Q_1、Q_2 和 Q_3 是根据生产函数构造的三条等产量曲线，T_1、T_2 和 T_3 是三条相互平行并且分别与三条等产量曲线相切的切线，分别得到 A、B 和 C 三个切点。这意味着，这三条等产量曲线各自在切点 A、B 和 C 上的两种生产要素的边际技术替代率是相等的。连接这些点及原点的曲线 OS 被称为等斜线。

在生产要素的价格、生产技术和其他条件保持不变时，假若企业改变成本预算，等成本曲线就会发生平移；假若企业改变产量，等产量曲线就会发生平移。这些不同的等产量曲线将与不同的等成本线相切，形成一系列不同的生产者均衡点。这些生产者均衡点的轨迹就是扩展线。图6.16所示的曲线 OR 就是一条扩展线。由于生产要素的价格保持不变，两种生产要素的价格比例是固定的，又由于生产均衡的条件为两种生产要素的边际技术替代率等于两种生产要素的价格比例，所以，在扩展线上的所有的生产者均衡点上边际技术替代率都是相等的。这意味着，扩展线一定是一条特殊的等斜线。

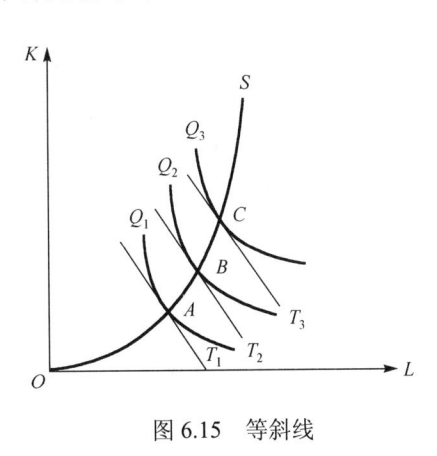

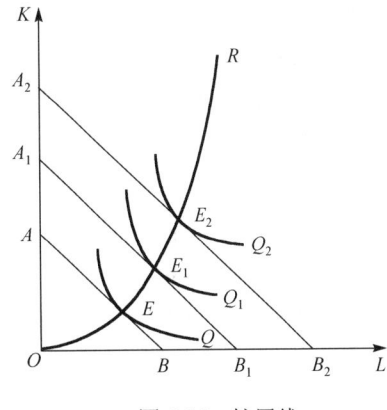

图 6.15　等斜线

图 6.16　扩展线

扩展线的含义是：在生产要素价格、生产技术和其他条件不变的情况下，当生产成本或产量发生变化时，企业必然会沿着扩展线来选择最优的生产要素组合，从而实现既定成本条件下的最大产量，或实现既定产量条件下的最小成本。

本章小结

企业的基本功能是生产商品或提供服务，其主要目的是盈利。在企业经营管理决策中，生产决策占据着重要的地位。生产函数是指在一定的技术条件下，各种生产要素投入量的组合与所能生产的最大产量之间的对应关系。只有具备技术效率的函数才是生产函数，只有实现了经济效率，企业才能获得利润最大化。

资本和劳动的投入量决定了生产的规模，根据投入量的变化与产量的变化之间的关系，划分了规模收益的三种类型。边际产量和平均产量的交点是平均产量的最大值处。短期和长期是相对的。当存在固定要素时(短期内)，增加可变要素的投入量，边际产量先上升后下降。这种现象被称为边际收益递减规律。

短期的生产投入量最优化的条件是可变要素的边际产量收益等于其边际要素成本，或者说等于其价格。长期的生产投入量最优化的条件是两种要素的边际产量之比等于其相对价格。

案例分析

马寅初《新人口论》

《新人口论》是经济学家马寅初于 1957 年 7 月 5 日在《人民日报》上全文发表的。《新人口论》指出，"人口多资金少，是中国的一个很突出的矛盾"，新中国成立 4 年来中国人口增长率为 2%，照此推算，如果不控制人口，50 年后，中国的人口将达到 16 亿。《新人口论》同时指出，人口增长太快势必将引起一系列的矛盾，主要体现在以下方面。

1. 人口同资金积累的矛盾

人口同资金积累的矛盾，同社会主义

工业化的矛盾，如1956年中国国民收入将近900亿元，其中消费占79%，积累只占21%。社会主义国家只能靠自身积累，而消费多了积累就少。

2. 人口同农业、农民的矛盾

人口多同农业机械化、自动化也有矛盾，同农民也有矛盾。在国民收入中积累只占21%，再分配到各行各业就更少了。目前农业生产率低于工业，得不到实现农业机械化、电气化需要的大量资金。或者说，现在每年增加人口1300万，工业只能安置100万，其余1200万需在农村安置，这样下去，难免引发农民的抱怨与不满，难免要给政府带来很多困难。

3. 人口同工业、就业、生活的矛盾

人口多同粮食、工业原料、劳动就业、人民生活有矛盾。中国人口多了，人均耕地就少了，许多荒地由于缺乏资金也无法开垦了。就粮食而言也需要控制人口，工业原料来自农业，粮食需求多，经济作物面积就将缩小，影响到工业。要提高人民的物质文化水平，就需要生活资料的增长必须比人口增长快，人口多就会限制人民生活水平的提高。

4. 人口同科学研究的矛盾

要奠定科学研究的物质基础必须推进产业部门的技术装备，加速提高劳动生产率。现在中国科学研究条件虽然有很大的改善，但由于受现有工业水平和国家财力限制还不能全面满足开展科研的要求，因此，要控制人口，不让人口的增长拖住科学研究的后腿。

5. 人口数量与质量有矛盾

人口问题不仅有数量问题，也有质量问题。在一穷二白的中国，人口多固然是一个极大的资源，但也是一个极大的负担，要保住这个大资源，去掉这个大负担，办法是提高人口质量，控制人口的数量。

问题

1. 应用边际收益递减规律来解释新人口论。

2. 讨论新人口论在当前的现实意义。

思考与练习

1. 单项选择题

(1) 生产函数中的产量，是指一定的投入要素组合所可能生产的（　　）。

    A. 最大的产品数量　　　　B. 最小的产品数量

    C. 适中的产品数量　　　　D. 产品数量

(2) 假设技术水平不变，短期内连续增加某种生产要素，在总产量达到最大值时，与边际产量曲线相交的是（　　）。

    A. 平均产量曲线　　　　　B. Y 轴

    C. X 轴　　　　　　　　 D. 总产量曲线

(3) 当劳动的边际产量为负值时，生产处于（　　）。

    A. 劳动投入的第一阶段　　B. 劳动投入的第二阶段

    C. 劳动投入的第三阶段　　D. 资本投入的第二阶段

2. 分析题

(1) 在生产的三个阶段中，为什么阶段二是理性决策？

(2)假设 AB 两国各有一家汽车制造厂，A 企业生产一辆汽车只需要 10 人，B 企业生产一辆汽车需要 100 人，是否可以认为 A 企业更有经济效率？

3．计算题

(1)某企业生产三种产品，它们的生产函数分别为

$$Q_X=3L^{0.4}K^{0.4}M^{0.1}$$

$$Q_Y=0.5^{0.5}L^2KM$$

$$Q_Z=10L+5K+M$$

式中，Q_X、Q_Y、Q_Z 分别为三种产品的产量，L 为劳动量，K 为资本量，M 为投入的管理努力。你认为，这三种产品的规模收益各属于什么类型？

(2)已知生产函数为 $Q=f(K,L)=KL-0.5L^2-0.32K^2$，求当 $K=10$ 时劳动的平均产量函数和边际产量函数。

(3)某生产过程，已知其劳动力的边际产量为 $MP_L=10(K^{0.5}/L^{0.5})$，资本量是固定的，为 64 单位，工资为每人 10 元，产品售价为每件 5 元，请找出它最优的人工投入量。

(4)工人人数与产量之间的关系如下：

$$Q=98L-3L^2$$

假定产品的单价为 20 元，工人每天的工资均为 40 元，而且工人是唯一可变的投入要素，问为谋求利润最大，每天应雇用多少工人？

(5)已知某企业的生产函数为 $Q=21L+9L^2-L^3$，其中 L 代表劳动力的数量。

① 求该企业的平均产量函数和边际产量函数。

② 如果企业现在使用 8 个劳动力，试问是否合理？合理的劳动力使用量应在什么范围内？

③ 如果该企业的市场价格为 6 元，劳动力的市场价格为 126 元，该企业的最优劳动投入量是多少？

(6)假设资本的价格(P_K)为每小时 8 元，劳动的价格(P_L)为每小时 4 元。企业在资本和劳动上的总支出为 160 元。

① 请画出等成本线。

② 如果劳动的价格下降 25%，等成本线会发生什么变化？

③ 如果资本和劳动的价格都上涨了 50%，等成本线又会发生什么变化？

(7)假如某钢铁厂的生产函数为 $Q=5LK$，Q 是它的年产量，L 是使用的劳动力数，K 是使用的资本数。假定劳动力的成本为每单位 1 元，资本的成本为每单位 2 元。如果该厂打算每年生产 20 单位产品，请问当投入劳动力和资本各多少时成本最低？

(8)万格公司是一家从事工程分析的小公司。它的总裁所决定的产出 Q 是同其所雇用的工程师的数量 E 和技术人员的数量 T 相关的，即：

$$Q = 20E - E^2 + 12T - 0.5T^2$$

工程师的月工资为 4000 美元，而技术人员的月工资为 2000 美元。如果万格公司支付

的工资总额为 28 000 美元，那么它应雇用多少工程师和技术人员？

(9) 假定某企业的生产函数为 $Q=10L^{0.5}K^{0.5}$，其中劳动力(L)的价格为 50 元，资本(K)的价格为 80 元。

① 如果企业希望生产 400 单位的产品，应投入 L 和 K 各多少才能使成本最低？此时成本是多少？

② 如果企业打算在劳动力和资本上总共投入 6000 元，那么它在 K 和 L 上各应投入多少才能使产量做大？最大产量是多少？

拓展阅读

1. 吴德庆，马月才，王保林. 管理经济学(第五版). 北京：中国人民大学出版社，2010.
2. 高鸿业，等. 西方经济学(第 7 版). 北京：中国人民大学出版社，2018.

第7章 成本理论

成本所扮演的角色远远不只是影响生产和利润的水平。

——保罗·萨缪尔森

导入案例

证券公司规模扩张

深圳某知名证券公司在2003年熊市时逆势扩张规模，结果出现错误。2002年，该证券公司引进香港职业投资银行家进入高管，产生本土高管和境外高管共同治理的局面，并且两派力量对市场的判断并不相同。2002年，股市处于熊市之中，本土高管预测2003年会转向牛市，但是来自香港的高管与之观点相左。2003年年初，很多券商不断裁撤证券营业部以节约成本，而该证券公司在本土高管的主导下不断招兵买马，接手其他券商转让的营业部稍加装潢和改造，派驻自己的人马、挂上自己的招牌营业。当然，结果是熊市持续到2005年，扩展的门面不得不惨淡经营，最终重新关闭。伴随着新门面的关闭，本土高管精英也转投其他券商。

资料来源：中国大学慕课网 文建东《微观经济学》

- 知识目标：
  - ◆ 理解增量成本和沉没成本的含义；
  - ◆ 掌握短期成本函数中短期总成本、平均成本和边际成本之间的相互关系；
  - ◆ 理解长期成本函数的形成及长期总成本、长期平均成本和长期边际成本的关系；
  - ◆ 理解规模经济、范围经济和学习曲线的含义。
- 能力目标：
  - ◆ 掌握有关成本曲线的变化趋势及所依据的经济学原理；
  - ◆ 能运用盈亏平衡分析方法进行决策；
  - ◆ 能建立成本函数分析框架的基本内容。

上一章我们介绍了厂商生产技术理论，本章我们将考察基于生产技术的厂商的成本理论，同时，我们还将介绍盈亏平衡分析方法和规模经济、范围经济和学习曲线等概念。

7.1 成本概念与成本函数

7.1.1 成本的基本概念

1. 会计成本和机会成本

会计成本是生产过程中所有生产要素投入价值总和。有形生产要素包括土地、资金、劳动力等；无形生产要素包括时间、知识、管理水平、文化等。成本高低与生产要素价格、数量、质量、运输成本有关。

机会成本，企业的机会成本是指生产者所放弃的使用相同的生产要素在其他生产用途中所能获得的最高收入。从机会成本角度来考量生产成本，将有利于经济资源的有效配置。实际上如第一章所述，机会成本的概念并不局限于厂商对其生产成本的分析，它还被广泛用于经济活动的分析之中，甚至生活决策中。

会计成本和机会成本之间的区别说明了经济学家与会计师分析经济活动之间的重要不同。经济学家关心企业如何做出生产和定价决策，因为当他们在衡量成本时就包括了所有的机会成本。与此相比，会计师的工作是记录流入和流出企业的货币，他们衡量了实际发生的显性成本即会计成本，但忽略了隐性成本，它们构成了全部的机会成本。

2. 增量成本和沉没成本

增量成本是指因某一特定的决策而引起的全部成本的变化。沉没成本是指对企业最佳决策选择方案不起作用，主要表现为过去发生的费用，或已经承诺支出的成本，今后的任何决策都不能改变这项支出。

由增量成本的含义可以引申出增量分析法。所谓的增量分析法是指将增量收入与增量成本进行比较，当增量收入大于增量成本时，方案可以接受；否则，方案不可接受。

增量分析法是边际分析法的发展。两者的区别是边际分析法是变量的微量(单位)变化，增量分析法是某种决策对收入、成本或利润的总影响。

例 7-1

为从国外购买的物品补税是否合算

张某在国外购买了一台数码摄像机，是用美元买的，折合人民币为 25 000 元。今张某把它携带回国，入境时因原发票丢失，只好由海关重新估价。海关估价为人民币 40 000 元，按税率 30%计算，要求缴关税 12 000 元才可放行，否则，将被充公。对于这么高的税金，张某有点不悦。当时，有人告诉他，同样品牌同样型号的摄像机国内也能买到，价格只要 30 000 元。据此，张某考虑，如果算上这笔税，总共将支出 37 000 元，不如在国内买一台便宜的，所以就打算拒交这笔税，并自愿放弃这台摄像机。

张某的妻子学过管理经济学，她认为，在要不要纳税的问题上，25 000元已经支出，无法追回，属于沉没成本，在决定纳税问题时不应考虑。如果纳税，增量成本仅为12 000元(税金支出)，但增量收入却有30 000元(国内摄像机的价格)。增量收入大于增量成本，故纳税仍是合算的。最后张某采纳了妻子的意见，上了税。

资料来源：吴德庆，等. 管理经济学(第6版). 北京：中国人民大学出版社，2014.

3. 短期成本与长期成本

与生产函数的短期分析和长期分析相对应，成本函数也可分为短期成本分析和长期成本分析。短期与长期的含义也是根据生产要素变化的范围来划分的。

所谓短期成本是指短期内即至少存在一种可变投入要素的情况下厂商在投入要素上的耗费。所谓长期成本是指长期内即所有的投入要素的数量都是可变的情况下厂商在投入要素上的耗费。由此可见，短期成本中包括变动成本和固定成本，长期成本中都是变动成本。

7.1.2 成本函数

生产函数表示产出与投入之间的数量关系。如果把投入的价格因素引进生产函数，就表示产出与成本之间的数量关系。如果反过来研究成本与产出之间的关系，即把成本作为因变量，把产出作为自变量，那么成本就是产出的函数。反映成本与产出之间的数量关系的函数即为成本函数。

成本函数由两个因素决定，一是生产函数，二是投入要素的价格。成本函数的曲线的形状是由生产函数的曲线的形状决定的，因为成本函数与生产函数反映的是同一生产过程发生的经济数量关系，是从两个不同角度研究同一生产过程。从某种意义上可以说，成本函数是生产函数的反函数。

投入要素的价格只决定成本水平，不决定成本变化规律，因此价格不随产量变化而变化。成本函数的表达式为：

$$C = f(Q) \tag{7-1}$$

式中，C为成本，Q为产量。

成本函数也分为短期成本函数和长期成本函数。这里的短期、长期和生产函数的短期、长期含义相同。短期成本函数一般用于日常的经营决策，寻求在既定的生产规模下，如何使生产成本最低、利润最大；长期成本函数主要用于企业长远规划，寻求大规模生产的经济性，以建立最优经济规模。

7.2 短期成本函数

短期内，生产者受到固定生产要素如厂房、机器设备，以及高级管理人员的薪金等的限制，生产规模(或最大生产能力)是给定的，这时的决策就是在既定的生产规模下选择最优的产出量。短期内厂商投入的生产要素就有固定要素和可变要素的区分，与生产理论相对应，短期内厂商的成本也可以分为固定成本和可变成本。本节将分析短期成本如何随产量的变化而变化，以及各类短期成本的特征。

7.2.1 总成本、平均成本及边际成本

1. 总成本

总成本(Total Cost，TC)是为了生产一定数量的产品所花费的全部成本。总成本会随着产量的增加而增加，但不一定是成比例地增加。由于在短期内企业根据其所要达到的产量，只能调整部分生产要素的投入数量，而不能调整全部生产要素的投入数量。所以，可将其进一步划分为固定成本与变动成本这两部分。

总固定成本(Total Fixed Cost，TFC)是厂商在短期内为生产一定数量的产品对不变生产要素所支付的那部分总成本。由于在短期内不管企业的产量为多大，这部分不变要素的投入量都是固定的，所以，总固定成本是一个常数，它不随产量的变化而变化，即使产量为零时，总固定成本也仍然存在。例如，建筑物和机器设备的折旧费等。

总变动成本(Total Variable Cost，TVC)是厂商在短期内生产一定数量的产品对可变生产要素支付的那部分总成本。由于在短期内厂商可以依据产量的不断变化来调整可变要素的投入量，所以，总变动成本随产量的变动而变动。当产量为零时，总变动成本也为零。

总变动成本的函数表达式为：

$$TVC = TVC(Q) \tag{7-2}$$

总成本用公式表示为：

$$TC = TFC + TVC \tag{7-3}$$

2. 平均成本

平均成本(Average Cost，AC)是厂商在短期内平均每生产一单位产品所消耗的全部成本。换言之，它是指单位产品分摊的成本。例如，生产了1万台发电机，总成本为9300万元，那么每台发电机的成本即平均成本为9300元。

显然，可以将平均成本分解为平均固定成本和平均变动成本两部分，用公式表示为：

$$AC = \frac{TC}{Q} = \frac{TFC + TVC}{Q} = \frac{TFC}{Q} + \frac{TVC}{Q} = AFC + AVC \tag{7-4}$$

式中，AFC 表示平均固定成本，它是厂商在短期内平均每生产一单位产品所支出的固定成本，AVC 表示平均变动成本，它是厂商在短期内平均每生产一单位产品所支出的变动成本，Q 为产量。AFC 和 AVC 可由以下公式计算得出：

$$AFC = \frac{TFC}{Q} \tag{7-5}$$

$$AVC = \frac{TVC}{Q} \tag{7-6}$$

3. 边际成本

边际成本(Marginal Cost，MC)是指增加一单位的产量所引起的总成本的变化量。用公

式表示为：

$$MC = \frac{\Delta TC}{\Delta Q} \tag{7-7}$$

式中，ΔTC 表示总成本的增量，ΔQ 表示产量的增量。

例如，当产量为 30 件时，总成本为 3200 元，当产量为 31 件时，总成本为 3300 元，那么第 31 件产品的边际成本等于 100 元。

如果总成本函数是连续的，那么边际成本就可以用总成本对产量的微分形式来表示：

$$MC = \lim_{\Delta Q \to 0} \frac{\Delta TC}{\Delta Q} = \frac{dTC}{dQ} \tag{7-8}$$

由上式可知，在每个产量水平上的边际成本 MC 值就是相应的总成本 TC 曲线的斜率。另外，由于总固定成本不随产量的变化而变化，因此在总成本的增量中只有总变动成本会发生变化。这样，边际成本又可以表示为：

$$MC = \frac{\Delta TVC}{\Delta Q} = \frac{dTVC}{dQ} \tag{7-9}$$

7.2.2 总成本、平均成本及边际成本之间的关系

1. 短期总成本与短期平均成本的关系

因为 SAC=STC/Q，故 STC 曲线上任何一点所表示的 SAC 的几何意义是：从原点 O 到 STC 曲线上的该点作射线的斜率。在图 7.1 的上半部，由原点 O 和 STC 曲线连线所引射线中，同 STC 曲线相切的射线 OB 的斜率最小，故在图的下半部，产量为 OQ_2 时，SAC 曲线处于最低点 B'；在射线 OB 相切于 STC 曲线之前，射线斜率递减，因而在产量水平小于 OQ_2 时，SAC 递减；在射线 OB 相切于 STC 曲线之后，射线斜率递增，因而在产量水平大于 OQ_2 时，SAC 递增。

2. 短期总成本与短期边际成本的关系

因为 $SMC = \frac{\Delta STC}{\Delta Q}$，故 STC 曲线上任何一点所表示的 SMC 的几何意义是：过该点作 STC 曲线的切线的斜率。在图 7.1 的上半部，过 STC 曲线由上凸转为下凸的拐点 A 所作切线的斜率最小，因而在图的下半部，当产量水平为 OQ_1 时，SMC 达到最低点 A'；在 A 点之前的 STC 曲线上点的切线斜率递减，因而在产量水平小于 OQ_1 时，SMC 递减；在 A 点之后的 STC 曲线上点的切线斜率递增，因而在产量水平大于 OQ_1 时，SMC 递增。

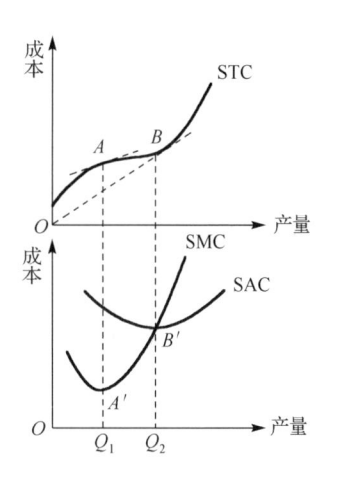

图 7.1 短期总成本、短期平均成本和短期边际成本的关系

3. 短期平均成本与短期边际成本间的关系

从以上分析可以看出：在 STC 曲线上的 B 点，由原点 O 所引射线的斜率与切线的斜率相等，故在产量水平为 OQ_2 时，SAC 不仅处于最低点 B'，而且 SAC=SMC，即 SMC 曲线与 SAC 曲线相交于 SAC 曲线的最低点 B'；在 STC 曲线上的 B 点之前，所引射线的斜率大于所作切线的斜率，因而在产量水平小于 OQ_2 时，SAC>SMC，即 SAC 曲线位于 SMC 曲线的上方；在 STC 曲线上的 B 点之后，所引射线的斜率小于所作切线的斜率，因而在产量水平大于 OQ_2 时，SAC<SMC，即 SAC 曲线位于 SMC 曲线的下方。

值得注意的是，STC、SAC 和 SMC 三者之间的关系，同样适用于 TVC、AVC 和 SMC 三者之间的关系。这是因为 STC 曲线的变动规律与 TVC 曲线的变动规律是一致的，而 $AVC = \dfrac{TVC}{Q}$，$SMC = \dfrac{\Delta STC}{\Delta Q} = \dfrac{\Delta TVC}{\Delta Q}$。在此不再赘述。

4. 短期单位成本之间的关系

短期平均成本、平均固定成本、平均可变成本和短期边际成本均是单位产量所分摊的成本，故均是短期单位成本。将这些短期单位成本曲线综合在如图 7.2 所示的图形中，以便进一步探讨各短期单位成本之间的关系。

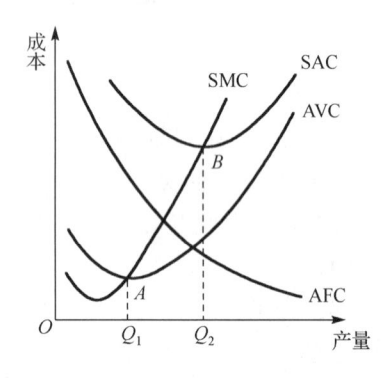

图 7.2 短期单位成本之间的关系

从图 7.2 可以看出以下特点。

(1)在四条短期单位成本线中，除平均固定成本曲线 AFC 之外其他三条曲线均是先下降后上升的 U 形曲线；AFC 曲线从左上方一直向右下方倾斜，起初较陡，以后逐渐放缓，这反映出随产量的增加，AFC 一直在减少，起初减少的幅度大，以后减少的幅度越来越小，并逐渐趋近于产量轴；SMC、AVC 和 SAC 三种单位成本起初都随产量的增加而减少，各自减少到一定程度后先后达到其最小值，然后又随产量的增加而呈不断增加的趋势。

(2)SMC 曲线一定要经过 AVC 曲线的最低点 A,此时 AVC 达到最小值,且 SMC=AVC；在相交之前,AVC 一直在减少,但 AVC>SMC；在相交之后,AVC 一直在增加,但 AVC<SMC；SMC 曲线与 AVC 曲线的交点 A 被称为企业的停止营业点。

(3)SMC 曲线也一定要经过 SAC 曲线的最低点 B,此时, SAC 达到最小值,且 SMC=SAC；在相交之前,SAC 一直在减少,但 SAC>SMC；在相交之后,SAC 一直在增加,但

SAC<SMC；SMC 曲线与 SAC 曲线的交点 B 被称为企业的收支相抵点。

(4) AVC 曲线的最低点 A 位于 SAC 曲线最低点 B 的左下边，表明 SMC 曲线在较低的产量水平 OQ_1 上与 AVC 曲线的最低点相交，而在较高的产量水平 OQ_2 上与 SAC 曲线的最低点相交。

7.3 长期成本函数

在长期内，企业可以根据它所要达到的产量调整所有生产要素的投入量，所以没有固定成本与可变成本之分，所有的成本均是可变成本。所谓长期成本函数（Long-run Cost Function），是指在生产技术条件保持不变的情况下，所有生产要素投入量均可改变时，成本与产量之间的依存关系。长期成本也可分为长期总成本、长期平均成本和长期边际成本。

7.3.1 长期总成本

长期总成本（Long-Total Cost，LTC）是指在长期内，所有生产要素均可变动从而企业可以调整生产规模使生产一定数量的某种产品所需耗费的成本总额最低。长期总成本函数反映的是各种产量水平与最低总成本之间的依存关系，即：

$$LTC = f(Q) \tag{7-10}$$

显然，上式所示的长期总成本函数与短期总成本函数是有明显区别的：①短期总成本函数中的固定成本不是产量的函数，而长期总成本实则是长期总可变成本，均为产量的函数；②当产量为零时，短期总成本 STC=TFC，而长期总成本 LTC=0；③长期总成本曲线是指企业在长期中调整生产规模，生产各种产量所需的最低总成本点的轨迹。这意味着企业在长期中可根据需要调整所有生产要素的投入量，使生产要素组合达到最优状态，即任一产量水平所对应的长期总成本均是最优生产要素组合下的最低成本，而短期总成本曲线是指企业在某一特定生产规模条件下各种产量水平上最小成本的轨迹。这意味着企业在短期内无法调整固定要素投入量以使生产要素组合达到最优状态，机器设备等固定要素常常出现过剩或不足，因而对于既定固定要素投入的短期生产而言，只有在最佳的产量水平下，短期总成本才等于长期总成本，而在其他产量水平下，短期总成本总是高于长期总成本。

下面结合图示说明长期总成本曲线的形成过程。在图 7.3 中，画出了四条短期总成本曲线 STC_1、STC_2、STC_3 和 STC_4，分别表示企业可供选择的四种不同的生产规模。这四种生产规模各有一个生产率最高的产量范围。例如，在 O 到 Q_1 的产量范围内，STC_1 所代表的生产规模下生产总成本最低；在 Q_1 至 Q_2 的产量范围内，STC_2 所代表的生产规模下生产总成本最低；在 Q_2 至 Q_3 的产量范围内，STC_3 所代表的生产规模下生产总成本最低；在产量超过 Q_3 时，STC_4 所代表的生产规模下生产总成本最低。由于假定企业只有四种生产规模可供选择，所以给定一个产量水平，就可知道它属于哪个生产率最高的产量范围，从而确定一个最佳的生产规模使总成本最低。因此，将图 7.3 中各条短期总成本曲线的实线部分连接而成的不规则曲线即为生产规模不可细分条件下的长期总成本曲线,表示企业调整生产规模生产各种不同产量水平的长期最低总成本的轨迹。

以上分析假定可供选择的生产规模仅有四种,如果假定企业的生产规模可以无限细分,则任意给定一种产量水平,就有一个最适度的生产规模,从而可找到一个最佳的短期总成本点,把各种产量水平下对应的所有最佳短期总成本点用平滑的曲线连接起来,便可得到一条规模可无限细分的长期总成本曲线,如图7.4所示。

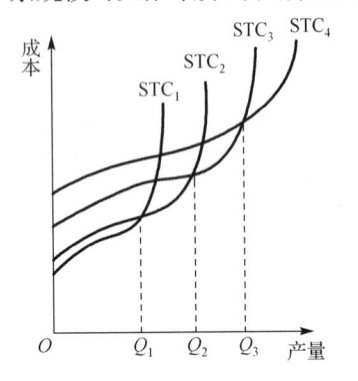

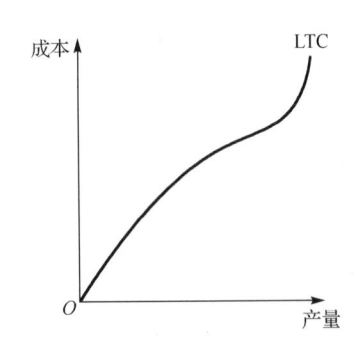

图7.3 生产规模不可细分的短期总成本曲线　　图7.4 生产规模可无限细分的长期总成本曲线

长期总成本曲线 LTC 是由无数条成本最小的短期总成本曲线综合而成的,长期总成本曲线上的任何一点均是与各条短期总成本曲线相切的切点,该切点即代表特定产量水平下的最低总成本点,故长期总成本曲线又称为各种短期总成本曲线的包络曲线(Envelop Curve)。不难看出,长期总成本是产量的函数,它从原点出发,其形状与短期成本曲线的形状相似,即随着产量的增加,长期总成本起初以递减的增长率上升,然后以递增的增长率上升。

7.3.2 长期平均成本

长期平均成本(Long-run Average Cost,LAC)是指单位产量所分摊的长期总成本。长期平均成本函数可表示为:

$$\text{LAC} = \frac{\text{LTC}}{Q} \tag{7-11}$$

显然,长期平均成本曲线是生产各种产量所需的最低平均成本点的轨迹。同长期总成本曲线的形成过程一样,我们也可分两种情形探讨长期平均成本曲线的形成(见图7.5)。

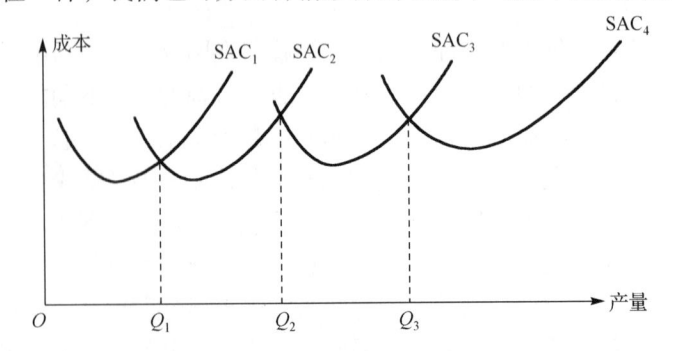

图7.5 生产规模不可细分的长期平均成本曲线

(1)生产规模不可细分情况下的长期平均成本曲线及其形成。

如图 7.5 所示，SAC_1、SAC_2、SAC_3、SAC_4 四条短期平均成本曲线分别表示企业在生产不同产量时可供选择的四种生产规模，每一种生产规模都有其生产率最高的产量范围，因而企业可以根据不同的产量水平选择一个最适度的生产规模。例如，如果产量水平小于 Q_1，则 SAC_1 所代表的生产规模为最优选择；如果产量水平在 Q_1 与 Q_2 之间，则 SAC_2 所代表的生产规模最佳；如果产量水平在 Q_2 和 Q_3 之间，则 SAC_3 所代表的生产规模为最优选择；如果产量水平大于 Q_3，则企业将选择 SAC_4 所代表的生产规模；如果产量水平为四条短期平均成本曲线交点所对应的产量(如 Q_2)，此时是选择 SAC_2 所代表的生产规模还是 SAC_3 所代表的生产规模，取决于企业对该产品市场需求状况的预期，若预期市场需求会持续扩大，则选择 SAC_3 所代表的较大的生产规模，反之则选择 SAC_2 所代表的较小的生产规模。可见，在生产规模不可细分的情况下，任意给定一个产量水平，均可以根据该产量所处的范围找到一个最适度的生产规模。显然，各种短期成本曲线交点以下用实线连接而成的不规则曲线即为生产规模不可细分情况下的长期平均成本曲线。

(2)生产规模可无限细分情况下的长期平均成本曲线及其形成。

由于假定企业可供选择的生产规模可以无限细分，从而 SAC 曲线的数目趋近于无穷大，不难想象，由相邻两条 SAC 曲线交点以下部分形成的 LAC 部分之间的距离会趋近于零。这意味着，任意给定一个产量水平，就会有且仅有一个以某一最低平均成本点所代表的最优生产规模与之对应。将各种不同产量时的最低平均成本点用平滑的曲线连接起来，即得到生产规模可无限细分情况下的长期平均成本曲线，如图 7.6 所示。

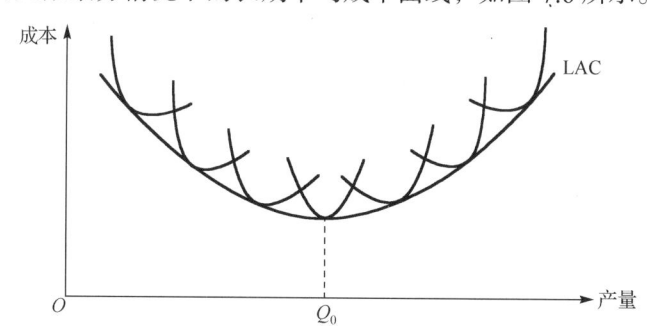

图 7.6　生产规模可无限细分的长期平均成本曲线

不难理解，长期平均成本曲线 LAC 也是各条短期平均成本曲线的包络曲线，长期平均成本曲线上的任何一点均是与各条短期平均成本曲线相切的切点，切点所对应的产量即是该短期平均成本曲线所代表的生产规模下的最佳产量。从图 7.6 可以看出，LAC 曲线的形状与 SAC 曲线的形状相似，也是一条先下降后上升的 U 形曲线。它表明在某一产量水平(如图 7.6 中的 Q_0)之前，LAC 随产量的增加而递减；而达到该产量之后 LAC 则随产量的增加而递增。不过，LAC 曲线下降或上升的坡度较为平缓，表明在长期中，平均成本的变动较为缓慢。而且，LAC 曲线形状的成因不同于 SAC 曲线。SAC 曲线先降后升，是由于短期内边际收益递减规律的作用，而长期内，边际收益递减规律失去了赖以生存的前提，LAC 不受该规律的约束，LAC 曲线先降后升则是由于规模收益变动所引起的。尤其要强调的是，虽然作为 SAC 曲线的包络曲线的 LAC 曲线的每一点，都是与某一既定的 SAC 曲线的相切之点，但每个切点大多不是该 SAC 曲线的最低点。在 LAC 曲线处于递减阶段时，LAC 曲线与 SAC 曲线的切点必然位于 SAC 曲线最低点的左上方；在 LAC 曲线处于上升阶段时，LAC 曲线与 SAC 曲线的切点必定位于 LAC 曲线最低点的右上方；只有在 LAC 曲线本身处于最低点时，LAC 曲线与相应的 SAC 曲线的切点才是该 SAC 曲线的最低点。

长期平均成本曲线的变动规律与规模收益变动的三个阶段有着极为密切的关系。规模收益递增意味着企业扩大经营规模时单位成本的下降，因而使生产效益提高及总成本下降；规模收益不变意味着企业生产规模的扩大对单位成本的影响不大；规模收益递减意味着企业扩大经营规模时单位成本的上升，使生产效益下降及总成本上升。规模收益变动的上述特征可以用长期平均成本这一先降后升的 U 形曲线极为直观地表现出来。图 7.7 中的 LAC 曲线就是一个典型的例子。在企业发展的最初阶段，随着生产规模的扩大和产量的增加，长期平均成本曲线处于下降的阶段，表明生产过程正呈现规模收益递增的情形，如图 7.7 中 OQ_1 段所示。这种情况在许多企业中存在，如电信、电力等部门的企业，服务的客户越多，平均成本就越低。随着企业生产规模的不断扩大和产量的不断增加，规模经济的优势减弱，而规模不经济的影响增大，当两种影响力处于相持阶段时，长期平均成本曲线的变动相当平缓，说明生产规模的扩大对单位成本的影响不大，生产过程就呈现出规模收益不变的现象，如图 7.7 中的 Q_1Q_2 段所示。大部分企业在规模较为适度时，增加或减少部分生产，平均成本几乎没有什么变化。如果企业生产规模进一步扩大，产量增加到非常高的水平，规模不经济因素的影响力就占据主导地位，长期平均成本曲线就处于上升阶段，生产过程相应地呈现出规模收益递减的情况，如图 7.7 中 Q_2 以后的范围。显然，任何理性的企业决策者为了克服大规模的不经济，应千方百计地延续 LAC 曲线变动的相对平坦阶段，即尽可能地使生产过程中规模报酬不变阶段持续更长的时间。

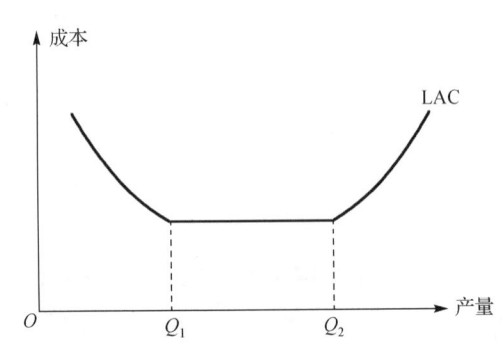

图 7.7 U 形长期平均成本曲线与规模收益变动

7.3.3 长期边际成本

长期边际成本(Long-run Marginal Cost，LMC)是长期中每增加一单位产量所增加的总成本。如果用 ΔQ 表示产量的增加量，ΔLTC 表示长期总成本的增加量，则有

$$\text{LMC} = \frac{\Delta \text{LTC}}{\Delta Q} \tag{7-12}$$

如果长期总成本函数为连续函数，则长期边际成本函数即为长期总成本函数的一阶导

数，即

$$LMC = \frac{dLTC}{dQ} \tag{7-13}$$

与 LTC 曲线和 LAC 曲线分别是无数条 STC 曲线和 SAC 曲线的包络曲线不同，LMC 曲线并不是无数条 SMC 曲线的包络曲线。LMC 曲线是每条 SAC 曲线与 LAC 曲线相切之点所对应的产量水平下各条 SMC 曲线上点的轨迹。这意味着 LMC 曲线上的任何一点总是与某一特定的 SMC 曲线的相交之点，该交点所代表的产量水平是 LAC 曲线与相应的 SAC 曲线相切之点对应的产量。这是因为，代表各种生产规模的 SAC 曲线与 LAC 曲线相切于最佳产量点，在该切点处它们的斜率必相等，则有

$$\frac{d}{dQ}\left(\frac{STC}{Q}\right) = \frac{d}{dQ}\left(\frac{LTC}{Q}\right) \tag{7-14}$$

而

$$\frac{d}{dQ}\left(\frac{STC}{Q}\right) = \frac{dSTC}{dQ} \cdot \frac{1}{Q} - \frac{STC}{Q^2} = \frac{SMC}{Q} - \frac{SMC}{Q^2} \tag{7-15}$$

同理可得

$$\frac{d}{dQ}\left(\frac{LTC}{Q}\right) = \frac{LMC}{Q} - \frac{LTC}{Q^2} \tag{7-16}$$

可得

$$\frac{SMC}{Q} - \frac{STC}{Q^2} = \frac{LMC}{Q} - \frac{LTC}{Q^2} \tag{7-17}$$

又因为在 SAC 曲线与 LAC 曲线相切于最佳产量点，此时 SAC=LAC，代入上式，可得 SMC=LMC。

可见，在 SAC 曲线与 LAC 曲线切点所对应的最佳产量水平下，SMC 曲线上的点即为 LMC 曲线上的点。而且由于 SMC 曲线只受短期可变成本的影响，而 LMC 曲线要受全部成本的影响，故在产量未达到最佳产量之前，SMC<LMC。在产量达到最佳产量水平以后，由于 SMC 曲线只能在既定的生产规模下增加产量，必然会受到边际收益递减规律的制约，因而 SMC>LMC。

根据上述基本特征，我们可利用 LAC 曲线与 SAC 曲线的关系，以及 SAC 曲线与 SMC 曲线的关系，画出 LMC 曲线，如图 7.8 所示。

在图 7.8 中，SAC_1、SAC_2 和 SAC_3 为三条不同生产规模的短期平均成本曲线，SMC_1、SMC_2 和 SMC_3 分别为与上述短期平均成本曲线相应的短期边际成本曲线。SAC_1 曲线与 LAC 曲线相切于 A 点，A 点所对应的产量为 Q_1，在 Q_1 的产量水平下，SMC_1 曲线上的点 A'即为 LMC 曲线上的点；SAC_2 曲线与 LAC 曲线相切于 LAC 曲线的最低点 B，此时产量水平为 Q_2，相应地，SMC_2 曲线上的 B'点为 LMC 曲线上的点；SAC_3 曲线与 LAC 曲线相切于 C 点，C 点所对应的产量水平为 Q_3，此时 SMC_3 曲线上的 C'点亦为 LMC 曲线上的点。用平滑的曲线将 A'、B'和 C'连接起来，即得到 LMC 曲线。

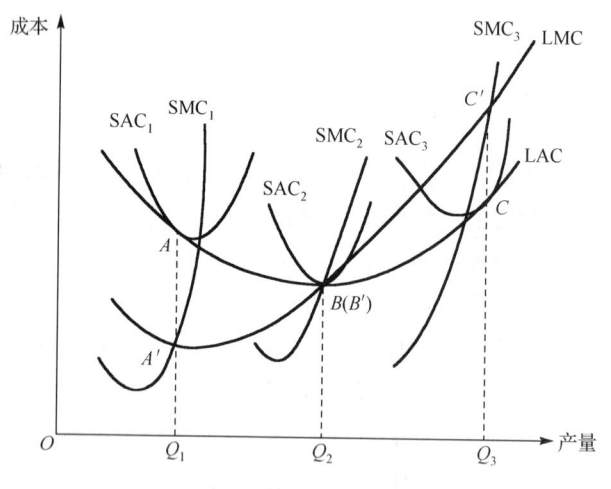

图 7.8　长期边际成本

由此可见，长期边际成本曲线是由无数条短期边际成本曲线密集而成的，它也是一条先下降后上升的 U 形曲线。LMC 曲线在 LAC 曲线到达最低点之前先到达最低点，且在上升过程中一定相交于 LAC 曲线的最低点。在相交之前，LAC 曲线是下降的，但 LAC>LMC；在相交时，LAC 曲线处于最低点，且 LAC=LMC；在相交之后，LAC 曲线是上升的，但 LAC<LMC。同 LAC 曲线表示为长期内各种产量水平下最低的短期平均成本点的轨迹一样，LMC 曲线也表示为长期内各种产量水平下最低的短期边际成本点的轨迹。

至于长期总成本、长期平均成本和长期边际成本之间的关系，与前面论述的短期总成本、短期平均成本和短期边际成本的关系相似，在此不再赘述。

7.4　盈亏平衡

盈亏平衡分析又称量本利分析或保本点分析，最主要的目标是找出项目的最小规模，以保证不因规模偏小而亏损。最简单的盈亏平衡分析是假设在产品价格不变、单位变动成本和固定成本不变情况下确定产量规模。

其基本原理是总收入等于总成本，即

$$TR=TC \tag{7-18}$$

$$TC=TVC+TFC \tag{7-19}$$

$$TR=Q \cdot P \tag{7-20}$$

其中，TC 为总成本；TV 为总变动成本；TFC 为总固定成本；TR 为总收入；Q 为产量；P 为产品价格。

盈亏平衡原理可用图 7.9 描述，TR 曲线与 TC 曲线相交于点 E，对应的产量为 Q^*。Q^* 即为盈亏平衡时的产量。

$$\because TR=P \cdot Q \quad TC=TFC+TVC=TFC+AVC \cdot Q$$

由 TR=TC 得到

$$P \cdot Q = \text{TFC} + \text{AVC} \cdot Q$$

于是

$$Q^* = \frac{\text{TFC}}{P - \text{AVC}} \tag{7-21}$$

该式的意义是，盈亏平衡点产量是生产毛利(P-AVC)收回全部固定成本时要求的最低产量。

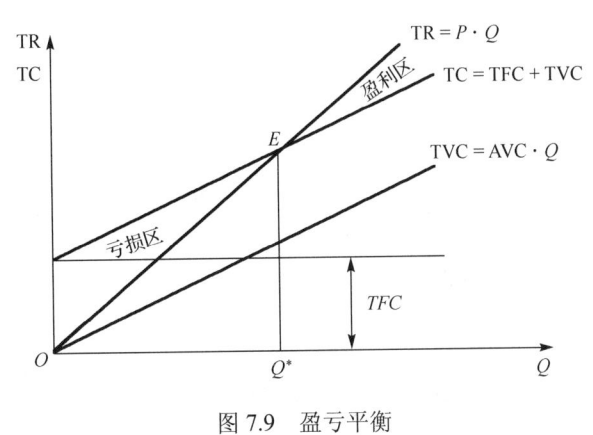

图 7.9　盈亏平衡

当 $Q<Q^*$ 时，亏损；

当 $Q>Q^*$ 时，盈利；

当 $Q=Q^*$ 时，盈亏平衡，利润为零。

企业为实现预定目标利润 π，可以用公式 $Q^* = \dfrac{\text{TFC} + \pi}{P - \text{AVC}}$，求出相应的产量水平。

7.5　规模经济、范围经济和学习曲线

1. 规模经济

规模经济是指由于厂商生产规模的扩大而导致的长期平均成本下降的情况。与之对应的概念是规模不经济，是指厂商由于生产规模扩大而导致长期平均成本上升的情况。规模经济和不经济是生产理论中的规模收益在成本理论中的对称。规模收益递增的基本特征是产量增加的倍数大于投入要素增加的倍数，在生产要素价格给定的情况下，这就意味着获得同样的产量只需要较少的要素，进而也只需要较低的成本，长期平均成本水平是下降的，这实际上就是规模经济；反之，规模收益递减时，其基本特征是产量增加的倍数小于投入要素增加的倍数，同样在生产要素价格不变时，意味着获得同样的产量需要较多的要素投入，长期平均成本水平是上升的，这就是规模不经济。

2. 范围经济

在现实生活中，许多厂商并非只生产一种产品或服务，往往是同时生产两种或两种以上的产品或服务，一方面可能是某些产品与其他产品间存在较大的相似性，在生产中可以

共用一定的生产工艺、机器设备，或者所需要的劳动者技能相似，这种情况如生产轮胎的厂商，既可以生产汽车用的轮胎，同时也可以生产摩托车用的轮胎，两种产品的生产是相似的。另一方面可能是某些类型的生产存在着副产品，生产一种产品时附带地就会生产出另一种产品，如石油冶炼可以同时生产出汽油、柴油、煤油和沥青。或者如果不附带生产另一种产品在经济上是不划算的，如有色金属冶炼，往往涉及共生矿石，这些矿石中含有的几种有色金属都有相当的价值，为获取一种金属而抛弃另一种是非常不经济的。

范围经济就是说明上述多产品生产时带来的成本节约的一个概念，它是指多种产品的联合生产比单独生产成本更低时，就存在着范围经济；反之，如果多产品的联合生产比单独生产成本更高时，就称存在着范围不经济。

假设某企业同时生产产品 X 和 Y，如果有

$$C(X,Y) < C(X) + C(Y)$$

则存在范围经济。式中，$C(X)$ 代表单独生产 X 时的成本函数，$C(Y)$ 代表单独生产 Y 时的成本函数，$C(X，Y)$ 代表同时生产 X 和 Y 时的成本函数。

3. 学习曲线

学习曲线又称经验曲线，是指随着生产的累积、产量的增加或者生产过程的重复，操作人员和管理人员的技能会因熟练而提高，由此单位产品的成本就会随着产量的累积逐步下降，如图 7.10 所示。

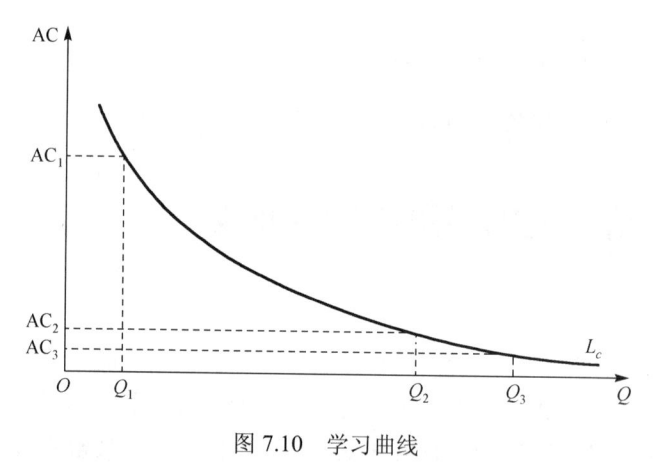

图 7.10　学习曲线

本章小结

成本与利润分析在管理经济学中占有重要地位。这是因为任何管理决策都要比较其有关活动的成本和效益，只有降低成本或增加利润的方案，才是可接受的方案。任何企业的生产都是在一定成本基础上进行的。成本费用的高与低，不仅对企业的利润有直接影响，而且也是企业经营决策的重要经济指标之一。

本章主要探讨了企业管理决策中几个重要的成本概念、企业短期和长期成本函数及其估计，以及进行成本利润分析的科学方法。

案例分析

中国汽车产业的发展与探索

中国的汽车产业经历了从无到有、再逐渐做大做强的过程，改革开放后，汽车产业更是成为我国的支柱产业，在市场需求的推动和国家政策的扶持下取得了快速发展。中国汽车工业在起步于 1956 年，当年产量非常低，仅为 61 辆；1992 年达到 106.2 万辆，首次突破 100 万辆，世界排名第 11 位。1999 年之后，特别是加入世界贸易组织之后，汽车产量除了个别年份（2008 年和 2011 年）之外均保持了两位数的增速，汽车工业呈现出加速发展的态势：2002 年和 2003 年汽车生产的增长速度分别达到了 38.9% 和 36.6%，2006 年中国成为世界第三大汽车生产国，2009 年中国全年累计生产汽车 1379.10 万辆，同比增加 48.3%，超过美国和日本成为汽车第一大生产国；2010 年产销量分别达到 1826.47 万辆，同比增长 2.4%，刷新了全球历史纪录。

中国汽车的销量规模增加也很迅速，1999 年之后基本保持两位数的增速，2002 年和 2003 年连续两年的增速甚至超过 35%；2006 年，中国成为第二大汽车销售国；2007 年汽车销量达到 879.15 万辆，同比增长 21.84%；2009 年销售汽车 1364.48 万辆，同比增长 46.2%，相较我国 2002 年汽车销售同比增长 37% 的历史记录高近 10 个百分点，产销增幅同比提高了 43.3 个百分点和 39.6 个百分点，一跃成为世界最大的新车市场；2010 年销售汽车 1806.19 万辆，同比增长了 33%。据中国汽车工业协会数据显示，2017 年全国汽车销量 2887.9 万辆，同比增长 3%，比美国超出 1000 多万辆，产销量连续 9 年领跑全球。其中，自主品牌乘用车共销售 1084.7 万辆，同比增长 3%，占乘用车销售总量的 43.9%，比上年同期提高 0.7 个百分点。

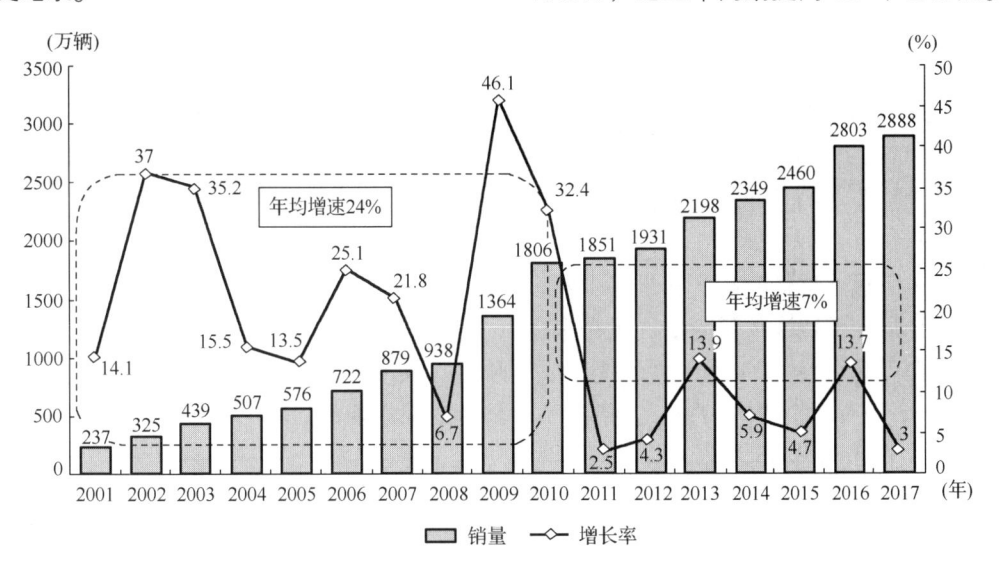

图 7-11　2001—2017 年中国汽车销量及增长率

随着中国汽车工业的发展，一方面，产品的日渐丰富让选择越来越多，消费者容易产生"审美疲劳"；另一方面，生产末端并不能真正精准解决用户需求，汽车产品同质化问题日趋严重,消费者不知道该如何在大量的产品中选出适合自己的一款。在消费升级、线上解决一切的今天,传统汽车制造企业已无法通过4S店冗杂的代理反馈来真正洞悉消费者的真实需求和喜好了,国产汽车厂商开始探索围绕用户需求的C2B智能定制模式,试图通过互联网实现与用户的直联,以便直接掌握消费者的需求,提供用户真正想要的定制化产品和服务。

资料来源:根据中国大学慕课网上文建东的"微观经济学"和网络资料整理。

问题

1. 为什么汽车行业会产生规模经济?
2. 是否企业生产规模越大越好?
3. 你如何看待国产车企的创新?

思考与练习

1. 什么是会计成本和机会成本?
2. 什么是增量成本和沉没成本?
3. 什么是短期成本和长期成本?
4. 什么是成本函数?
5. 结合图形理解短期总成本、平均成本与边际成本之间的关系。
6. 什么是长期总成本、长期平均成本和长期边际成本?
7. 某企业原生产产品A 1000件,单位变动成本1元,总固定成本为500元(单位固定成本为0.5元),单位全部成本为1.5元,单位价格为2元。现有人只愿以1.3元价格订购400件,如企业生产能力有富余,该企业是否应接受这笔订货?
8. 假定已知总成本函数$TC=1000+9Q$,这里Q为产量。

(1)求总固定成本(TFC)和总变动成本(TVC)的方程,并能画图说明 TFC、TVC、TC 成本曲线之间的关系。

(2)求平均固定成本(AFC)、平均变动成本(AVC)、平均总成本(AC)和边际成本(MC)的方程,并画图说明这些成本曲线之间的相互关系。

9. 大陆公司的总变动成本函数为$TVC=50Q-10Q^2+Q^3$(Q为产量)。

请问:

(1)边际成本最低时的产量是多少?

(2)平均变动成本最低时的产量是多少?

(3)在问题(2)的产量上,平均变动成本和边际成本各为多少?

10. 下面有两个成本函数,请指出哪个是短期成本函数,哪个是长期成本函数。

(1) $TC=120+Q+Q^2$

(2) $TC=120Q+Q^2+Q^3$

11. 某家企业估计其总收益函数为 $TR(Q)=3000Q-8Q^2$,而总成本函数为 $TC(Q)=100+2Q^2$。

请问:

(1)这家企业的产量为多少时实现利润最大化?最大利润为多少?

(2)这时的边际收益为多少?边际成本呢?

(3)画出这家企业的总收益与总成本曲线,并说明其之间的关系。

12．某电动玩具公司打算建设一个年生产能力 8000 件玩具的新厂。估计固定成本为 48 000 元,变动成本为每件 24 元,预计售价为每件 32 元。

请问:

(1)新厂的盈亏平衡产量是多少?需要多长时间才能收回投资?

(2)如果新厂的目标利润是 72 000 元,达成利润目标的产量是多少?

13．单项选择题

(1)利用增量分析法做决策,那么(　　)。

　　A．增量收入等于增量成本时,方案可接受

　　B．增量收入大于增量成本时,方案可接受

　　C．增量收入小于增量成本时,方案可接受

　　D．无论在什么情况下,方案均可接受

(2)成本函数反映(　　)。

　　A．产品的成本与产量之间的关系

　　B．产品的成本与价格之间的关系

　　C．产品的成本与收入之间的关系

　　D．产品的成本与投入量之间的关系

(3)被用来自己开厂的自有资本的利息属于(　　)。

　　A．显成本　　　　　　　　　　B．机会成本

　　C．隐成本　　　　　　　　　　D．机会成本和隐成本

14．多项选择题

(1)对应于边际报酬递减阶段,下列对 STC 曲线判断不对的有(　　)。

　　A．以递减的速率上升　　　　　B．以递减的速率下降

　　C．以递增的速率下降　　　　　D．以递增的速率上升

(2)以下有关正常利润的说法正确的有(　　)。

　　A．正常利润是显性成本的一个组成部分

　　B．正常利润是厂商对自己所提供的企业家才能支付的报酬

　　C．正常利润是隐性成本的一个组成部分

　　D．经济利润中不包括正常利润

(3)关于短期生产规律,说法正确的是(　　)。

　　A．边际报酬递减是以有生产要素固定为前提的

　　B．边际报酬递减是以技术既定不变为前提的

　　C．总产品的变化规律与平均产品的变化规律都源自边际产品的变化

　　D．边际产品与总产品的变化规律各自独立

15．判断题

(1)长期总成本曲线是长期内厂商在各种产量下由最优生产规模所带来的最小生产总成本点的轨迹。　　　　　　　　　　　　　　　　　　　　　　　　(　　)

(2) 经济学中的零利润是指会计利润为零。( )

(3) 在经济学中,生产的机会成本等于显性成本+隐性成本。( )

拓展阅读

1. 吴德庆,马月才,王保林. 管理经济学(第五版). 北京:中国人民大学出版社,2010.
2. 高鸿业,等. 西方经济学. 北京:中国人民大学出版社,2018.

第8章 完全竞争与完全垄断

如果生产成本对供给没有影响，那么，它就不会影响竞争的价格。
——约翰·斯图亚特·穆勒

导入案例

大型养鸡场为什么赔钱

为了实现"市长保证菜篮子"的诺言，许多大城市都由政府投资修建了大型养鸡场，结果这些大型养鸡场反而竞争不过农民养鸡专业户或老太太，往往赔钱者多。为什么大反而不如小呢？从经济学的角度看，这首先在于鸡蛋市场的市场结构。

鸡蛋市场有三个显著的特点。第一，市场上买者和卖者都很多。没有一个买者和卖者可以影响市场价格。即使一个大型养鸡场，在市场上占的份额也微不足道，难以通过产量来控制市场价格。用经济学术语说，每家企业都是价格接受者，只能接受整个市场供求决定的价格。第二，鸡蛋是无差别产品，企业也不能以产品差别形成垄断力量。大型养鸡场的蛋与老太太的鸡蛋没有什么不同，消费者也不会为大型养鸡场的蛋多付钱。第三，自由进入与退出，任何一个农民都可以自由养鸡或不养鸡。第四，买者与卖者都了解相关信息。这些特点决定了鸡蛋市场是一个完全竞争市场，即没有任何垄断因素的市场。在鸡蛋这样的完全竞争市场上，短期中如果供大于求，整个市场价格低，养鸡可能亏本。如果供小于求，整个市场价格高，养鸡可以赚钱。但在长期中，养鸡企业（包括农民和大型养鸡场）则要对供求做出反应：决定产量多少，进入还是退出。假设由于人们受胆固醇不利于健康这种宣传的影响而减少鸡蛋的消费，价格下降，这时养鸡企业就要做出减少产量或退出养鸡业的决策。假设由于发生鸡瘟，供给减少，价格上升，原有养鸡企业就会扩大规模，其他人也会进入该行业。在长期中通过供求的这种调节，鸡蛋市场实现了均衡，市场需求得到满足，生产者也感到满意。这时，各养鸡企业实现成本（包括机会成本在内的经济成本）与收益相等，没有经济利润。

在完全竞争市场上，企业完全受市场支配。由于竞争激烈，成本被压得相当低。生产者要对市场供求变动做出及时的反应。换言之，在企业一点也无法控制的市场上，成本压不下来或调节能力弱，都难以生存下去。大型养鸡场的不利正在于压低成本和适应市场的调节能力远远不如农民养鸡者。在北京鸡蛋市场上，大型养鸡场就斗不过北京郊区和河北的农民。大型养鸡场的成本要高于农民。在短期中，养鸡的成本包括固定成本（鸡舍、蛋鸡、管理人员等）和可变成本（鸡饲料、劳动等）。大型养鸡场的固定成本（现代化养鸡设备和从场长、党委书记到职员的众多管理人员）远远高于农民（农民养鸡的固定成本除蛋鸡外其他很少）。甚至农民的可变成本也低（用剩饭菜等代替部分外购饲料，自己的劳动也可忽略不计）。这样，当价格低时，大型养鸡场难以维持或要靠政府财政补贴，而农民养鸡户却可以顽强地生存下来。长期中，大型养鸡场每个蛋的平均成本也高于农民，因为现代化大量养鸡带来的好处并不足以弥补巨额投资和庞大管理队伍的支出。农民则以低成本和低价格占领了鸡蛋市场。大型养鸡场的市场适应能力也不如农民。当供大于求价格低时，农民可以迅速退出市场，不会有多大损失，而大型养鸡场停产则很困难。现代化养鸡设备闲置下来比不用鸡窝的损失大得多。解雇管理人员比老太太不养鸡有多难？在供小于求价格高时，大型养鸡场的产量要受设备能力的限制，但有什么能限制农民多养鸡呢？在鸡蛋市场上需要的是"造小船成本低"和"船小好调头"。庞然大物的大型养鸡场反而失去了规模经济的好处。而且，即使就是将来农民养鸡也现代化了，也仍然是农民养鸡业的进步，难以有大型企业的地位。这是行业生产技术特点决定的。你听说过美国500强企业中有养鸡公司吗？或者说，你听到过什么有名的养鸡场吗？这类企业本来就应该是"小的是美好的"。

资料来源：梁小民. 微观经济学纵横谈. 北京：三联书店出版社，2000.

- 知识目标：
  - ◆ 掌握市场结构的特征；
  - ◆ 理解市场集中度的概念；
  - ◆ 掌握完全竞争的概念和特点；
  - ◆ 掌握完全竞争短期决策准则；
  - ◆ 掌握完全竞争长期均衡的条件；
  - ◆ 理解完全垄断的概念和特点；
  - ◆ 掌握完全垄断的决策准则；
  - ◆ 理解福利损失。
- 能力目标：
  - ◆ 能应用完全竞争和完全垄断的分析工具，解读现实案例，理解企业决策需要考虑的实际问题。

8.1　市场结构

市场结构（Market Structure）是指一个行业内部买方和卖方的数量及其规模分布、产品差异的程度、新企业进入或者退出该行业的难易程度和市场参与者信息完备程度的综合状态。也可以说，市场结构就是指某种产品或服务的竞争状态和竞争程度。

市场结构有狭义和广义之分：狭义是指买方构成市场，卖方构成行业；广义是指一个行业内部买方和卖方的数量和规模、产品差异程度、市场壁垒（即新企业进入该行业的难易程度）和市场信息的完备程序四个方面的综合状态。

根据以上四个方面的不同特点，经济学将市场分为完全竞争市场、垄断竞争市场、寡头垄断市场和完全垄断市场四种市场类型。下文将对划分市场结构的四个方面进行详细的论述。

8.1.1 买方和卖方的数量和规模

1. 买方的数量和规模

市场的竞争程度受到买方的数量和规模的影响，如果市场上只有一个或者几个规模大的买家，他们就可以在同卖家的讨价还价中获取低价，大量采购的企业能够获得更高的价格折扣，如沃尔玛通过集中采购，能以比竞争对手更低的价格采购商品；但是，如果买方的数量很多，规模很小，这种情况下单一的买家就无法压低价格，而只能成为价格的接受者。

2. 卖方的数量和规模

产品和服务的市场总供给量是由该市场所有的卖方的个别供给量加合而成的，如果卖方的数量很多，规模很小，单一的卖家对市场的价格和供给量的影响就很小，甚至这种影响可以忽略不计。如果市场上的卖方是一个或者几个大企业，他们占据了绝大部分的市场份额，这样卖方对市场价格和供给量的控制力就很强，如单反数码相机市场，卖方是少数的大企业，因此产品的定价一直居高不下。

3. 市场集中度

根据产业经济学的理论，市场集中度是决定市场结构最基本、最重要的因素，集中体现了市场的竞争和垄断程度，市场集中度是用于表示在特定产业或市场中，卖者或买者具有怎样的相对的规模结构的指标。由于市场集中度是反映特定市场的集中程度的指标，所以它与市场中垄断力量的形成密切相关，也正因为如此，产业组织理论把市场集中度作为考察市场结构的首要因素。常用的市场集中度指标有：绝对集中度、相对集中度，赫芬达尔指数，我们将在 8.2 中加以讨论。

8.1.2 产品差异程度

1. 产品差异的含义

产品差异（Product Differentiation）是指在一个市场里，一家企业的产品和其他企业产品的差异程度。如果产品没有差异，则买方的购买决策将完全根据价格来决定。例如，农贸市场中的大白菜没有差异，消费者就不用去选择卖方，卖方也无法单方面定高价，这样，同等级的大白菜的价格就是一样的。相反的情况是，产品差异高的企业拥有很大的定价权。

例如，LV的皮包价格是同等质量产品的数十倍。产品差异化是达到产品差异的手段，请读者注意这两个概念的不同。

产品差异化，是指企业在其提供给顾客的产品上，通过各种方法造成足以引发顾客偏好的特殊性，使顾客能够把它同其他竞争性企业提供的同类产品有效地区别开来，从而达到使企业在市场竞争中占据有利地位的目的。

2. 形成产品差异的因素

(1) 产品的物理性差异。产品的用途本质相同，但性能、构造、外观等有所不同，直接影响产品的使用效果。

(2) 买方的主观差异。即由于企业的广告、宣传等促销活动而引起买方对这一产品的偏好；或买方受消费潮流的影响而对某种产品产生偏好；或者是由于买方对产品不够了解而产生的主观差异。

(3) 对买方的服务差异。包括向买方提供有关信息、发送服务、技术维修服务、提供信用支持等。在这些服务方面的差异会引起买方对商品的不同偏好。

(4) 地理位置差异。因企业或销售点的位置不同而给买方带来的购买时间、方便程度、运输成本的差异，这也会造成买方在产品选择上的差异。

(5) 特殊促销活动差异。如赠礼品、配附件、进行有奖销售等活动而造成买方在产品选择上的差异。

3. 产品差异化与市场结构

(1) 影响市场集中度。

市场上规模较大的上位企业(即市场占有率领先的企业)通过扩大产品差别化程度，可以保持或提高企业的市场占有率，从而保持或提高市场集中度水平；市场上规模较小的下位企业也可以通过产品差别化提高自身的市场占有率，从而降低市场的集中度水平，或改变行业市场的规模分布结构。

(2) 形成市场进入壁垒。

现有企业的产品差异化可以使顾客对该企业的产品形成偏好，甚至一定的忠诚度，这对于试图进入市场的新企业而言，无疑构成了一定程度的进入壁垒，也就是说，这些试图进入市场的企业也必须通过自己的产品差异化行为，寻找新的目标市场的顾客或者争取原有企业的顾客转换品牌。要做到这一点，需要付出更大的努力，因此，市场的产品差异化程度越高，新企业进入市场的壁垒也就越高，在下一节将具体介绍市场壁垒的概念。

8.1.3 市场壁垒

市场壁垒(Market Barriers)是指对投资主体自由地进入或退出某一市场起抑制作用的因素。

对于卖方来说，市场壁垒是进出各行业的障碍；市场壁垒越高，市场选择的自由度越小；反之，市场选择的自由度则越大。衡量市场壁垒高低的指标，主要是市场要素流动的速度。

市场壁垒受其内部企业的制约，而且还受到外部潜在进入者的影响。典型的市场进入障碍包括专利权、经营许可协议和独占的自然资源等。例如，享有专利的药物使专利拥有者可以在一定时期内(一般最长为 7 年)选择制造商并且在特定的市场销售。企业在一定领域生产，扩张到足够大程度时产生的规模经济也可以成为市场进入障碍。如果新的市场进入者计算出自己需要极大的销售量，才能够和市场原有的企业竞争，那么这对进入者的雄心是个巨大的打击。普通大众型的汽车市场进入者总是很少，就是由于这个原因。

政府也有可能设置市场进入障碍。例如，金融界的条例和规范，本意是用来管制那些投机取巧者和违法分子的，但不可避免地所有业务活动(包括那些合法的)都会受到限制。建立于一定领域或市场的企业，当它们发现有新来者企图进入时，往往会想方设法地增加市场进入障碍。例如，它们可以通过降价来达到目的，迫使新进者的产品失去竞争力；并且因为有市场壁垒的保护，它们产品原来的价格本来就高于自由竞争市场的水平，所以对市场原有企业来说，进行降价并不是十分无奈的选择。垄断的存在更会形成难以逾越的进入障碍。因为如果没有进入壁垒(或很低)，那么其他企业会蜂拥进入垄断市场，分享垄断利润。

8.1.4 市场信息的完备程度

市场信息的完备程度影响市场上买方和卖方的决策，如市场上的每个买者和卖者都掌握着与自己的经济决策有关的一切信息。这样每个消费者和每个企业都可以根据自己掌握的完全的信息，做出自己的最优的经济决策，从而获得最大的经济效益。而且，由于每个买者和卖者都知道既定的市场价格，都按照这一既定的市场价格进行交易，这也就排除了由于信息不通畅而可能导致的同一市场同时按照不同的价格进行交易的情况。如果市场参与者对产品信息、价格变动、供求关系等市场信息非常了解，则市场的竞争程度就高；反之，在信息不完全的情况下，买方往往缺乏足够的市场信息，就会增加卖方定价的能力，迫使消费者接受质低价高的产品，如不对称信息经济理论的"柠檬效应"就是典型的例子。

"柠檬"一词在美国俚语中表示"次品"或"不中用的东西"，而柠檬效应(Lemon Effect)是指在信息不对称的情况下，往往好的商品遭受淘汰，而劣等品会逐渐占领市场，从而取代好的商品，导致市场中都是劣等品。这一概念最早由美国经济学家乔治·阿克尔洛夫提出，主要内容是酸柠檬市场理论。

阿克尔洛夫教授的研究发现，在一个市场中如果卖方掌握了比买方更有利的信息，他就可以掩盖产品的真相，以次充好。例如，在二手车市场，卖方对车况肯定比买方清楚得多，买方则只能从车的表面情况来判断。这样卖方与买方处于信息非对称的状况，卖方具有信息优势，而买方则处于"劣势选择"地位。阿克尔洛夫的"劣势选择"概念已经被写进大学本科的教科书中。他的理论还揭示出，在不规则的市场，如果买者无法观察到商品的内在质量，那么卖者就会以次充好。由于信息的不对称，将最终导致高质量的产品从市场中退出，而只有低质品仍留在市场中，结果造成市场萎缩。

8.2 市场集中度

8.2.1 绝对集中度

绝对集中度一般是以产业中最大的 n 个企业所占市场份额的累计数占整个产业市场的比例来表示的。设某产业的销售总额为 X，第 i 企业的销售额为 x_i，第 i 企业的市场份额为 $S_i\left(\dfrac{s_i}{X}\right)$，又设 CR_n 为产业中最大的 n 个企业所占市场份额之和，则有：

$$CR_n = \sum_{i=1}^{n} \frac{x_i}{X} = \sum_{i=1}^{n} S_i \tag{8-1}$$

由于 CR_n 指标计算简便，直观易懂，容易获得所需资料，因而它为国内外在市场集中度的实证研究中广泛应用。但这一指标也存在一定缺陷：①在比较两产业的集中度时，由于对 n 的取值不同会有不同的结论；②这一指标只反映了 n 个最大企业的情况，而忽视了产业中 n 个企业以外的企业数量及其规模分布情况。

在绝大多数有关测定市场集中度的文献中，往往忽视对外经济贸易因素。20 世纪 80 年代以来，产业经济学界争论较大的一个焦点问题是，如何测定在开放经济条件下的市场集中度问题，以及根据集中度指标对垄断企业实行政府管制时，是否要考虑国际竞争力问题。对此，尤顿（Utton）和摩根（Morgan）曾提出一个考虑到国际贸易因素的绝对集中度测定模型：

$$CR_n = \frac{(Q_n - X_n)}{Q - X + M} \times 100\% \tag{8-2}$$

式中，CR_n 为 n 家最大企业的绝对集中度；Q_n 为 n 家最大企业在国内外市场上的销售额；X_n 为 n 家最大企业的出口额；Q 为整个产业的销售总额；X 为整个产业的出口总额；M 为整个产业的进口总额。

由于出口对国内市场的竞争没有影响，因此，要从国内外销售总额中扣除；相反，进口会增加国内市场的产品供应量，强化企业间的竞争，所以应该在分母中加进这一因素。把进出口因素归入绝对集中度测定模型后，就会降低绝对集中度，其下降的程度则取决于对外开放的程度及进出口在销售总额中的比例。进出口比例越大，绝对集中度就会越低。

绝对集中度主要反映特定产业中若干家最大企业的集中程度，但不能反映该产业内的企业数量和企业规模不均等程度。

8.2.2 相对集中度

这一指标主要用来反映产业内企业的规模分布状况，一般以洛伦茨曲线（Lorenz Curve）及其基尼系数（Gini Coefficient）表示，如图 8.1 所示。

在图 8.1 中，对角线上的任何一点到横轴和纵轴的距离相等，意味着企业规模均等分布，对角线右下方的曲线是特定产业的企业规模相对分布曲线，即洛伦茨曲线，它偏离对角线的距离越大,企业规模分布越不均匀,即大企业的相对集中度较高。在洛伦茨曲线的基础上,可借助基尼系数以定量反映企业规模分布和集中程度。基尼系数是均等分布线与洛伦茨曲线之间的阴影面积(记为 S_1)和等边三角形面积(记为 S_1+S_2),其中 S_2 为等边三角形面积减去 S_1 的剩余部分)的比率,即:

$$基尼系数 = \frac{S_1}{S_1+S_2} \quad (8-3)$$

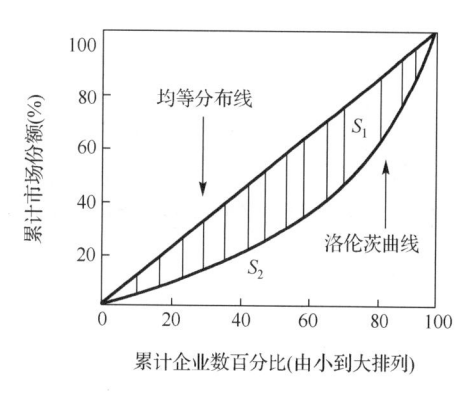

图 8.1 洛伦茨曲线

基尼系数的经济含义是:如果 S_1 为零,基尼系数也为零,表明企业规模完全均等;如果 S_2 为零,基尼系数为 1,表明产业内只存在一家企业。对绝大多数产业来说,基尼系数总是在 0 和 1 之间,基尼系数越接近于零,企业规模分布越是均等,而基尼系数越接近于 1,说明企业规模分布的差异越大,市场集中度越高。

相对集中度指标的优点是反映整个产业所有企业规模的差异,非常直观。

相对集中度指标的主要缺陷是:

(1) 虽然不同的洛伦茨曲线表示不同的企业分布,但所得出的基尼系数可能相同;

(2) 相对集中度忽视了产业内企业数量差异对集中度的影响,不能较好地反映领先企业的集中程度。

例 8-1

中国的基尼系数总体呈下降趋势

"近年来,中国的基尼系数总体上是呈下降趋势的,正像你已经看到的,2012 年到 2015 年,中国居民收入的基尼系数分别为 0.474、0.473、0.469、0.462。2016 年是 0.465,比 2015 年提高了 0.003,但是它并没有改变中国基尼系数总体下降的趋势。过去一年,中国城乡居民收入的相对差距还是在缩小的,从 2015 年的城乡收入倍差 2.73 下降到 2016 年的 2.72。但是基尼系数为何又有所扩大呢?根据我们的调查,主要是城市一部分低收入者养老金的收入增速略有放缓,农村一部分只靠粮食生产收入为主的农民,由于粮价的下跌,收入略有减少,可能主要是这两个原因。总的趋势没有改变,而且我们加大脱贫扶贫攻坚的力度和城乡一体化的步伐,居民收入差距会保持逐步缩小的趋势,这是可以预期的。"

资料来源:节选自 2017 年 1 月 20 日国务院新闻办公室新闻发布会,国家发展改革委副主任兼国家统计局局长宁吉喆答记者问

8.2.3 赫希曼-赫芬达尔指数

赫希曼-赫芬达尔指数(Herfindahl-Hirschman Index,HHI)最初由 A.赫希曼提出,1950 年由哥伦比亚大学的赫芬达尔在他的博士论文《钢铁业的集中》中进一步阐述。由于它兼有绝对集中度和相对集中度指标的优点,同时能避免两者缺点的特点,因而日益被人们所重视。该指数用公式表示为:

$$HHI = \sum_{i=1}^{N}\left(\frac{x_i}{X}\right)^2 = \sum_{i=1}^{N} S_i^2 = \sum_{i=1}^{N} S_i \cdot S_i \tag{8-4}$$

式中，N 为产业市场上的企业总数，其他字母的含义同前。这一指标的含义是：它给每个企业的市场份额 S_i 一个权数，这个权数就是其市场份额本身。可见，它对大企业所给的权数较大，对其市场份额也反映得比较充分。指数值越大，集中度越高，反之则越低。

赫芬达尔指数有如下特点。

(1) 当独家企业垄断时，该指数等于 1；当所有企业规模相同时，该指数等于 $1/n$。因而这一指数在 $1/n$ 到 1 之间变动。数值越大，表明企业规模分布的不均匀度越高。

(2) 前几位企业的 X_i/T 数值对指数影响大，后面小企业的 X_i/T 数值对指数影响很小。所以，该指数具有前面几类指数的共同优点，既计量了绝对集中度也计量了相对集中度。

(3) 该指数能较好地计量全产业生产集中的变化情况。例如，某产业有 A、B 两家企业，令 $S_A = X_A/T$，$S_B = X_B/T$，当这两家企业合并时，恒有 $(S_A + S_B)^2 - (S_A^2 + S_B^2) = 2S_A S_B > 0$，即 $(S_A + S_B)^2 > S_A^2 + S_B^2$。

因此，只要企业合并，该指数值就会增加；只要企业分解，该指数值就会减少。赫芬达尔指数虽然在理论上优于前两个指标，但也存在直观性差、对小企业所给权数较小的缺点。

在以上三个测定市场集中度的指标中，绝对集中度主要反映特定产业中若干家大企业的集中程度，但不能反映该产业内的企业数量和企业规模不均等程度；相对集中度主要反映整个产业所有企业规模的差异，但不能较好地反映领先企业的集中程度；而赫芬达尔指数虽然在理论上优于前两个指标，但也存在直观性差、对小企业所给权数较小的缺点。因此，这三个指标应综合使用，相互补充，才能较准确地反映市场集中度。

8.3 完全竞争

完全竞争(Perfect Competition)又称纯粹竞争，是一种不受任何阻碍和干扰的市场结构，指那些不存在足以影响价格的企业或消费者的市场，完全竞争市场是一种理想的市场状态，属于理论抽象，是经济学分析市场的起点。现实中的市场都不绝对具备这些特点，充其量只是接近完全竞争，如粮食、蔬菜等农产品市场就基本符合完全竞争市场的特点。

8.3.1 完全竞争的特点

1. 市场上存在大量的小规模的买者和卖者

大量小规模的买者，其含义是说，每个个别买者的商品需求量，相对于市场上的总需求量来说，都是微不足道的，从而任何个别买者都不具有买者垄断的力量，他的需求量的增加或减少并不能影响市场的总需求；大量小规模的卖者是指，任何一个卖者的商品供给量，都只是市场上总供给量的极小一部分，微不足道，其变化影响不了市场的总供给。从市场集中度来分析，完全竞争市场的集中度很低。

2. 市场上的商品完全无差异

同一数量的同种商品之间完全同质，不存在差异。这就保证了任何数量的任何商品，不论谁来购买或销售，都是完全一样的，没有差别。商品的同一性，是对大量买者与卖者的补充，两者一起共同说明个别买者与卖者的需求与供给，都只是市场总需求与总供给的微不足道的一部分。

3. 不存在市场壁垒

卖者有自由进入和退出一个行业的自由。所谓一个行业，是指由生产同一产品的所有卖者所构成的社会部门。进入一个行业如果有障碍，则该行业中卖者数目可能少到每家卖者都具有影响市场价格的能力。退出一个行业，意味着进入另一个行业。总之，自由进入或退出，进一步补充说明了买卖双方的大量存在。这也说明了在完全竞争市场中生产要素的完全流动性，即任何一种生产要素，都可以自由地从一个企业转移到另一个企业，即生产要素可以自由进入和退出一个企业。例如，工人可以自由调换工作，原料不受垄断控制等。

4. 市场主体都拥有完全信息

买卖双方完全了解市场行情，市场信息畅通，得到信息不需付出代价。这样，每个人对市场价格的变化都非常熟悉，如果有人抬高或降低物价，市场上每个人都会立即知道这一变化，人人都见机行事。

8.3.2 市场价格的决定

由于大量买者与卖者的存在，某个卖者抬价，顾客就会去别的卖者那里购买所需的商品；同样，他降低商品的售价，虽然可招来顾客，但因他的供给量微不足道，结果并不能因他的商品已售完而使市场上的总需求受到影响。对于买者方面，个别买者抬高买价，招来卖者向他出售商品，但他的需求影响不了市场总需求与总供给，结果也就对市场价格产生不了影响；他压低物价，卖者就不向他出售商品。因此，完全竞争市场上的买卖双方都是价格的接受者(Price Takers)。商品的市场价格既定，任何买者与卖者都只能是价格的接受者，只能根据价格行事，而无法对市场价格施加任何可以显见的影响。

完全竞争市场的市场均衡由所有的市场主体作为一个整体来决定，即市场需求量等于每个买者的需求量的总和，即完全竞争的市场需求曲线是由这个市场中所有企业的需求曲线加合而成，而市场供给量等于每个卖者的供给量的总和，按供求定理，市场将会自发地达到均衡状态。

对单个的卖者而言，他只能选择接受既定的市场价格，如前所述，只要他的定价高于市场均衡价格，就会失去全部需求量。然而企业会选择低于市场均衡价格来销售产品吗？由于相对市场总需求来说，单个企业的供给量可以忽略不计，他可以按均衡价格销售出企业所能够并且愿意生产出的任何产量，因此，企业不会选择低于均衡价格销售。所以，企业面临的需求曲线是在市场均衡价格上的一条水平线，需求具有完全弹性，如图8.2所示。

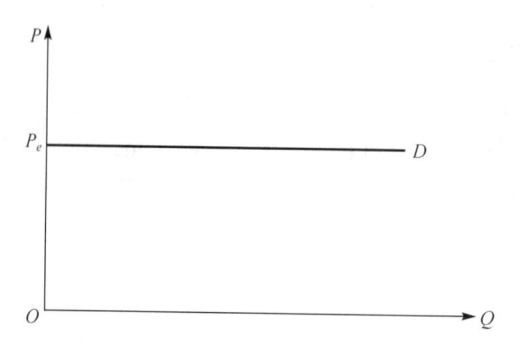

图 8.2 完全竞争市场单个企业的需求曲线

8.3.3 短期决策准则

1. 利润最大化产量的决定

根据前面学过的知识，短期是指在此时间框架内，至少存在一个不能改变其投入量的生产要素。一般而言，资本比劳动更难改变其投入量，所以，我们一般把企业的资本存量视为固定投入要素。由于对单个的企业，市场均衡价格是既定的常数，所以在完全竞争的短期决策中，决策的方法是在给定固定成本的前提下，根据可变成本决定企业获取利润最大化时的产量水平。

在完全竞争市场中，企业的总收益 TR 为销售量 Q 和市场价格 P 的乘积，这样，总收益就是 Q 的线性函数，其斜率也就是其边际收益 MR 为市场价格 P，P 由整体市场决定，为一个常数。如图 8.3 所示，企业的总成本 TC 具有典型的总成本函数的特征，是一个三次曲线，其先上升再下降再上升，B 点是 TC 曲线的拐点。

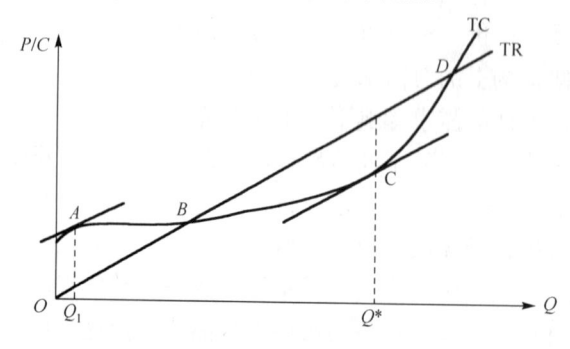

图 8.3 完全竞争市场利润最大化产量的决定

根据利润的定义，完全竞争市场中的企业利润函数为总收益 TR 与总成本 TC 的差：

$$\pi = TR - TC = P \times Q - f(Q) \tag{8-5}$$

观察图 8.3 可知，利润 π 为总收益 TR 与总成本 TC 两条曲线间的垂直距离，我们平行移动总收益 TR 曲线，在 A 点和 C 点，TR 分别与 TC 相切。根据几何学知识，在 A 点和 C 点，总收益 TR 与总成本 TC 两条曲线间的垂直距离最大，再考虑到 C 点利润大于 A 点（在 A 点总收益小于总成本，利润为负；在 C 点正好相反，利润为正），根据利润最大化原则，A 点不是我们决策的目标，所以我们排除 A 点，也即在 C 点利润 π 取得了最大值。

在 C 点，总收益 TR 与总成本 TC 两条曲线的斜率相等，即边际收益等于边际成本，由于边际收益等于市场价格 P，可得：

$$MR=MC \to P=MC \tag{8-6}$$

再考虑到 A 点处在总成本 TC 曲线的凸弧段上，我们再加上对 A 点的排除法则，即：

$$\frac{dMC}{dQ}>0 \tag{8-7}$$

注：C 点总成本曲线为凹弧，二阶导数大于零，即边际成本的导数大于零。

综上所述，在完全竞争市场，企业的短期利润最大化的决策准则是：

$$P=MC \ \& \ \frac{dMC}{dQ}>0 \tag{8-8}$$

决策过程是根据既定的市场均衡价格 P，按 P=MC 求取利润最大化时的产量 Q^*。也即，企业要想获得利润最大化，应该选择 Q^* 的数量来生产（此时无须考虑实际的库存问题），所以说，完全竞争市场的企业短期利润最大化决策是产量决策。

2. 盈利最大化产量的决定

根据上述的决策过程可知，按 P=MC 求得 Q^*，企业在 Q^* 时获得了利润最大化；从图 8.4 中可见，产量为 Q^* 时有市场价格 P 大于总成本 $C(Q^*)$，此时的总收益为矩形 $OPAQ^*$ 的面积，总成本为矩形 $OCBQ^*$ 的面积，根据利润公式：

$$\pi=TR-TC \to \pi = P \cdot Q^* - C(Q^*) \tag{8-9}$$

即当 P>ATC 时，企业可以获得正的利润，就是图中矩形 CPAB 的面积。

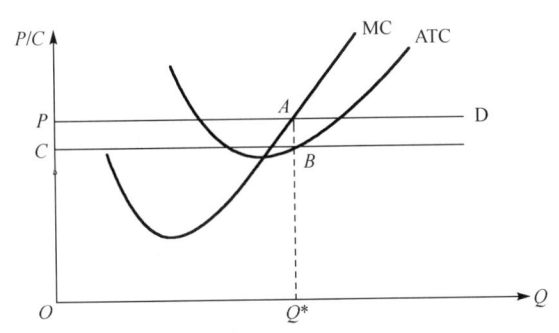

图 8.4　P>ATC，短期利润大于零时的利润

3. 亏损最小化产量的决定

当市场价格 P 下降到小于平均总成本（ATC）时可知，短期利润为负值，企业将发生亏损。由于在短期内企业不能退出市场（因为在短期存在不能改变投入量的固定要素），那么此时有两个问题需要解决，一是企业应如何做到亏损最小化，二是企业是否应选择停产。

(1) 企业应如何做到亏损最小化。

根据上述的决策过程可知，我们应同样按 P=MC 求得 Q^*，企业在 Q^* 时获得利润最大化；从图 8.5 中可见，产量为 Q^* 时有市场价格 P 小于总成本 $C(Q^*)$，此时的总收益为矩形

$OPBQ^*$ 的面积，总成本为矩形 $OCAQ^*$ 的面积，根据利润公式：

$$\pi=TR-TC \rightarrow \pi=P \cdot Q^*-C(Q^*) \tag{8-10}$$

即当 $P<ATC$ 时，企业亏损，利润为负，在产量为 Q^* 时实现了利润最大化，也等同于亏损最小化，亏损额就是图中矩形 $CPBA$ 的面积。

(2) 企业是否应选择停产。

在短期中，企业存在必须支付的和产量无关的固定成本，虽然当 $P<ATC$ 时，企业亏损，但在市场价格 P 大于平均可变成本 AVC 时，每售出一单位的产品便可获得超过平均可变成本的收益，即此时产生了正的边际贡献 ($P-AVC$)，可以部分补偿固定成本。如果企业选择停产，就会全部亏损掉固定成本，由此可知，当 $P>AVC$ 时，企业尽管亏损，但是应该继续生产。

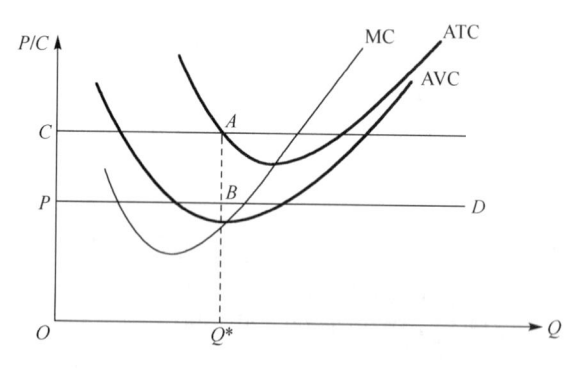

图 8.5　$AVC<P<ATC$，短期利润小于零时的利润

4. 停产决策

如图 8.6 所示，当市场价格 P 下降到小于平均可变成本 (AVC) 时，边际贡献 ($P-AVC$) 为负值，每生产一单位产品，就会产生额外的亏损，产量越高，亏损额越高。如果此时企业选择停产，就只会亏损固定成本，所以，此时企业应选择停产。

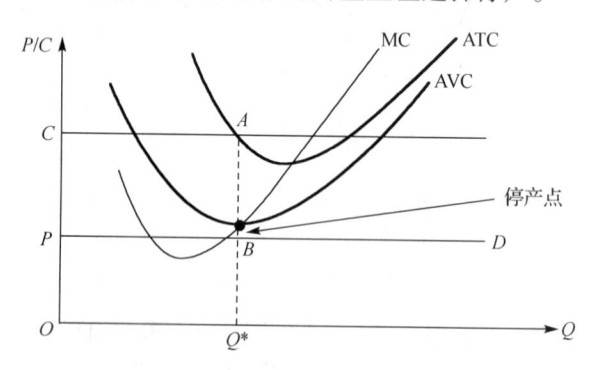

图 8.6　$P<AVC$，停产决策

由边际成本 MC 和平均可变成本 AVC 的性质可知，边际成本 MC 和平均可变成本 AVC 必定交于平均可变成本 AVC 的最低点。根据完全竞争市场利润最大化 ($P=MC$) 的决策方式，当市场价格 P 等于平均可变成本的最低值时，也满足了 $P=MC$ 的利润最大化条件，因

此，我们把边际成本和平均可变成本的最低点称为停产点。当市场价格低于停产点时，企业应选择停产，此时企业的亏损小于生产 Q^* 及任何产量的亏损，停产点如图 8.6 所示。

例 8-2

完全竞争行业中某企业的成本函数为 STC=$Q^3-6Q^2+30Q+40$，产品的市场价格为 66 元。

问：(1) 求利润最大化时的产量及利润总额。

(2) 由于市场供求发生变化，由此决定的新的市场价格为 30 元。在新的价格下，企业是否会发生亏损？如果会，最小的亏损额是多少？

(3) 该企业在什么情况下才会停止生产？

解：(1) 已知该企业的成本函数为 STC=$Q^3-6Q^2+30Q+40$，则：

$$\text{SMC} = \frac{d\text{STC}}{dQ} = 3Q^2 - 12Q + 30$$

已知市场价格 P=66，由利润最大化条件 P=SMC，可知：

$$66 = 3Q^2 - 12Q + 30$$

解得 Q=6，Q=−2（由于 Q 不可能为负值，省去）

可知在 Q=6 时，企业实现了利润最大化，此时的利润为：

$$\begin{aligned}\pi &= \text{TR} - \text{STC} = P \cdot Q \cdot (Q^3 - 6Q^2 + 30Q + 40) \\ &= 66 \times 6 - (6^3 - 6 \times 6^2 + 30 \times 6 + 40) \\ &= 176\end{aligned}$$

即，利润最大化时的产量为 6，利润总额为 176 元。

(2) 已知新的市场价格为 30 元，根据利润最大化条件 P=SMC 计算，可知：

$$30 = 3Q^2 - 12Q + 30$$

解得 Q=4，Q=0（Q=0 舍去）

可知在 Q=4 时，企业实现了利润最大化，此时的利润为：

$$\begin{aligned}\pi &= \text{TR} - \text{STC} = P \cdot Q \cdot (Q^3 - 6Q^2 + 30Q + 40) \\ &= 30 \times 4 - (4^3 - 6 \times 4^2 + 30 \times 4 + 40) \\ &= -8\end{aligned}$$

所以，当市场价格为 30 元时，企业会发生亏损，最小的亏损额是 8 元。

(3) 由企业停产条件 P<AVC 可知：

$$\text{VC} = Q^3 - 6Q^2 + 30Q$$

$$\text{AVC} = \frac{\text{VC}}{Q} = Q^2 - 6Q + 30$$

求 AVC 的最低点的值：

$$\frac{d\text{AVC}}{dQ} = 2Q - 6 = 0$$

$$Q = 3$$

当 $Q=3$ 时，$AVC=32-6\times 3+30=21$

可知当市场价格 $P<21$ 时，企业就应该停产。

5. 企业短期供给曲线

由前面的分析可知，完全竞争的企业应按市场价格选择满足市场价格等于边际成本的产量，就能做到利润最大化。因此，当市场价格高于停产点时，对应每一个市场价格都能在边际成本曲线上确定一个使企业利润最大化的产量，所以，企业的短期产品供给曲线就是平均可变成本 AVC 曲线最低点之上的边际成本曲线。

完全竞争的市场供给曲线是由这个市场中所有企业的供给曲线加合而成的。

8.3.4 长期决策准则

前文中，我们分析了完全竞争市场的特点，其中，不存在市场壁垒，企业可以自由地进入或者退出对完全竞争市场的长期决策起到了主要的影响作用。按经济学对长期的定义，所有投入要素均为可变要素的时间框架称为长期。因此，在长期中，企业优先考虑的不是产量问题，而是是否进入或者退出市场的问题。

1. 企业进退决策

在下文中，我们将分析企业应如何做出进入或者退出市场的决策。此问题等同于什么是驱动企业进入或者退出市场的因素。

企业经营的目标是获取利润，假设出现了下列的情况：市场价格 P 小于长期平均成本 LAC，此时企业必定会亏损。考虑到完全竞争市场不存在市场壁垒，那么企业选择退出市场将不会产生额外的退出成本，为了追逐利润，企业选择退出市场就是理性决策。

相反的情况是，假设某个行业的市场价格 P 大于长期平均成本 LAC，那么在行业中的企业能盈利，由于资本的逐利性质，自然就会吸引新的企业进入市场。

因此，我们得出结论，利润是驱动企业进入或者退出市场的激励因素，也即当市场价格 P 等于长期平均成本 LAC 时，此时市场中所有企业的平均经济利润为零，将不再有新的企业进入市场，也不再有市场中原有的企业退出市场，此时，市场将达到长期均衡。

2. 完全竞争市场的长期均衡

（1）企业和市场的长期供给曲线。

在长期中，由于不存在固定要素，企业可以自由地选择最优的生产规模，来达到利润最大化。当市场价格 P 大于长期平均成本 LAC 时，企业将按 $P=LMC$ 来确定产量并获得最大化利润；当市场价格 P 小于长期平均成本 LAC 时，企业将选择退出市场。因此，企业的长期供给曲线是由长期平均成本 LAC 最低点之上的长期边际成本曲线 LMC 构成的，如图 8.7 所示。

由于在长期经营中，企业将按照市场价格 P 是否等于长期平均成本 LAC 来决策进入或者退出市场，那么，只有当市场价格 P 等于长期平均成本 LAC 时，才不会出现企业进入或者退出市场的情况。根据企业的最优决策准则可知，此时企业将在长期平均成本 LAC

的最低点处(即有效规模)经营,因此,市场的长期供给曲线必然是市场价格时的水平线,如图 8.8 所示。

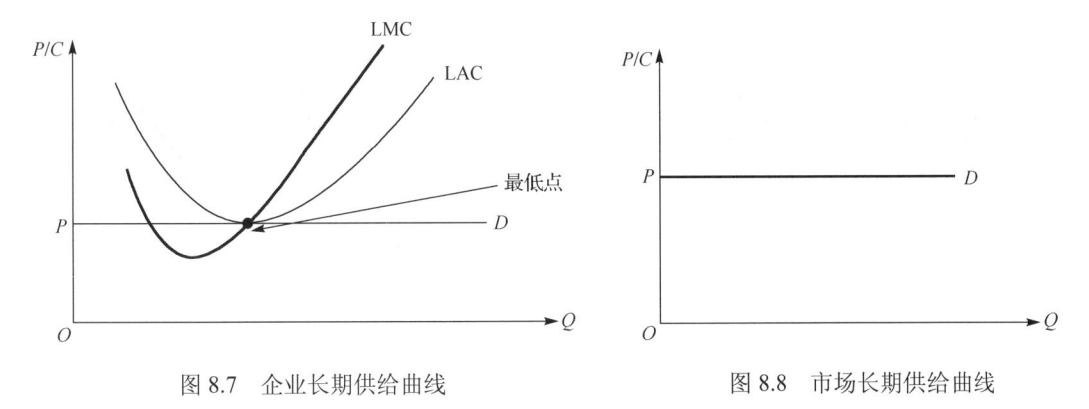

图 8.7 企业长期供给曲线

图 8.8 市场长期供给曲线

(2)市场的长期均衡。

首先,根据学过的知识,我们知道市场均衡是一种供给等于需求、稳定平衡的状态。我们以很接近完全竞争市场特点的绿豆市场为例,假设绿豆市场已经达到了市场均衡,如图 8.9(a)所示:A 点表示长期均衡,Q_1 表示均衡产量,P_1 为均衡价格。

此时,绿豆市场上的企业是在 P=LMC=LAC 的有效规模下经营的,其经济利润为零,没有进入或者退出市场的激励,如图 8.9(b)所示,Q^* 表示有效规模。

(a) 绿豆市场最初的长期均衡状态(市场)

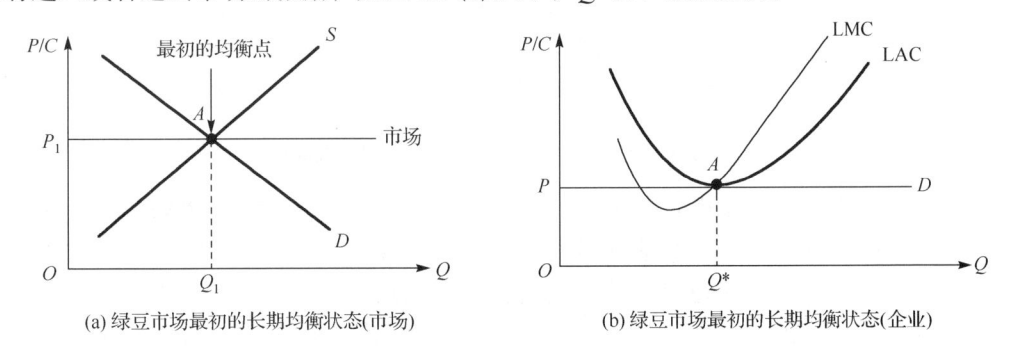

(b) 绿豆市场最初的长期均衡状态(企业)

图 8.9 完全竞争市场的长期均衡

我们再假设某权威媒体发布了绿豆可以防癌的信息,增强了消费者对绿豆的偏好。我们先讨论在短期会发生的情况:根据前面学过的知识,供给不变,需求增加,市场均衡将发生新的改变,如图 8.10(a)所示,需求曲线 D_1 将向右平移至 D_2 处,达到了新的均衡,B 表示新的均衡点,此时均衡价格从 P_1 增加到 P_2,均衡数量从 Q_1 增加到 Q_2。

我们再来讨论短期中企业的情况:由于企业的短期产品供给曲线是平均可变成本 AVC 曲线最低点之上的边际成本曲线,企业对市场价格上升的反应将是增加产量,如图 8.10(b)所示,图中 Q_2-Q_1 即为企业增加的产量。由此可知,在新的短期均衡中,绿豆的市场价格高于长期平均成本,企业可以获得正的经济利润。

接下来我们讨论长期中市场均衡的情况:由于绿豆市场存在正的经济利润,吸引了新企业进入,市场供给增加,长期供给曲线向右移动,这种移动导致市场价格下降,一直下降到市场价格又重新等于长期平均成本,此时,市场的平均经济利润为零,不再有新企业进入，市场重新达到了长期均衡。如图 8.11 所示，市场长期供给曲线从 S_1 向右移动到 S_2，达到了新的均衡(用 C 点来表示)，绿豆的市场价格又回落到了 P_1，此时的均衡产量增加到了 Q_3。

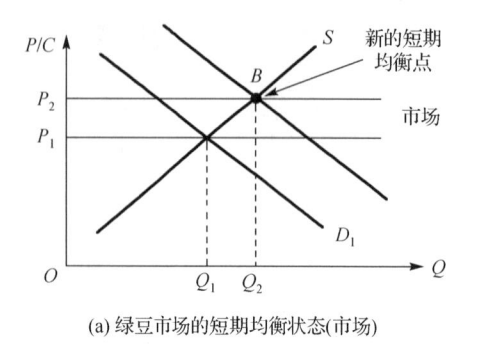

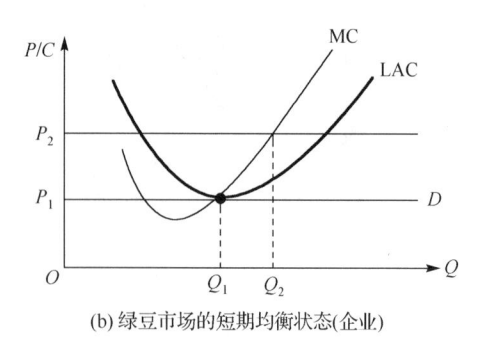

(a) 绿豆市场的短期均衡状态(市场)　　　(b) 绿豆市场的短期均衡状态(企业)

图 8.10　完全竞争市场的短期均衡

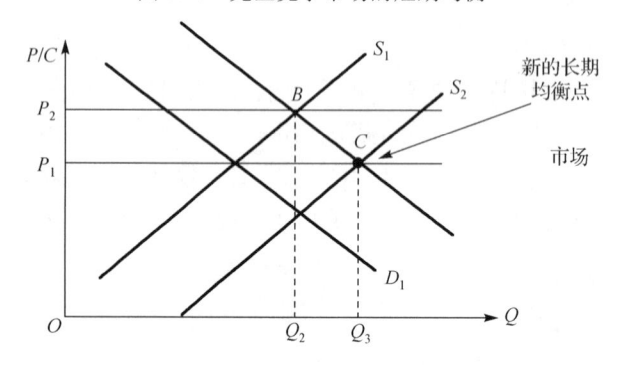

图 8.11　绿豆市场新的长期均衡状态(市场)

综上所述，如果市场上的现有企业盈利，新企业就会进入市场，使市场上的供给增加，从而使市场价格下降，市场上的企业盈利就会减少；相反的情况是，如果市场上的现有企业亏损，一些企业就会选择退出市场，从而使市场上的供给减少，那么市场价格就会上升，市场上的企业的盈利就会增加。因此，在这种进入和退出结束时，也即市场长期均衡时，市场上的企业经济利润必定为零。

例 8-3

完全竞争行业中某小企业的产品单价是 640 元，企业的成本函数为 $LTC=Q^3-20Q^2+240Q$。

问：(1) 求利润最大化时的产量，单位平均成本及利润总额。

(2) 假设这个企业在行业中具有代表性，试问这一行业是否处于长期均衡状态？为什么？

(3) 如果这个行业没有处于长期均衡状态，则均衡时产品的市场价格是多少？

解：(1) 已知该企业的成本函数为 $LTC=Q^3-20Q^2+240Q$，$P=640$，则由完全竞争企业利润最大化条件 $P=MC$，得：

$$LMC=\frac{dLTC}{dQ}=3Q^2-40Q+240=240$$

$$Q=20, Q=-\frac{20}{3}(舍去)$$

此时：
$$LAC = \frac{LTC}{Q} = Q^2 - 20Q + 240$$
$$LAC = 20^2 - 20 \times 20 + 240 = 240$$

总利润等于：
$$\pi = TR - LTC = P \cdot Q - LAC \times Q$$
$$= 640 \times 20 - 240 \times 20 = 800$$

所以利润最大化时的产量为20，单位平均成本为240，利润总额为800。

(2) 因为行业是否处于长期均衡状态，可按 P 是否等于 LAC 最低点的值来判断，所以先计算 LAC 最低点的值：

$$LAC = Q^2 - 20Q = 240$$
$$\frac{dLAC}{dQ} = -20 + 2Q = 0$$
$$Q = 10$$

将 $Q=10$ 带入 LAC，可得：
$$LAC = Q^2 - 20Q + 240 = 10^2 - 20 \times 10 + 240 = 140$$

因为现在的市场价格为640，不等于LAC的最低点的值，可知该行业没有达到长期均衡状态。

(3) 由上述分析可知，当产品的市场价格一直下降到 P=LAC=140 时，行业才能达到长期均衡。

8.3.5 完全竞争市场的效率与公平

从经济学的观点来看，在一个经济体的资源和技术既定的条件下，如果该体系能够为消费者最大可能地提供各种产品或者服务的组合，那么，该体系就是有效率的。这种效率也称为帕累托最优或帕累托效率。

帕累托最优是经济学和博弈论中的重要概念，这个概念是以意大利经济学家维弗雷多·帕累托的名字命名的。帕累托最优(Pareto Optimality)，也称为帕累托效率(Pareto Efficiency)，是指资源分配的一种理想状态，即假定固有的一群人和可分配的资源，从一种分配状态到另一种状态的变化中，在没有使任何人境况变坏的前提下，也不可能再使某些人的处境变好。帕累托最优状态又称经济效率，满足帕累托最优状态就是具有经济效率的资源配置方式。

完全竞争的结果符合帕累托最优是经济学的一个重要结论，但是，这个结论有一个前提和假设，即所有的市场都是完全竞争的，没有任何如外部效应及不完全信息等外部因素的存在。然而，即使经济有效率，也不能说明市场的收入分配一定就是公平的。

8.3.6 完全竞争市场的局限性

完全竞争市场也有其局限性，具体表现在以下几个方面。

1. 企业的平均成本最低不一定代表社会成本最低

由于市场存在着外部性，特别是负的外部性，所以，企业的私人成本不一定等于社会成本，因此企业的平均成本最低也不一定是社会成本最低。

2．消费者的多种需求无法得到满足

在完全竞争市场上，产品是没有差别的。而在实际中，由于消费者的需求偏好是多种多样的，所以完全竞争市场是无法满足消费者多种多样的需求偏好的。

3．价格和产量变动中的效率损失

完全竞争市场假定信息是完全的，资源是流动的，而在实际经济生活中，信息通常是不完全的，资源的流动也不是完全自由的。因此，在产品供不应求时，当原有企业产量的增加和新企业的进入使增加的供给已经足够时，还会有企业继续进入，这就会导致过度供给，并由此带来相应的效率损失。当产品供过于求时，原有部分企业会退出旧行业进入新行业，这势必会在转让生产要素时造成相应的价值损失，况且许多投入是无法转让和收回沉没成本的，如装修房屋的投入、原有行业专业知识信息的投入等。

4．不利于科技进步

在完全竞争市场上，生产者的规模度很小，且在长期只能获得正常利润，他们就没有足够的能力去实现重大的科学技术突破和新产品的开发。所以，从长远来看，完全竞争市场上的企业既不可能有效的改进技术，也不可能有效的开发新产品。从这个意义上说，完全竞争市场并非理想效率的典范。

5．完全竞争的情况在现实中几乎不存在

在现实中完全竞争的情况是很少的，而且一般来说，竞争也必然引起垄断。

8.4 完全垄断

完全垄断市场(Monopoly)是指一种具有很高的市场壁垒的市场结构，又称为市场独占，是指整个行业中只有唯一的一个企业的市场结构，它提供的产品没有相似的替代品。完全垄断市场是属于不完全竞争市场的一种类型。

8.4.1 不完全竞争市场

在完全竞争市场中，买卖双方对市场价格都没有决定的能力，都是价格的接受者，这是完全竞争市场的一个典型特征。如果市场上的某个企业或多或少具有控制价格的能力，这种能力通常被称为定价权。这种定价权或者来源于产品差异，或者来源于政策垄断等。这样的市场就不属于完全竞争市场，而归于不完全竞争市场这个大类。

因此，不完全竞争市场是相对于完全竞争市场而言的，除完全竞争市场以外的所有的或多或少带有一定垄断因素的市场都被称为不完全竞争市场。它们是完全垄断市场、寡头垄断市场和垄断竞争市场。其中，完全垄断市场的垄断程度最高，寡头垄断市场居中，垄断竞争市场最低。

完全垄断这种市场结构，相对于对市场价格毫无控制力的完全竞争市场来说，是另一个极端类型。

8.4.2 完全垄断的特点

1. 独家经营

在完全垄断市场上只有唯一的一家企业,它控制了整个市场的生产和销售,这就意味着一家企业就是一个行业,企业和行业合二为一,企业的需求曲线就是行业的需求曲线。这就意味着作为市场上该种产品的唯一供给者的垄断者,它面临的是向下倾斜的市场需求曲线。完全垄断市场的垄断者不存在任何竞争对手,从市场集中度来分析,完全垄断市场产业绝对集中度为 100%。

2. 产品不能替代

产品的可替代性是竞争的前提,产品越容易被替代则竞争性越强,而不能替代的产品就会形成垄断。完全垄断市场的垄断者生产的产品几乎没有替代品的威胁,垄断者可以进行排他性的生产和销售,这意味着其控制了整个行业的产品供给,垄断企业就可以通过调整产量来影响价格,也就是说,垄断企业是市场价格的制定者。

3. 市场进入壁垒很高

从长期看,企业要保持垄断,必须依靠某种因素来阻止其他企业进入市场,即存在高市场进入壁垒。市场进入壁垒一旦形成,要素就不能自由流动。

4. 严重的信息不对称

在完全垄断市场上,垄断企业占有绝对的信息优势,而买方拥有的市场信息则极为有限。

例如,在国内,天然气公司是某地区唯一的产品供给者,消费者也很难找到天然气的替代产品,由于政策的限制,其他企业不能进入该市场,最后,天然气的生产和成本等信息,普通消费者很难获取,因此,天然气公司是天然气市场的完全垄断者。

8.4.3 市场势力和垄断势力

市场势力(Market Power),也称市场权力。市场势力是指卖方或买方影响商品价格的能力。市场势力具有两种表现形式:卖方垄断力和买方垄断力。生产者对产品价格的影响力是卖方垄断力,消费者对产品价格的影响力是买方垄断力。在现实世界中,每个生产者和消费者实际上都具有一定的市场势力。

在不完全竞争市场的三种类型中,即在完全垄断、寡头垄断、垄断竞争中,企业都具有一定程度的市场势力,但是其强弱是不同的。完全垄断中的垄断企业具有最强的市场势力,即垄断势力。完全垄断企业是价格制定者,对价格的控制力很强,与完全竞争不同的是,即使在长期中,它也可能保持正的经济利润。

由于完全垄断市场所有产品的供给都由垄断企业提供,所以垄断企业的需求曲线也就是垄断市场的需求曲线,在没有其他约束的情况下,垄断企业可以为产品制定任意价格。但是,在企业制定的价格下,并不是垄断企业想卖出多少就是多少,而是要由消费者决定购买多少。由于垄断企业面临的是向下倾斜的需求曲线,因此,垄断企业提价将导致需求量减少。

总之，垄断企业或者决定价格，或者决定产量，但不能两者都决定。

8.4.4 垄断势力的来源

垄断势力的来源是因为存在市场进入壁垒，导致其他企业不能进入市场与其竞争。市场进入壁垒有四个主要来源。

1. 专利制度

专利是政府授予发明者的某些权利。这些权利一般是指在一定时期内对专利对象的制作、使用和处理的排他性独占权，从而使发明者获得应有的收益。某项产品、技术或劳务的发明者拥有专利权后，在专利保护的有效期内形成了对这种产品、技术和劳务的垄断。专利创造了一种保护发明者的产权，在专利的有效保护期内其他任何生产者都不得进行这种产品、技术和劳务的生产与使用，或模仿这些发明进行生产。若不保护发明专利，社会和生产就难以进步与发展。

2. 关键资源垄断

当某个生产者拥有并且控制了生产所必需的某种或某几种生产要素的供给来源时，就形成了关键资源垄断。这种垄断形成以后，其他任何生产者都难以参与此类要素的市场供给，从而就自然地限制或阻止了其他生产者的进入，这样，就维护了这个生产者的垄断地位及其垄断利益。这种垄断的形成得力于两个方面的原因，第一，得力于生产中的先行进入。由于先行进入某一行业，从而使其在某种要素或某几种要素的生产中先行具有了某些优势，如生产技术或生产经营的优势，从而增加了其他生产者的进入难度，先行进入者就可以逐渐形成垄断。第二，得力于生产中占据的自然地理优势。某种要素或某几种要素生产的自然地理优势被某个生产者占据以后，其他生产者生产同种要素或同几种要素时就不再具有自然地理优势，前者就形成了生产中的自然地理优势垄断。例如，拥有或控制主要原料可以阻止竞争，从而形成垄断。最常见的是通过对原料的垄断来限制竞争。有一段时间，在非洲及其他地区，大多数的钻石矿都被南非的德比尔斯公司控制；加拿大国际镍公司对世界已知的镍矿储藏量的控制已经近90%；等等。

3. 政府政策限制

政府通过特许经营，给予某些企业独家经营某种物品或劳务的权利。这种独家经营的权利是一种排他性的独有权利，是国家运用行政和法律的手段赋予并进行保护的权利。政府的特许经营，使独家经营企业不受潜在新进入者的竞争威胁，从而形成合法的垄断。政府对进入市场进行法律限制形成法律垄断，主要是基于三个方面的考虑：一是基于某种公司福利需要的考虑，如某些必须进行严格控制的药品的生产，必须由政府特许独家经营；二是基于保证国家安全的考虑，如各种武器、弹药的生产必须垄断；三是基于国家财政和税收收入的考虑，如国家对某些利润丰厚的商品进行垄断经营等。

4. 自然垄断

有些行业具有向规模经济、范围经济发展的内在趋势，而在整个市场中随着企业生产规模的扩大和范围的扩展，单位成本递减，从而实现效益增加。这样的行业就具有自然垄断性。

自然垄断性企业由于实行垄断经营，可以通过规模经济和范围经济产生利益，并且由于其垄断地位而不会产生过多的成本。具体如下。

第一，具有自然垄断性行业的生产需要庞大的固定资本投资，实行垄断经营，生产规模就大，客户就多，单位成本就越小，就能得到规模经济效益。

第二，具有自然垄断性企业进行联合生产经营要比企业单独生产成本低，从而获得生产与分配的纵向统一利益和对多种用户提供多种服务的复合供给利益，即获得范围经济效益。

第三，自然垄断性行业的生产需要的设备投资巨大，折旧时间长，同时这些设备很难转移作为其他用途，所以，固定成本有较大的沉淀性。这三个方面的技术理由就形成了进入市场的重要技术壁垒，使新的企业很难进入该市场，从而自然形成垄断市场。

以电信业的发展为例，如果某个城市有几个电话公司，每个电话公司都要花费巨额投资建设一个通信网络，而且各个公司的通信网络都因有自己的技术特性而很难相互连接，而每个电话用户则只能利用一个公司的通信网络，因而在几家电话公司分散经营的条件下，就出现了花费巨额投资进行重复建设的现象。如果一个电话公司垄断经营，既能保证技术的统一性，又能避免重复建设，资本的投资效率和利用效率都会得到提高。这种状况，在自然垄断性行业发展初期是垄断市场形成的一个重要原因，但是，随着现代科学技术的飞速发展，通信业网络相互利用的技术性障碍已不复存在，电信业已不能再因此而实行高度垄断经营，必须引进适度的竞争才能促进其健康发展。在现代社会条件下，电信业的高度垄断经营，只能损害消费者和社会的利益，阻碍电信业自身的健康发展。

例8-4

推进自然垄断行业改革，切实打破行政性垄断

2020年5月18日，新华社受权发布《中共中央国务院关于新时代加快完善社会主义市场经济体制的意见》（下称《意见》）。

《意见》要求，稳步推进自然垄断行业改革。深化以政企分开、政资分开、特许经营、政府监管为主要内容的改革，提高自然垄断行业基础设施供给质量，严格监管自然垄断环节，加快实现竞争性环节市场化，切实打破行政性垄断，防止市场垄断。

《意见》提到，构建有效竞争的电力市场，有序放开发用电计划和竞争性环节电价，提高电力交易市场化程度；推进油气管网对市场主体公平开放，适时放开天然气气源和销售价格，健全竞争性油气流通市场。

《意见》提到，深化铁路行业改革，促进铁路运输业务市场主体多元化和适度竞争；实现邮政普遍服务业务与竞争性业务分业经营；完善烟草专卖专营体制，构建适度竞争新机制。

资料来源：新华社网站，2020年5月18日

8.4.5 短期和长期决策准则

首先，我们来讨论完全垄断企业在短期追求利润最大化的决策过程：为得到最大化的利润，垄断企业和竞争企业一样，都是以边际收益等于边际成本作为其决策的准则的。如图 8.12 所示，垄断企业选择使边际收益 MR 等于边际成本 MC 时的产量水平 Q^*，再结合市场需求曲线 D，求得产量水平为 Q^* 时的市场价格 P^*，此时，垄断企业就获得了利润最大化。从图中可见，此时的市场价格 P^* 大于产量为 Q^* 时的边际成本 MC，因此，完全垄断市场中的垄断企业在短期中的利润最大化准则是：

$$P>MR=MC \tag{8-11}$$

此时，垄断企业将得到 $(P-ATC)\cdot Q$ 的经济利润。由于垄断企业根据 MR=MC 决定产量，而其边际收益小于价格，其市场价格需要由既定产量和需求曲线一起决定，因此，垄断企业不存在供给曲线。

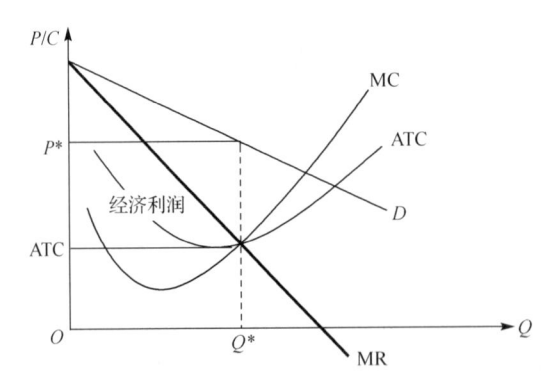

图 8.12 完全垄断市场的短期均衡

垄断企业在长期内可以调整全部生产要素的投入量，即调整生产规模，从而实现最大的利润。垄断企业在长期内对生产的调整一般有三种可能的结果：第一种结果，垄断企业在短期内是亏损的，但在长期中，又不存在一个可以使它获得利润的生产规模，于是，该企业退出生产；第二种结果，垄断企业在短期内是亏损的，在长期内，它通过对最优生产规模的选择，摆脱了亏损的状况，甚至获得利润；第三种结果，垄断企业在短期内利用既定的生产规模获得了利润，在长期中，通过对生产规模的调整，使自己获得更大的利润。与完全竞争企业不同的是，垄断行业排除了其他企业加入的可能性，因此，如果垄断企业在短期内获得超额利润，那么，它的超额利润在长期内不会因为新企业的加入而消失，垄断企业在长期内是可以保持超额利润的。

如图 8.13 所示，d 曲线和 MR 曲线分别表示垄断企业所面临的市场的需求曲线和边际收益曲线，LAC 曲线和 LMC 曲线分别为垄断企业的长期平均成本曲线和长期边际成本曲线。假定开始时垄断企业是在由 SAC_1 曲线和 SMC_1 曲线所代表的生产规模上进行生产。在短期内，垄断企业只能按照 MR=SMC 的原则，在现有的生产规模上将产量和价格分别调整到 P_1 和 Q_1。在短期均衡点 E_1 上，垄断企业获得的利润为图中矩形 P_1ABH 的面积。在长期中，垄断企业通过对生产规模的调整，进一步增大利润。按照 MR=LMC 的长期均衡原则，垄断企业的长期均衡点为 E_2，长期均衡产量和均衡价格分别为 Q_2 和 P_2，垄断企业所选择的相应的最优生产规模由 SAC_2 曲线和 SMC_2 曲线所代表。此时，垄断企业获得了更大的利润，其利润量相当于图中矩形 P_2FGK 的面积。由此可见，垄断企业之所以能在长期内获得更大的利润，其原因在于长期内企业的生产规模是可变的。

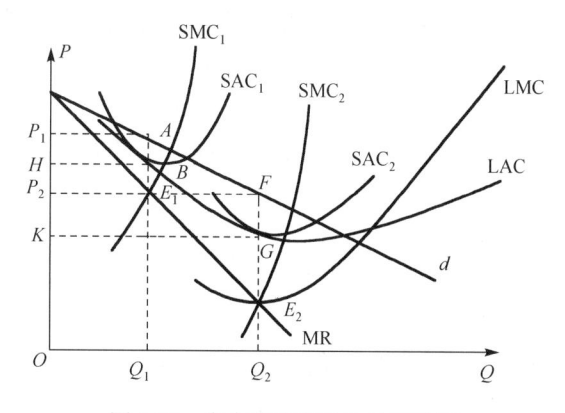

图 8.13 完全垄断市场的长期均衡

在垄断企业的 MR=LMC 的长期均衡产量上，代表最优生产规模的 SAC 曲线和 LAC 曲线相切，相应的 SMC 曲线、LMC 曲线和 MR 曲线相交于一点。所以，垄断企业的长期均衡条件为：

$$\text{MR}=\text{LMC}=\text{SMC} \tag{8-12}$$

例 8-5

已知某垄断企业的成本函数为 $TC=0.5Q^2+10Q$，产品的市场需求函数为 $P=90-0.5Q$。

问：(1) 求利润最大化时的产量。

(2) 求利润最大化时的价格和利润。

解：(1) 已知：

$$TC = 0.5Q^2 + 10Q$$
$$MC = Q + 10$$
$$TR = P \cdot Q = (90 - 0.5Q) \cdot Q$$
$$MR = 90 - Q$$

由完全垄断企业利润最大化条件 MR=MC，得：

$$90 - Q = Q + 10$$
$$Q = 40$$

所以利润最大化时的产量为 40。

(2) 将 $P=40$ 代入 $P=90-0.5Q$ 中，得 $P=90-0.5×40=70$

利润：

$$\pi = TR - TC = P \cdot Q - (0.5Q^2 + 10Q)$$
$$= 70 \times 40 - (0.5 \times 40^2 + 10 \times 40) = 1600$$

所以利润最大化时的价格为 70，利润为 1600。

8.4.6 垄断的福利损失

1. 无谓损失

由上文的分析可知，垄断者获得了超过完全竞争企业的垄断利润，也就是说，垄断促进了垄断者的社会福利。我们在前面的章节中学习过，社会福利即社会总剩余，等于消费者剩余和生产者剩余之和。

那么，垄断前后，社会总剩余的变化情况如何呢？如图 8.14 所示，垄断前，在完全竞争条件下，按 $P=MC$ 来决定市场均衡价格和产量，此时的市场均衡价格为 P_m，均衡产量为 Q_m，根据消费者剩余的定义，可知此时的消费者剩余是三角形 P_1BP_m 的面积。同时，根据生产者剩余的定义，也可知垄断前的生产者剩余是扇形 P_mBE 的面积，因此，垄断前的社会总剩余即为扇形 P_1BE 的面积。

垄断后，垄断企业按照 $MC=MR$ 决策其产量水平 Q^*，此时的垄断价格为 P^*，从图中可知，此时的消费者剩余为三角形 P_1AP^* 的面积，生产者剩余为四边形 P^*ADE 的面积，社会总剩余为四边形 P_1ADE 的面积。通过垄断前后对社会总剩余的比较，我们发现，垄断后社会总剩余净减少了图中三角形 ABD 的面积，这就是垄断的无谓损失(Deadweight Loss)，即由于垄断造成的社会福利的损失，也称为分配性低效率(Allocative Inefficiency)。从以上分析中我们也可以看到，在垄断后，消费者剩余净减少了四边形 P^*ABP_m 的面积。

总之，与完全竞争相比，垄断企业通过减少产量来制定高价，以此来获得垄断利润，因此，垄断总是伴随着短缺的经济现象。

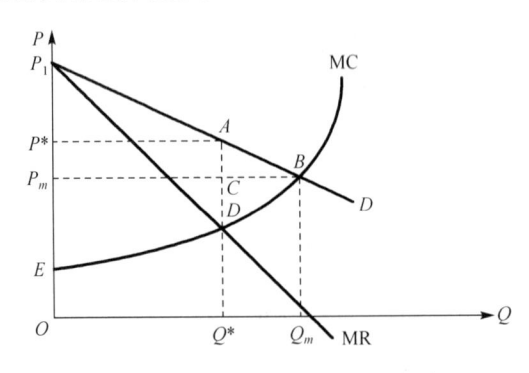

图 8.14 完全垄断造成的无谓损失

2. 垄断造成的低效率

垄断一旦形成，市场的竞争性就会被削弱，从而使市场机制配置资源的有效性受到一定的限制。这主要表现在以下几方面。

(1) 价格高，产量低。

垄断企业为获得最大利润，一定会尽可能控制产量和价格，或在一定程度上控制产量和价格，其产品的价格通常会高于竞争条件下的价格，产品的产量则会低于竞争条件下的产量。这意味着市场机制作用的发挥将会受到一定程度的限制，从而导致生产不足和资源配置的低效率。

(2) 分配性的低效率。

由于垄断利润的存在是对消费者利益的一种剥夺，因此，这必然导致分配性低效率的存在，出现分配不公。在此情况下，消费者均衡就难以实现。

(3) 出现技术性的低效率。

在垄断的条件下，由于垄断企业缺乏竞争的外部压力，其经济效率必然低于竞争条件下的经济效率，即出现技术性低效率。技术性低效率的存在，意味着垄断企业实际上无法实现利润最大化，生产者均衡难以实现。

(4) 垄断还会导致寻租的产生。

因为垄断不仅是一种特权，也是一种无形资产，它可以给企业带来垄断利润。因此，任何一个垄断企业都会为获得或维持其垄断地位而付出代价，如向政府官员或议员行贿，让他们制定有利于自己获得垄断地位或维持垄断地位的政策。这种为获得和维持垄断地位而产生的非生产性寻利活动被称为寻租(Rent Seeking)。显然，寻租行为的存在意味着部分经济利润的丧失，这是一种社会的净损失。社会净损失的存在意味着经济效率的降低。由此可见，垄断的产生在一定程度上限制了市场机制的作用，使资源无法得到最优配置，从而导致市场失灵。

本章小结

市场结构在很大程度上决定了管理者的决策目标和内容，划分市场结构的四个指标是：买卖双方的数量和规模、产品差异程度、市场壁垒和市场信息的完备程度。

完全竞争市场上的卖者是价格的接受者，面临的需求曲线是完全弹性的水平的需求曲线，其在短期利润最大化的决策准则是按市场价格 P，生产出 $P=MC$ 的产量。从长期来看，完全竞争市场的长期均衡条件是 $P=LAC$，此时企业的平均经济利润为零。

完全垄断市场上的卖者是唯一的，是价格的制定者。它利润最大化的决策方法是按边际收益等于边际成本决定产量，再由需求曲线定价，其在短期和长期都能获得超额利润。垄断将造成社会福利的无谓损失。

案例分析

2018 年中国蔬菜行业发展现状及行业发展趋势分析

1. 蔬菜行业发展现状分析

蔬菜是全国人均消费量最大的食品，是我国种植业中仅次于粮食的第二大农作物，是对全国农村居民人均可支配收入增长贡献最大的种植业。蔬菜产供销是全国从业人员最多的产业，确保蔬菜产业持续稳定发展是保民生、惠民生、保稳定和促和谐的重大民心工程。近年来，我国蔬菜产业发展迅速，总体上满足了城乡居民对蔬菜数量、质量、品种日益增长的需要。例如，我国蔬菜生产持续发展，种植面积稳定在 3 亿亩以上，年产量在 7 亿吨以上，年销售量达到世界总量的 50%。

首先，在种植技术上不断成熟，已经

渐渐形成了一套完整的有机蔬菜种植体系，加大了对有机蔬菜种植的标准化管理，通过严格筛选幼苗、严格控制外部环境（阳光、水、温度、空气等）、土壤高温消毒等方法不断提高有机蔬菜种植质量；其次，在防虫问题上，采取生物治虫方法，尽量避免化学农药对有机蔬菜的污染。

有机蔬菜在生产、加工、销售等环节都严格遵循 OFDC 标准，通过建立起一套完整的有机蔬菜档案资料，保证 OFDC 咨询人员可以同技术人员介入整个档案信息管理过程，随时跟踪和监控有机蔬菜在生产、加工和销售环节中的质量。

随着生活水平的逐年提升，"吃放心菜"已成为人们普遍关注的焦点。有机蔬菜作为人们普遍承认的"放心菜"，在许多一线城市居民的餐桌上已经随时可见，其市场需求量越来越大。

《全国种植业结构调整规划（2016—2020年）》提出，统筹蔬菜优势产区和大中城市"菜园子"生产，巩固提升北方有机蔬菜生产，稳定蔬菜种植面积。到 2020 年，蔬菜种植面积稳定在 3.2 亿亩左右，其中有机蔬菜达到 6300 万亩。

2018 年 1—5 月中国出口蔬菜 341 万吨，同比增长 10%；纵观近五年中国蔬菜出口数量情况，年均复合增长率为 4.42%。

2. 蔬菜行业发展趋势分析

经过多年的发展，我国的蔬菜生产在新品种选育、育种技术、有机栽培技术、无公害生产技术、应用现代生物技术对蔬菜品种改良及其产业化方面都得到了迅猛发展，并取得了长足进步。此外，蔬菜病虫害综合防治、无土栽培、节水灌溉等技术也取得明显进步。科技含量的提升使蔬菜产量大幅增长，品种日益丰富，质量不断提高，市场体系逐步完善。中国蔬菜产业总体上呈现良好的发展局面，并将呈现以下发展趋势。

(1) 品种多元化。

随着蔬菜消费市场的多元化发展，适应不同消费群体、不同季节、不同熟性的蔬菜新品种将不断涌现。质优味美型蔬菜、营养保健型蔬菜、天然野味型蔬菜、奇形异彩型蔬菜、绿色安全型蔬菜将会越来越多地进入千家万户。

(2) 布局区域化。

根据不同生态地区的气候特点和资源优势，形成不同蔬菜的优势产业区域将进一步扩大。根据产业特点划定的出口蔬菜加工区、冬季蔬菜优势区、高山蔬菜、夏秋延时菜和水生蔬菜优势区有着广阔的发展前景。

(3) 技术标准化。

国内外都将加强蔬菜质量认证体系建设，无害化蔬菜将成为我国蔬菜产品的主体，农户在生产中避免使用高毒和剧毒农药的同时，应注意防止蔬菜生产中出现的硝酸盐污染和重金属污染。绿色蔬菜将是未来我国蔬菜发展的方向。

(4) 深加工化。

蔬菜是不同于粮食的鲜活产品，在加工能力薄弱的情况下，只能使产品以鲜菜形式销售，产品附加值难以提高，甚至导致蔬菜产品腐烂的状况非常突出。根据国内外消费习惯的发展变化，预计今后蔬菜贮藏和加工能力将大幅提高，蔬菜产业链条将显著拉长，蔬菜产品的附加值将明显增加。

资料来源：中国产业信息网

问题

1. 我国蔬菜行业的市场结构接近哪种市场类型？为什么？

2. 如果你是蔬菜行业的经营者，应如何决策以获得竞争优势？

思考与练习

1. 单项选择题

(1) 完全竞争市场，企业的短期均衡条件是（　　）。
　　A．P=AR　　　　　　　　B．P=MR
　　C．P=AC　　　　　　　　D．P=MC

(2) 下列哪一个行业最接近完全竞争市场（　　）。
　　A．飞机　　　　　　　　　B．卷烟
　　C．零售　　　　　　　　　D．汽车

(3) 在完全垄断企业的最优产量处，有（　　）。
　　A．P=MC　　　　　　　　B．P=AC
　　C．MR=MC　　　　　　　　D．P最高

2. 分析题

(1) 市场结构的主要特征是什么？

(2) 什么是市场壁垒？

(3) 完全竞争市场的特点是什么？

(4) 完全竞争企业和完全垄断企业面对的需求曲线有何不同？这对于它们的价格、产量、成本决策有什么意义？

(5) 为什么垄断会造成社会福利损失？

3. 计算题

(1) 某完全竞争企业的平均可变成本和边际成本函数如下：

$$AVC=10-2Q+0.5Q^2$$

$$MC=10-4Q+1.5Q^2$$

问：

① AVC 最低值是多少？最低时的产量是多少？

② 假设该企业的产品市场价格为每件 7 元，那么该企业应做出怎样的生产决策？

(2) 假设某完全竞争行业中有 100 个相同的企业，每个企业的成本函数为 STC=$0.1Q^2+Q+10$。

问：

① 求市场供给函数。

② 假设市场需求函数为 $Q=4000-400P$，求市场均衡价格和产量各是多少？

(3) 某垄断企业面临的需求曲线为 $P=100-4Q$。该企业的总成本函数为 TC=$50+20Q$。

问：

① 该垄断企业利润最大化时的产量、价格和利润各是多少？

② 假设该垄断企业以完全竞争企业的方式来决策，它的产量、价格和利润各是多少？

(4) 假设一个完全垄断企业面临的需求曲线为 $P=10-3Q$，成本函数为 $TC=Q^2+2Q$。问：

① 求利润最大化时的产量、价格和利润各是多少？

② 如果政府计划对该垄断企业采取限价措施迫使其达到完全竞争行业能达到的产量水平，则其限价应为多少？

③ 如果政府计划对该垄断企业征收一笔固定的调节税，以便把该企业获得的超额利润都拿走，这笔固定税的总额应是多少？

④ 如果政府对该垄断企业生产的每单位产品都征收产品税 1 元，求新的市场均衡价格和均衡数量各是多少？

⑤ 比较以上三种方法对消费者的影响。

拓展阅读

1. N. 格列高利·曼昆. 经济学原理(原书第 3 版). 北京：机械工业出版社，2003.
2. 保罗·萨缪尔森，威廉·诺德豪斯. 经济学(第 19 版). 北京：商务印书馆，2013.
3. 吴德庆，马月才，王保林. 管理经济学(第五版). 北京：中国人民大学出版社，2010.

第9章 垄断竞争与寡头垄断

垄断和竞争的力量共同决定大多数的价格。

——爱德华·H. 张伯伦

导入案例

中国的房地产市场正在孕育寡头垄断

中国房地产业的利润过高,以致大量的资金涌入房地产业。这样一来,房地产业竞争加剧,市场竞争充分化,这势必导致少数竞争者左右市场的格局。就好比一个湖里最终只能容纳七、八艘船,但没想到由于市场初期门槛太低,房地产业的利润太高,来了二、三百艘船。走后门的、拿地便宜的、原来当工头转向的、有政府关系的都进入了房地产业。狼多肉少,吃不饱怎么办?几艘先发展起来的大船就会采取策略,兴风作浪,其结果就是那些小船全部沉入湖底或被整合,风平浪静后,只剩那些大船高唱凯歌,开始新的航程。这就是所谓的"颠船理论",它说明了在房地产业出现寡头是一个势在必行的趋势。

1. 房地产企业必然会强强联盟

现在全国最大的房地产公司的市场占有率也不超过1%,根据行业发展规律,这是非常初期的阶段。中国房地产商业化只有十几年的时间,由于分散式、粗放式的开发,造成房地产在开发过程当中出现结构不合理、产品质量低下、投诉多、资源浪费等现象。房地产开发主体不够规模化、集约化是其中的重要问题之一。"二八原则"将在房地产行业得到充分表现,即市场80%的份额将来源于最有实力的20%的企业,而80%的中小企业只占有20%的市场份额。

2. 大型房地产企业从区域性寡头垄断走向全国性的寡头垄断

传统观念认为,房地产业是一个地域性非常强的行业,因此,它的广告和品牌没必要在全中国进行推广。但今天这个论断正在改变,跨地区经营已成为大开发商上台阶的必然选择。

全国范围内像万科、绿城这样一些大型房地产公司都已经进入了十几个城市,说明目前的房地产公司正在走出地域的限制。大型房地产企业走全国化发展的道路已经是当今房地产业发展的必然趋势。随着房地产业的发展,它们势必成为全国性的垄断寡头。

总之,在未来的发展浪潮中,房地产业将频频洗牌,企业也将在竞争中拼搏,势必会出现"大鱼吃小鱼""蛇吞象"等种种现象，市场中的企业数量将越来越少，资金与土地将越来越集中。企业的平均规模将不再是现在的 3000 万~4000 万元的规模，将会是现在的 10 倍甚至是几十倍。要在这个行业中存活下去的企业必定选择走寡头垄断的道路，那些规模大、实力雄厚或者经营策略与理念先进的公司将会通过正当的竞争，通过资金和土地的积累及理念的创新在市场竞争中脱颖而出,成为中国房地产业中的寡头。这时房地产市场的竞争将是少数几家企业的竞争，也就是所谓的寡头垄断竞争，这是中国房地产企业市场竞争的必然结果。

资料来源：张玉，刘光中."中国房地产业的寡头垄断趋势分析"，经济体制改革，2006 年 1 期，有删节。

- 知识目标：
    ◆ 掌握垄断竞争的特征；
    ◆ 理解产能过剩的概念；
    ◆ 掌握垄断竞争的短期决策准则；
    ◆ 掌握垄断竞争的长期均衡条件；
    ◆ 掌握寡头垄断的特征；
    ◆ 理解斯维齐模型的含义；
    ◆ 掌握古诺模型的决策方法；
    ◆ 理解卡特尔和价格领导的含义。
- 能力目标：
    ◆ 能应用垄断竞争和寡头垄断的分析工具，解读现实案例，理解企业决策需要考虑的实际问题。

9.1 垄断竞争

完全竞争和完全垄断市场上的企业有一个共同点：在决策时，它们均不需要考虑其他企业的行为对自己决策的影响。然而，现实中的大多数企业都需要考虑竞争对手的行为，并做出合理的应对措施。本章将讨论这些企业是如何做出利润最大化的定价和产量决策的，首先将讨论在垄断竞争条件下企业的行为准则；然后将讨论在寡头垄断下企业为获取利润最大化而采取的一些策略。

垄断竞争(Monopolistic Competition)是指一个市场中有许多企业生产和销售有差别的同种产品的市场结构。垄断竞争是一种既有竞争又有垄断，竞争与垄断相结合且偏向完全竞争的市场结构类型，之所以称之为垄断竞争，首先是因为它与完全竞争有类似之处，即存在数量较多的竞争者能够自由地进入和退出市场；其次，它又具有垄断的特征，不同企业生产的产品不具备完全替代关系，即存在着所谓的产品差别，企业对其产品具有一定程度的定价权力。

在完全竞争市场和完全垄断市场条件下，行业的含义是很明确的，它是指生产同一种无差别的产品的企业的总和。而在垄断竞争市场，产品差别这一重要特点使上述意义上的行业不存在。为此，在垄断竞争理论中，把市场上大量的生产非常接近的同种产品的企业的总和称作生产集团。例如，汽车加油站集团、快餐食品集团、理发店集团等。

9.1.1 垄断竞争的特点

1. 市场上的买方和卖方的数量多，规模小

一个生产集团中的企业数量非常多，以至于每个企业都认为自己的行为影响很小，不会引起竞争对手的注意和反应，因而自己也不会受到竞争对手的报复措施的影响。例如，盒饭、理发行业。同时，买方的数量多，规模也很小。从市场集中度来分析，垄断竞争市场的集中度很低。

2. 市场上的商品有差异

生产集团中有大量的企业生产有差别的同种产品，这些产品彼此之间都是非常接近的替代品。例如，牛肉面和鸡丝面。这里的产品差别不仅指同一产品在质量、构造、外观、销售服务方面的差别，还包括商标、广告上的差别和以消费者的想象为基础的虚构的差别。例如，虽然两家饭店出售的同一菜肴(以清蒸鱼为例)在实质上没有差别，但是消费者心理上却认为一家饭店的清蒸鱼比另一家的鲜美，这就是虚构的差别。

一方面，由于市场上的每种产品之间存在差别，每种带有自身特点的产品都是唯一的，因此每个企业对自己的产品价格都有一定的垄断力量，从而使市场上存在垄断的因素。另一方面，由于有差别的产品相互之间又是非常相似的替代品，每一种产品都会遇到其他大量的相似产品的竞争，从而使市场上又存在竞争的因素。

3. 不存在市场壁垒

卖者有自由进入和退出一个行业的自由，生产要素可以自由流动。

4. 市场信息流动畅通

买卖双方了解市场行情，市场信息畅通。

总之，垄断竞争市场和完全竞争市场的关键区别是：垄断竞争市场的产品存在差别，而完全竞争市场的产品没有差异。

垄断竞争市场和完全垄断市场的关键区别是：垄断竞争市场不存在市场进入壁垒，当行业内存在正的经济利润时，新企业可以选择进入行业。

9.1.2 短期决策准则

我们首先来讨论短期中，垄断竞争企业追求利润最大化的决策过程：为得到最大化的利润，垄断竞争企业是以边际收益等于边际成本作为其决策的准则的，由于市场上的产品存在差异化，所以垄断竞争企业面临的需求曲线是向下倾斜的，这一点和完全垄断一样。如图9.1所示，垄断竞争企业选择使边际收益 MR 等于边际成本 MC 时的产量水平 Q^*，再结合市场需求曲线 D，求得产量水平为 Q^* 时的市场价格 P^*，此时，它就获得了利润最大化，

从图中可见，此时的市场价格 P^* 大于产量为 Q^* 时的边际成本 MC，因此，垄断竞争市场中的企业在短期中的利润最大化准则是：

$$P>\text{MR}=\text{MC} \tag{9-1}$$

此时，企业将得到 $(P-\text{ATC})\times Q$ 的经济利润。

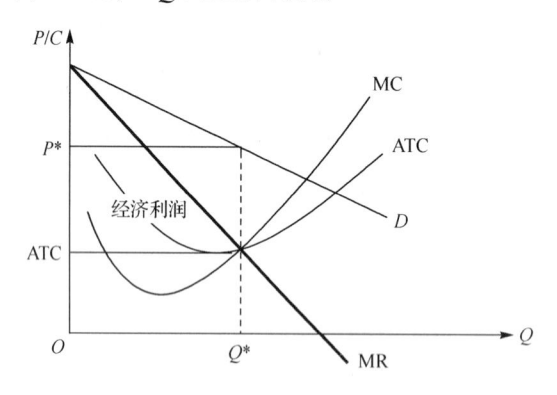

图 9.1　垄断竞争市场的短期均衡

总之，在短期内，垄断竞争企业的利润最大化决策准则和完全垄断一样。

9.1.3　长期决策准则

在长期中，垄断竞争中的企业可以任意变动一切生产投入要素，自由地决定是否进入或者退出行业。如果某一行业出现超额利润或亏损，会通过新企业进入或原有企业退出，最终使超额利润或亏损消失，从而，在达到长期均衡时，整个行业的平均经济利润为零。因此，垄断竞争与完全垄断不同（完全垄断在长期时拥有超额利润），而是与完全竞争一样，在长期均衡时只能获得等于零的经济利润，如图 9.2 所示。

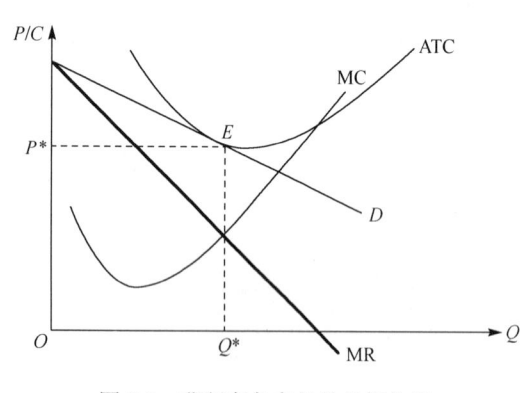

图 9.2　垄断竞争市场的长期均衡

在图 9.2 中，长期内垄断竞争企业仍然会维持在 MR=MC 条件下生产，即图中的 E 点。E 点所决定的产量为 Q^*，价格为 P^*。在长期均衡时，平均收益等于平均成本，即：$P=\text{ATC}$，因此，经济利润为零。此时不会有新的企业加入，也不会有旧的企业退出，市场达到长期均衡。

垄断竞争市场的长期均衡条件是：

$$\text{MR}=\text{MC}；P=\text{ATC} \tag{9-2}$$

例 9-1

已知垄断竞争中某企业的短期总成本函数为 $\text{STC}=400Q+150\,000$，产品的市场需求函数为 $Q=4500-P$。

问: (1)利润最大化时的产量、价格和利润各是多少?

(2)如果企业的目标是收益最大化,它将如何定价?此时的利润是多少?

(3)假设该公司是市场上具有代表性的生产者,那么该市场是否处于长期均衡状态?如果不是,那么长期均衡时该公司的产量、价格和利润各是多少?

解: (1)由垄断竞争利润最大化条件 MR=MC 可知:

$MR=4500-2Q$

$MC=400; 400=4500-2Q$

$Q=2050; P=2450$

利润: $\pi=2450×2050-(150\ 000+400×2050)$

$=5\ 022\ 500-970\ 000=4\ 052\ 500(元)$

(2)总收益函数 $TR=PQ=4500Q-Q^2$

求其最大值即得: $P=2250, Q=2250$

此时: $\pi=2250×2250-(150\ 000+400×2250)$

$=5\ 062\ 500-1\ 200\ 000=3\ 862\ 500(元)$

(3)由长期均衡条件 MR=SMC;

$4500-2Q=400$ 得: $Q=2050$; 由 $P=SAC=LAC$ 得:

$Q=2050$

$P=LAC=150\ 000/Q+400$

$P=473$

由于该公司此时的 P 不等于 473

所以不是长期均衡。

长期均衡时:

$Q=2050, P=473, 利润 \pi=0$

9.1.4 产能过剩

一般,经济学家把完全竞争企业在长期平均成本最低点上的产量称为理想的产量(即有效规模),把实际产量与理想产量之间的差额称为产能过剩。

如图 9.3 所示,d_1 曲线代表垄断竞争企业所面临的需求曲线,d_2 曲线代表完全竞争企业所面临的需求曲线。由于垄断竞争企业所面临的 d_1 需求曲线是向右下方倾斜的,所以,在长期均衡时,d_1 曲线只能相切于 LAC 曲线最低点的左边的 A 点。如果该企业是一个完全竞争的企业,那么,在长期均衡时,完全竞争企业所面临的 d_2 需求曲线必定相切于 LAC 曲线的最低点 C。A 点所对应的产量 Q_1 小于 C 点所对应的产量 Q_2。由此可见,理想产量为 Q_2,多余的生产能力为 Q_1Q_2。垄断竞

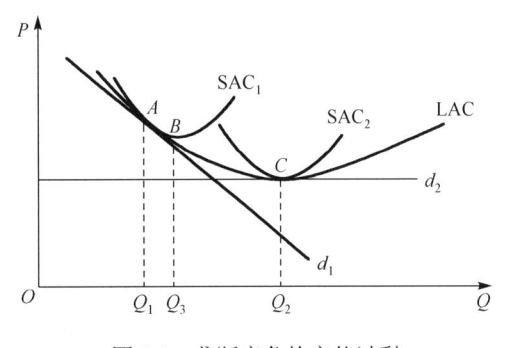

图 9.3 垄断竞争的产能过剩

争企业的多余生产能力 Q_1Q_2 可以分为两个部分，它们是 Q_1Q_3 和 Q_2Q_3。其中，Q_1Q_3 表示垄断竞争企业在长期均衡点上没有在已经建立的由 SAC1 曲线所代表的生产规模的最低平均总成本 B 点上进行生产，或者说，企业没有充分地利用现有的生产设备。Q_0Q_3 表示垄断竞争企业在长期均衡点上没有建立一个由 SAC2 曲线所代表的能够产生最低平均总成本的生产规模进行生产，或者说，垄断竞争企业没有更多地使用社会资源，以扩大生产规模，将生产的平均总成本降到最低水平即 LAC 曲线的最低点 C。

垄断竞争理论的创始人之一张伯伦认为：如果经济中存在着以产品差别为基础的价格竞争，那么企业就可以在一定程度上通过改变自己产品的销售量来影响价格，即如果企业的需求曲线向右下方倾斜，则企业在长期均衡点上必然存在着多余的生产能力，这种多余的生产能力可以代表由于想得到产品的多样化而付出的代价。经济学家认为在垄断竞争条件下，产品价格略高于完全竞争价格，单从价格角度看，消费者没有从有限的货币支出中得到最大满足，同时，在垄断竞争条件下，生产不能达到可能达到的最大产量，资源没能得到最大限度的利用。因此，从这方面讲垄断竞争不如完全竞争优越。另外，垄断竞争迫使企业依靠创造产品差别进行竞争，从而生产出多种多样的产品，而人性是喜欢多样化而不喜欢单调贫乏的，因此，垄断竞争带来的多样化产品可以满足消费者多方面的需要。同时，对生产者来说垄断竞争有利于技术创新。没有竞争就没有创新，因为只有激烈的竞争才能迫使企业不断改进生产技术，但没有一定程度的垄断，也不会使创新实现，因为没有垄断就不能保证创新者获得技术创新所带来的超额利润。因此，经济学家认为，虽然与完全竞争相比垄断竞争条件下的价格略高而产量略低，但是，为了获得多样化的产品和技术创新，在产量和价格上付出一些代价是值得的。

9.1.5 垄断竞争与社会福利

从整个社会的观点来看，垄断竞争市场是合意的吗？决策者可以改善市场结果吗？这些问题并没有简单的答案。

无效率的来源之一是高于边际成本的价格加成。由于价格加成，一些对物品的评价高于生产的边际成本(但小于价格)的顾客没有购买物品。因此，垄断竞争市场有垄断定价时正常的无谓损失。当我们在第 15 章中讨论垄断时，将会看到这种类型的无效率。

虽然与最好的价格等于边际成本的结果比，这种结果显然并不合意，但决策者并没有一个简单易行的办法来解决这个问题。为了强制实际边际成本定价，决策者就需要管制所有生产有差别产品的企业。由于这种产品在经济中如此之普遍，所以这种管制的管理负担将是巨大的。

此外，管制垄断竞争也会引起管制自然垄断的所有问题。特别是由于垄断竞争已经是零利润，所以要求它们把价格降低到等于边际成本就会引起它们亏损。为了维持这些企业经营，政府就需要帮助它们弥补亏损。

垄断竞争可能引起社会无效率的另一个方面是，市场上的企业数量可能并不是"理想"的数量。这就是说，可能有太多或太少的企业进入。考虑这个问题的一种方法是根据与进入相关的外部性。每当一家新企业带着一种新产品进入市场时，它只考虑它能赚到的利润，但它的进入还有两种外部效应。

一是产品多样化外部性：由于消费者从新产品引进中得到了一些消费者剩余，所以存在与进入相关的正外部性。

二是抢走业务的外部性：由于其他企业从新竞争者进入中失去顾客和利润，所以存在与进入相关的负外部性。

因此，在垄断竞争市场上，与新企业进入相关既有正外部性又有负外部性。垄断竞争市场是产品太多还是太少，取决于哪一种外部性大。

这两种外部性都与垄断竞争的条件密切相关。产品多样化外部性的产生，是由于新企业提供了不同于原有企业产品的产品。抢走业务外部性的产生，是因为企业要使价格高于边际成本，因此，总渴望多卖出一些产品。相反，由于完全竞争企业生产相同产品并收取等于边际成本的价格，所以在完全竞争之下，这两种外部性都不存在。

最后，我们所能得出的结论只是，垄断竞争市场并没有完全竞争市场全部合意的福利特点。这就是说，在垄断竞争下，看不见的手并不能确保总剩余最大化。但由于这种无效率是模糊的，很难衡量，也很难解决，所以公共政策没有一种简单易行的办法来改善市场结果。

9.2 寡头垄断

寡头垄断(Oligopoly)市场是指少数几家企业控制整个市场的产品的生产和销售的一种市场组织。它是介于完全垄断与垄断竞争之间的一种市场结构。寡头市场与垄断竞争市场的相同点在于，它们都是中间型市场，不同点在于后者侧重于竞争，前者侧重于垄断。

寡头市场根据寡头企业产品差别的程度，可以区分为以下两种基本类型。

一是纯粹寡头，即生产的产品性质一致，没有产品差别的各个寡头企业。例如，在钢铁、水泥等产业就是如此，在这些产业中，一家企业的产品数量、价格，必然对其他同类企业产生影响，对方必须做出反应。

二是差别寡头，即生产的产品性质一致，但存在着差别的各个寡头企业。例如，在轻工业制品(家电、卷烟等)、汽车、机械制品等产业就是如此，在这些产业中，各同类寡头企业的产品可以互相替代，企业之间必然存在竞争。

形成寡头市场的主要原因有：某些产品的生产必须在相当大的生产规模上进行才能达到最好的经济效益；行业中几家企业对生产所需的基本生产资源的供给的控制；政府的扶植和支持等。由此可见，寡头市场的成因和垄断市场是很相似的，只是在程度上有所差别而已。

例 9-2

垄断组织

垄断组织(Monopolies/Monopoly Organization)是指为获取高额利润,由多家大企业通过协议、控股、持股等形式建立的组织。垄断组织的形式有卡特尔、辛迪加、托拉斯、康采恩等。

组织垄断的形式及其代表公司。

(1) 卡特尔。它由生产同类产品的企业联合组成。参加卡特尔的企业一方面为获得垄断利润而在价格、销售市场、生产规模和其他方面签订协议，另一方面又保持其在经济活动中的独立性。卡特尔一般有三种类型：一是规定销售市场范围的卡特尔；二是规定销售价格的卡特尔；三是规定参加卡特尔的企业所生产的各种商品的生产限额。随着跨国公司的出现和发展，资本主义各国的大垄断组织之间建立起国际卡特尔，其影响和规模都比国内卡特尔要大得多。代表公司："OPEC"（欧佩克，石油输出国组织）是国际卡特尔的代表。

(2) 辛迪加。辛迪加是通过签订共同的供销协议而形成的企业同盟。参加辛迪加的企业通过签订共同销售商品和采购原材料的协议来协调价格，从而获得垄断利润。所有参加辛迪加的企业，其商品销售和原材料供应均由辛迪加统一运作。虽然参加辛迪加同盟的企业没有了商业独立性，但生产的独立性依然保持。从法律上看，参加辛迪加的企业仍然是一个独立的经济组织。代表公司：东方辛迪加（以英商为主的国际财团）是辛迪加的代表。

(3) 托拉斯。托拉斯是由生产同类产品或相关产品的企业联合组成的一种股份公司。参加托拉斯的企业不再是法人，由托拉斯对原企业实行产、供、销、人、财、物的统一管理，原企业所有者成为托拉斯的股东，按股份获得利润。托拉斯在发达资本主义国家的许多主要工业部门中占据统治地位，且对社会生活产生着极大影响。1882年，美孚石油公司成为美国第一个托拉斯组织。20世纪初，托拉斯在美国迅速发展，在主要工业部门起着支配作用，因此，美国曾被认为是典型的托拉斯国家。代表公司：洛克菲勒财团控制的"俄亥俄州标准石油公司"（即"美孚"）是托拉斯的代表

(4) 康采恩。康采恩是由工业、商业、运输、金融、保险等不同经济部门中的企业联合组成的垄断组织。参加康采恩的企业虽在形式上保持各自的独立性，但实际上已被银行或其中资本雄厚的大企业所控制。康采恩通常由一个母公司和若干个子公司组成。母、子公司采用控股、参股的办法，控制其他许多中小型企业，从而形成一个规模较大的康采恩集团。康采恩是以实力最为雄厚的工业垄断组织和大银行为核心组建的。它的兴起与发展，体现了金融资本和工业资本相结合的进程。代表公司：三井、三菱、住友、安田都是康采恩集团也被称为财阀。

资料来源：何盛明.财经大辞典.北京：中国财政经济出版社，1990。

9.2.1 寡头垄断的特点

1. 卖方的数量很少，规模很大

寡头垄断市场上的企业很少，一个行业只有几家企业在激烈竞争。当市场上只有两家企业时，叫双头垄断。每个企业在市场中都有巨大的控制力量，对其产品价格有相当大的影响力。

2. 企业间相互依存

为数不多的几家企业在价格、产量等方面进行决策时，必须考虑到其他生产者（竞争对手）的反应，否则必将出现一场两败俱伤的"价格战"。一般来说，寡头垄断市场上的企业，既不是价格的制定者，更不是价格的接受者，而是价格的相互制约者。

3. 决策的结果不确定性

寡头垄断者之间的行为的相互依存性，导致寡头垄断者的决策结果难以预测。在只有 A、B、C 三家的垄断市场上，A 打算采取削价促销策略，但最终能否实现，取决于 B 和 C 对此做出的反应。如果 A 真的削价了，B 和 C 可能很快跟着削价，以维持他们原有的市场份额。其结果，A 的销量增加很少，利润反而可能减少。

4. 存在很高的市场进入壁垒

寡头垄断形成的基本原因就是存在着进入障碍。进入障碍是指阻止潜在竞争者进入行业的因素。进入障碍主要表现在以下三个方面：

(1) 行业中现有企业可能拥有原材料或者潜在竞争者不能得到的关键技术；
(2) 现有企业可能受到政府的保护，如开辟一条新航线必须持有政府的许可证；
(3) 企业生产的规模经济性是经常性的障碍。由于原有企业的实力使潜在的进入者难以匹敌，同时原有企业又相互依存，因此，潜在企业难以进入，而原有企业也难以退出。

9.2.2 寡头垄断模型

寡头企业的价格和产量的决定是一个很复杂的问题。其主要原因在于：在寡头市场上，每个企业的产量都在全行业的总产量中占一个较大的份额，从而每个企业的产量和价格的变动都会对其他竞争对手，以至整个行业的产量和价格产生举足轻重的影响。正因为如此，每个寡头企业在采取某项行动之前，必须首先要推测或掌握自己这一行动对其他企业的影响以及其他企业可能做出的反应，然后，才能在考虑到这些反应方式的前提下采取最有利的行动。所以，每个寡头企业的利润都要受到行业中所有企业的决策的相互作用的影响。寡头企业们的行为之间这种相互影响的复杂关系使寡头理论复杂化。一般说来，不知道竞争对手的反应方式，就无法建立寡头企业的模型。或者说，有多少关于竞争对手的反应方式的假定，就有多少寡头企业的模型，就可以得到多少种不同的结果，因此，在经济学中，还没有一个寡头市场模型，可以对寡头市场的价格和产量的决定做出一般的理论总结。除此之外，由于寡头企业的千变万化的实际行为远远超过理论分析的假设条件所涉及的范围，所以，一些有关寡头企业的理论分析往往缺乏实际意义。

1. 斯威齐模型

对寡头垄断市场价格的经验研究表明，这种市场的价格是刚性的。美国钢铁行业的价格就是一个典型的例子。从 1901 年到 1916 年，一吨钢铁一直是 43 美元。这一时期的需求和成本都发生过显著变化，而该行业的价格却保持不变。为了解释寡头垄断型产品价格的刚性，美国的保罗·斯威齐在《寡头垄断条件下的需求》一文中提出一种假说，认为，寡占产品的价格之所以是一种刚性价格，在某一水平固定下来后不经常变动，是因为这种产品的市场需求曲线，不是一条顺滑线，而是在某一价格水平出现拐折点，然后折转向下倾斜。这样的需求曲线被称为拐折的需求曲线。

斯威齐模型有两个基本假设条件：①如果一个寡头企业降低价格，他的竞争对手也会

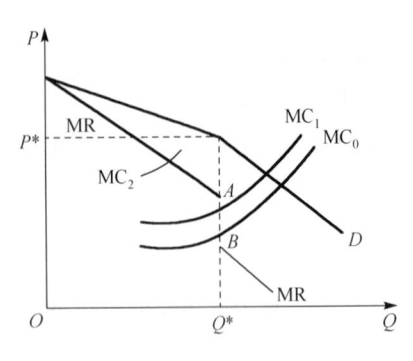

图 9.4 斯威齐寡头垄断模型

降价(为了保护自己占有的市场份额);②如果一个寡头企业提高价格,其竞争对手将不会跟着改变自己的价格。这两个假设在图 9.4 中反映为在价格 P^* 和数量 Q^* 处出现折角的需求曲线。如果这个寡头将自己产品的价格降到 P^* 之下,所有其他的寡头也会跟着降价。这时大家的绝对需求量都会有所增加,但各自的市场份额不变。如果这个寡头将自己的价格升到 P^* 之上,它此时丢掉的需求量要比所有的寡头同时涨价时大得多。

如图 9.4 所示,如果企业需求曲线为上面的折角状,则此时的边际收入曲线分成断开的两部分,其每一部分的斜率是相应需求线段斜率的两倍。边际收入在产量 Q^* 处折断,反映为点 A 和点 B。只要边际成本曲线的位置变动不超出边际收益曲线的垂直间断范围,寡头企业的均衡价格和均衡数量都不会发生变化。例如,在图中的边际收益曲线的间断部分 AB,MC_0 曲线上升为 MC_1 曲线的位置,寡头企业仍将均衡价格和均衡产量保持在 P^* 和 Q^* 的水平。除非成本发生很大变化,如成本上升使边际成本曲线上升为 MC_2 曲线的位置,才会影响均衡价格和均衡产量水平。

斯威齐模型为寡头市场较为普遍的价格刚性现象提供了一种解释,但这个模型有一个弱点,即它没有解释价格 P^* 是如何决定的,而将其作为给定的值。

2. 古诺模型

古诺模型是早期的寡头模型。它是由法国经济学家古诺于 1838 年在出版的《财富理论的数学原理研究》一书中最先提出来。古诺模型通常被作为寡头理论分析的出发点。

古诺模型是建立在一些十分抽象严格的前提之上的模型。它有如下假定。

(1)两个生产者 A 企业和 B 企业生产完全相同的产品。

(2)产品的生产成本为零,如无须任何代价即可取得的矿泉水,这个假定只是为了简化论证说明。

(3)两家企业分享市场,总需求是线性的。

(4)每家企业都确切知道总需求是怎样的,都知道需求曲线上的每个点。

(5)每一方都根据对方采取的行动,并假定对方会继续这样行事,来做出自己的决策。

(6)两家企业都通过调整产量以实现最大限度的利润。

古诺模型的价格和产量的决定可以用图 9.5 来说明。在图中,D 曲线为两家企业共同面临的线性的市场需求曲线。由于生产成本为零,故图中无成本曲线。

在第一轮,A 企业首先进入市场。由于生产成本为零,所以,企业的收益就等于利润。A 企业面临 D 市场需求曲线,将产量定为市场总容量的一半,即产

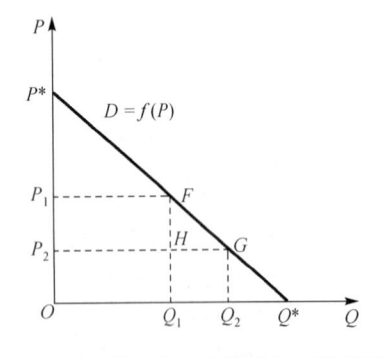

图 9.5 古诺双寡头垄断反应函数模型

量为 $OQ_1=1/2\ OQ^*$，将价格定为 OP_1，从而实现了最大的利润，其利润量等于图中矩形 OP_1FQ_1 的面积(因为从几何意义上讲，该矩形是直角三角形 OP^*Q^* 中面积最大的内接矩形)。然后，B 企业进入市场。B 企业准确地知道 A 企业在本轮留给自己的市场容量为 $Q_1Q^*=1/2\ OQ^*$，B 企业也按相同的方式行动，生产他所面临的市场容量的一半，即产量为 $Q_1Q_2=1/4\ OQ^*$。此时，市场价格下降为 OP_2，B 企业获得的最大利润相当于图中矩形 Q_1HGQ_2 的面积。而 A 企业的利润因价格的下降而减少为矩形 OP_2HQ_1 的面积。

在第二轮，A 企业知道 B 企业在本轮中留给他的市场容量为 $3/4\ OQ^*$。为了实现最大的利润，A 企业将产量定为自己所面临的市场容量的一半，即产量为 $3/8\ OQ^*$。与上一轮相比，A 企业的产量减少了 $1/8\ OQ^*$。然后，B 企业再次进入市场。A 企业在本轮留给 B 企业的市场容量为 $5/8\ OQ^*$，于是，B 企业生产自己所面临的市场容量的一半的产量，即产量为 $5/16\ OQ^*$。与上一轮相比，B 企业的产量增加了 $1/16\ OQ^*$。

在这样不断循环的过程中，A 企业的产量会逐渐地减少，B 企业的产量会逐渐地增加，最后，达到 A、B 两家企业的产量都相等的均衡状态。在均衡状态中，A、B 两家企业的产量都为市场总容量的 $1/3$，即每个企业的产量为 $1/3\ OQ^*$，行业的总产量为 $2/3\ OQ^*$。因为，A 企业的均衡产量为：

$$OQ^* \times \left(\frac{1}{2}-\frac{1}{8}-\frac{1}{32}-\cdots\right)=\frac{1}{3}OQ^*$$

B 企业的均衡产量为：

$$OQ^* \times \left(\frac{1}{4}-\frac{1}{16}-\frac{1}{64}-\cdots\right)=\frac{1}{3}OQ^*$$

以上双头古诺模型的结论可以推广。令寡头企业的数量为 M，则可以得到一般的结论如下：

$$\text{每家寡头企业的均衡产量}=\text{市场总容量}\times\frac{1}{M+1}$$
$$\text{行业的均衡产量}=\text{市场总容量}\times\frac{1}{M+1} \qquad(9\text{-}3)$$

古诺模型也可以用以下建立寡头企业的反应函数的方法来说明。

在古诺模型的假设条件下，设市场的线性反需求函数为：

$$P = 1500-Q = 1500-(Q_A+Q_B)$$

其中，P 为商品的价格，Q 为市场的总需求量，Q_A 和 Q_B 分别为市场对 A、B 两家寡头企业的产品需求量，即：

$$Q = Q_A+Q_B$$

对于 A 寡头企业来说，其利润等式为：

$$\pi_A = [1500-(Q_A+Q_B)]\times Q_A = 1500Q_A - Q^2 - Q_AQ_B$$

A 寡头企业利润最大化的一阶条件为：

$$\frac{\partial \pi_A}{\partial Q_A}=1500-2Q_A-Q_B=0$$

$$Q_B = 750 - \frac{Q_B}{2}$$

上式就是 A 寡头企业的反应函数，它表示 A 企业的最优产量是 B 企业的产量的函数。也就是说，对于 B 企业的每个产量 Q_B，A 企业就会做出反应，确定自己的能够带来最大利润的产量 Q_A。

同样，对于 B 寡头企业来说，有：

$$\frac{\partial \pi_B}{\partial QB} = 1500 - 2Q_B - Q_A = 0$$

$$Q_B = 750 - \frac{Q_A}{2}$$

上式是 B 寡头企业的反应函数。它表示 B 企业的最优产量是 A 企业的产量的函数。

综合两寡头企业的反应函数可以得出 A、B 两企业的均衡产量解：$Q_A = 500$；$Q_B = 500$。

可见，每家寡头企业的均衡产量是市场总容量的 1/3，行业的均衡总产量是市场总容量的 2/3。

例 9-3

假设：

①只有 A、B 两家寡头垄断企业出售同质且生产成本为零的产品；

②市场对该产品的需求函数为 $Q = 240 - 10p$，p 以美元计；

③企业 A 先进入市场，随后 B 进入；各企业确定产量时认为另一企业会保持产量不变。

试求：(1)均衡时各企业的产量和价格为多少？

(2)如果再有一企业进入该行业，则行业的均衡产量和价格会怎样变化？如果有更多企业进入，情况又会怎样变化？

解：(1)根据假设条件，这两个企业属于古诺模型。

从需求函数可知：完全竞争时的市场总容量是 240

两家企业利润最大化时的产量为 $Q_A = Q_B = \frac{1}{3} \times 240 = 80$

整个市场的产量为 160

将 $Q = 80$ 带入需求函数：得 $P = 8$ 美元

(2)再有一企业进入该行业：

$$Q_A = Q_B = Q_C = \frac{1}{4} \times 240 = 60$$

此时：$P = 6$ 美元

如果有更多的企业进入，则各企业的均衡产量会越小，价格会越低，总产量会逐渐接近 240。

9.2.3　卡特尔

1．卡特尔

一个卡特尔是独立企业之间有关价格、产量和其他像瓜分销售区域等事项的明确协议，这是一种正式的、公开的勾结。卡特尔一般是非法的。形成卡特尔的推动力是企业具有获取高额共同利润的愿望，而终止卡特尔的主要原因是企业可能为瓜分共同利润而争吵，因此，卡特尔常常是短命的。最有名、最成功的卡特尔是石油输出国组织（OPEC），该组织成立于 1960 年，成员国家定期开会，决定它们的油价和产量。

(1) 卡特尔价格与产量决定。

卡特尔形成后，为了扩大其整体利益而在内部订立一系列协议，以确定整个卡特尔的价格、产量等。

卡特尔一旦形成，它的需求曲线就是整个行业的需求曲线，即图 9.6 中的直线 D。卡特尔的边际成本曲线是卡特尔成员企业的边际成本曲线水平相加，即图中的 ΣMC。当对应于需求曲线 D 的边际收入曲线为 MR 时，根据边际成本等于边际收入原则，卡特尔的价格和产量就确定了，即价格为 P^*，产量为 Q^*。

(2) 卡特尔的市场分配。

卡特尔的价格是统一价格，产量是总产量，这就是说，每家成员企业要接受销售配额和产品定价。在价格确定下来之后，卡特尔的目标是实现整体最大利益。为此，卡特尔在各企业分配销售量时，必须遵循边际成本相等的原则，即在各企业边际成本相等的情况下所分摊到的销售量。如图 9.7 所示，假定某个卡特尔有 A、B 两家企业，它们的边际成本曲线分别是 MC_1 和 MC_2。ΣMC 为行业边际成本曲线（由 A、B 两家企业的边际成本曲线在水平方向加总而成），D 为市场需求曲线，MR 为相应的全行业边际收益曲线。全行业利润达到极大值的产量为 $Q^*=Q_1+Q_2$，销售价格为 P^*。为了获得最大利润，每家企业的产量由行业的边际收益（MR）与各企业的边际成本曲线的交点来决定，分别为图示的 Q_1 和 Q_2。

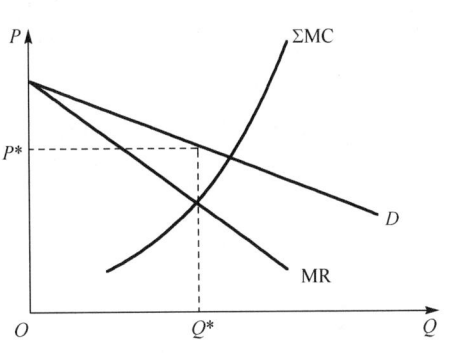

图 9.6 卡特尔的价格决定

当然，卡特尔在分配产量时，也考虑其他许多因素，如企业原来的生产能力和销售水平，以及企业的地理位置等。而且，卡特尔分配产量的方法也有多种，如各企业采取非价格竞争手段（包括广告、信誉、服务态度等）均分市场等，以获得它们满意的销售区域和销售量。

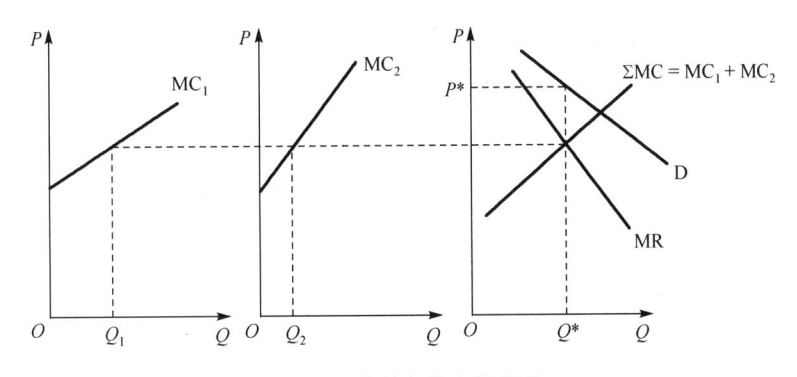

图 9.7 卡特尔的市场分配

2. 价格领导

卡特尔的非法性，促使寡头们在没有明示协议和通信联系条件下，寻求一种暗中默契的勾结方式，即价格领导制。价格领导意指一个行业的价格，通常由某一企业率先制定，其余企业追随其后确定各自的售价。如果产品是同质的，那么价格通常是划一的；如果产品是有差别的，那么价格可能是划一的，也可能按照一定差别定价。价格领导制意味着一个行业中的企业效法于一个企业。价格领导者把调整自己的价格作为信号，通知其他企业改变其价格，价格变化的时间由价格领导者根据情况确定，随后其他企业相应跟上。价格领导有三种形式，即支配型企业的价格领导模型、晴雨表型企业的价格领导模型以及成本较低企业的价格领导模型。

(1) 支配型企业的价格领导模型。

价格领导企业一般都是整个行业中最大的企业，它的生产规模和市场占有都很大。在垄断法的限制下，它不能消灭其他所有企业，只能确定一个价格，使自己的利润最大，同时也能使其他企业销售其所希望销售的全部数量。这时，其余一些小规模的企业，像完全竞争企业那样行动，它们面临着一条水平的需求曲线。也就是说，它们根据已确定的价格，按照边际成本等于价格原则决定自己的产销量。

如图 9.8 所示，D 是寡头垄断市场的需求曲线，MC 是支配型企业的边际成本曲线，∑MC 是从属企业边际成本曲线之和，即该行业所有小企业的供给曲线。如果支配型企业把价格定在 P_1，从属型企业

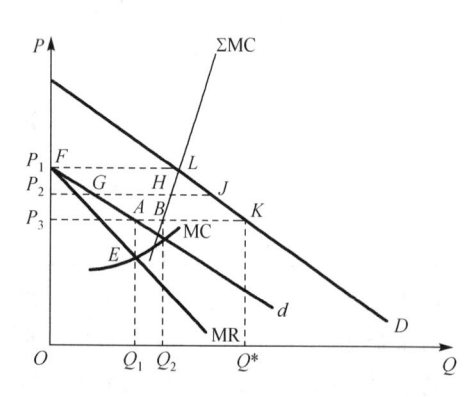

图 9.8 支配型企业价格领导的定价

则根据 $P_1=\sum MC$ 原则，则产销量为 P_1L。这时，从属企业的供给正好等于市场需求，支配型企业的需求量为零，因此，F 点为支配型企业需求曲线上一点。如果价格定在 P_2，从属型企业的产销量为 P_2H，支配型企业的需求量为 HJ。在 P_2 价格线上取一点 G，并令 $P_2G=HJ$，则 G 也为支配型企业需求曲线上一点。连接 F、G，于是，我们根据 D 曲线和 $\sum MC$ 曲线推导出支配型企业的需求曲线 d。

在图 9.8 中，与支配型企业的需求曲线 d 相对应的边际收入曲线是 MR。MR 与 MC 相交于 E 点，支配型企业在边际成本之上追加利润加成 AE，则产量 Q_1 和价格 P_3 是支配型企业能实现最大利润的产量和价格。该行业的从属企业的产销量为 $P_3B=Q_2$，市场总销售量为 $P_3B+BK=Q_1+Q_2=Q^*$。

(2) 晴雨表型企业的价格领导模型。

在支配型企业的价格领导模型中，价格领导企业一般是规模较大的企业，而晴雨表型企业不一定是该行业中规模最大或效率最高的企业，但它在管理或掌握市场信息方面可能有很强的判断力。因此，这里就把领先变动价格的企业称为晴雨表型企业。一般认为，晴雨表型企业能衡量行业面临的需求压力，并且能估计出行业中的其他企业所想调整的价格。当需求一旦发生变化时，晴雨表型企业就第一个宣布调整价格，其他企业随之而改变自己的价格。

(3) 成本较低企业的价格领导模型。

这种定价模型说明的是寡头企业中成本最低的企业首先决定价格。假定该行业有 A、B、C 三家寡头企业，每家的成本状况不同。但它们在暗中达成默契，三家瓜分市场，因而，它们的需求曲线是相同的，即 $d_1=d_2=d_3$。

如图 9.9 所示，企业 A 是成本最低的企业，当它按利润最大化原则确定其产销量 Q_1 时，其销售价格定为 P_1。同样，如果 B、C 也按此原则安排产销量，即 Q_2' 和 Q_3'，相应的价格分别是 P_2、P_3。现在的问题是，在寡头垄断市场上，一般假定产品是同质的，哪家产品的价格高，哪家产品的市场需求量就要减少。如果 B、C 两家企业把价格确定为 P_2、$P_3(>P_1)$，它们会丧失一部分市场。所以，B、C 两家企业必须按照 P_1 价格销售其产品，销售量分别为 Q_2、Q_3。这时，B、C 两家企业所获得的利润，一般低于最大利润。

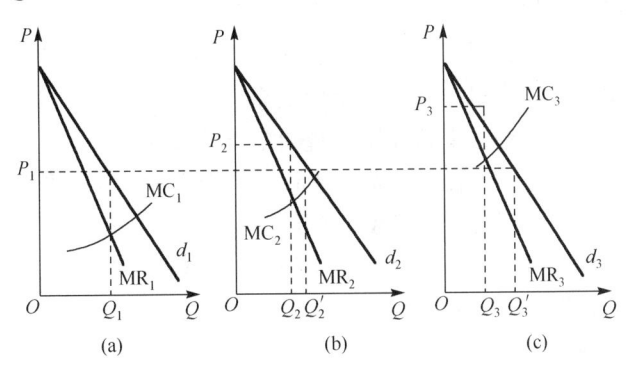

图 9.9　成本较低企业价格领导的定价

3. 成本加成

寡头垄断型产品最常见的一种制定价格的方法，是在估计的平均成本基础上加上固定百分比的利润，即加上一笔赚头或加成。因此这种定价法也叫赚头定价法或加成定价法。平均成本的估算方法，一般是先确定一个"正常的"或标准的产量数字，这相当于该企业生产能力的某一百分数，如生产能力的 2/3 或 3/4，然后根据这个产量计算出相应的包含固定成本与可变成本的平均成本。这样，企业制定的价格，可以无须随实际产量的变动频繁变动，价格比较稳定，减少了竞争者之间因价格变动可能带来的不利后果。至于作为利润的加成数字的大小，各个行业之间当然可以不尽相同，但在一定时期内，一个行业应是相当稳定的，各个企业应是大体一致的。当一个行业的全体企业采用这种定价方法时，就能够产生一种稳定的价格格局，避免价格竞争可能带来的不利后果。在这种情况下，如果同行业的全体企业应用统一的会计制度，如果它们的投入量的价格和生产函数是一样的，并且采用相同的百分比的加成，这些企业产品的价格就是一样的。但不管各个企业的价格是否相同，成本加成定价法使它们一致地变动价格。例如，征收消费税或增减消费税时，企业都按相应百分比制订价格；同样，当全行业工资率上涨或原材料价格上涨时，大家也相应地提高自己的价格。

当然，这种定价方法由公司高级决策人凭简单的经验法则确定的利润，并不是理论分析中的最大限度利润，只能说是一种令人满意的利润。但也不能说它一定背离最大利润。

从较长一段时期来看，如果行业处于正常的发展状况，成本加成定价法制定的价格，也可能接近于理性行为所确定的价格。

4. 卡特尔的不稳定性

现代产业组织理论已经证明了卡特尔模型的不稳定性，卡特尔的失败，不是因为内部成员厂商的欺骗，就是来自外部厂商的竞争。卡特尔不稳定主要有下列四个方面的原因。

(1) 市场力量的大小。卡特尔市场力量越大，越有可能从提价中获取超额利润，欺骗的动力就越小。在进出壁垒很低时，协议的高价格带来的高利润将吸引新厂商进入，或者是成员偷偷削价争夺市场，结果导致供过于求，卡特尔的市场力量就会下降，面临的剩余需求曲线在长期弹性很大，不稳定性也较大。

(2) 内部成员的欺骗动机。这是一个典型的"囚徒困境"，在给定其他企业的生产数量和价格都不变的情况下，如果一个成员企业偷偷地增加产量将会获得额外的巨大好处，这会激励成员企业偷偷增加产量，如果每个成员企业都偷偷增加产量，显然市场总供给会大量增加，市场价格必然下降，卡特尔限产提价的努力将被瓦解。

(3) 组织成本的大小。卡特尔组织成本越低，稳定性就越强。厂商数量很少，行业高度集中，各厂商产品差异性不大，组织成本就会较低。关于最后一点，如果产品差异很大，确定价格时就难以达成一致，随着产品改进又要修订价格，增加调查鉴定和协商等费用。另外，自律组织如商业协会的存在，有助于规范成员行为，形成有效的协调机制，减少沟通成本，也就有利于保持卡特尔的稳定。

(4) 国际反垄断法。随着各国政府反垄断法的实施，卡特尔也可能因为违反了政府法律而被迫解体，也正因为如此，许多卡特尔都是国际性卡特尔，以规避国内的反垄断法。

例 9-4

中国反垄断史上最大罚单

2013年8月7日，依据《反垄断法》，国家发展改革委对合生元、美赞臣、多美滋、雅培、富仕兰、恒天然等六家乳粉生产企业的价格垄断行为进行处罚，共处罚款6.6873亿元，成为中国反垄断史上开出的最大罚单。

国家发展改革委表示，根据举报，国家发展改革委价格监督检查与反垄断局对合生元、美赞臣、多美滋、雅培、富仕兰(美素佳儿)、恒天然、惠氏、贝因美、明治等乳粉生产企业开展了反价格垄断调查。

证据材料显示，涉案企业均对下游经营者进行了不同形式的转售价格维持，存在固定转售商品的价格或限定转售商品的最低价格的行为。具体的措施和手段各企业有所差别，主要包括：合同约定、直接罚款、变相罚款、扣减返利、限制供货、停止供货等。这些措施和手段均具有惩罚性和约束性，一旦下游经营者不按照涉案企业规定的价格或限定的最低价格进行销售，就会遭到惩罚。

涉案企业的上述行为均达到了固定转售商品的价格或限定转售商品的最低价格的效果，事实上达成并实施了销售乳粉的价格垄断协议，违反了《反垄断法》第十四条的规定，不正当地维持了乳粉的销售高价，严重排除、限制同一乳粉品牌内的价格竞争，削弱了不同乳粉品牌间的价格竞争，破坏了公平有序的市场竞争秩序，损害了消费者利益。在调查过程中，涉案企业均承认自身的转售价格维持行为涉嫌违法，并且无法证明其控制价格的行为符合《反垄断法》第十五条规定的豁免条件。

国家发展改革委依据《反垄断法》第四十六条的规定，决定对其中六家乳粉生产企业的价格垄断行为进行处罚，共处罚款 6.6873 亿元。

资料来源：根据人民网 2013 年 8 月发布信息整理而成。

本章小结

垄断竞争市场企业提供的产品有一定的差异化，因此，企业有一定的定价权。从短期看，企业的利润最大化决策准则是根据边际成本等于边际收益决定产量，再结合需求曲线来定价，企业可以获得正的经济利润；从长期看，由于垄断竞争市场不存在进入壁垒，因此，新企业的进入将使行业内正的经济利润消失，在长期均衡时，企业的经济利润为零。

寡头垄断市场上只有少数几个卖者，因此，其最重要的特征是企业之间决策行为的相互依存性。寡头垄断企业可以进行串谋避免两败俱伤的激烈竞争，通过形成卡特尔，企业可以控制价格和产量。

案例分析

618 彩电市场：价格战血流成河

2020 年的 618 电商节格外被寄予厚望。因为，新冠疫情下，一季度的惨不忍睹、五一节的元气大伤，各行各业都在等着 618 重拾信心，甚至消费者也在等着"大佬们"多撒点红包，省一笔零食钱。

所以，包括彩电业内，各行各业都认为 618 是 2020 年的必争之地——输赢另说、赚钱赔钱不算，至少声势和信心需要打出来。实践证明，618 亦不负众望！

1. 这个 618，增量几乎是肯定的

6 月 19 日凌晨消息，2020 年 6 月 1 日 0 时至 6 月 18 日 24 时，京东 618 全球年中购物节累计下单金额达到 2692 亿元，较去年的 2015 亿增长 34%。与京东不同，阿里公布的是 618 电商季，也就是 6 月前 18 天的成绩：天猫平台累计下单金额达 6982 亿元，没有公布增长率。但是，天猫平台数据提到"6 月 18 日凌晨第一个小时，天猫 618 的销售额同比增长 100%"。

"各大电商平台都有不小的增幅，这是一定的！"行业人士指出，至少今年的"红包补贴"力度是历年 618 之最、电商产业也处于增长期，所以"增量毫无悬念"。

彩电行业的规律也是如此。电商平台的占比，在第一季度甚至已经冲上 6 成份额。618 大促的优惠程度又前所未有。较去年同期均价下滑至少 15 个百分点，尤其是大尺寸产品，成为价格下降的主力：55 英寸 MEMC 彩电价格下探 1699 元，成为市场黑马，带动行业"量能增长"没有疑问。

"绝对量，还是相对量"，行业没有定论

"就算 618 的成长量超乎预期，但是上半年彩电市场不可能好看！"这是行业的另一个共识：

第一，第一季度已经同比下滑 20% 的市场规模，难以弥补；第二，第一季度彩电销售额下降 33%，价格战的影响显而易见。有一季度成绩打底，618 期间，彩电行业的增量能否弥补"销售额"在价格战下的损失、彩电电商的活跃能否弥补线下市场的损失，都是短期"没人会公布"的数据。

"现在需要信心，舆论上大家喜欢报喜不报忧！"事实上，整个第二季度，线下彩电市场并没有全面恢复。618 电商季的增长，一部分来自"实际消费需求的增长"，另一部分来自"对线下的蚕食、对一季度以来疫情影响下消费萎缩的反弹"——真正的长期增量有多少不容乐观。

而作为业内知名研究机构，奥维在 2019 年年底，不考虑新冠疫情影响下的"2020 年彩电市场预测"，已经是"零售额下降 5.8%；零售量下降 3.3%"。一季度后，叠加疫情影响，行业内已经没有"全年成绩预测"这样的数据可以比较。但是，显然"竞争更为激烈"是必然的，市场萎缩是不可避免的。这也是 618 价格大战"空前绝后"的原因。

所以，对于增量部分"是绝对的市场恢复，还是透支的反弹"，行业并没有信心。走一步看一步，依然是彩电行业整体的"短期策略"。

2. 细节领域呈现新格局，领头羊抓住爆发点

相比整体局面的"难可乐观"，彩电产业在细节层面依然"高歌猛进"。具体讲，即是新兴品牌格局和超大屏趋势。

618 彩电市场价格战的代表产品是谁呢？答案是荣耀 X1，作为 MEMC 55 英寸彩电 1699 元的价格，打破了既有的行业潜规则，也带来了一批模仿性产品。然而，荣耀和华为系，此前在彩电产业的分量、市场份额是可以忽略不计的。现在，荣耀打出价格牌，目标显然是冲着销量来的。

荣耀这一步，与 2018 年小米 32 英寸彩色的千元价格战非常相似。只不过，这一次不是 32 英寸这种低端产品，而选择了中端主力配置产品，来玩一场真正的"主流市场价格战"。事实上，2020 年 618 期间，32 英寸彩电的价格已经只有 500 元了——这个价位，即便再怎么放血，也拉不起"新规模""带不动品牌认知""甚至没有销售额表现"，所以，价格战中枢上移这是必然的市场选择。

"互联网概念，作古了乐视、暴风、微鲸等一众品牌，原以为传统彩电厂商可以歇歇脚，没想到小米随即崛起，已经保持 5 个季度国内前列；华为荣耀更是以智慧屏 AIOT 为核心，全面发力……彩电市场新旧品牌之争，第二季的剧情更为'精彩'。"行业人士评价认为，彩电行业的"品牌变天不可避免"。这对于后位的传统品牌而言，就是生存之战。疫情后的这个 618 则是这场战争的第一次"上甘岭"对决。

相对于新兴品牌的改变力量，大尺寸、大屏幕市场更有些雨露均沾的意思：即便在第一季度，彩电市场整体萎缩 2 成的背景下，75 英寸及其以上产品，依然能"销量翻番"。

据彩电一哥海信数据显示，618 当天，开战 1 小时内，海信激光电视销量超过 300 台，同比增长很高。作为小众产品，激光电视的量能不足以改变彩电市场格局；但是作为技术创新产品、目前唯一有望为家庭经济提供健康护眼百英寸巨幕的技术，激光电视的"爆炸"增长，代表了"消费选择的未来趋势"。

"不是每个细分尺寸线都有明确增长！"行业人士对 618 成绩的点评最多的关注都集中在"只有大尺寸才有真增量"，其他的"尺寸"甚至增量都不足以说是"疫情反弹"行情。彩电正在进入"赢得大屏、赢得未来"的新时代。

"小米、荣耀代表的是 AIOT 时代""激光电视、巨幕液晶代表的是居家大屏时代"，

618彩电市场这两股势力无疑是最大的赢家,其代表的品牌阵营市场份额显著扩大、市场号召力显著增强。

3. 618彩电市场,头部效应更强

"按手机的方法玩彩电"这是市场对小米、华为等玩法的总结。同时,智慧屏、社交电视、广电的5G网络等,也让行业切实看到,彩电正在手机化。

而这个618市场,从品牌成绩看,彩电也在越来越"头部集中":倒退20年,彩电市场主流玩家有15个;10年前则是10个;现在主流玩家有几个呢——如果扣掉新兴品牌创业者和传统品牌互联网子品牌、双品牌企业等带来的品牌增加,彩电真正量能上处于一线的也就6个半。这与手机市场"品牌高度集中"的趋势异曲同工。

彩电头部阵营,小米系、华为系、海信、创维系和TCL正在构筑崭新的品牌矩阵,形成市场强者恒强的头部效应。2020年越是疫情逆势,越是618行情带有反弹消费、透支线下的非持续性,这种头部集中越是明显。这标志着彩电产业正在进入品牌之争的新时代。

总之,这个618虽然当天凌晨31秒,京东的电视成交额已破亿元,备受期待的618带来了上半年行情的唯一希望。但是,32英寸500元,48英寸液晶电视不到1000元,43英寸液晶电视不到870元……量能背后、信心繁荣背后,是价格战的血流成河,更是"行业洗牌大战的一次'血祭'"!

资料来源:中国家电网.

问题

1. 我国彩电行业的市场结构是什么类型?为什么?

2. 我国彩电行业打价格战的原因及后果是什么?

3. 我国彩电行业的一线企业为什么不能建立起卡特尔模式?

4. 如果你是我国彩电行业内某个品牌企业的董事长(或总经理),面对行业内的恶性价格战,你的策略是什么?

5. 你作为消费者,对彩电业"价格战"的盼望是什么?

6. 假如你是国家相关监管部门的人,浅谈对彩电业"价格战"的看法。

思考与练习

1. 单项选择题

(1) 在垄断竞争市场中(　　)。
A. 只有很少的企业生产有差异的产品
B. 有很多的企业生产有差异的产品
C. 只有很少的企业生产同质的产品
D. 有很多的企业生产同质的产品

(2) 下列哪个行业最接近于垄断竞争市场?(　　)。
A. 石油　　　　B. 自来水
C. 化妆品　　　D. 蔬菜

(3) 卡特尔制定统一价格的目的是(　　)。
A. 使整个卡特尔的产量最大
B. 使整个卡特尔的利润最大

C. 使整个卡特尔的成本最小

D. 使整个卡特尔的边际成本最小

2. 分析题

(1) 垄断竞争和完全竞争有什么不同？

(3) 寡头垄断的特征是什么？

3. 计算题

(1) 某垄断竞争企业的需求曲线为 $P = 4.75-0.2Q$。该企业产品的平均成本为 $AC=5-0.3Q+0.01Q^2$，该企业处于长期均衡中。问：

①该企业利润最大化的价格、产量是多少？

②此时的经济利润是多少？

(2) 假设有两个寡头垄断企业的行为遵守古诺模型，它们的成本函数分别为：

$$TC_1 = 0.1q_1^2 + 20q_1 + 100000$$

$$TC_2 = 0.4q_2^2 + 32q_2 + 2000$$

这两个企业生产同质化产品，其市场需求函数为 $Q = 4000-10P$

根据古诺模型，求：

①企业1和企业2的反应函数？

②市场均衡价格、企业1和企业2的均衡产量各是多少？

③企业1和企业2的利润各是多少？

(3) 某公司面临以下两段需求曲线：

$P = 25-0.25Q$（当产量为 0~20 时）

$P = 25-0.75Q$（当产量超过 20 时）

公司总成本函数为 $TC1=200+5Q+0.255Q^2$

①该公司所属行业的市场结构属于什么类型？类似于哪种垄断模型？

②公司的最优价格和产量应是多少？这时的利润是多少？

拓展阅读

1. N. 格列高利·曼昆. 经济学原理 (原书第3版). 北京：机械工业出版，2003.

2. 保罗·萨缪尔森，威廉·诺德豪斯. 经济学 (第19版). 北京：商务印书馆，2013.

3. 吴德庆，马月才，王保林. 管理经济学 (第五版). 北京：中国人民大学出版社，2010.

第10章 博弈论

策略性思维是在不断弄清对手的过程中战胜对手的一门艺术。
——埃维纳什·迪克西·巴里·维纳巴夫

导入案例

揭秘诺贝尔经济奖得主：用博弈论研究企业行为

《环球网》综合报道：瑞典皇家科学院13日宣布，将2014年诺贝尔经济学奖授予法国经济学家让·梯若尔，有关他的报道也瞬间升温。据香港《文汇报》10月14日报道，"博弈论"（Game Theory）原本是数学的一个分支，但由于它研究人类行为和决策倾向，因此在经济学上亦备受重视。让·梯若尔在《产业组织理论》(The Theory of Industrial Organization)一书中，便利用博弈论研究不同市场架构的企业行为，至今仍是经济学主流教科书之一。

报道说，博弈泛指双方互相进行攻守的行为，小至下棋或足球比赛，大至企业竞争或国与国之间角力，成语如围魏救赵、暗度陈仓等，背后典故亦牵涉博弈。

博弈论在经济或市场决策上同样有重大价值。例如，当一家企业决定要为自己的产品降价时，必须考虑到降幅与消费者增加购买量的关系、其他竞争者的反应等。博弈论又发现，在重复博弈中，参与方会倾向合作，而非采取"损人损己"的竞争策略；但如果重复博弈次数减少，合作的可能性也会随之减少，如一家企业在结业前夕，可能会降价倾销，而不会理会其他企业可能采取的报复性措施。

资料来源：根据环球网 2014年10月14日的报道整理而成.

● 知识目标：
  ◆ 理解博弈论的基本概念；
  ◆ 理解博弈论的基本要素；
  ◆ 掌握优势策略和纳什均衡的含义；
  ◆ 掌握囚徒困境的分析方法；
  ◆ 掌握合作博弈和顺序博弈的含义。

- 能力目标：
  - ◆ 能运用博弈论的基础知识分析现实问题，理解社会经济现象背后的经济学动因。

10.1 博弈论基础

寡头垄断市场的典型特点是，企业决策的效力依赖于对手的反应，因此，企业必须评价决策对竞争对手的影响，以及竞争对手会做出怎样的反制对策。研究这一类问题的有效工具就是博弈论。

10.1.1 博弈论的基本概念

1. 博弈和博弈论

博弈本意是下棋，引申义是：在一定条件下，遵守一定的规则，一个或几个拥有绝对理性思维的人或团队，从各自允许选择的行为或策略中进行选择并加以实施，并从中各自取得相应结果或收益的过程。

博弈论(Game Theory)也称对策论，它是一种分析博弈过程和结果的数学方法，研究具有理性的多个行为主体的决策和行动直接相互作用和影响时，事态发展过程的决策和均衡问题。广泛应用于政治、军事、经济、外交和日常生活的许多领域。

博弈论思想古已有之，中国古代的《孙子兵法》不仅是一部军事著作，而且算是最早的一部博弈论著作。博弈论最初主要研究象棋、桥牌、赌博中的胜负问题，人们对博弈局势的把握只停留在经验上，没有向理论化发展。博弈论考虑游戏中的个体的预测行为和实际行为，并研究它们的优化策略，使其行为能够为个体带来最优的效益。

近代对于博弈论的研究，开始于策墨洛(Zermelo)、波雷尔(Borel)及冯·诺伊曼(Von Neumann)。

1928年，冯·诺伊曼证明了博弈论的基本原理，从而宣告了博弈论的正式诞生。1944年，冯·诺依曼和摩根斯坦共著的划时代巨著《博弈论与经济行为》将二人博弈推广到N人博弈结构并将博弈论系统的应用于经济领域，从而奠定了这一学科的基础和理论体系。

1950—1951年，约翰·福布斯·纳什(John Forbes Nash Jr)利用不动点定理证明了均衡点的存在，为博弈论的一般化奠定了坚实的基础。纳什的开创性论文《N人博弈的均衡点》(1950)、《非合作博弈》(1951)等，给出了纳什均衡的概念和均衡存在定理。此外，塞尔顿、哈桑尼的研究也对博弈论的发展起到了推动作用。今天博弈论已属于现代数学的一个分支，也已成为经济学的标准分析工具之一。

2. 博弈的要素

博弈有六个基本要素，具体如下。

(1)参与者(Players，玩家)，即参加博弈过程的行为和决策主体，也是利益主体。在一个博弈中，最少要有两个参与者。

(2) 策略(Strategies，战略或策略行为)，即参与者在某个博弈时点，根据其掌握的有关博弈信息而选择的决策变量和行动计划。一个参与者的全部可行策略称为他的策略空间。

(3) 收益(Payoff，支付、得益)和收益函数：收益是指在既定策略组合条件下参与者的得失情况；每个参与者的收益取决于全部参与者所采取的策略，这就是收益函数。

(4) 结局(Outcome，结果)，即博弈的结果，指既定策略组合条件下全部参与者所得收益的集合。

(5) 均衡(Equilibrium，均势)，指达到稳定的策略组合或结局。

(6) 博弈规则：指参与者、策略、结局之间的联系。它是由博弈的环境和参与者之间的相互影响决定的。

下面我们用一个价格战的例子来说明以上要素的简单应用。假设 A 公司与 B 公司(参与者)都希望通过改变价格来增加利润，双方都可以选择保持价格不变或者提高价格(策略)，博弈的目标和得失情况体现为利润的多少(收益)，利润的大小取决于双方的策略组合(收益函数)，博弈有四种策略组合，其结局是：

①如果双方都不涨价，各得利润 10；
②如果 A 公司不涨价，B 公司涨价，A 公司得利润 100，B 公司得利润-30；
③如果 A 公司涨价，B 公司不涨价，A 公司得利润-20，B 公司得利润 30；
④如果双方都涨价，A 公司得利润 140，B 公司得利润 35；

四种策略组合的结果如表 10-1 所示。

表 10-1　A、B 公司的收益矩阵

		B 公司	
		不涨价	涨价
A 公司	不涨价	10, 10	100, -30
	涨价	-20, 30	140, 35

博弈的稳定状态有两个：都不涨价或者都涨价(均衡)。均衡称为博弈的解，它是由博弈规则(即参与者采取什么策略会取得什么结局，市场的需求弹性、交叉价格弹性等)决定的。

10.1.2　博弈的模型和分类

博弈一般用数学模型表达，分为标准模型和扩展模型两种。

1. 博弈的标准模型

博弈的标准模型包括三个要素：参与者、每个参与者可以选择的策略及收益函数。

在两个参与者的有限博弈中，标准模型可以用收益矩阵表示，如上例的 A、B 公司价格博弈。在表 10-1 所示的收益矩阵中，包含了标准博弈模型的基本信息，如表格中各组数字表示不同策略组合条件下的结局。在每个结局中，第一个数字代表参与者 1 的收益，第二个数字代表参与者 2 的收益。

2. 博弈的扩展模型

博弈的扩展模型包括五个要素：参与者、决策时点、策略空间、信息和收益函数。在简单的博弈中，扩展模型可以用博弈树表示。博弈树一般用来分析动态博弈。在博弈过程中，从某个决策点开始，参与者在已有行动的基础上开始选择，到博弈结束，称为"子博弈"。子博弈是相对的，从事态发展的历史来看，所有的博弈都是子博弈。

3. 博弈的分类

(1) 合作博弈与非合作博弈。

根据参与者之间能否通过谈判达成具有约束力的协议或合同来划分：

可以达成协议的为合作博弈(Cooperative Game)，合作博弈强调集体理性和整体最优。如买卖双方讨价还价后成交；

不能达成协议的为非合作博弈(Non-cooperative Game)，非合作博弈强调个体理性和局部最优，如寡头之间的竞争博弈，双方的利益和目标有冲突，难以达成可以实施的协议，双方都有欺骗和违约的冲动。博弈论在经济学中的应用主要在非合作博弈领域。

(2) 静态博弈与动态博弈。

根据参与者选择策略的关系划分：

参与者同时或独立选择策略的博弈是静态博弈；参与者按照一定的次序选择策略，后选择者了解先选择者的行动，这种博弈是动态博弈。

(3) 完全信息博弈与不完全信息博弈。

根据参与者对其他参与者的特征、策略空间、收益函数等信息的了解程度划分：全部相互了解即为完全信息博弈，否则是不完全信息博弈。

将以上的分类加以组合，博弈可以分为：完全信息静态博弈、完全信息动态博弈、不完全信息静态博弈、不完全信息动态博弈，如表10-2所示。

表 10-2 博弈的分类

	静态	动态
完全信息	完全信息静态博弈 均衡：纳什均衡	完全信息动态博弈 均衡：子博弈精炼纳什均衡
不完全信息	不完全信息静态博弈 均衡：贝叶斯纳什均衡	不完全信息动态博弈 均衡：精炼贝叶斯纳什均衡

10.2 完全信息静态博弈

10.2.1 优势策略和纳什均衡

1. 优势策略

在博弈中，对有些参与者来说，不管对手采取什么策略，他的最优策略都与对手的选择无关，这种不取决于对手选择的最优策略称为支配性策略(上策或优势策略)。

例如，两家寡头企业的价格战博弈收益矩阵如表 10-3 所示。

表 10-3　价格战博弈的收益矩阵

		B 公司	
		不涨价	涨价
A 公司	不涨价	1000，1000	2000，500
	涨价	500，3000	1500，2000

在这个博弈中，对于 A 公司来说，当 B 公司选择不涨价时，A 公司选择不涨价的收益为 1000，选择涨价的收益为 500，所以应该选择不涨价；如果 B 公司选择涨价，A 公司选择不涨价的收益为 2000，选择涨价的收益为 1500，所以应该选择不涨价；由此可知，不管 B 公司选择什么策略，A 公司都有一个优势策略即不涨价。

由此可以分析得到 B 公司也有优势策略即不涨价。由参与双方的优势策略组成的均衡就是优势策略均衡，也称为纳什均衡。

2．纳什均衡

纳什均衡是指在给定对手的策略时，参与者选择了最优策略组成的均衡。在这种情况下，没有人可以从改变策略中得到好处，因而形成了一种均衡(僵局)。一种制度或者协议要能够自动实行(即得到自觉遵守)，必须满足纳什均衡的条件。

可以通过画圈的方法求解纳什均衡，即设定一个参与者的策略，然后把另一个参与者将会选择的策略可以带来的收益圈起来。如果收益矩阵中某个策略组合中的两个收益都被圈起来，则这个策略组合就是纳什均衡。例如，表 10-3 中的价格战博弈收益矩阵可以确定有(涨价，涨价)和(不涨价，不涨价)两个纳什均衡。纳什均衡是一种策略组合，是在给定对手的策略时，每个参与者都选择自己的最优策略，当所有参与者的选择公开以后，每个参与者都满意自己做出了正确的选择，没有人能得到更好的结果了。

由此可知，优势策略均衡一定是纳什均衡，反之，纳什均衡不一定是优势策略均衡。

10.2.2　囚徒困境和智猪博弈

1．囚徒困境

囚徒困境是最著名的博弈模型，1950 年美国兰德公司的梅里尔·弗勒德(Merrill Flood)和梅尔文·德雷希尔(Melvin Dresher)拟定出相关困境的理论，后来由顾问艾伯特·塔克(Albert Tucker)以囚徒方式阐述，并命名为"囚徒困境"。

假设有两个犯罪嫌疑人作案后被抓获，并在不同的房间审讯。如果两人都坦白，因为证据确凿，双方各判刑 8 年；如果两人都抵赖，则因为证据不足只能轻判，双方各判刑 1 年；如果其中一人坦白而另一人抵赖，坦白者因检举有功获得释放，抵赖者加重处罚判刑 10 年。这样，每个犯人就有两种策略，即坦白和抵赖，这个博弈的收益矩阵如表 10-4 所示。

表 10-4　囚徒困境的收益矩阵

		囚犯 B	
		抵赖	坦白
囚犯 A	抵赖	1, 1	10, 0
	坦白	0, 10	8, 8

在囚徒困境的博弈中，对于囚犯 A 和囚犯 B 来说，坦白都是优势策略，也就是个体的最优对策。由双方的优势策略(坦白，坦白)构成了博弈的优势策略均衡，结果并没有达到团队或集体最优。

这个不同寻常的结果——两个囚犯出于自利的个体理性行动导致双方情况变得更糟糕，在现代社会科学中产生了广泛的影响。因为在现代世界里有大量的行为互动与此极其相似，从军备竞赛到道路拥挤，从环境污染到地下水资源的过度开发等。这些行为互动在细节上有很大差异，但却如我们想象的一样，个体理性给每个人带来了更差的结果，囚犯困境暗示了他们的发展方向。

2. 智猪博弈

在企业决策中，存在着"搭便车"的现象，这种现象可以用智猪博弈来解释：

"智猪博弈"(Pigs' Payoffs)是讲假设猪圈里有一头大猪、一头小猪，猪圈的一头有猪食槽，另一头安装着控制猪食供应的按钮，按一下按钮会有 10 个单位的猪食进槽，但是谁按按钮就会首先付出 2 个单位的成本，若大猪先到槽边，大小猪吃到食物的收益比是 9∶1；同时到槽边，收益比是 7∶3；小猪先到槽边，收益比是 6∶4。那么，在两头猪都有智慧的前提下，最终结果是小猪选择等待。

"智猪博弈"由约翰·纳什(John F. Nash)于 1950 年提出。实际上小猪选择等待，让大猪去按控制按钮，而自己选择"坐船"(或称为搭便车)的原因很简单：在大猪选择行动的前提下，小猪选择等待的话，小猪可得到 4 个单位的纯收益，而小猪行动的话，则仅仅可以获得大猪吃剩的 1 个单位的纯收益，所以等待优于行动；在大猪选择等待的前提下，小猪如果行动的话，小猪的收入将不抵成本，纯收益为-1 个单位，如果小猪也选择等待的话，那么小猪的收益为零，成本也为零，总之，等待还是要优于行动，即等待是小猪的最优策略。智猪博弈的收益矩阵如表 10-5 所示。

表 10-5　智猪博弈的收益矩阵

		小猪	
		行动	等待
大猪	行动	5, 1	4, 4
	等待	9, -1	0, 0

"小猪躺着大猪跑"的现象是由于故事中的游戏规则所导致的。规则的核心指标是：每次落下的食物数量和踏板与投食口之间的距离。

如果改变一下核心指标，猪圈里还会出现同样的"小猪躺着大猪跑"的景象吗？试试看。

改变方案一：减量方案。投食仅是原来的一半分量。结果是小猪大猪都不去踩踏板了。小猪去踩，大猪将会把食物吃完；大猪去踩，小猪也将会把食物吃完。谁去踩踏板，就意味着为对方贡献食物，所以谁也不会有踩踏板的动力了。

如果目的是想让猪们去多踩踏板，这个游戏规则的设计显然是失败的。

改变方案二：增量方案。投食为原来的一倍分量。结果是小猪、大猪都会去踩踏板。谁想吃，谁就会去踩踏板。反正对方不会一次把食物吃完。小猪和大猪相当于生活在物质相对丰富的"共产主义"社会，所以竞争意识都不会很强。

对于游戏规则的设计者来说，这个规则的成本相当高(每次提供双份的食物)，而且因为竞争不强烈，想让猪们去多踩踏板的效果并不好。

改变方案三：减量加移位方案。投食仅为原来的一半分量，但同时将投食口移到踏板附近。结果呢，小猪和大猪都在拼命地抢着踩踏板。等待者不得食，而多劳者多得。每次的收获刚好消费完。

对于游戏设计者，这是一个最好的方案。成本不高，但收获最大。

原版的"智猪博弈"的故事给了竞争中的弱者(小猪)以等待为最佳策略的启发。但是对于社会而言，因为小猪未能参与竞争，小猪搭便车时的社会资源配置的并不是最佳状态。为使资源最有效配置，规则的设计者是不愿看见有人搭便车的，政府如此，公司的老板也是如此。而能否完全杜绝"搭便车"现象，就要看游戏规则的核心指标设置是否合适了。

例如，公司的激励制度设计，奖励力度太大，又是持股，又是期权，公司职员个个都成了百万富翁，成本高不说，员工的积极性并不一定很高。这相当于"智猪博弈"中增量方案所描述的情形。但是如果奖励力度不大，而且见者有份(不劳动的"小猪"也有)，一度十分努力的大猪也不会有动力了——就像"智猪博弈"中减量方案一所描述的情形。最好的激励机制设计就像改变方案三——减量加移位的办法，奖励并非人人有份，而是直接针对个人(如业务按比例提成)，既节约了成本(对公司而言)，又消除了"搭便车"现象，能实现有效的激励。

许多人并未读过"智猪博弈"的故事，但是却在自觉地使用小猪的策略。股市上等待庄家抬轿的散户；等待产业市场中出现具有赢利能力新产品、继而大举仿制牟取暴利的游资；公司里不创造效益却分享成果的人；等等。因此，对于制订各种经济管理的游戏规则的人来说，必须深谙"智猪博弈"指标改变的个中道理。尤其是对于企业、政府等的决策层来讲，资源是有限的，而如何能使有限的资源发挥出最大的价值，这就要看企业、政府的决策如何了。决策做得好，企业员工、政府机关人员都努力，而努力就有回报，资源就能更好地利用，从而创造出更大的价值，企业、政府的效益就越高。而相反，决策不完善，让一些不付出的人也能拿到与努力付出的人一样的回报，就会打击那些努力的人，从而降低企业政府的效益，也会造成资源的不合理利用甚至浪费。

10.2.3 合作博弈

在类似囚徒困境这样的博弈中，个体理性往往导致集体的非理性。在有多个纳什均衡的博弈中，参与者判断失误，或者某个参与者的非理性行为，都会导致双方的严重损失。

因此，存在着通过合作(共谋、勾结和串通)改善博弈结果的诱惑，这样可以使大家的收益都得到改善。

1. 对社会无害的合作，往往通过某些规则实现

例如，两家企业进行产品开发博弈的收益矩阵。两家企业同时开发一个市场(麦片)，市场需要甜和脆两种产品，每家企业只能生产其中一种产品。从收益矩阵可以看出，在理性行为条件下博弈的两个纳什均衡是(脆，甜)和(甜，脆)。但由于推出甜的企业有较多利润，可能导致(甜，甜)的重复建设结果。因此，应该通过发布信息和政策引导。国外不允许企业之间勾结分割市场，主要靠准确的市场信息。

2. 对社会有害的合作，设法制止

在囚徒困境博弈中，如果两个囚徒可以互相协商，并形成攻守同盟，则罪犯得到好处，对社会不利。例如，在寡头企业的定价博弈中，勾结定高价对双方都有好处，但对社会不利，因此受到反垄断法的严密监控。

3. 采用最大最小策略

纳什均衡是建立在参与者理性行为基础上的，这就使参与者在决策时面临可能出现某些非理性行为的风险。为了降低风险，决策者可以采取最大最小策略以便降低风险，即在各种策略的最小收益中，选择具有最大收益的策略。其代价是放弃最优策略。

10.3 重复博弈和顺序博弈

在现实经济社会，完全信息静态博弈的条件并不经常可以得到满足。特别是在市场竞争中，企业之间的竞争不是一次性的，而是长期和反复的。同时，企业之间的行为往往是有先后次序的，决策者可以先了解对手的行动，在充分掌握信息的基础上，然后再决定自己的对策。这种情况称为完全信息动态博弈，对于分析具有多个纳什均衡的博弈结果很有帮助。

10.3.1 重复博弈

重复博弈(Repeated Game)是指参与者之间的博弈不是一次性的，而是可以重复的。这样，参与者就可以通过分析对手的行动采取相应的策略。

1. 摆脱囚徒困境的条件

以寡头之间的价格竞争为例，如果是静态博弈，企业很容易陷入囚徒的困境(低价，低价)；但如果博弈可以无限重复下去，则企业的最佳策略是"以牙还牙"。这样，考虑到对手会以牙还牙，从长远和整体来看，降低价格不会有什么好处，博弈可能达到合作的结果。

2. 合作的条件和困难

在现实经济运行中，寡头之间的价格默契并不容易，主要原因如下。

(1) 如果博弈重复是有限的，则最后一次博弈会采取低价策略，理性的结果是抢先低价，一直到最后一次博弈；但是，只要以牙还牙的理性行为有一定折扣(或怀疑)，合作以避免价格战的结果仍然会出现。

(2) 企业较多，使以牙还牙(对欺骗者进行报复和惩罚)难以实现，合作就十分困难，如航空运输市场。

(3) 企业之间的成本差别较大，需求和成本变化很快，难以达成默契。

10.3.2 顺序博弈

在现实中，较常见的是顺序博弈(Sequential Game)，即一方先行动，另一方后行动。

1. 先行者优势

在顺序博弈中，先行者处于有利地位，可得到竞争优势。假设两家企业进行产品开发的博弈，如果是静态博弈，两家企业必须同时宣布决策。根据最大最小原则，可能大家都无新产品。但如果其中某一企业具有研发优势，可以率先推出新产品，则另一企业只好放弃进入该市场的打算。例如，有两家企业计划推出两种可以相互替代的新产品，博弈的收益矩阵如表 10-6 所示。

表 10-6　开发新产品的收益矩阵

		企业 B	
		不开发新产品	开发新产品
企业 A	不开发新产品	2000，2000	-1000，4000
	开发新产品	4000，-1000	-2000，-2000

假定企业 A 具有产品开发优势，能够比对手更快的推出新产品，根据如表 11-6 所示的收益矩阵，企业 B 的优势策略就是不开发新产品，这样的亏损最少。企业 A 就将垄断市场，获得 4000 的收益，这就是先行者的优势。

2. 空头威胁、承诺和策略性行动

在顺序博弈中，先行者可以用既成事实获得竞争优势。在这种情况下，怎样才能获得先行优势呢？理性的企业都知道先行者优势，并希望让竞争者确信自己一定会推出新产品，从而放弃新产品。怎样才能做到这一点呢？

(1) 空头威胁。

如果企业的努力不足以使对手相信自己肯定会推出新产品，如制造舆论、研究与开发投入、广告宣传等，这种努力称为空头威胁。它不能吓退竞争者。

(2) 承诺和策略性行动。

如果企业想要吓退竞争者，必须做出一定推出新产品的承诺，它是一种无法反悔的行动。承诺与空头威胁的界限在哪里呢？

要使对手确信自己的承诺，必须做到如果不推出新产品，会导致自己更大的损失。怎样做出承诺呢？必须有策略性行动，该行动使空头威胁变为承诺，即通过某种限制自己选择范围的行动，改变竞争者对自己行动的预期，从而迫使竞争者选择对自己有利的策略，达到限制对手的目的。

承诺和策略性行动是有风险的，其效果在很大程度上取决于参与者对各自收益函数的估计和行为准则。适当的非理性行为的名声(勇敢、疯狂等)，将有助于取得先行者优势。

3．对进入的威慑

在许多行业中都存在现有企业(在位者)与潜在进入者之间关于进入与反进入之间的博弈。这也是一种顺序博弈，在位者可以采取一定的策略性行动形成对进入者的威慑。

为了使商战的威胁具有可信性和效果，在位者可以用策略性行动做出承诺，一旦进入发生，它将以低价回击。例如，它可以建造并维持一定的剩余生产能力，高价不再是一个上策。在重复博弈的情况下，企业可能不仅考虑短期收益，而且更重视长期利益。因此，为了维持长期的垄断利润，企业可能以牺牲短期利益为代价把进入者驱逐出去。这种在博弈中采取一定非理性行为的方法，形成进入威慑的另一种途径，即建立不惜一切代价粗暴对待进入者的名声，而不需要有具体的承诺。

本章小结

博弈论是经济学常用的一种解决决策者的行为相互影响时的分析工具。收益矩阵表示在一个博弈中所有可能的策略的组合，优势策略是无论对手如何行动，自己总有一个策略最优，纳什均衡是指给定对手的策略时，参与者选择了最优策略组成的均衡。

博弈论常用于分析寡头企业的决策问题，如果博弈双方无法通过合作达成一致行动，这种博弈就是非合作博弈，容易陷入囚徒困境。囚徒困境可以通过合作博弈，重复博弈和顺序博弈来避免。

案例分析

杭州"学而思"寒假补习班"一位难求" 超前教育引争议

央广网杭州2016年11月11日消息(浙江台记者沈泽南)据中国之声《新闻纵横》报道，寒假未到，但不少家长已经开始为孩子谋划寒假补习班了。最近，一家名叫"学而思"的培训机构受到了关注。在杭州，学而思的报名火爆超乎想象，出现了"一位难求"的现象。学而思为什么如此受到青睐？

这两天，杭州小学生家长群里最热的词估计要属"学而思"了，寒假和春季班即将开始报名，不少家长手机里都设置了好几个闹钟，等待名额放出时刻的到来。市民王女士的女儿在主城区一所公立小学上四年级，从二年级开始一直在学而思补习，这次她打算再给孩子续上一个班。"班上大概有1/3的孩子在上学而思，有的是觉得自己数学不是很好，要去加强一下；还有一些数学成绩比较好，家长希望能够更加拓展学习一点。"

据了解，目前杭州不少小学一年级开始上学而思的比例达到了60%，五、六年级更是接近80%。每到报名阶段，学而思更是一位难求。不少家长坦言，除了希望快速提高孩子的学习成绩，更直接的目的是为"小升初"做准备。"所有的家长都知道，如果想要上民办中学，一定要去上奥数。从三年级开始，他们会参加各类杯赛，而为了参加杯赛要去上更高一点的培训，比如一对一的培训，在杯赛拿到一个好成绩，继而拿到民办学校的录取名额。"

目前，杭州民办初中采取自主招生和摇号派位相结合的招生方式，而不少民办学校正是靠自主招生来"掐尖"。杭州绿城育华学校副校长孙卓人坦言，在缺乏明确选拔手段的情况下，在教辅机构取得的一些理科竞赛成绩无形中成了多数民办初中选拔学生时的参考依据。"比如我校学生如果要进入杭州优质高中，就要参加中考，必须要有很强的应试能力。所以在选拔学生过程中，肯定会考虑到他是不是有这样的应试能力。因为学校自己不能组织考试，只能通过第三方的评价，也很无奈。"

为了提高学生的成绩，学而思也比其他一些教学机构更加用心，所有教学和练习的教材都由总部统一编写。通过对比学而思的数学教材可以发现，镜面反射、认识钟表等小学二年级才学的内容出现在了学而思一年级的教材中，一些初中才学的知识更是直接出现在了四年级的教材中。杭州天长小学数学教学组组长吴恢銮对此非常反感。

吴恢銮表示，这会扰乱学校的教学秩序，特别是中等生孩子，本来学习能力相对弱，但外面又接受了这种过于有负担的知识，就记住一知半解的结果。老师在上课的时候就觉得这个知道可以不听了，恰恰老师在学校里教的探究的过程，没了，实际上学生对某一些原理没有去探究。

而在学而思的尖子班、超常班、竞赛班的课堂上，授课难度更是远远超过了多数学生能接受的正常范围。杭州师范大学长期从事小学教育研究的严从根副教授指出，适合学奥数的学生比例其实不到5%。"奥数本来不是适合于普通孩子的，而是对这方面很有天赋的孩子，结果家长都去做，这样伤害很大。比如，我家门前有棵小树，我经常在它上面晒衣服。十年以后，其他没有在上面晒过衣服的树，能够晒上百件乃至上千件的衣服，但是经常晒衣服的这棵树它还是只能晒七八件衣服。现在教育被家长和很多商业机构绑架了，导致很多家长眼光非常短浅，过早开发给孩子产生的伤害是非常巨大的。"

学而思受到家长追捧，除了其本身的培训课程之外，还有一些深层次的原因值得深思。中国青少年研究中心日前发布的"中国少年儿童发展状况研究"报告调查显示，"00后"在校时间和做家庭作业的时间均超过"90后"，学习负担在一定程度上有所加重，睡眠不足现象更严重。

2013年教育部《小学生减负十条规定（征求意见稿）》建议，四至六年级每日家庭作业量不超过1小时。但本次调查显示，学习日"00后"小学生做家庭作业的时间超出标准0.7个小时，超标人数比例达66.4%。休息日"00后"小学生做家庭作业的时间超出1.8小时，超比例达81.1%。

随着各地针对中小学生的"减负令"纷纷出台，孩子们的负担非但没有减轻，反而加重了。之所以出现这种情况，主要是因为教育部门及中小学校推出的种种减负办法，仅仅减轻了学生在校期间的课业负担。但是实际上，一些学校打着培养学生动手能力等旗号，对课外作业质量提出越发苛刻的要求，如要求小学生准备精美的PPT等。这就造成了一种新的现象，即许多家长被迫帮助孩子完成其力不能及的作业。

原本以为摆脱了书山题海便能获得解脱，殊不知，只要有考评存在，负担便只重不轻。课内不行课外补、学校知识提前学、兴趣特长也不能落下……这导致很多家长给孩子报了一堆课外补习班，既不想给孩子增加压力又不想孩子被拉下，家长们陷入了"囚徒困境"，在这种博弈之间，"学校减负、社会增负""老师减负、家长增负"的现象比比皆是。

如何从根本上实现减负？《人民日报》在一篇评论中指出，最重要的，是要扼住应试教育的咽喉，优化考试招生选拔制度，培育更多的优质资源。同时，树立理性的"减负"观，理性看待"压力"，并通过技术手段的变革，实现教学过程中，教、学、测的优化，从而真正实现通过改变学习方式提升效率、减轻学生负担的目的。

资料来源：根据央广网 2016 年 11 月 11 日报道整理而成。

问题

1. 画出上补习班的收益矩阵，是否存在优势策略均衡？

2. 上补习班是否存在囚徒困境，为什么？

3. 从个人和社会两个角度分析，应如何解决这个问题？

思考与练习

1.单项选择题

(1)博弈论中，局中人从一个博弈中得到的结果常被称为（　　）。

　　A. 效用　　　　　　　　　　B. 收益

　　C. 决策　　　　　　　　　　D. 利润

(2)在囚徒困境博弈中（　　）。

　　A. 只有一个囚徒会坦白　　　B. 两个囚徒都没有坦白

　　C. 两个囚徒都会坦白　　　　D. 任何坦白都被法庭否决了

(3)对博弈中的每一个博弈者而言，无论对手作何选择，其总是拥有唯一最佳行为，此时的博弈具有（　　）。

　　A. 囚徒困境式的均衡　　　　B. 一报还一报的均衡

　　C. 优势策略均衡　　　　　　D. 激发战略均衡

2.分析题

(1)纳什均衡是否一定是优势策略均衡？举例说明。

(2)应用囚徒困境解释寡头垄断市场上的价格战。

3.计算题

(1)A、B两企业利用广告进行竞争。若A、B两企业都做广告，在未来销售中，A企业可以获得20万元利润，B企业可获得8万元利润；若A企业做广告，B企业不做广告，A企业可获得25万元利润，B企业可获得2万元利润；若A企业不做广告，B企业做广告，A企业可获得10万元利润，B企业可获得12万元利润；若A、B两企业都不做广告，A企业可获得30万元利润，B企业可获得6万元利润。

①画出A、B两企业的损益矩阵。

②求出纳什均衡策略。

(2) A 航空公司和 B 航空公司分享了从北京到南方冬天度假胜地的市场。如果它们合作，各获得 500,000 元的垄断利润，但不受限制的竞争会使每一方的利润降至 60 000 元。如果一方在价格决策方面选择合作而另一方却选择降低价格，则合作的厂商获利将为零，竞争的厂商将获利 900 000 元。

①将这一市场用囚徒困境的博弈加以表示。
②解释为什么均衡结果可能是两家公司都选择竞争性策略。

拓展阅读

1. 阿维纳什·K. 迪克西特，巴里·J. 奈尔伯夫. 策略思维——商界、政界及日常生活中的策略竞争. 北京：中国人民大学出版社，2013.

2. 高鸿业. 微观经济学 (第 7 版). 北京：中国人民大学出版社，2018.

3. 徐玖平，黄云歌. 管理经济学概论. 北京：高等教育出版社，2006.

第 11 章 企业风险管理

生活是一门艺术，要在不充足的前提下得出充足的结论。

——塞缪尔·巴特勒

导入案例

美国"新通用"面临的风险

成立于1908年、有百年历史的美国通用汽车公司于2009年6月1日向纽约破产法院正式递交破产申请。作为美国第一大制造业、全球汽车业巨头的通用汽车公司是否应该破产争论颇多。

比尔·盖茨认为，通用汽车的商业模式和成本结构已经不被投资者和消费者所接受，政府没必要用纳税人的钱去挽救其破产。

当德意志银行发布通用汽车股价可能将跌至零的报告当天，通用汽车股价随即大跌30.7%。通用汽车还试图请求丰田汽车公司出资购买部分资产，以缓解资金严重不足的局面，但被丰田汽车婉拒。其实，通用汽车最需要的并不是美国政府的救助，也不是丰田汽车公司的并购，而是应该把重心放在客户的真实需求上，让企业生产消费者想要并需要购买的汽车。当时通用汽车公司的高管也明白，丰田汽车公司成功最重要的一点是丰田汽车的模式和产品以顾客的需求为导向，代表了顾客的需求，代表了汽车业的发展方向。通用汽车公司也曾派公司的年轻人去丰田公司学习管理，尽管学习的年轻人回来对丰田盛赞，但通用公司高管还是坚持认为丰田公司只是偶尔完成零库存，并不能完全实现低成本的生产优化，并且也不认可丰田公司的"合和文化"（日本特有的合作和协商精神），最终仍然按自己的模式运行，最终导致通用汽车公司出现危机。丰田公司的成功在于其精益求精的技术，先进的管理体制与原则，合作协商的企业文化。丰田公司认识到员工智慧和执行力能够帮助企业完成策划和决策，能够实现产品顾客满意度。而通用汽车遭遇今天的生存危机，是以数字精英管理为主的体制出了问题，即不以顾客的需求为出发点，不以一线员工的执行力来构建公司模式。

由于美国政府依赖于通用汽车这类大公司来提供福利待遇，所以通用公司历史性变革和重组是不可避免的，故2009年7月10日通用汽车宣布脱离破产保护，新的通用公司因而诞生。新公司在产品策略上保留了"雪佛兰""凯迪拉克""别克"和"GMC"四个核心汽车品牌，"萨博""悍马"等购买力小的亏损品牌将被出售。与破产前比较，

"新通用"将减少 480 亿美元的债务和医疗开支,并削减 40%盈利能力较差的经销商。甩开包袱的新通用能浴火重生吗?又会面临怎样的风险呢?

资料来源:王育昆. 通用汽车这一课.http://www.21cbhcom,2009-06-03.

- 知识目标:
    ◆ 掌握企业风险管理的概念及种类;
    ◆ 了解风险管理的流程与目标;
    ◆ 掌握风险管理的评估方法。
- 能力目标:
    ◆ 能运用风险管理知识进行企业风险评估。

11.1 企业风险的形成及种类

11.1.1 风险的内涵

风险(Risk)是指不利事件发生的可能性。在特定时间和特定情况下,风险也反映未来事件的预期结果与实际结果的差异,如新产品推出后出现亏损的可能性,也会因为灾害等不可控事件引发产品的滞销等,因而,风险也具有客观性、偶然性和可变性等多种特征。但迄今为止,关于风险的定义,整个学术界并没有统一的认识。

11.1.2 企业风险的形成

企业风险的形成既有主观原因,也有客观原因,既有内部原因,也存在外部原因,需要具体问题具体分析。如果我们从企业、个人、市场三者的关系来看,企业风险的形成主要来自以下几个方面。

1. 企业经营环境的不确定性

任何事物的发展本身就具有客观不确定性。企业会受国际、国内政治环境的变化、政策的不确定性、宏观经济的调控变化,也受自然灾害、人为灾害等的影响,因此,导致企业的经营环境也具有不确定性。

国际、国内政治形势的不确定性主要是指国家的政治、法律、人文、传统文化等因素的变化。社会生产关系的调整、法律法规方面的不断变革和修订等都会成为企业风险的重要来源。政策的不确定性是指国家的一些政策改变,如信贷利率的变化、产品准入政策的调整等,给企业带来的直接或间接影响,从而对企业形成风险。宏观经济的不确定性是由于国家宏观经济调控、产业结构调整,以及人均就业率、工资水平、进出口配额的变化等给企业带来的风险。自然环境的不确定性主要指自然环境中某些地表过程,如地震、洪水、旱灾、山地灾害(滑坡、泥石流等)、雷电等自然灾害,给企业带来的风险。

2. 消费者偏好的易变性

受技术进步、国际潮流风向改变等的影响，消费者的偏好具有易变性。例如，时装的潮流，容易让年轻人在款式和颜色上产生跟风，服装企业就必须充分了解时尚潮流及年轻人的偏好，一成不变就会面临倒闭的风险。

3. 企业的资金可控能力

资金是企业生存的根本，但企业对资金的控制能力是有限的，也在很大程度上受银行、抵押、保险、股票证券等行业影响。尽管有些大企业资金很雄厚，但由于投资不利、股票下跌等风险也能让企业崩盘破产。中小企业由于经营管理不善，更易出现资金短缺、企业无法经营的局面。

11.1.3　企业风险的种类

从企业管理的角度来看，风险可存在于企业运作的整个过程中，涉及企业的经营、财务、金融等各个方面。企业风险可主要划分为以下几类。

1. 生产经营风险

生产供应链环节诸多，其中任何一个环节出现问题都会给企业生产和经营带来不同程度的风险。在生产过程中，原材料受市场供给和价格等波动影响，需要机器设备、技术等不断更新变化来适应市场需求。人力资源的调配使用、薪金管理、福利、激励机制等各个环节也存在潜在的风险。产品市场营销的调研与预测、市场开拓及市场目标的定位、新产品的研发、企业的并购等都会给企业带来风险。

2. 金融财务风险

随着金融市场体系的不断完善，企业的筹资方式呈现多元化，主要有信贷筹资、股权筹资、债务筹资等方式。如果企业经营不佳，一旦投资收益率低于债务利息率，就可能出现资不抵债的破产风险。在股权筹资过程中，当企业投资收益不能满足投资者预期收益目标时，投资者就可能会抛售公司股票，造成公司股票下跌，公司资金受损。利率和汇率的变动也会对外贸企业产生一定的风险。

3. 竞争风险

竞争一直是企业最关注的风险。竞争的基本动机和目标是实现利润最大化，但竞争本身往往使企业面临不能实现预期利润的风险，甚至在经济利益上受损失。在市场竞争中，尤其是同行业的竞争结果往往是优胜劣汰，被淘汰的企业退出竞争市场。所以在实施新产品的研发、人才的抢夺、低价和降价等各种竞争形式与手段时，都会形成风险。

11.2　企业风险管理的概念及发展

11.2.1　企业风险管理的概念

企业风险管理是指全面分析企业在经营的各个过程中存在的风险，并采用合理有效的经济、技术手段对风险进行预测、评估控制和处理，以最低的成本获得最大安全保障的一种管理活动。

企业风险管理的内涵包括了以下内容：企业风险管理的主体是企业全体员工；企业风险管理的对象是风险；企业风险管理的目标是以最小的成本换取最大的安全保障；企业风险管理的要素包括内部环境、目标设定、事项识别、风险评估、风险对策、控制活动、信息和沟通、监督。

11.2.2 企业风险管理的发展

20世纪中叶，在美国风险管理作为一门系统的管理科学被提出，随后企业风险管理大致经历了四个阶段。

1. 安全生产阶段

20世纪50年代以前，亨利·法约尔就认识到企业风险管理的重要性，他于1961年提出的工业活动功能之一安全功能是企业风险管理的雏形，这项功能的目的是保障财产和人员免受意外事件的伤害，如地震、洪水、火灾，以及一切可能威胁公司的生存发展的不利事情，从而保障安全生产的各个环节。

2. 保险阶段

1956年加拉格尔在《哈佛商业评论》中提出，在大公司里应该设立全职风险经理，诸如保险经理这样的职位，这样的职位通常可以识别和确定风险，可为维护公司的利益而购买保险。随着公司规模的扩大，购买保险这一职能会成为公司一项重要的具体工作。1950年美国保险购买者协会成立，后来逐渐发展为美国保险管理学会。

3. 资本优化阶段

随着知识的交叉和综合应用，运筹学、计量经济学、统计学、保险学等学科理论和知识应用于管理学科，可以从系统理论、数据定量评估对企业的风险进行预测、判别，使企业资本得到优化。有些企业采用资产组合理论为指导，以分散和降低企业在投资中所面临的风险。

4. 全面风险管理阶段

2008年全球金融危机以来，企业面临的风险及影响越来越大，造成了巨大的金融损失和许多企业的倒闭，企业全面风险管理开始引起了广泛重视。全面风险管理是指企业董事会及经理阶层在为实现未来战略目标的过程中，将市场不确定因素产生的影响控制在可接受范围内的过程和系统方法，属于内部管理层面的问题。2008年11月，国务院国有资产监督管理委员会下发通知，要求中央企业加强全面风险管理工作，拉开了中国企业实施全面风险管理的序幕。通知要求中央企业要以科学发展观为指导，充分认识到当前和今后一段时期内市场环境变化对企业经营管理的持续影响，积极主动地应对各种风险，把全面风险管理工作摆在企业日常经营管理的重要位置。

11.3 企业风险管理的种类

根据企业的业务类型，企业风险管理一般分为：资金风险管理、生产风险管理、人力资源风险管理、市场风险管理和电子商务风险管理。

11.3.1 资金风险管理

企业的资金风险管理主要分为：流动资产风险管理、筹资风险管理、信用风险管理、利率汇率风险管理。

流动资产风险管理主要是针对企业现金收付的管理、企业存货的管理。企业现金收款往往存在不能按时收到应收账款的情况，降低了企业资金的使用效率。因此，需要企业通过加速回收账款、与银行建立实时对账关系等策略来降低收付款风险。企业存货由于价格变动、产品过时等风险往往造成企业存货价值减少的风险。企业需要建立适时生产制度、清理存货、控制投入产出、加强保管等措施来减少存货带来的风险。

筹资风险管理主要是针对现金性和收支性的筹资方式产生的风险进行预防、控制和规避。企业可以采取确定最佳资本结构、合理安排筹资期限组合方式等手段降低风险。

信用风险管理是指通过制定信息政策，指导和协调各机构的业务活动，对客户资信调查、付款方式的选择、信用限额的确定到款项回收等环节实行全面监督和控制，以保障应收款项的安全及时回收。

汇率风险是指预期以外的汇率变动对企业价值的影响。可通过货币远期合同和货币互换等套期工具进行风险管理。

利率风险是指公司的盈利能力或价值因利率变动而面临的风险。可通过利率互换、远期利率协议等进行风险管理。

11.3.2 生产风险管理

生产风险管理主要是原材料风险、产品质量风险、安全生产风险的管理。

除了被看作企业生命的产品质量外，原材料的采购、安全生产的一系列过程，以及新产品的研发生产等都会是企业潜在的风险来源。

11.3.3 人力资源风险管理

人力资源风险管理是指在招聘、工作分析、职业计划、绩效考核、工作评估、薪金管理、福利、激励、员工培训与管理等方面进行风险管理。重点应该要加强核心员工的流失风险管理，主要采取以下策略：培育核心员工对企业的认同感；提供升迁和培训的机会；创造员工发展空间；建立有效的评估制度；提供有竞争力的薪酬水平。

11.3.4 市场风险管理

市场风险管理主要包括产品风险管理、定价风险管理、渠道风险管理、促销风险管理。

对于市场风险管理的控制策略主要包括：加强市场营销环境的调查研究，包括宏观环境和微观环境，以及国家政策；建立市场营销风险防范制度；诚实应对顾客和社会可能带来的各种风险；提高企业员工的政治素质、文化素质、业务素质、道德素质，强化培训营销人员的服务意识和服务水平。

11.3.5 电子商务风险管理

电子商务风险主要是技术风险，尤其是电子支付风险、企业管理、企业战略管理方面的风险，应该树立缩短电子商务项目周期、制订商业计划、树立自上而下的风险意识，制订一套合理的信息安全结构、安全政策，以及具体的安全操作流程。

11.4 企业风险管理的目标

11.4.1 企业风险管理的目标

清晰明确的风险管理目标对企业风险管理达成的效果十分重要，否则在实施过程中会产生不同的意见和分歧，不利于企业快速、全力应对风险。确定企业风险管理的目标需要从风险管理的各个环节和各个方面来综合考虑，是一项综合性和系统性的工作。

风险管理的目标可以分为两大类：损前目标和损后目标。这两个目标还可以继续细分，如表 11-1 所示。

表 11-1 企业风险管理目标分类

损前目标	损后目标
1. 经济性目标	1. 生存目标
2. 合理合法性目标	2. 持续经营目标
3. 降低潜在损失性目标	3. 稳定的盈利目标
4. 社会责任目标	4. 发展目标
	5. 社会责任目标

11.4.2 企业风险管理的组织结构

风险管理组织是指通过明确一定的组织结构和组织关系，使企业各部门、各成员协调工作，以保证风险管理目标的实现。风险管理组织是风险管理重要的组成部分，也是风险管理得以成功实施的必要条件。

风险管理的组织结构主要由董事会、风险管理部、各业务职能部门、首席风险官组成。

1. 董事会

由于董事会主要负责公司各项业务的重大决策，并实施监督职能，对股东大会负责，承担财务损失责任，所以董事会也是实施有效的风险管理部门。董事会可以监督和评估公司总体的风险水平，确保公司的风险在可控范围内。在董事会中可以设立风险管理委员会，属于董事会的专业委员会，向董事会提供独立支持。风险管理委员会的成员由董事会决议任命，定期向董事会报告风险管理中出现的相关问题。

2. 风险管理部

风险管理部是风险管理委员会下设的常设机构，在风险管理上独立于各业务部门和高层管理人员的风险管理执行机构。其主要职责是负责风险管理信息的收集、筛选、整理、报告等工作，分析企业面临的风险，制定企业风险管理策略，随时监测风险的变化，并及时向风险管理委员会上报。

3. 各业务职能部门

各业务职能部门是风险管理策略的具体执行者。根据各业务部门的特点设置风险管理小组，以制定本部门的具体风险管理策略，认真执行风险管理部下达的风险管理方面的任务，对部门存在的风险进行识别、衡量、检查、评价，并及时上报风险管理部门。

4. 首席风险官

对于大企业来说，可以根据企业情况设置首席风险管理官职位，其主要职责是将风险管理工作汇报给董事会的风险管理委员会。

11.5　企业风险管理的流程

为了确保以最小的成本降低企业风险，风险管理人员必须遵循一定的风险管理流程。该流程主要包括以下程序：风险识别、风险评估、风险处理、风险评价。

11.5.1　风险识别

风险识别是系统地、连续地发现企业所面临的风险类别、查找形成原因及影响的行为，是处理风险的基本前提。风险得不到准确的识别，就不能判断企业存在什么风险，可能会发生什么样的风险，风险程度也无法评估，就会失去及时发现、及时有效控制风险的有利机会，给企业造成巨大损失。风险识别的重要任务是识别、了解企业风险的种类及其可能带来的损失。

风险识别的方法主要有五种。

1. 现场观察法

现场观察法主要通过观察企业的各种经营活动和财务活动来了解企业面临的风险。这种方法具有一定的片面性。

2. 财务报表分析法

财务风险往往是企业最大的风险点，并能直观地体现在财务报表上。财务报表分析法则以企业的资产负债表、损益表、现金流量表等为依据，通过采用水平分析法、垂直分析法、趋势分析法、比率分析法等来识别企业存在的风险，预测企业未来可能存在的风险。

3. 案例分析法

案例分析法是指在总结过去企业风险管理中存在的类似案例、吸取相关教训，以及总结同行业其他企业存在的风险引以为戒来规避风险的一种经验方法。

4. 调查法

调查法又可分两种：专家调查法和企业部门调查法。专家调查法又称德尔斐法，是指在风险识别时向专家提出问题征求意见，反反复复执行该过程，直到专家们的意见比较一致为止。专家的意见具有一定的权威性。企业部门调查法是指与企业各部门沟通交流，调查了解各部门的风险情况和意见，综合分析制定相关的风险防范策略和方法。

5. 业务流程分析法

业务流程分析法是指企业根据各项经济活动的流程，发现风险点，然后制定相应的风险控制点，力求把风险损失降到最低。业务流程分析法相对更易把控业务风险，故被许多企业采纳。

11.5.2 风险评估

识别了风险以后，下一步就应该是衡量风险对企业的影响，也就是对企业进行风险评估。风险评估是指用定性或定量的方法来估计和预测某种风险发生的概率及其损失程度。风险评估方法有定性评估和定量评估两大类。

1. 定性评估

企业风险定性评估主要是风险管理人员通过风险识别阶段得到的信息，综合应用一定的分析方法对信息进行加工处理，获得风险损失的大小程度，为风险管理提供决策依据。

如表 11-2 所示，企业要重点关注的应该是"风险损失重大，风险概率大"和"风险损失重大，风险概率中等"的风险事件，并做好应对措施的准备和风险的有效防范。

表 11-2 企业风险等级评估表

风险损失重大，风险概率小	风险损失重大，风险概率中等	风险损失重大，风险概率大
风险损失中等，风险概率小	风险损失中等，风险概率中等	风险损失中等，风险概率大
风险损失小，风险概率小	风险损失小，风险概率中等	风险损失小，风险概率大

2. 定量评估及风险决策

决策树法在风险评估中应用较广泛。这种方法又称期望值准则，是一种用树型图描述各方案在未来收益的计算、比较及选择的方法。自左至右从决策点开始，按照问题的各种发展的可能性不断产生分枝，并确定每个分枝发生的可能性大小及发生后导致的损益值，算出各分枝的损益期望值，然后根据期望值中最大者（若损失则为最小者）作为选择依据，从而为确定项目、选择方案或分析风险做出理性科学的决策。

例 11-1

为生产某种产品，现设计两个基建方案，一是建大厂，二是建小厂。大厂需投资300万元，小厂需投资160万元。两者使用期均是10年。估计在此期间，产品销路好的可能性是70%，销路差的可能性是30%。若销路好，建大厂每年收益100万元，建小厂每年收益40万元。若销路差，建大厂每年损失20万元，建小厂每年收益10万元。试问应建大厂还是小厂？

解：假设建大厂的行动方案为A1，建小厂行动方案为A2。

按期望值准则进行决策，需计算各方案的损益期望值：

E(A1)=[0.7×100+0.3×(-20)]×10-300（大厂投资） = 340（万元）

E(A2)=(0.7×40+0.3×10)×10-160（小厂投资） =150（万元）

因此，建大厂的方案更合理。

除了决策树法，定量风险评估还有概率定量度量法、盈亏平衡法等。要根据不同的情况采用不同的定量评估方法。

11.5.3 风险处理

完成风险评估程序后，要针对企业存在的风险因素，积极采取处理措施，对企业风险进行处理，消除或减少风险。风险处理的策略主要有：风险规避策略、风险转移策略、风险控制策略、风险自留策略。

1. 风险规避策略

对于发生概率和损失程度均高的风险，由于随时都可能会发生，而一旦发生则后果非常严重，企业无法承担，企业管理者又不能通过其他办法来处理风险，所以只能放弃该项目，即采用风险规避策略。当然面对高收益、高风险的项目企业应该慎重权衡，因为企业在规避风险的同时也失去了获得高收益的机会，也会极大地打击有关员工的积极性。

2. 风险转移策略

风险转移策略可用于发生概率低和损失程度高的风险。针对这类风险，如果配备专业的风险管理设备和人员，这些要素在多数情况下都用不上，会造成一定的浪费，经济上太不合算；但如果不管理，一旦发生风险事故，损失又极其惨重，企业无法独自承受，所以一般要把全部或大部分风险转移出去。这种转移方式可以通过制定或完善一些制度或者出售发包等签订一些责任性合同，把风险可能带来的不良后果转给直接或者相关责任人，如采取公司制、承包制、限定性合同等方式。还可以通过保险与担保，把财产、责任、意外、生命、疾病等日常工作、生活中所不可避免的风险转移给保险人。

3. 风险控制策略

风险控制策略适用于发生概率高和损失程度低的风险。由于这类风险发生概率高，故可以配置风险管理的专业人员和设备来进行控制。风险控制又分为风险事前控制和风险事后控制。由于其损失程度低，即使真的发生，企业也有能力来承受，如一般企业所面临的普通裁员、普通小火灾等风险，就可以安排配备保安、值班人员，安装防盗、防火设施等来解决。

4．风险自留策略

风险自留策略适合发生的概率和损失程度均低的风险。从成本—收益的角度看，不必过于担心，可以通过企业内部资金的融通来弥补损失。风险自留实质上是企业对无法回避的风险，自行承担财务损失。

11.5.4　风险评价

风险评价是对风险管理执行效果的评估。评价的标准可采用效益标准，即评价企业是否能以最小的成本获得最大的安全保障。常用的评价公式为：

效益比值=因采取措施而减少的风险损失÷(采取风险方案支付的费用+机会成本)

如果效益比值大于1，方案可取；如果效益比值小于1，方案不可取。

本章小结

风险(Risk)是指不利事件发生的可能性。我们从企业、个人、市场三者的关系来看，企业风险的形成主要来自企业经营环境的不确定性、消费者偏好的易变性，以及企业的资金可控能力。

从企业管理的角度来看，风险可存在于企业运作的整个过程中，涉及企业的经营、财务、金融等各个方面。企业风险可主要划分为以下几类：生产经营风险、金融财务风险和竞争风险。

企业风险管理是指全面分析企业在经营的各个过程中存在的风险，并采用合理有效的经济、技术手段对风险进行预测、评估控制和处理，以最低的成本获得最大安全保障的一种管理活动。

企业风险管理大致经历了四个阶段：安全生产阶段、保险阶段、资本优化阶段和全面风险管理阶段。

根据企业的业务类型，企业风险管理一般分为：资金风险管理、生产风险管理、人力资源风险管理、市场风险管理、电子商务风险管理。

风险管理目标可以分为两大类：损前目标和损后目标。这两个目标还可以继续细分。

风险管理的组织结构主要由董事会、风险管理部、各业务职能部门、首席风险官组成。

为了确保以最小的成本降低企业风险，风险管理人员必须遵循一定的风险管理流程。该流程主要包括以下程序：风险识别、风险评估、风险处理、风险评价。

风险识别的方法主要有五种：现场观察法、财务报表分析法、案例分析法、调查法和业务流程分析法。

风险评估方法有定性和定量评估两大类。

风险处理的策略主要有：风险规避策略、风险转移策略、风险控制策略、风险自留策略。

风险评价是对风险管理执行效果的评估。评价的标准可采用效益标准，即评价企业是否能以最小的成本获得最大的安全保障。

> **案例分析**

三鹿婴幼儿奶粉事件

石家庄三鹿集团股份有限公司2008年9月11日晚发布产品召回声明，称公司自检发现2008年8月6日前出厂的部分批次三鹿婴幼儿奶粉受到三聚氰胺的污染，为了消费者的健康，立即对2008年8月6日以前生产的三鹿婴幼儿奶粉全部召回。

卫生部门专家指出三聚氰胺是化工原料，食用可导致人体泌尿系统产生结石。甘肃等地报告多例婴幼儿泌尿系统结石病例都有食用三鹿婴幼儿奶粉的历史。2008年9月22日，根据国家处理奶粉事件领导小组事故调查组调查，三鹿婴幼儿奶粉事件是一起重大食品安全事件。

问题

1. 根据以上案例分析，由于三鹿婴幼儿奶粉事件的发生，三鹿集团股份有限公司将面临哪些风险？
2. 该公司需要制定哪些风险管理措施？

思考与练习

1. 企业风险的种类有哪些？
2. 风险管理的内涵及目标是什么？
3. 风险管理的流程主要包括哪些程序？
4. 欣欣公司存在一些内部控制方面的风险，经风险管理委员会决定聘请某会计师事务所进行内部控制流程风险控制点的修正，服务期为1年，需要支付给会计师事务所20万元服务费。这笔钱如果存入银行定期1年可获得利息5000元，但挽回的风险损失为500万元。请开展该公司的风险评价，并判断该公司管理方案是否可取。

拓展阅读

1. 武艳，张晓峰，张静.企业风险管理.北京：清华大学出版社，2016.
2. 贾子超.概率统计在风险决策中的应用.新西部，2014(21).
3. 赵永红.论效用理论与风险管理.黄河科技大学学报，2005(3).
4. 王周伟.风险管理.北京:机械工业出版社,2012.
5. 朱荣.企业财务风险评价与控制研究.大连:东北财经大学出版社,2008.
6. 邹宏元.金融风险管理.成都:西南财经大学出版社,2005.

第12章 定　价

市场价格不会长期偏离其价值。

——阿斯沃斯·达摩达兰

导入案例

玉米片定价

与全国性品牌相比，菲尼克斯的一家玉米片生产商更具竞争优势，因为它的价格更低，质量更好。但是，这家地方性企业还是密切关注全国性的大品牌企业，因为这些全国性的大企业相对于自己的规模非常庞大。当全国性企业更新了玉米片的价格时，菲尼克斯的这家制造商相信它也要有所改变。它为了让自己的产品更加低廉而牺牲了产品的质量，以为这样可以保住它的价格优势。当全国性大型企业将某种特定的玉米片定为1.59美元时，这家企业便把相应产品的价格定为1.29美元，保留了30美分的差价。一段时间过后，全国性大型企业把产品价格提升至1.89美元，为了仍保持30美分的差价，菲尼克斯的制造商也将价格抬高到1.59美元，而正是因为这个改变使这家企业倒闭了。

为什么一家企业拥有更低的价格，但还是在竞争中失败了？

为什么同样的价格增长幅度却使消费者购买高价格商品更多，低价格商品更少？

资料来源：威廉·博伊斯. 管理经济学（第2版）. 北京：中国人民大学出版社，2013.

- 知识目标：
  - ◆ 掌握企业的定价目标；
  - ◆ 熟悉影响企业定价的主要因素；
  - ◆ 熟悉成本加成定价法、增量定价法和创造更多利润的定价策略的概念和方法。
- 能力目标：
  - ◆ 能初步应用成本加成定价法、增量定价法和创造更多利润的一些定价方法。

12.1 定价目标

12.1.1 企业的定价目标

在市场经济条件下,价格竞争是一种非常重要的竞争手段,定价决策常常是决定企业成功或失败的一个重要因素。定价看起来比较简单,根据前面所学,只要计算出边际成本等于边际收益的产量也即是需求量,然后再在需求曲线上找到对应的价格就完事了。但实际上,定价是非常复杂的:企业可能生产不止一种产品;企业试图迎合不同的有利可图的市场;企业不得不考虑它的价格变动会使对手产生何种反应行为;企业不得不考虑较高的市场价格是否使其他市场竞争者进入市场;企业不得不考虑市场最低的定价是否向消费者暗示了其产品质量也是市场最低;等等。这些问题再加上定价目标的不同,使企业的定价策略和方法呈现出多样化的态势。

定价目标是企业在对其生产或经营的产品制定价格时,有意识的要求达到的目的和标准。它是指导企业进行价格决策的主导因素。

定价目标取决于企业的总体目标。不同行业的企业,同一行业的不同企业,以及同一企业在不同的时期,不同的市场条件下,都可能有不同的定价目标。定价目标主要有如下几种:

1. 以获取利润为目标

获取利润是企业从事生产经营活动的最终目标,具体可通过产品定价来实现。获取利润目标一般分为以下三种。

(1) 以获取投资收益为定价目标。

投资收益定价目标是指使企业实现在一定时期内能够收回投资并能获取预期的投资报酬的一种定价目标。采用这种定价目标的企业,一般是根据投资额规定的收益率,计算出单位产品的利润额,加上产品成本作为销售价格的。但必须注意两个问题:第一,要确定适度的投资收益率。一般来说,投资收益率应该高于同期的银行存款利息率,但不可过高,否则消费者难以接受。第二,企业生产经营的必须是畅销产品。与竞争对手相比,产品具有明显的优势。

(2) 以获取合理利润为定价目标。

合理利润定价目标是指企业为避免不必要的价格竞争,以适中、稳定的价格获得长期利润的一种定价目标。采用这种定价目标的企业,往往是为了减少风险,保护自己,或限于力量不足,只能在补偿正常情况下的平均成本的基础上,加上适度利润作为产品的价格。条件是企业必须拥有充分的后备资源,并打算长期经营。临时性的企业一般不宜采用这种定价目标。

(3) 以获取最大利润为定价目标。

最大利润定价目标是指企业追求在一定时期内获得最高利润额的一种定价目标。利润额最大化取决于合理价格所推动的销售规模,因而追求最大利润的定价目标并不意味着企业要制定最高单价。最大利润既有长期和短期之分,又有企业全部产品和单个产品之别。

有远见的企业经营者,都着眼于追求长期利润的最大化。当然并不排除在某种特定时期及情况下,对其产品制定高价以获取短期最大利润。还有一些多品种经营的企业,经常使用组合定价策略,即有些产品的价格定得比较低,有时甚至低于成本以招徕顾客,借以带动其他产品的销售,从而使企业利润最大化。

2. 以提高市场占有率为目标

以提高市场占有率为目标,也称市场份额目标。即把保持和提高企业的市场占有率(或市场份额)作为一定时期的定价目标。市场占有率是一个企业经营状况和企业产品在市场上竞争能力的直接反映,关系到企业的兴衰存亡。较高的市场占有率,可以保证企业产品的销路,巩固企业的市场地位,从而使企业的利润稳步增长。

在许多情形下市场占有率的高低,比投资收益率更能说明企业的营销状况。有时,由于市场的不断扩大一个企业可能获得可观的利润,但相对于整个市场来看,所占比例可能很小,或本企业占有率正在下降。无论大、中、小企业,都希望用较长时间的低价策略来扩充目标市场,尽量提高企业的市场占有率。以提高市场占有率为目标定价,企业通常有以下两种定价方式。

(1) 定价由低到高。

定价由低到高,就是在保证产品质量和降低成本的前提下,企业入市产品的定价低于市场上主要竞争者的价格,以低价争取消费者,打开产品销路,挤占市场,从而提高企业产品的市场占有率。待占领市场后,企业再通过增加产品的某些功能,或提高产品的质量等措施来逐步提高产品的价格,旨在维持一定市场占有率的同时获取更多的利润。

(2) 定价由高到低。

定价由高到低,就是企业对一些竞争尚未激烈的产品,入市时定价可高于竞争者的价格,利用消费者的求新心理,在短期内获取较高利润。待竞争激烈时,企业可适当调低价格,赢得主动,扩大销量,提高市场占有率。

3. 以应付或防止竞争为目标

企业对竞争者的行为都十分敏感,尤其是价格的变动状况更甚。在市场竞争日趋激烈的形势下,企业在实际定价前,都要广泛收集资料,仔细研究竞争对手产品价格情况,通过自己的定价目标去对付竞争对手。根据企业的不同条件,一般有以下决策目标可供选择。

(1) 稳定价格目标。

以保持价格相对稳定,避免正面价格竞争为目标的定价。当企业准备在一个行业中长期经营时,或某行业经常发生市场供求变化与价格波动需要有一个稳定的价格来稳定市场时,该行业中的大企业或占主导地位的企业率先制定一个较长期的稳定价格,其他企业的价格与之保持一定的比例。这样,对大企业是稳妥的,中小企业也避免遭受由于大企业的随时随意提价而带来的打击。

(2) 追随定价目标。

企业有意识地通过给产品定价主动应付和避免市场竞争。企业价格的制定,主要以对市场价格有影响的竞争者的价格为依据，根据具体产品的情况稍高或稍低于竞争者。竞争者的价格不变，实行此目标的企业也维持原价，竞争者的价格或涨或落，此类企业也相应地参照调整价格。一般情况下，中小企业的产品价格定得略低于行业中占主导地位的企业的价格。

(3) 挑战定价目标。

如果企业具备强大的实力和特殊优越的条件，可以主动出击，挑战竞争对手，获取更大的市场份额。一般常用的定价方式有以下几种。

① 打击定价。实力较强的企业主动挑战竞争对手，扩大市场占有率，可采用低于竞争者的价格出售产品。

② 特色定价。实力雄厚并拥有特殊技术或产品品质优良或能为消费者提供更多服务的企业，可采用高于竞争者的价格出售产品。

③ 阻截定价。为了防止其他竞争者加入同类产品的竞争行列，在一定条件下，往往采用低价入市，迫使弱小企业无利可图而退出市场或阻止竞争对手进入市场。

4．以维持企业生存为目标

当企业经营管理不善，或由于市场竞争激烈、顾客的需求偏好突然发生变化等原因，而造成产品销路不畅、大量积压、资金周转不灵，甚至濒临破产时，企业只能为其积压了的产品定低价，以求迅速出清存货，收回资金。但这种目标只能是企业面临困难时的短期目标，长期目标还是要获得发展，否则企业终将破产。

12.1.2　影响产品定价的主要因素

影响产品定价的因素很多，有企业内部因素，也有企业外部因素；有主观的因素，也有客观的因素。概括起来，大体上可以有产品成本、市场需求、竞争因素和其他因素四个方面。

1．产品成本

对企业的定价来说，成本是一个关键因素。企业产品定价以成本为最低界限，产品价格只有高于成本，企业才能补偿生产上的耗费，从而获得一定盈利。但这并不排斥在一段时期在个别产品上，价格低于成本。

在实际工作中，产品的价格是按成本、利润和税金三部分来制定的。成本又可分解为固定成本和变动成本。产品的价格有时是由总成本决定的，有时又仅由变动成本决定。如果就制定价格时要考虑的重要性而言，成本无疑也是最重要的因素之一。因为价格如果过分高于成本会有失社会公平，价格过分低于成本，不可能长久维持。

企业定价时，不应将成本孤立地对待，而应同产量、销量、资金周转等因素综合起来考虑。成本因素还要与影响价格的其他因素结合起来考虑。

2．市场需求

产品价格除受成本影响外，还受市场需求的影响，即受商品供给与需求的相互关系的影响。当商品的市场需求大于供给时，价格应高一些；当商品的市场需求小于供给时，价格应低一些。反过来，价格变动影响市场需求总量，从而影响销售量，进而影响企业目标的实现。因此，企业制定价格就必须了解价格变动对市场需求的影响程度。反映这种影响程度的一个指标就是商品的价格需求弹性系数。

3. 竞争因素

市场竞争也是影响价格制定的重要因素。根据竞争的程度不同，企业定价策略会有所不同。照市场竞争程度可以分为完全竞争、不完全竞争与完全垄断三种情况。

企业的价格策略，要受到竞争状况的影响。完全竞争与完全垄断是竞争的两个极端，中间状况是不完全竞争。在不完全竞争条件下，竞争的强度对企业的价格策略有重要影响。所以，企业首先要了解竞争的强度。竞争的强度主要取决于产品制作技术的难易，是否有专利保护，供求形势，以及具体的竞争格局。其次，要了解竞争对手的价格策略，以及竞争对手的实力。再次，还要了解、分析本企业在竞争中的地位。

4. 其他因素

企业的定价策略除受成本、需求，以及竞争状况的影响外，还受到其他多种因素的影响。这些因素包括政府或行业组织的干预、消费者习惯和心理、企业或产品的形象等。

(1) 政府或行业组织干预。

政府为了维护经济秩序，或为了其他目的，可能通过立法或者其他途径对企业的价格策略进行干预。政府的干预包括规定毛利率，规定最高、最低限价，限制价格的浮动幅度或者规定价格变动的审批手续，实行价格补贴等。例如，美国某些州政府通过租金控制法将房租控制在较低的水平上，将牛奶价格控制在较高的水平上；法国政府将宝石的价格控制在低水平，将面包价格控制在高水平；目前我国实行的定价形式有国家定价、国家指导价和市场调节价三种；一些贸易协会或行业性垄断组织也会对企业的价格策略进行影响。

(2) 消费者心理和习惯。

价格的制定和变动在消费者心理上的反映也是价格策略必须考虑的因素。在现实生活中，很多消费者存在"一分钱一分货"的观念。面对不太熟悉的商品，消费者常常从价格上判断商品的好坏，从经验上把价格同商品的使用价值挂钩。消费者心理和习惯上的反应是很复杂的，某些情况下会出现完全相反的反应。例如，在一般情况下，涨价会减少购买，但有时涨价会引起抢购，反而会增加购买。因此，在研究消费者心理对定价的影响时，要持谨慎态度，要仔细了解消费者心理及其变化规律。

(3) 企业或产品的形象因素。

有时企业根据企业理念和企业形象设计的要求，需要对产品价格做出限制。例如，企业为了树立热心公益事业的形象，会将某些有关公益事业的产品价格定得较低；为了形成高贵的企业形象，将某些产品价格定得较高等。

12.2 成本加成定价法

12.2.1 成本加成定价法

成本加成定价法是企业最常用、最基本的定价方法，它以企业的单位成本为基本依据，再加上预期利润来确定价格的定价方法。该种定价方法的基本思想就是认为，所定的价格应该能涵盖生产产品的成本，并足以使企业按目标收益率获得一定程度的利润。

使用成本加成定价法确定产品价格的基本步骤如下。

(1) 估算产品的平均变动成本(AVC)。由于在不同的产量水平上，企业的平均变动成本是不一样的，因此在估算平均变动成本时，首先必须确定合适的产量水平。一般情况下，企业可依据其生产能力的 2/3 到 4/5 的产量水平作为确定变动成本的基础。

(2) 估算出固定成本，并按照产品产量将固定成本分摊到单位产品上，计算出固定成本(AFC)。

(3) 将平均变动成本和平均固定成本相加，得出平均总成本(AC)。

(4) 以平均总成本的一定比例即成本加成率作为企业目标利润率核算出目标利润，再加上平均总成本，得到产品价格。所谓"成本加成"就是指在平均总成本的基础上加上它的一定比例，以此来确定价格，成本加成率可以是行业的平均利润率，也可以是企业的目标利润率。

其公式为：$P = ATC(1+a)$

其中 a 为加成的百分比。

例 12-1

某企业生产某产品的变动成本为每件 10 元，总固定成本为 250 万元；设计产品生产能力为 50 万件，销售量为设计生产能力的 80%；行业平均成本利润率为 18%。根据成本加成定价法问价格应定为多少？

解：平均变动成本 = 10(元)

平均固定成本 = 250÷(50×80%) = 6.25(元)

平均成本 = 10 + 6.25 = 16.25(元)

则由 $P = ATC(1+a)$，得 P=16.25×(1+18%) = 19.175(元/件)

12.2.2 成本加成率的确定

由 12.2.1 可以看出，使用成本加成定价法时，科学合理的设定成本加成率是很关键的，过高会使企业产品丧失价格竞争力，过低又会使企业失去可能获得的利润。刚才也介绍过，成本加成率可以是行业的平均利润率，也可以是企业的目标利润率，下面我们简单介绍一下最优成本加成率的确定方法。

成本加成定价方法与根据边际收入等于边际成本的定价原则有联系。

由 MR = MC = P×[1−(1/Ep)]得出：
$$P = MC \times [1+1/(Ep-1)]$$
这是定价时最优加成的公式，其中
$$最优加成率 = 1/(Ep-1)$$
可见，最优加成比率的大小与产品的价格弹性成反比，这对定价政策的制定有理论的指导意义。

注意：公式所用的成本是边际成本，而非平均成本。

因此，对于边际成本与平均成本相差不大的情况，在定价时充分考虑产品的价格弹性，使用成本加成定价法能使企业获得最大的利润。要想使通过成本加成定价获得的企业利润最大化，那么加成幅度就必须设定得非常精确，以使在这一价格下边际收入正好等于边际成本。要想通过成本加成定价最大化企业利润，企业必须使用边际成本而非平均成本，并使加成幅度等于 [1/(1−1/Ep)]−1 或者 1/(Ep−1)。

这个方法在实践中具有较强的指导意义，只要企业管理者对客户需求非常敏感，通过上述方法也可以使企业利润最大化。因为当需求弹性下降时，加成幅度便增大，价格就提高了。相反，需求弹性越高，加成幅度就越小，价格也就降低。

12.2.3　成本加成定价法的优缺点

成本加成定价法是企业较常用的定价方法，它有以下优点。
(1) 计算方法简便易行，资料容易取得。
(2) 能够保证企业所耗费的全部成本得到补偿，并在正常情况下获得一定的利润。
(3) 有利于保持价格的稳定。当消费者需求量增大时，按此方法定价，产品价格不会提高，而固定的加成，也使企业获得较稳定的利润。
(4) 同一行业的各企业如果都采用完全成本加成定价，只要加成比例接近，所制定的价格也将接近，就可以减少或避免价格竞争。

但是，成本加成定价法是典型的生产者导向定价法。现代市场需求瞬息万变，竞争激烈，产品花色品种日益增多。只有那些以消费者为中心，不断满足消费者需求的产品，才有可能在市场上站住脚。因此，成本加成定价法在市场经济中也有其明显不足之处。

(1) 成本加成定价法忽视了产品需求弹性的变化。不同的产品在同一时期，同一产品在不同时期(产品生命周期不同阶段)，同一产品在不同的市场，其需求弹性都不相同。因此，产品价格在完全成本的基础上，加上固定的加成比例，不能适应迅速变化的市场要求，缺乏应有的竞争能力。
(2) 以总平均成本作为定价基础缺乏灵活性，忽视了市场供求和竞争因素的影响，在有些情况下容易做出错误的决策。
(3) 容易掩盖企业经营中非正常费用的支出，不利于企业提高经济效益，不利于企业降低产品成本。

为了克服完全成本加成定价法的不足之处，企业可按产品的需求价格弹性的大小来确定成本加成比例。由于成本加成比例确定得恰当与否，价格确定得恰当与否依赖于需求价格弹性估计的准确程度，这就迫使企业必须密切关注市场，只有通过对市场进行大量的调查、详细的分析，才能估计出较准确的需求价格弹性来，从而制定出正确的产品价格，增强企业在市场中的竞争能力，增加企业的利润。

12.3 增量分析定价法

前面的成本加成定价法是以平均总成本作为定价基础的，在某些情况下，如在边际成本和平均成本差别较大时，成本加成定价法并不适用。这时可以考虑使用增量分析定价法。它主要是分析企业接受新任务之后有没有增量利润(贡献)，如果增量利润为正值，说明新任务的价格是可以接受的，增量利润等于接受新任务引起的增量收入减增量成本。增量分析定价法与成本加成定价法的共同点是以成本作为定价的基础；不同点在于前者以全部成本，后者以增量成本为定价的基础。若价格高于变动成本，该价格即可取。

增量分析定价法主要适用于以下几种情况。

(1) 企业原来有正常的生产任务，也有利润，但因为生产能力还有富余，为了进一步挖掘富余的生产力，需要决定要不要按较低的价格接受新任务。由于生产力有富余，接受新任务不用追加固定成本，只需要增加变动成本即可，所以，新任务的定价就可以以变动成本为基础，只要增量收入大于增量成本，方案即为可行。不过，条件是接受新任务不会影响原来正常的销售。

(2) 市场不景气，企业任务很少，生产能力的利用远远不足，同行业竞争激烈，这时企业的主要矛盾是求生存(力求少亏点)，如果维持原价，那就有可能揽不到任务，如果削价多揽一些任务，这样就可以少亏点。在后一种情况下进行定价决策，也要使用增量分析定价法。

(3) 企业生产几种产品，在这几种产品的需求之间存在着联系(互相替代或者互补)，其中一种产品变动价格，会影响其他有关产品的需求量，因而其中一种产品的价格决策不能孤立地只考虑这一种产品的效益，而应考虑对几种产品的综合效益，这时，也宜采用增量分析定价法。

例 12-2

假设某酒店有 100 间客房，目前是旅游淡季，客房出租率只有 20%。该酒店全年的固定成本为 365 万元，每间客房的平均变动成本为每天 50 元。现在有某个公司开会需要租用该酒店 50 间客房 10 天，但它只愿为每间客房支付 100 元。现在酒店需要决定是否接受这个任务。

为了实现酒店的利润最大化，先来分析接受这个任务所能得到的增量收益和增量成本。

$$增量收益 = 50 \times 10 \times 100 = 5 (万元)$$
$$增量成本 = 50 \times 10 \times 50 = 2.5 (万元)$$

然后，比较增量收益和增量成本，即计算增量利润。

$$增量利润 = 5 - 2.5 = 2.5 (万元)$$

由于接受该公司的租房要求可以为酒店带来增量利润 2.5 万元，所以尽管其价格低于酒店客房的平均总成本 100+50=150 元，酒店也应该接受其租房要求。

增量分析定价法的概念很简单，但在实际应用时需要小心，须注意以下三点：
① 决策引起的利润增量应当是指决策引起的各种效果的总和；
② 在计算利润增量时，要考虑短期效果，也要考虑长期效果；
③ 由于管理费用和固定成本必须分摊，所以不是所有产品的定价都用增量分析法。

12.4 创造更多利润的定价策略

在上一节讨论的定价策略中，管理者只是对所有消费者制定统一的价格。实际上，在某些市场中，管理者还可以通过制定不同的价格来提高利润，故称为创造更多利润的定价策略。本节将讨论以下的定价策略：差别定价、两部定价、批量定价、捆绑定价和高峰定价。这些定价适合那些有不同成本结构和不同市场条件的企业。对于具有垄断力的企业来说，采用这些定价策略能获取更大的利润，其原因在于，这些定价策略可以使企业侵占全部或者部分的消费者剩余。

12.4.1 差别定价

1. 差别定价的概念

差别定价即一家厂商在同一时间对同一种产品向不同的购买者索取两种或两种以上的价格，或者对销售给不同购买者的同一种产品在成本不同时索取相同的价格，也称为价格歧视。

价格歧视是一种重要的垄断定价行为，是垄断企业通过差别价格来获取超额利润的一种定价策略。它不仅有利于垄断企业获取更多垄断利润，而且使条件相同的若干买主处于不公平的地位，妨碍了它们之间的正当竞争，具有限制竞争的危害。因而，世界各国的反垄断法规基本上都对它做出了限制。西方经济学中将价格歧视定义为：在同一时间对同一种商品向不同的购买者索取不同的价格。

差别定价常见的事例有：①一个医生根据病人不同的富裕程度，或收入水平的差别，对相同的治疗收取不同的费用(小费)；②汽车制造商在出口市场上的销售价格往往低于在国内市场上的销售价格(即考虑到税收差别)；③电力公司把居民用电、商业用电和工业用电等方面的电力市场分隔开来，收取不同的电费；④小建筑材料商向专业建筑工人供应的价格要低于"业余人"。

差别定价必须满足的前提条件如下。

(1) 市场必须有某些不完善之处，企业对价格有一定的控制能力。例如，信息不通畅，市场分割，使差别定价成为可能。

(2) 要实行差别定价，不同市场之间或市场各部分之间，必须能有效分离开来。如果低价商品能流向高价市场，差别定价便不可能。

(3) 各个市场的需求弹性必须各不相同。

2. 差别定价的分类

一般来说,根据价格差别的程度,可把价格歧视区分为三个等级:一级价格歧视、二级价格歧视和三级价格歧视。

(1) 一级价格歧视。

一级价格歧视又称完全价格歧视,是指厂商根据消费者愿意为每单位商品付出的最高价格而对每单位产品制定不同的销售价格。从消费者行为理论可知,需求曲线反映了消费者对每一单位商品愿意并且能够支付的最高价格。如果厂商已知消费者的需求曲线,即已知消费者对每一单位产品愿意并且能够支付的最高价格,厂商就可以按此价格逐个制定商品价格。完全价格歧视就是每一单位产品都有不同的价格。

例如,律师对每个委托人收取不同的费用就是这种情况。实际上是将所有消费者剩余榨光,转化为垄断的超额利润。这是一种极端的情况,现实中很少发生。如图12.1所示,对 X_1 单位产品索价 P_3,X_2 为 P_2,$\cdots X_n$ 为 P_1,在单一价格下的消费者剩余全部转化为垄断者实行一级差别定价的追加利润。

(2) 二级价格歧视。

二级价格歧视是指垄断厂商根据不同的购买量确定不同的价格。在日常生活中,二级价格歧视比较普遍,如电力公司实行的分段定价等。二级价格歧视主要适用于那些容易度量和记录的劳务,如煤气、电力、水、电话通信等的出售。一般情况是购买量越多定的价格就越低。这种情况垄断厂商可以把部分消费者剩余转变为超额利润。如图12.2所示,假定一个城市的家庭对电力的需求,收费率制成价格表是这样的:每月消费的最先一部分电力为 Q_1 单位时收费高,按 P_1 收费,当从 Q_1 增为 Q_2 时,增加部分按 P_2 收费,超过 Q_2 部分按 P_3 收费。这样垄断者没有获得三个小三角形表示的消费者剩余。获得了由 $P_1 \cdot OQ_1$,$P_2 \cdot Q_1 Q_2$,$P_3 \cdot Q_2 Q_3$ 所表示的面积。

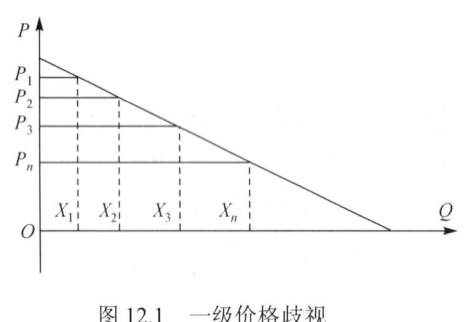

图 12.1　一级价格歧视

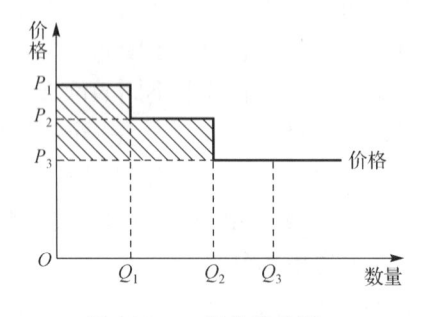

图 12.2　二级价格歧视

(3) 三级价格歧视。

三级价格歧视是指垄断厂商对同一种产品在不同的市场上(或对不同的消费者群体)制定不同的价格。实际中的例子很多,如同一种产品,国内市场和国际市场价格不一样,在国内市场中不同的城市定的价格也不一样。

在三级价格歧视下资源配置效率的分析比较复杂。本书对最简单的、两个子市场的情况进行分析,所得结论很容易推广到多个市场的情况,如图12.3所示。

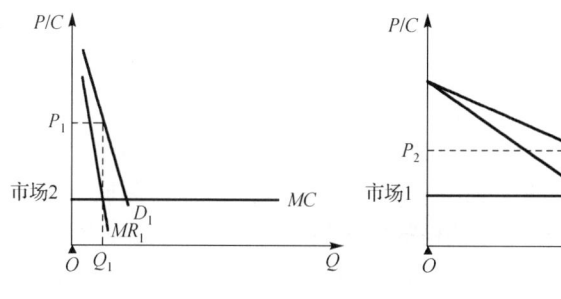

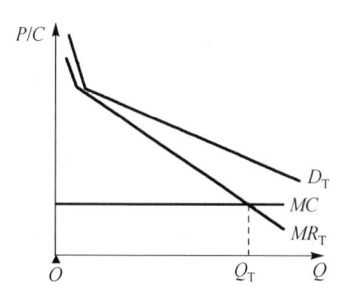

图 12.3 三级价格歧视

一种产品定出不同的价格，就可能比相同的价格获取更多的利润。

证明： ∵ MR=$P \cdot (1-1/Ed)$

∴ P =MR·[Ed /(Ed−1)]

假设市场 1 的需求弹性为 2，市场 2 的需求弹性为 1.5，

则 P_1=MR$_1$·[2/(2−1)] P_2=MR$_2$·[1.5/(1.5−1)]

两个市场的产品的边际成本为 MC，利润极大化要求为 MR$_1$=MR$_2$=MC，P_1=2MC，P_2=3MC，

若 MC=2，则 P_1=4，P_2=6，

反过来，如果两个市场的需求弹性一样，那么两地的价格也必须相同。

例 12-3

一个垄断者在一个工厂中生产产品而在两个市场上销售，他的边际成本和平均成本是 2，两个市场的需求曲线方程分别为：Q_1 =7−0.5P_1；Q_2 =10−P_2（Q_1、Q_2 分别为在市场 1、2 的销售量；P_1、P_2 分别为市场 1、2 的价格），求

(1)厂商可以在两个市场之间实行差别价格，计算在利润最大化水平上每个市场的价格(P_1、P_2)、销售量(Q_1、Q_2)，以及他所获得的总利润量 $T\pi$。

(2)计算统一定价的价格、销售量和最大利润。

解：(1) MR$_1$=MR$_2$= MC

MR$_1$=14−4Q_1 MR$_2$=10−2Q_2

Q_1 = 3 P_1 =8

Q_2 = 4 P_2 =6

$T\pi = P_1Q_1 + P_2Q_2 − AC(Q_1 + Q_2)$=34

(2) Q_1 = 7−P/2 Q_2= 10−P $Q = Q_1+ Q_2 = 17−(3/2)P$

$P = 11\frac{1}{3} - \frac{2}{3}Q$ $MR = 11\frac{1}{3} - \frac{4}{3}Q$

令 MR=MC，得 Q = 7，$P = 6\frac{2}{3}$

$T\pi = PQ − TC = 32\frac{2}{3} < 34$

12.4.2 两部定价

两部定价，也翻译为两步定价或分步定价，是指厂商向消费者为取得购买其产品的权利先收取一个固定费用，然后再为每单位购买的产品收取费用。图12.4表示了垄断企业的需求曲线 D、边际收益曲线 MR 和边际成本曲线 MC。为了简化讨论，假定边际成本等于平均成本，都为常数。那么，当企业采用制定单一价格的定价策略时，边际收益曲线与边际成本曲线在 E 点相交，利润最大化产量是 Q_M，利润最大化价格为 P_M。这时，企业的利润为长方形 $BDEC$，而消费者剩余为三角形 ABC 的面积，即消费者从他们所购买的 Q_M 单位产品中获得的不需支付的价值为三角形 ABC 的面积。

现在，企业决定采用两步定价策略，如图12.5所示。首先，考虑一种极端的情况，企业为产品的购买权而向消费者收取三角形 ADF 所示的面积的固定费用，然后以 $P*$ 的价格向消费者销售每个产品。企业每单位产品的边际成本 MC 等于 $P*$，因此以 $P*$ 价格销售产品时，企业不获得任何利润。但是，企业能获得三角形 ADF 所示面积的固定收益，它就是企业的经济利润。企业通过两步定价获得的利润为三角形 ADF 所示的面积，比制定单一价格时获得的长方形 $BDEC$ 所示的面积要大。而这时，消费者不再得到任何不用支付的价值，消费者剩余为零。

实际上，企业往往不能掌握关于消费者剩余的准确信息，也就无法通过两步定价侵占所有的消费者剩余。但是，只要企业所收取的固定费用大于长方形 $BDEC$ 的面积，企业就能获得更大的利润。

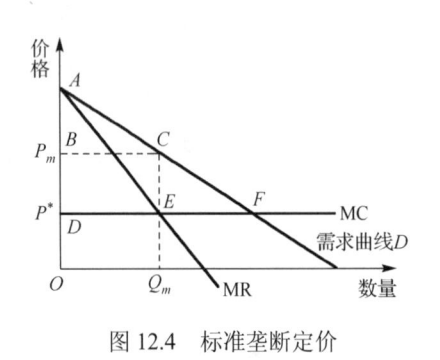

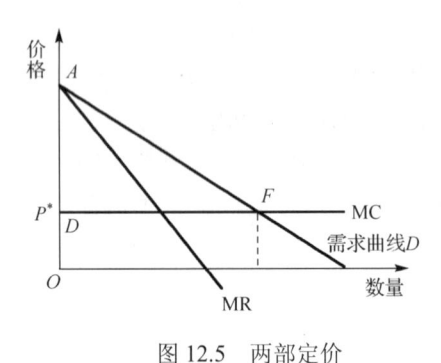

图12.4 标准垄断定价

图12.5 两部定价

12.4.3 批量定价

批量定价是指厂商为了提高利润，把相同的产品包装在一起，迫使消费者在做出购买决策时，要么全买，要么一件也不买。例如。我们在超市购买过10卷装的卫生纸、6听装的可乐，这些就是批量定价的实例。

现在看一下批量定价是如何提高企业利润的。假设某消费者的需求函数为 $Q=10-P$，企业的成本函数为 $C(Q)=2Q$，在图12.6中显示了相应的曲线。从图中可看到，如果企业的定价为2元，那么销售量为8个单位。这时，消费者获得的消费者剩余是最上面三角形面积，即

$$\frac{1}{2} \times [(10-2) \times 8] = 32 (元)$$

消费者剩余反映了消费者额外得到的不需支付的价值。实际上，消费者为购买 8 个单位产品向企业支付了 2×8=16 元，但是得到了 32 元的剩余。因此，这 8 单位产品对消费者的总价值是 16+32=48 元。

企业可以采用批量定价策略，使消费者把购买 8 单位产品的总价值全部支付给企业。具体方法是，企业以 8 单位产品为一个批量，并且对该批量定一个价格。在这种情况下，消费者要么购买这 8 件产品，要么就一件都买不到。从上面的分析可以知道，消费者购买这 8 单位产品所能获得的总价值是 48 元。因此，只要这个批量的价格不高于 48 元，消费者就会购买。

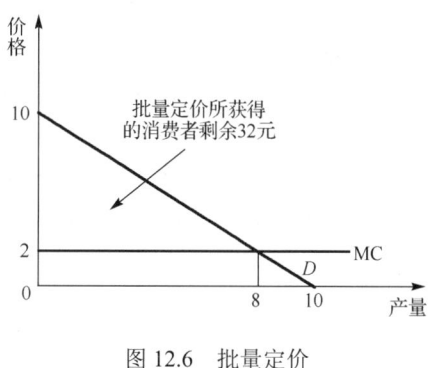

图 12.6　批量定价

因此，对企业来说，利润最大化时 8 单位批量的价格是 48 元。通过制定一个价格销售这个批量，而不是分别销售每单位产品，企业就能够多获得 32 元利润，它等于当单位价格为 2 元时，消费者所能得到的所有消费者剩余。

批量定价通过迫使消费者在购买全部产品和一件都不买之间做出决策，就可以提高企业利润。与价格歧视不同的是，甚至当消费者的需求特征相同时，批量定价也可以提高企业的利润。

12.4.4　捆绑定价

捆绑定价就是指厂商把两种或者两种以上的商品捆绑在一起作为一个整体，以单一价格进行销售。例如，旅行社经常销售"一揽子交易"，包括机票、住宿、伙食等费用；计算机厂商把计算机主机、显示器和软件捆绑在一起，并以一个单一的捆绑价格进行销售。

下面来分析捆绑定价策略如何提高企业利润。假设某计算机公司的管理者认为有两个顾客对它所销售的计算机主机和显示器有不同的支付意愿。如表 12-1 所示的是这两个顾客对计算机主机和显示器的支付意愿，即他们对商品所愿意支付的最高数额。第一个消费者愿意为计算机主机支付 6000 元，为显示器支付 2000 元。第二个消费者愿意为计算机主机支付 4000 元，为显示器支付 3000 元。但是，企业并不知道如何来识别这两个消费者，因此，也就不能利用对每个消费者收取不同的价格来实行价格歧视。

表 12-1　呈负相关的支付意愿

消费者	对计算机主机的支付意愿	对显示器的支付意愿
1	6000 元	2000 元
2	4000 元	3000 元

表 12-1 中的数字是根据这两个消费者的偏好呈负相关而设定的。假定由于两个消费者的偏好不同，第一个消费者对计算机主机的支付意愿高于第二个消费者，而对显示器的支付意愿低于第二个消费者。由于两个消费者的偏好呈负相关，企业就能通过捆绑定价来提高利润。如果企业将计算机主机的价格定为 6000 元，则由于第二个消费者只愿为计算机主机支付 4000 元，所以只有第一个消费者购买计算机主机，企业获得 6000 元的收入；还可

能的是，企业将计算机主机的价格定为 4000 元，那么两个消费者都将购买计算机主机，企业获得 8000 元的收入。显然，计算机主机的收入最大化价格应该是 4000 元。类似的，可以知道显示器的收入最大化价格应该是 2000 元，这时企业可以获得 4000 元的收入，比定价为 3000 元时多获得 1000 元的收入。现在，企业的总收入为 8000+4000=12 000 元。

表面上，企业通过对计算机主机定价为 4000 元，对显示器定价为 2000 元，并销售两台计算机主机和两台显示器，似乎已经获得了更高的收入。但是，如果企业把计算机主机和显示器捆绑在一起，并且以 7000 元的价格出售这一组合的话，企业可以获得更大的收入。为什么呢？注意到第一个消费者愿意为购买主机和显示器最高支付 6000+2000=8000 元，第二个消费者愿意为购买计算机主机和显示器最高支付 4000+3000=7000 元。因此，通过将计算机和显示器捆绑在一起，并且以 7000 元的价格销售，企业可以获得 14 000 元的收入，比企业不采用捆绑销售时多获得 2000 元的收入。

如果消费者对两种产品的需求不呈负相关关系，捆绑定价就不能帮助企业提高利润。例如，如果消费者的支付意愿如表 12-2 所示。

表 12-2　呈正相关的支付意愿

消费者	对计算机主机的支付意愿	对显示器的支付意愿
1	4000 元	2000 元
2	6000 元	3000 元

在这种情况下，企业可以将计算机主机定价为 4000 元，将显示器定价为 2000 元，总收入为 12 000 元。但企业能制定的捆绑价格为 6000 元，总收入为 12 000 元。因此，要使捆绑定价有效，必须有一些消费者的偏好与另一些消费者呈负相关，即如果有的消费者对一种产品的支付意愿高于另一种，那么，必须有另一些消费者对第二种产品的支付意愿高于第一种。

12.4.5　高峰定价

在很多市场上，有时候需求高，而有时候需求低。例如，收费公路在高峰时间与一天中的其他时间相比交通流量要大得多。公共事业公司的产品在白天比在半夜有更高的需求。如果在高峰期，厂商所面临的需求非常大，以至于超过其供给能力，那么厂商就可以使用高峰定价的策略来提高利润。所谓高峰定价就是在高峰期制定高价，在非高峰期制定低价。

高峰定价法适用于满足以下三个条件的情况：
(1) 产品不能储存；
(2) 在不同时间里提供服务所用的是同一生产设施；
(3) 在不同的时间里，需求特点不同。

如图 12.7 描述的就是这种经典例子。注意，边

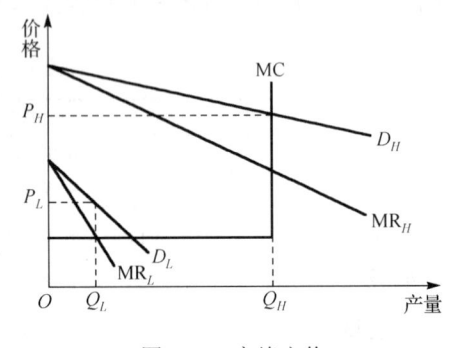

图 12.7　高峰定价

际成本直到 Q_H 的产出水平之前都是不变的，在 Q_H 处变成了垂直的。这意味着厂商的供给能力已经达到极限，不可能再在任何价格水平下提供额外的产品或服务。

图中的两条需求曲线分别对应高峰时段和非高峰时段的产品需求：D_L 非高峰时段的需求，在高峰时段的需求曲线 D_H 下面。一般来说当面临两类需求时，厂商通过向不同需求的顾客收取不同的价格会达到利润最大化。在高峰定价的这种情形中，顾客群指的是在一天中不同的时段购买厂商产品的顾客。

例如，在图中，对于非高峰时段的需求而言，其边际收益和边际成本在 Q_H 处相等。因此在非高峰时段，利润最大化的价格为 P_L。而在高峰时段，边际收益和边际成本在 Q_H 处相等，此时厂商的生产能力已达到极限。因此，在高峰时段利润最大化的价格为 P_H。

注意在图中，如果厂商在一天中所有的时段都向消费者收取一个高价格 P_H 的话，那么在非高峰时段就不会有顾客购买该厂商的产品。通过在高峰时段收取高价，而在非高峰时段收取低价，就可以在非高峰时段向一些顾客销售产品，厂商可以增加利润。类似的，如果厂商在一天中所有的时段都向消费者收取一个低价格 P_L 的话，那么高峰时段厂商就会损失一些利润，因为这时消费者愿意为厂商支付一个更高的价格。

12.4.6　在激烈的价格竞争市场上的定价策略

1. 价格匹配

价格匹配指的是厂商公布其价格，并且承诺追随竞争对手制定的任何一个低价的定价策略。这种定价策略往往能使厂商把价格锁定在较高价格，并且获得更大的利润，而且价格匹配政策使厂商不需要监视竞争对手所制定的价格，简单易行。

为了描述这种策略是如何提高厂商的利润的，我们假设厂商除了公开其价格外，还承诺自己的价格会匹配市场中所能发现的任何一个低价，如宣布"返还差价"。

对消费者来说，这听起来像是一件好事。这个政策会吸引一些消费者，对这些消费者而言，厂商做出了保证。但是如果市场上所有的厂商都宣布这样的政策，他们就能把价格定到较高的垄断价格水平，并且获得高利润。因为所有的厂商都制定了相同的高价政策，共同分享市场，消费者就不能在市场上找到低价了。此时任何一个厂商都没有动力为了从竞争对手那里争夺消费者而制定更低的价格，因为这会引发价格战，结果就会导致每个厂商的市场份额保持在原有水平，然而利润却减少了。因此所有的厂商都采用价格匹配政策的话，那么结果就是每个厂商制定垄断价格，分享市场并且获得高利润。

但实施价格匹配政策的厂商必须具备两个条件：①能够识别进行"欺骗"的消费者；②具有成本竞争力。

2. 随机定价

随机定价是指厂商随时改变价格的定价行为。在激烈的价格竞争市场上，厂商使用随机定价方式目的是向消费者和竞争对手隐藏其价格信息。例如，当我们到超市购物时，发现超市产品的价格频繁地在变化，这就是所说的随机定价。那么超市为什么这么频繁地改变定价呢?这主要是基于以下两个原因：

第一，阻止消费者在不同厂商之间的套利行为；

第二，削弱竞争对手制定更低价格的能力。

采用随机定价策略，厂商的价格每小时或每天都是不一样的。以下两种原因说明了这种定价策略可以使厂商受益。

第一，当厂商采用随机定价策略时，即使消费者以前以最低的市场价格从某厂商购买过产品，但也不能从这次购买经历中学到什么东西。在某一天，某厂商的定价可能是最低的；但在另一天，另外一家厂商的出价是更低的。通过增加最低定价的不确定性，厂商就可以弱化消费者去商店询问价格信息的动力。因为一个商店或许今天的出价是最低的，但这并不意味着明天它的出价也是最低的。因此，消费者为了连续发现市场上最低的价格就必须经常地逛商店。实际上，消费者变得消息灵通，对消费者只能带来一次好处。当厂商制定一个新价格时，这种信息就毫无价值了。这就降低了消费者投资调查价格信息的动力。当消费者对厂商竞争对手的价格信息越缺少了解时，厂商就越不易遭受到竞争对手通过削价来抢夺顾客的攻击。

随机定价的第二个优点是它减弱了竞争对手降价的能力。在竞争激烈的市场上，如果一个厂商稍微降价，那么获得信息的消费者就会转向那个厂商。而随机定价不仅减少了消费者可获得的信息，而且还使竞争对手无从准确地知道应该收取什么样的价格，才能比给定厂商的价格要低。随机定价策略的目的是弱化竞争对手挑起价格战的动力，因此能够提高厂商的利润。

应当指出的是，厂商采用随机定价策略，并不总是可以获利的。在许多情况下，厂商采用其他一些策略，如触发策略或价格匹配策略，还可以是更为有效地提高厂商利润的方法。而且，在某些情况下，厂商按照随机定价策略所要求的经常性地改变价格并不是可行的。连续更换产品的价格标签所花费的雇用员工成本很高，以致不能实行。但是，当产品的价格可以输入计算机，而不需要直接贴在产品上时，随机定价策略是有效的。当厂商在周末报纸上做广告称厂商将进行"甩卖"时，随机定价也可以起作用。在这些情况下，销售循环中的厂商广告价格可能每周都是不一样的，因此，竞争对手也就无从知道应该发布什么样的价格，才能低于该厂商的价格。

【小案例】航空业的随机定价

在美国，每天飞机票价会发生 215 396 次以上的变化，这相当于每分钟价格变化 150 次。许多航空公司将大把的金钱花费在企图监视其他航空公司的价格上。以 Delta 航空公司为例，该公司雇用了 147 名员工追踪竞争对手的价格，并且快速反应：在某个特定时间里，把超过 5 000 次的行业价格变化与 Delta 的 70 000 次以上的票价进行比较。在航空价目表出版公司把新的飞机票价归档的前一天，Delta 的计算机就能够追踪到这种新的票价。一旦 Delta 知道竞争对手的价格发生了变化，就可以在两个小时之内把一个匹配价格输入它的订票系统。

12.4.7 多产品定价策略

以上我们讨论的主要是单一产品独立定价问题，实际上，一个企业往往不只生产一种产品，而是生产多种产品，多种产品的生产过程之间和消费过程之间往往存在相互联系、相互制约的关系。消费过程中的相互关系可以是相互补充，也可以是相互替代；多产品在生产过程中也可能会有一定的联系，如用同一投入，在同一生产过程中生产出两种以上的产品，这样的产品就叫作关联产品。如何给这些产品定价呢？本节将讨论这个问题。

1. 在需求上相互关联的产品定价

关联产品是指在需求上相互关联的产品或者是替代品，或者是互补品。当产品在需求上相互关联时，依然可以依据利润最大化原则进行价格决策。只是这时要将其他产品销售额的变化作为边际收益的一部分来考虑，以求得企业总利润而不是某种产品利润最大化的价格。假设一家企业只生产两种产品 A 和 B，产品 A 的销售会影响产品 B 的需求，反之亦然。这时的边际收益为

$$\begin{cases} MR_A = \dfrac{dTR_A}{dQ_A} + \dfrac{dTR_B}{dQ_A} = MC_A \\ MR_B = \dfrac{dTR_B}{dQ_B} + \dfrac{dTR_A}{dQ_B} = MC_B \end{cases}$$

第一个式子表示，由产品 A 的销售量的变化而引起的企业边际收益可以分为两部分：第一部分为 dTR_A/dQ_A 代表 A 销售量增加所引起的产品 A 收益的变化；第二部分为 dTR_B/dQ_A，代表 A 销售量增加所引起的产品 B 收益的变化。

第二个式子表示因产品 B 销售量变化而引起的企业边际收益，也包含两部分：第一部分为 dTR_B/dQ_B，代表 B 销售量增加所引起的产品 B 收益的变化；第二部分为 dTR_A/dQ_B，代表 B 销售量增加所引起的产品 A 收益的变化。

两式子中表示相互影响的第二项 dTR_B/dQ_A 和 dTR_A/dQ_B 的符号取决于产品 A 和产品 B 之间联系的性质。如果两种产品是互补的，则这两项为正值，也就是说一种产品的销量增加将导致另一种产品的总收益的增加，如剃须刀和刀片。如果两种产品为替代关系，则这两项为负值，也就是说一种产品的销量增加将导致另一种产品的总收益的减少，如两种不同的洗发水。最后，如果两种产品之间不存在需求的相互影响，这两项为零。

显然，为了进行最优的产量和价格决策，企业必须考虑需求上的相互影响。假定产品 A 和产品 B 是互补品。在确定产品 A 的利润最大化产量时，如果不考虑 A 的销量对产品 B 需求的影响，则当 dTR_A/dQ_A 等于生产产品 A 的边际成本时，产品 A 的产量就不应再增加了。但从上式中我们看到 dTR_B/dQ_A 也是边际收益的一部分。因此，利润最大化的原则要求继续增加产品 A 的产量。实际上，产品 A 的产量应增加到下式成立时为止：

$$dTR_A/dQ_A + dTR_B/dQ_A = MC_A$$

式中，MC_A 为因产品 A 的产量增加一单位而引起的企业总成本的增量。同样，如果产品为替代品，不考虑需求上的相互影响就会导致产量过大。

2. 在生产上相互关联的产品定价

(1) 以固定比例生产的关联产品定价。

当产品是以固定比例生产的时候，应该作为一个产品组合来分析。由于产品是共同生产出来的，因此所有的成本都发生在这个产品组合的生产之中，在理论上也没有一种正确

的方法来把这些成本分摊到每种产品上。要决定这些产品的最优产量和最优价格,就要对所有产品产生的总边际收益与边际成本进行比较。在下面的分析中,每一单位产品组合包括从一个单位投入物中得到的产量。例如,屠宰一头牛所形成的一个产品组合中包括 500 磅牛肉和一张牛皮。

图 12.8(a)表明了构成一个产品组合的两种产品(A 和 B)的需求函数及其相应的边际收益函数,还有此生产过程的边际成本函数。把每种产品的边际收益函数(MR_A 和 MR_B)垂直相加,就得到该产品组合的总的边际收益函数(MR_T)。厂商通过多生产一个单位的产品组合而得到的净收益就是产品 A 的增量(边际)收益加上从产品 B 得到的不可分的增量(边际)收益。总边际收益函数(MR_T)与边际成本函数(MC)的交点决定了产品组合的最优产量(Q^*),以及两种不同产品的最优价格(P_A^* 和 P_B^*)。

如果边际成本函数(MC)与总边际收益函数(MR_T)相交所决定的产量超过了图 12.8(a)中的 Q_1,那么前面的分析就会产生一个麻烦,即产量超过 Q_1 后,产品 B 的边际收益就成了负值,因此厂商将不想销售多于 Q_1 单位的产品 B。当这种情况出现时,如 12.8 图(b)所示,最优解就是生产 Q_A^* 单位的产品组合。它是由 MR_A 和 MC 函数的交点所决定的。Q_A^* 单位的产品 A 应该以 P_A^* 价格出售。不过,产品 B 只应以 P_B^* 的价格销售 $Q_B^*(= Q_1)$ 单位。产品 B 超过 Q_1 的过多产量,即 $Q_A^*-Q_B^*$,应该销毁或丢弃,才不会压低市场价格。在求解数字问题时,可以检查边际成本函数与总边际收益函数相交所决定的产量是否大于 Q_1,方法是把最优产量(Q^*)代入 MR_A 和 MR_B 函数。如果哪个边际收益值是负数,那么就应该使边际成本函数等于其他产品的边际收益函数,以此来决定最优价格和最优产量的组合。例如,如果 MR_B 函数为负值,那么就要用 MR_A(而不是 MR_T)来确定最优解。

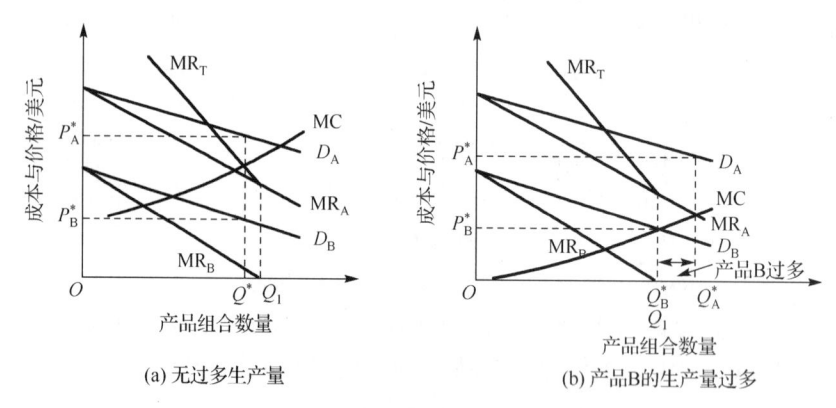

(a) 无过多生产量

(b) 产品B的生产量过多

图 12.8 以固定比例生产的关联产品 A 和 B 的最优价格和最优产量的决定

(2)以变动比例生产的关联产品定价。

企业同时生产出来的关联产品的内在比例可能是可以变更的,如炼油生产中,汽油、柴油之间的产出比例,造纸生产中高档纸和低档纸之间的产出比例,猪肉生产中瘦肉和肥肉之间的产出比例等经常会发生变化。为了简化分析,我们假定:第一,在一定产出范围内生产出来的关联产品的价格保持常数;第二,关联产品有两种 A 和 B,且其产出的比例可以变化,但是企业生产它们的总成本保持常数,但单位平均成本是可变的。以下用图 12.9 说明以变动比例生产的关联产品的价格与产量决策。

在图 12.9 中，纵轴横轴分别代表关联产品 A 和 B 的产量。三条凹向原点的曲线 TC 代表企业生产关联产品 A 和 B 的三种总成本支出水平，该总成本曲线的特征为：在同一条总成本曲线上各点总成本相等，表明用同一生产资源可以生产出不同比例的 A、B 产品组合；总成本曲线凹向原点而并非直线，则意味着这两种关联产品的单位平均成本是可变的。在实际生产中，由于关联产品是同时生产出来的，所以它们所发生的共同成本是无法分摊的，如牛的饲养成本就无法分摊到牛皮和牛肉的生产过程中，只有那些明确属于某种具体关联产品的成本(如牛皮的制革成本和牛肉的冷藏成本)才能分摊。由此可见，当关联产品以可变比例生产出来，其平均成本一定并非常数，所以总成本曲线表现为非线性的。图 12.9 中的三条收益(TR)曲线为直线，表明关联产品 A、B 的价格为常数，其中收益曲线的方程为：$TR=P_A Q_A+P_B Q_B$。对于一条既定的总成本曲线，它与某条总收益曲线的切点就是这种成本支出水平所能达到的最大收益，由此决定最大利润下的 A、B 产品的组合产量。例如，图 12.9 中的 D 点是总成本水平为 100 的总成本曲线与总收益为 150 的总收益曲线的切点，表明该点的 A、B 产量组合在收益为 150、成本为 100 水平上利润最大为 50(150−100)。同理，E 点的 A、B 产量组合表明总收益为 300、总成本为 200 水平下的最大利润为 100(300−200)，F 点的 A、B 产量组合表明总收益为 350、总成本为 300 水平下的最大利润为 50(350−300)。假定该企业生产 A、B 关联产品只有这三种选择，显然，企业应该按 E 点的产量组合进行关联产品的生产，即 A 产品生产 Q_A^*，B 产品生产 Q_B^*。在上述分析中，两种关联产品的价格是由完全竞争市场决定的，是外生既定的。

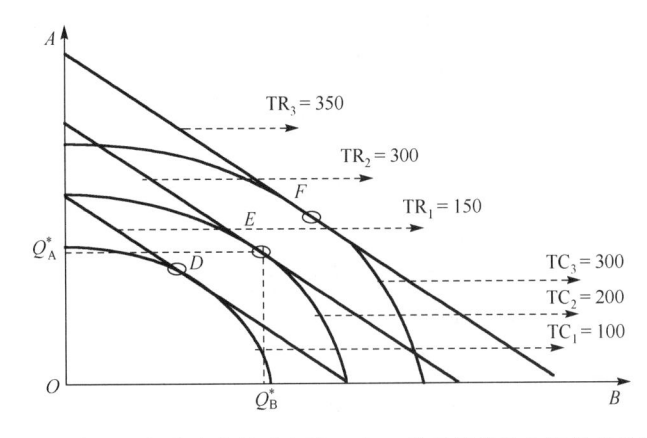

图 12.9　以变动比例生产的关联产品 A 和 B 的最优价格和最优产量的决定

3. 转移定价

与公司规模惊人增长相联系的是这些组织内部决策与控制的分权趋势。由于大规模多产品国内厂商或多国厂商内部的协调与沟通问题极其复杂，所以这些厂商一般都分成一系列半自治的经营事业部，每个事业部都构成一个拥有制定经营决策职责和职权的利润中心。事业部经理把适当的奖酬与刺激结合在一起，把决策目标引向利润中心的最高利润率。人们可以相信，所有的事业部都以这种方式经营，这种系统将使厂商的整体利润率最高。此处研究的就是这种分权系统实际上导致最优价格和产量决策的条件，也就是能使厂商整体利润最大化的决策。由于此问题的复杂性质，此分析仅限于比较简单的例子。

实际上存在着一系列的条件,它们使分权厂商中一个事业部制定的价格-产量决策要取决于(即受影响于)另一个事业部的价格-产量决策。相互依赖的原因之一在于两个事业部的外部需求函数是相关的。例如,通用汽车公司的雪佛兰事业部与庞迪亚克事业部的需求函数之间肯定存在着一定程度的依赖性。但在此处分析中,假定每个事业部的外部需求函数都是独立的。依赖性的另一个来源在于,两个事业部的生产过程无论何时都是成本相关的,要么由于技术上的相互依赖,要么由于产量变化对生产过程中所使用的要素成本的影响。前一种依赖性的例子就是炼油厂中的产品组合(如汽油、煤油、燃料油和润滑油)要受到生产过程的限制。后一种依赖性就是两个事业部投标争夺一种供应短缺的原材料或劳动技能,结果导致价格上涨。在下面的分析中,假定生产过程在成本上也是相互无关的。

依赖性的第三个来源是此处所要分析的,它出现于一个事业部向同厂商另一个事业部出售其所有或部分产品的时候。例如,在福特汽车公司中,会发生大量的产品和服务的内部转移。发动机和铸造事业部,变速器和车身事业部,金属冲压事业部,以及玻璃事业部等都向汽车装配事业部转移产品,汽车装配事业部又向福特和林肯事业部转移完整的汽车。

每种中间产品或服务从销售事业部向购买事业部的转移都会影响前者的收益与后者的成本。因此,每个事业部的价格-产量决策和利润率既要由标准的利润最大化规则(即边际成本等于边际收益)来决定,也要受到转移价格的影响。

转移价格在分权厂商中起到两个作用:一个就是在制定使利润最大化的价格和产量决策时,作为事业部所使用资源的边际价值的一个衡量指标;另一个就是在分析事业部绩效时,作为事业部所使用资源的总价值的衡量指标。这两个作用有时可能相互冲突。此处的重点内容就是确定正确的转移价格,用于制定最优(即利润最大化)的价格-产量决策。

在下面的分析中,假定某个由两个独立事业部组成的分权厂商,确立了一个两阶段的生产过程来制造和销售一种产品。生产事业部制造一种中间产品,在厂商内部按照转移价格出售给营销事业部。营销事业部再把中间产品转换成一种最终产品,然后在一个垄断竞争的外部市场中出售。

根据上面有关需求和成本具有独立性的假设条件,有三种可能的情况供考虑:
① 不存在中间产品的外部市场;
② 中间产品存在完全竞争的外部市场;
③ 中间产品存在不完全竞争的外部市场。

接下来研究前两种情况,存在不完全竞争外部市场的第三种情况可以用本章前面讨论的三级价格歧视模型来分析,此处不再研究。

(1)不存在中间产品的外部市场。

如果不存在中间产品的外部市场,生产事业部将无法处置超过营销事业部所要求数量的多余产品。同样,如果营销事业部对最终产品的需求超过了生产事业部的生产能力,那么也无法从外部得到更多的中间产品。因此,生产事业部制造出来的产品数量必须等于营销事业部的销售数量。图12.10说明了利润最大化的价格-产量组合,以及产生的转移价格的决定过程。厂商在任一产量上的单位边际成本 MC 就是生产一个单位产品的边际成本 MC_p 和销售一个单位产品的边际成本 MC_m 之和。人们通过使边际成本 MC 与外部边际收益 MR_m 相等(点 A),来制定厂商的利润最大化决策——P_m^* 为营销部门在外部市场中销售最终产品的最优价格,Q_m^*为最终产品的最优数量。因此,可使转移价格 P_t^*等于最优产量水平 Q_p^*的单位产品的生产边际成本 PC_p(点 B)。这样做将使各个事业部在谋求本部门利润最大化的同时,也实现了厂商整体利润的最大化。

上述结果也可以这样理解:转移价格一旦确定,生产事业部将会面对一条由中间产品转移价格所确定的水平需求曲线及相应的边际收益曲线。生产事业部的最大利润将实现于该事业部的边际成本等于其边际收益的那一点上,即本例中 P_t 直线与 MC_p 曲线相交处。这个条件所形成的 Q_p^*就是中间产品的最优产量,它与前面确定的最终产品的最优数量 Q_m^* 相同。同样,转移价格一旦确定,营销事业部就会面对一条边际成本曲线 MC_t,它是单位产品的营销边际成本 MC_m 与给定的转移价格 P_t之和。营销事业部的最大利润实现于该事业部的边际成本与其边际收益相等的那一点上,即本例中的 MC_t 与 MR_m 曲线的交点。这种情况所形成的最优价格和产量决策(即 P_m^*和 Q_m^*)与前面谋求厂商整体利润最大时得到的结果是一样的。

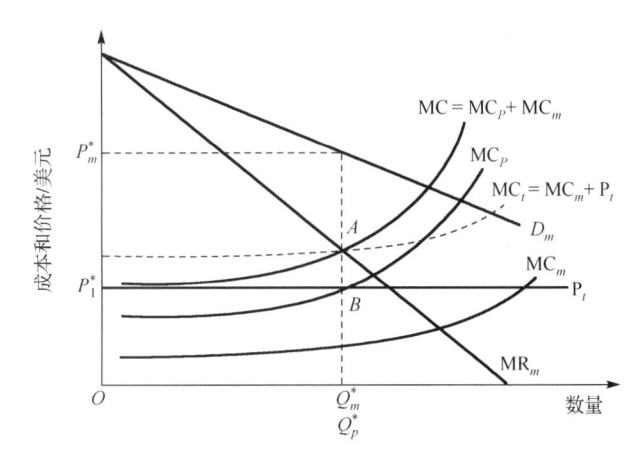

图 12.10 不存在中间产品的外部市场情况下转移价格的确定

(2)存在中间产品的完全竞争的外部市场。

如果存在中间产品的外部市场,生产事业部和营销事业部的产量就不再要求相等了。在下面的分析中,假设中间产品的外部市场为完全竞争市场,研究中间产品供求的两种不同情况:过多的内部供给和过多的内部需求。

① 过多的内部供给:生产事业部中间产品的生产能力大于营销事业部的要求,要在外部竞争市场中出售多余的产品。

如图 12.11 所示为厂商最优价格-产量决策的形成过程。如果存在一个中间产品的完全竞争市场,那么生产事业部的产量就会面对一条水平的外部需求曲线 D_p,它的产量位于现存的市场价格 P_t 水平上。使事业部的边际收益 MR_p 与事业部的边际成本 MC_p 相等(点 C),就决定了中间产品的利润最大化产量为 Q_p^*单位。营销事业部不管是从公司内部还是从外部市场,都必须以 P_t 价格购买这种中间产品,它的边际成本曲线 MC_t 是单位产品的营销边际成本 MC_m 与给定转移价格 P_t 之和。另外,使事业部的边际收益 MR_m 与事业部的边际成本 MC_t 相等(点 D),表明营销事业部以 P_m^*价格向外部出售 Q_m^*单位的最终产品将使利润最大。这种解决办法还表明生产事业部应该生产 Q_p^*单位的中间产品,向营销事业部出售 Q_m^*单位的产品，差额部分 ($Q_p^* - Q_m^*$) 在外部的中间产品市场中销售。

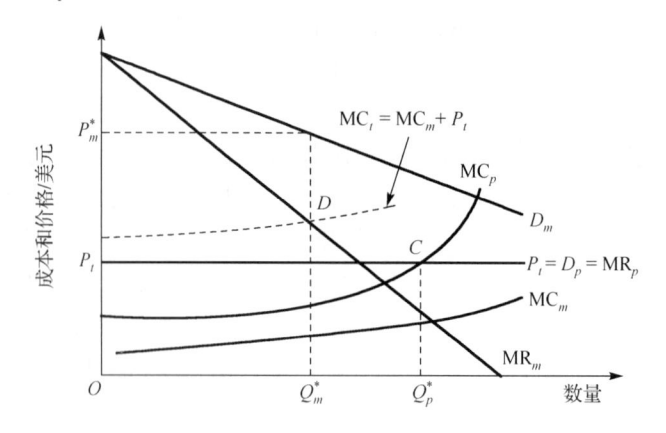

图 12.11　转移价格的确定：存在中间产品的完全竞争的外部市场——过多的内部供给

上述分析中的转移价格是很明确的，竞争市场中的价格 P_t 成了公司内部销售中间产品的最优转移价格（P_t^*）。由于生产事业部能以此价格向外部出售任意数量的产品，所以也就没有积极性以低于 P_t^* 的价格在公司内部出售给营销事业部。

② 过多的内部需求：营销事业部所要求的中间产品数量大于生产事业部内部提供的数量，要在外部竞争市场中购买产品。

图 12.12 说明了存在过多的内部需求时厂商最优价格-产量决策的形成过程。与前面讨论的存在过多的内部供给情况相似，生产事业部也会力图通过使本事业部的边际收益 MR_p 等于边际成本 MC_p（E 点）而获得最大利润。由此决定的中间产品的最优产量为 Q_p^* 单位。因为营销事业部的边际成本曲线 MC_t 等于单位产品的营销边际成本 MC_m 与给定的转移价格 P_t 之和，所以也会力图通过使本事业部的边际收益 MR_m 与边际成本 MC_t 相等（F 点）来谋求利润最大。这样就决定了它应以每件 P_m^* 的价格向外部出售这种最终产品，最优数量为 Q_m^*。这个结果表明生产事业部应该把它生产的全部中间产品 Q_p^* 都出售给营销事业部，营销事业部还要在外部中间产品市场中购买其余的产量，即 $Q_m^* - Q_p^*$。

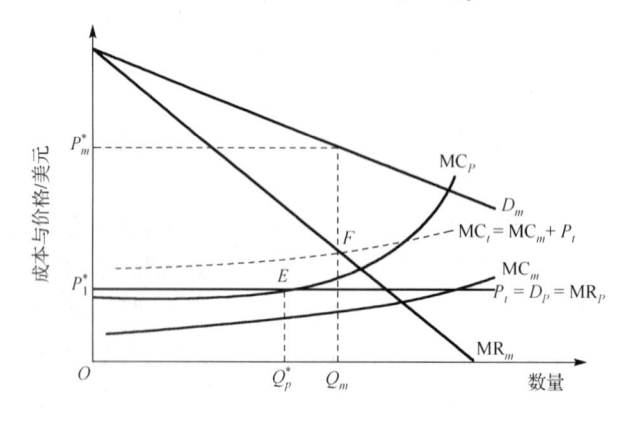

图 12.12　转移价格的确定：存在中间产品的完全竞争的外部市场——过多的内部需求

与前面讨论过的存在过多的内部供给的情况一样，公司内部转移这种中间产品的最优转移价格 P_t^* 等于完全竞争市场中的价格 P_t。营销事业部能按此价格购买它所希望的任何数量的中间产品,因而将不愿意以高于 P_t^* 的价格从生产事业部购买中间产品。

12.5 其他定价策略

以上各节讨论的是企业依据利润最大化目标而展开的定价策略和方法,然而企业在实际生产经营过程中,定价目标不会是单一的利润最大化,本节主要介绍围绕着其他定价目标而展开的定价方法。

12.5.1 竞争导向定价法

竞争导向定价法是企业通过研究竞争对手的生产条件、服务状况、价格水平等因素,依据自身的竞争实力,参考成本和供求状况来确定商品价格的。这是一种以市场上竞争者的类似产品的价格作为本企业产品定价的参照的定价方法。

竞争导向定价主要包括随行就市定价法、产品差别定价法、密封投标定价法和拍卖定价法等。

1. 随行就市定价法

在垄断竞争和完全竞争的市场结构条件下,任何一家企业都无法凭借自己的实力而在市场上取得绝对的优势,为了避免竞争特别是价格竞争带来的损失,大多数企业都采用随行就市定价法,即将本企业某产品价格保持在市场平均价格水平上,利用这样的价格来获得平均报酬。此外,采用随行就市定价法,企业就不必去全面了解消费者对不同价差的反应,也不会引起价格波动。

2. 产品差别定价法

产品差别定价法是指企业通过不同营销努力,使同种同质的产品在消费者心目中树立起不同的产品形象,进而根据自身特点,选取低于或高于竞争者的价格作为本企业产品价格。因此,产品差别定价法是一种进攻性的定价方法。

3. 密封投标定价法

在国内外,许多大宗商品、原材料、成套设备和建筑工程项目的买卖和承包,以及出售小型企业等,往往采用发包人招标、承包人投标的方式来选择承包者,确定最终承包价格。一般来说,招标方只有一个,处于相对垄断地位,而投标方有多个,处于相互竞争地位。标的物的价格由参与投标的各个企业在相互独立的条件下来确定。在买方招标的所有投标者中,报价最低的投标者通常中标,它的报价就是承包价格。这样一种竞争性的定价方法就称密封投标定价法。

4. 拍卖定价法

拍卖也称竞买,是商业中的一种买卖方式,卖方把商品卖给出价最高的人,同时它也是一种定价方式。拍卖的要素有:参与者、供拍卖的物品或服务、拍卖的方式,以及用于确定价格和竞买者的规则。进行拍卖必须有准备出售或购买的双方和组织拍卖的机构(如拍卖行)参与。通过拍卖方式出售某种所有权或物品,卖方是一家,它委托拍卖机构向被邀请来参加竞买的一家以上的预期购买者提供准备出售的某种所有权或物品。拍卖过程由第三方的拍卖师或拍卖行组织实际操作。拍卖师或拍卖行可以根据成交价格只收取委托方(卖方)一定比例的佣金,也可以从买卖双方各收取一定比例的佣金。

拍卖的好处:它通过一个卖方(拍卖机构)与多个买方(竞买人)进行现场交易,使不同的买方围绕同一物品或财产权利竞相出高价从而在拍卖竞价中发现其真实价格和稀缺程度,避免交易的主观随意性,更直接地反映市场需求,最终实现商品的最大价值。

拍卖的方式有英格兰式拍卖、荷兰式拍卖、英格兰式与荷兰式相结合的拍卖方式。

12.5.2　新产品定价法

新产品定价是企业定价的一个重要方面。新产品定价合理与否,不仅关系到新产品能否顺利地进入市场、占领市场、取得较好的经济效益,而且关系到产品本身的命运和企业的前途。新产品定价可采用撇脂定价法、渗透定价法和满意定价法。

撇脂定价法是一种高价格策略,是指在新产品上市初期,价格定得高,以便在较短的时间内获得最大利润。这种定价法因类似于从牛奶中撇脂奶油而得名。

渗透定价法是一种低价格策略,即在新产品投入市场时,价格定得较低,以便消费者容易接受,很快打开和占领市场。

满意定价法是一种介于撇脂和渗透之间的价格策略。它所定的价格低,但比渗透价格要高,是一种中间价格。这种定价法因能使生产者和消费者都比较满意而得名,有时又称"君子价格"或"温和价格"。

12.5.3　心理定价法

每件产品都能满足消费者某方面的需求,其价值与消费者的心理感受有着很大的关系。这就为心理定价法的运用提供了基础。心理定价法是一种根据消费者心理所使用的定价策略,是运用心理学的原理,依据不同类型的消费者在购买商品时的不同心理要求来制定价格,以诱导消费者增加购买,扩大企业销量。具体策略包括以下几种。

1. 整数定价策略

这种定价策略是指在定价时把商品的价格定成整数,不带尾数,使消费者产生"一分价格一分货"的感觉,以满足消费者的某种心理,提高商品形象。

2. 尾数定价

这种定价策略是指在商品定价时,取尾数而不取整数,使消费者购买时在心理上产生大为便宜的感觉。

3. 分级定价

这种定价策略是指在定价时,把同类商品分为几个等级,不同等级的商品,其价格有所不同。这种定价策略能使消费者产生货真价实、按质论价的感觉,因而容易被消费者接受。

4. 炫耀定价

当购买者认为其消费选择与自己的身份地位相关时,愿意以远远超过商品实际价值的价格购买商品，这是人们的炫耀心理。这时需求规律好像已经失去作用。炫耀定价法就是利用人们的炫耀心理确定产品价格的。

5．招徕定价策略

这种定价策略是指在多品种经营的企业中，对某些商品定价很低，以吸引顾客，目的是招徕顾客在购买低价商品时，也购买其他商品，从而带动其他商品的销售。

6．习惯性定价策略

有些商品在顾客心目中已经形成了一个习惯价格，这些商品的价格稍有变动，就会引起顾客不满，提价时顾客容易产生抵触心理，降价会被认为降低了质量。因此对于这类商品，企业宁可在商品的内容、包装、容量等方面进行调整，也不采取调价的方法。日常生活中的饮料、大众食品一般都适用这种策略。

7．声望定价

某些产品的定价是为了提高潜在消费者的认知价值。声望定价的做法就是索取一个高价，以便限制潜在的买主，并形成一种印象，即此产品的质量高于类似的低价格产品。或者说声望定价法是一种有意识地给商品定高昂价格以提高商品地位的定价方法，它利用消费者仰慕名牌商品或名店的声望所产生的某种心理来制定商品的价格。

例如，在欧洲汽车市场中，奔驰、奥迪和宝马等汽车的价格在 25 000 美元到 75 000 美元之间，这些汽车在吸引忠诚的、声望导向的客户时都获得了巨大的成功。与此同时，丰田汽车公司的"camry"轿车，与这些更昂贵的汽车相比，也得到了来自消费者协会这种公平审查小组的广泛赞许，但由于其价格大大低于欧洲产品，因而没有吸引到欧洲轿车所拥有的声望导向顾客的忠诚追随。

本章小结

成本加成定价法被许多企业采用。在这个方法中，企业估算出一定产量水平上的平均总成本，再加上一个加成作为价格。如果采用边际成本进行估算，并且根据价格弹性决定加成，那么，加成定价法能够实现利润最大化。但是并不是所有的成本都能明确地分配给某一特定的产品，这时，可以采用增量成本定价法来做出价格策略。如果一种产品的价格大于该产品所带来的增量成本，那么，生产这种产品就是有利可图的。

某些定价策略可以使企业侵占消费者剩余。当市场之间的价格差异与其成本差异不相关时，可以采取价格歧视，对在不同市场上销售的相同产品制定不同的价格。当不同期间的需求具有不同的特点时，可以采取高峰定价，对高峰需求期间的顾客定高价，对非高峰期间的顾客定低价。当企业掌握关于消费者剩余的准确信息时，可以采取两部定价，先为产品的购买权要求一个固定费用，然后以近似边际成本的价格销售产品；或者采取批量定价，迫使消费者批量购买产品。

一般来说，企业生产和销售的产品不止一种。其中，有些产品的需求或成本可能是相互联系的。对于需求相互影响的产品，在做出利润最大化决策时，企业要将其产品销售额的变化作为边际收益的一部分一起考虑。对于固定比例的关联产品，利润最大化的产品就位于总边际收益曲线与总边际成本的交点。对于中间产品，如果不存在外部市场，转让价格应该等于最优产量上的边际成本;如果存在外部市场,转让价格就应该等于市场价格。

在进行激烈的价格竞争的企业需要采取竞争定价策略,或者实行价格匹配,承诺以竞争对手的最低价作为产品的价格;或者实行随机定价,故意经常改变产品的价格,以隐藏价格信息。

案例分析

交响乐团经理所面对的问题

在演出季节中,乐团通常每月有两场周六晚上的表演,每次表演都有一个新节目。每次演出会产生如下成本:

固定的管理费用成本	1500 美元
彩排成本	4500 美元
演出成本	2000 美元
可变成本(如节目和门票)	每位观众 1 美元

乐团经理因为微薄的利润率而忧心忡忡。她现在将票价定在 10 美元。如果能将音乐大厅中的 1100 个座位全部卖完,那么总收入将会是 11,000 美元,总成本是 9100 美元,每场演出将带来 1900 美元的客观利润。不幸的是,通常观众只有 900 人,这导致售出的没涨门票的平均成本是 9.89 美元——接近 10 美元的门票价格。每场演出的收入仅仅 9000 美元,成本 8000 美元,这样每场演出的总利润只有令人沮丧的 100 美元。业务经理不相信简单的涨价就可以解决问题。更高的价格会进一步减少观众的数量,使每场演出的收入比现在还要少。因此,她正在考虑三个通过扩展新市场来增加利润的方案,其中两个方案涉及出售折扣门票。这三个备选方案如下:

(1)"学生抢购"门票定价为 4 美元,并以"先到先得"为准则,在演出前的一个半小时向大学生出售。经理估计她可以向在其他情况下不会到场的人群出售 200 张这样的门票。然而,很明显,这些门票的价格甚至不及每张票平均成本的一半。

(2)星期六晚上的演出将在星期日白天重演,门票为 6 美元。经理预计她可以售出 700 张日场票,但其中 150 张门票将卖给本来会购买星期六高价票演出的人群。因此净人数将增加 550 人,但同样,这些门票的价格也将少于每张票的平均成本。

(3)一系列新的演出会在每隔一个星期六表演。票价将定在 10 美元,并且经理预计她将售出 800 张门票,但其中 100 张将会卖给本会观看原有演出的人群。因此净人数将会增加 700 人。

乐团应该采用哪一种方案呢?对于学生抢购来说,排演成本和演出成本都不是增量成本,观众成本是增量型的;对于星期日场演出来说,演出成本和观众成本都是增量型的;对于新系列方案来说,除管理费用以外所有成本都是增量型的。

资料来源:汤姆·纳格,约瑟夫·查莱. 定价战略与战术(第五版). 北京:华夏出版社,2012.

思考与练习

1. 什么是成本加成定价法?其基本步骤是怎样的?
2. 什么是价格歧视?它分为哪几类?

3. 什么是声望定价？

4. 什么是转移定价？

5. 增量分析定价法与成本加成定价法的主要区别是什么？什么情况下宜使用增量分析定价法？

6. 什么叫价格匹配？

7. 什么叫随机定价？

8. 多产品定价具体有哪些种类和方式？

9. 什么是高峰定价法？如何实施？有人说高峰定价法能提高社会资源的配置效率，这一说法是否有道理？

10. 假定某航空公司在 A、B 两地之间飞行一次的全部成本为 45 000 元（其中，固定成本为 25 000 元，包括机组人员的工资、飞机折旧、机场设施与地勤服务）。在 A、B 之间增加一次飞行需要增加的成本为 20 000 元，增加一次飞行的票价收入为 30 000 元。问：在 A、B 之间是否应增加航班。

11. 一个垄断者在一个工厂中生产产品而在两个市场上销售，他的成本曲线和两个市场的需求曲线方程分别为：$TC=(Q_1+Q_2)2+10(Q_1+Q_2)$；$Q_1=32-0.4P_1$；$Q_2=18-0.1P_2$（TC：总成本；$Q_1$、$Q_2$：在市场 1、2 的销售量；$P_1$、$P_2$：试场 1、2 的价格）。求：

(1) 厂商可以在两市场之间实行差别价格，计算在利润最大化水平上每个市场上的价格、销售量，以及他所获得的总利润 R。

(2) 如果禁止差别价格，即厂商必须在两个市场上以相同的价格销售。计算在利润最大化水平上每个市场上的价格、销售量，以及他所获得的总利润 R。

12. 单项选择题：

(1) 当产品在需求上相互关联，为互补品时，相比不存在关联关系的独立产品，其每种产品的产量应该(　　)。

A. 更大　　　　B. 更小　　　　C. 相等　　　　D. 无法确定

(2) 厂商根据消费者愿意为每单位商品付出的最高价格而对每单位产品制定不同的销售价格是(　　)。

A. 一级价格歧视　B. 二级价格歧视　C. 三级价格歧视　D. 四级价格歧视

13. 多项选择题：

(1) (　　)等定价策略可以使企业侵占全部或者部分的消费者剩余。

A. 差别定价　　B. 两部定价　　C. 高峰定价　　D. 批量定价

(2) 高峰定价法适用于满足以下(　　)条件的情况。

A. 产品不能储存

B. 在不同时间里提供服务所用的是同一生产设施

C. 在不同的时间里，需求特点不同

D. 在不同的空间里，需求特点不同

14. 判断题：

(1) 对于边际成本与平均成本相差不大的情况，在定价时充分考虑产品的价格弹性，使用成本加成定价法能使企业获得最大的利润。

(2) 当产品在需求上相互关联，为替代品时，相比不存在关联关系的独立产品，其每种产品的产量应该更大。

(3) 价格匹配指的是厂商公布其价格，并且承诺追随竞争对手制定的任何一个低价的定价策略。

拓展阅读

1. 詹姆斯·R.麦圭根，等. 管理经济学：应用、战略与策略. 北京：机械工业出版社，2009.
2. 徐玖平，黄云歌. 管理经济学概论. 北京：高等教育出版社，2006.
3. 陈建萍，杨勇. 管理经济学：理论、案例与实务. 北京：中国人民大学出版社，2011.
4. 保罗·G.基特，菲利特·K.Y.杨. 管理经济学. 大连：东北财经大学出版社，2011.
5. 威廉·博伊斯. 管理经济学 (第2版). 北京：中国人民大学出版社，2013.
6. 汤姆·纳格，约瑟夫·查莱. 定价战略与战术 (第五版). 北京：华夏出版社,2012.

第13章 组织设计

在一个变化的竞争环境中，在追求绩效的压力下，管理者们似乎都倾向于改善现有组织结构的效率，实现现有的战略。

——C.K.普拉哈拉德

导入案例

安然公司的失败

2001年12月，在全球拥有3000多家子公司、名列《财富》杂志"美国500强"第七名、掌控着美国20%的电能和天然气交易、被誉为"华尔街宠儿"的美国安然公司申请破产。安然公司的失败原因不仅仅是战略决策上的失误、轻视举债风险、财务造假、企业文化的迷失等，正如《商业周刊》指出，安然公司的问题从根本上说是组织设计上的问题：第一，在其组织结构扁平化过程中没有保留一个适当的监督权；第二，在对一项交易进行业绩评估时主要根据近期收益的增长，忽视长远目标的实现；第三，为高层管理提供了巨额报酬，从而促使他们过度冒险。安然公司的内部风险管理小组负责考查各种交易，但是小组内180名雇员的业绩评估却部分依赖于提出和推荐这些交易的相关人员。有一点可以肯定，那就是安然公司的问题早就潜藏在安然公司的组织设计中了。

资料来源：根据 https://wiki.mbalib.com/wiki/安然公司和布里克利，史密斯，齐默尔曼. 管理经济学与组织架构（第4版）. 北京：人民邮电出版社，2014，相关资料整理而成.

- 知识目标：
  - ◆ 了解组织设计的概念和主要方面；
  - ◆ 理解企业代替市场配置资源的作用并非是无限制的；
  - ◆ 熟悉分权的成本和收益；
  - ◆ 熟悉确定绩效标准的两种方法和棘轮效应；
  - ◆ 了解主观绩效评估的含义；
  - ◆ 了解绩效计量成本对绩效评估系统设计的影响；
  - ◆ 掌握劳动力市场均衡基本模型；
  - ◆ 熟悉企业所有者与管理者的激励冲突来源；
  - ◆ 理解企业在薪酬设计和管理中必须遵守的公平性原则；
  - ◆ 熟悉劳动力市场均衡基本模型的扩展内容。

- 能力目标：
  - ◆ 能初步应用组织设计理论知识进行决策权分配、绩效评估系统和薪酬系统的问题分析。

前 面我们了解到企业可能进入的市场类型、如何进行利润最大化决策、如何寻找最优投入要素组合、生产什么、生产多少、产品如何定价等问题对于一个企业的经营成功非常重要。而安然公司的失败也告诉我们，在企业发展中，公司内部的组织相关问题也非常重要，组织设计方面的缺陷将导致士气低迷、内耗严重、成本增加、风险增加、利润损失，甚至最终导致企业的失败。

13.1 组织设计概述

13.1.1 组织设计的定义

人类是一个高度组织化的物种，人类历史的发展在某种意义上就是一部各类组织诞生并发展的历史，尤其在文明高度发达的当代社会，与这种高度发达相伴而生的是数量空前巨大的各式各类的组织。例如，以我国的营利性组织为例，根据国家市场监督管理总局《2019年全国市场主体发展基本情况》提供的数据表明，2019年年底我国有各类市场主体12 339.5万户，其中企业3858.3万户、个体工商户8261.0万户、农民专业合作社220.1万户。

组织设计简单地说就是对组织进行设计，有时和组织架构设计在意义上相同，它包括三个关键方面：①决策权的分配；②奖励系统；③业绩评估系统。

其中，业绩评估系统与奖励系统属于对决策权分配的控制系统，因为分权所以需要控制，它们之间是一个紧密联系的系统，需要合理设计、协调运作。市场竞争使那些设计不合理、效率低、成本高、不能适应变化的组织最终走向毁灭，市场竞争作为一种压力，促使企业进行合理高效的决策，包括组织决策。

例13-1

新技术提供了更好的控制

在全世界有超过5%的集装箱货运会出现运输问题。每年有1200万箱货物会通过轮船、火车和卡车运达美国。货运公司必须严格控制其载运的集装箱以避免被盗、发错路线，更不用说还要提防恐怖分子可能利用这些集装箱发送各种爆炸物、有害化学品，以及核炸弹。运输行业正转向使用"智能集装箱"——集装箱上安装了特别的装置，可以通过卫星或无线电向发货人和收货人报告目前集装箱的位置、装的货物，以及运输条件。尽管安装类似通信设施的集装箱价格昂贵，每个集装箱成本从50美元到800美元不等（依据其功能而不同），但仅从避免装运错误而节省的费用就可能非常巨大。一个发货人被告知公司装运柠檬酸的集装箱在蒙特利尔（与其在新泽西的最终目的地相差甚远），并且三天内无法运达。该发货者就会迅速打电话给经纪人，安排其货物上路。

资料来源：布里克利，史密斯，齐默尔曼.管理经济学与组织架构（第4版）.北京：人民邮电出版社，2014.

13.1.2 契约成本与企业边界

在市场经济条件下，资源的分配实际上是由市场和企业共同完成的，为什么资源的分配要由企业和市场共同完成呢？罗纳德·科斯认为市场交易会发生交易成本，该交易成本包括研究和信息成本、谈判和决策成本、决策制定和实施成本。在有些情况下，市场交换的方式对各方都有利，而在另一些情况下组成企业的方法可能更经济合理。

1. 市场上的契约成本

通过市场进行的交易其基本成本包括价格的发现和谈判费用，相比而言，企业存在如下优势。

(1) 更少的交易次数。如果有 m 种生产要素和 n 个顾客，那么一家公司可以投入 m 种要素并将产品卖给 n 个顾客，则总的交易次数是 $m+n$。相比之下，如果每个顾客单独为每个生产要素进行交易，那么就将有 $m\cdot n$ 次交易。例如，装备一台计算机可能需要 10 个工人，如果有 1000 个顾客，每个顾客分别与每个工人谈判，总共要有 10 000 次交易。如果一家公司雇佣 10 个工人，并向 1000 个顾客销售计算机，那么总共只有 1010 次交易。

(2) 信息专业化。考虑买个人计算机的情况，如果分别购买各种部件，那么你对个人计算机部件了解多少呢？但另一方面，个人计算机生产厂家却懂得各方面的专业知识，从这一厂家购买的顾客只关心最终产品的质量就可以了。

(3) 通过建立声誉减少契约成本。与那些预期在很长时间内都会参与市场的交易方进行交易，个人可能会更有信心。他们明白交易方为了提高他们的声誉和未来的商业机会，会有动力保证诚实可信。与个人相比，组织很可能能有更长的寿命，因此预期组织会比不知道名的个人更守信用。这种信任的增加可以促成谈判和降低维持协议成本的费用。

此外，政府管制同样有助于解释企业存在的原因。有时，企业生产成品更便宜，因为与市场交易相比，企业可以避免在各个生产阶段的税收。

2. 企业内的契约成本

既然存在前面介绍的促成企业存在的几种契约成本，为什么整个经济不形成一个大的企业呢？原因在于企业内部的资源配置同样会产生契约成本。例如，随着企业规模的扩大，企业所有者将越来越难以做出有效的和及时的决策，他们将更有可能出现决策失误和对环境变化的反应滞后。

随着企业规模的进一步增大，企业的重要决策必须要交给那些非企业所有者的职业经理人(管理专家)来处理，而要保证这些管理专家能够从企业所有者的角度做出决策，又需要花费一定的激励成本。

所以，企业也是有其组织边界的，企业代替市场配置资源的作用并非是无限制的，其替代的合理界限是企业组织规模扩大后所节约的市场的契约成本或交易成本等于可能增加的内部契约成本或管理成本。例如，企业裁员、卖掉一些资产、减缩规模就是为了达到一个合理的边界，同样，企业拓展业务、招聘员工、扩大规模也是这个道理。

总之，与市场交换相比，通过企业来组织经济活动的成本更低时，有关经济活动就会保留在企业内部，反之则会通过市场交换来落实。同时，这一思路对于组织设计有着重要的意义。

13.2 决策权分配

13.2.1 任务与决策权分配

企业是一个价值增值体，它不断地将投入转化成产出(产品和服务)，并将产品和服务卖给顾客，这种价值创造和实现的流程通常要涉及许多任务和活动。例如，在一家汽车公司中，汽车需要设计、装配、销售，以及交货等。组织结构的一个重要因素是如何将组织内的整体任务划分成各部分，并将它们分配给特定的个人或团队。

通过设计流程，组织可创造或确定出具体的工作。例如，如果将各种办公室的任务合在一起交给个人，就产生了一个秘书的工作。至少可以用两个维度来确定一项工作：①按照要求员工应该完成的各项任务；②决定什么时候，以及如何才能更好地完成这些任务的决策权。

考虑任务的多样性和决策权的范围，现实中的任务是千差万别的。图 13.1 显示了四种可能的情况。点 1 代表较少的任务和有限的决策权的组合。可以举个现实的例子，如在打字室，一个打字员将集中完成某个单项任务，她对于做什么及如何做只有非常有限的自主权。点 2 代表有多项任务与有限决策权的组合。例如，文书的工作通常涉及各种繁杂的事务(如文件归档、打字、接收和回复电话、安排会议等)，但只有有限的决策权。点 3 代表只有较少的任务，但具有广泛的决策权。举个例子来说，销售人员在回答顾客的询问时，有较为广泛的决策权，包括何时可以发货、价格定为多少等诸如此类的问

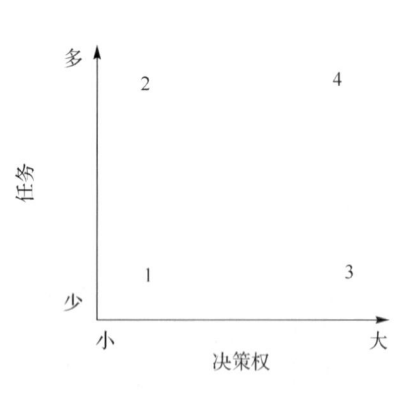

图 13.1 工作设计考虑的重要方面

题。而该销售人员只需集中解决最主要的任务，即向顾客销售产品。最近有一种趋势，就是创造更多的像点 4 代表的这类工作，即多项任务与更多的决策权。

13.2.2 集权与分权

决策权分配问题主要集中于应该将决策权集中还是下放。对于这一问题的回答取决于分权决策(相对于集权决策)的收益和成本。

1. 分权的收益

首先，分权能更有效地利用信息、提高决策效率，更能及时地应对环境的变化。

下属可能掌握与决策相关的更重要、更多、更准确、更及时的信息，而且这种信息的传递需要花费潜在成本。如果由上级做出所有的决策，那么公司既要花费成本传递信息，又要承担因为缺少相关信息而致决策失误的成本。通过分权决策就可以将决策权与具体的

部门信息联系起来，从而可以减少信息传递与处理的成本。因此，更有效地利用信息就成为分权决策的一个主要收益。

其次，分权能节省上级的时间，减少机会成本。如果上级做所有大大小小事情的决策，除了时间和精力上的限制，还会发生大量的机会成本，如高级管理层做一个操作性的决策，就意味着在这同样的时间内不能做其他更重要的战略性决策。

最后，分权能培养和激励下属。对一个公司来说，想方设法吸引有才能的员工，然后培训他们，最终使他们能够胜任高级管理职位，这是非常重要的。分权决策有利于这两方面目标的实现。赋予下属一定的决策权，可以吸引和保留有才能和有抱负的下属，同时也给下属提供更多的决策经验，而这样的经验对于胜任更高级的职位来说是非常重要的。分权使下属有很强的动力去努力工作。

2. 分权的成本

首先，分权的成本是激励问题。分权决策促成了权力与下属相结合，然而，下属并不一定有强烈的动力来按照企业价值最大化去决策。例如，给下属分公司经理定价权后，分公司经理也许会将销售的产品按照低价卖给自己的朋友，或者通过低价卖给顾客，然后又从顾客那里获取回扣。通过开发一种有效的控制系统激励分公司经理按企业价值最大化去决策，并不像想象的那么容易，而且要付出很高的成本。

其次，分权的成本是协调成本。分权给下属之后，下属之间的决策会相互影响，下属可能需要整合各自掌握的决策信息才能做出有效的决策，如果缺乏上级有力的协调，则会导致下属决策的失败。如果由于特定的行业条件使决策(涉及重要信息)效率非常重要，那么集中决策的好处会更大。

最后，分权的成本是缺乏规模经济和对集中信息的有效利用。下属通常只掌握有限的具体信息，对集中信息缺乏有效的利用，而上级领导掌握了较全面的信息，那么出上级领导为公司下属各经营单元做出决策具有规模经济的好处，有些决策通常只需做出一次，而不是要做若干次。

3. 分权的成本——收益权衡

我们假设定价决策权可以按照不同程度分配给下属，若用 D 代表决策权的分权程度，则当 $D=0$ 时，所有的价格决策权都由上级掌握，当 D 增加时，下属获得了更多的决策权。当 D 的水平较低时，下属也有较低的决策权。而当 D 在一个较高的水平上时，下属有较高的决策权。为简化起见，假设 D 的取值是连续的。也就是说，假设分权的收益可以写成：

$$收益 = B \times D \tag{13-1}$$

这里，B 是正的常数。假设分权决策的成本为：

$$成本 = (A \times D) + (C \times D^2) \tag{13-2}$$

这里，A 和 C 是正的常数。第一项 AD，代表为解决分权的激励问题而产生的契约成本；第二项 $C \times D^2$，代表协调和集中信息的成本。这一公式假定，随着分权程度的增加，协调与信息成按照一个递增的比率增加。例如，随着决策权变得更为分散化，协调各项分权决策的困难就越来越大。

企业的目标是选择一个 D，使分权的净收益最大化。这里

$$净收益 = 收益 - 成本 = B \times D - A \times D - C \times D^2 \tag{13-3}$$

图 13.2 画出了分权的收益与成本。在收益与成本曲线的垂直距离最大处，净收益达到最大。这一条件发生在

$$D^* = (B - A) \div 2C \tag{13-4}$$

与这类问题的标准一样，在 D^* 点，分权的边际收益等于边际成本。在这一点上，从分权决策所得到的额外收益正好可以抵消由此所带来的追加成本。请注意，当分权的程度低于 D^* 时，分权程度小幅增加，额外的收益会大于追加的成本，因此净收益是增加的。相反，当分权的程度高于 D^* 时，分权程度小幅增加，追加的成本会大于额外的收益，因此净收益是下降的。所以，当收益与成本曲线的斜率相等时，净收益达到最大。

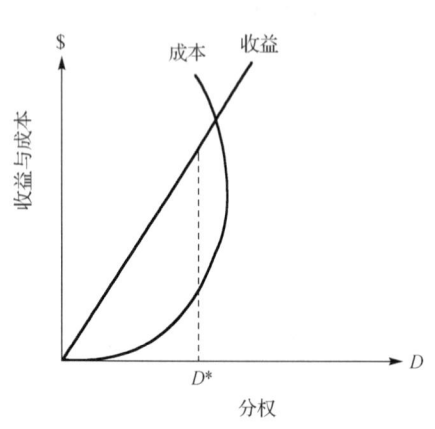

图 13.2 分权的成本——收益权衡

随着时间的推移，分权的收益与成本很可能会发生变化。例如，随着行业内的竞争状况和消费者需求的变化，局部信息的重要性也会变化。同样，随着新技术的应用，信息的传递成本及激励问题的控制成本也有可能下降（如手机与网络计算机的应用）。分权决策收益的变化可以用 B 的变化来代表，即在收益公式中的系数。式(13-4)和图 13.2 表明，随着 B 的增加，最优分权程度将会增加。分权的契约成本和协调信息成本变化可以分别由 A 和 C 的变化来代表。式(13-4)图 13.2 都表明随着这些成本的增加，最优分权程度将会降低。

从许多方面来讲，我们给出的图示都是有关集权与分权决策的简化分析。例如，如果考虑要分配的权力不止一个，那么分析就会变得更为复杂。同时，公司经营单元的结构是由决策权分配所决定的。强调一个公司将在什么时间改变决策系统特别重要，对于组织的其他特征，如业绩评估和奖励系统方面，同时做出相应的改变也是必要的。

一个组织或组织架构的三个关键方面是决策权的分配、奖励系统和业绩评估系统，就像一条凳子的三条腿，能够保持平衡是最为重要的。通常是，最好将分权决策与逐渐强调的业绩和激励薪酬调整结合起来考虑，以激励得到授权的决策者。在图 13.2 中，并没有将其他的组织变量纳入考虑，可以说这并不是一个完整的分析，尽管存在这些局限，但是，它可以突出说明分权程度决策中要考虑的一些重要权衡。

13.2.2 管理意义

通过分析我们看到，分权既有收益也有成本。这些收益和成本随时间和企业的不同而不同。在这一部分，我们将介绍最优分权水平如何随着企业的不同而不同，然后我们将陈述促使许多企业出现分权化趋势的因素。

1. 企业间的差别

经营环境和战略是企业组织架构的重要决定因素，这之中尤其重要的有三种环境因素、技术、市场条件，以及政府管制。企业为了生存发展必须制定适应环境的战略，而企业的战略决定了它的结构。

在迅速变化的环境中，分权的净收益会相对较高，在缺少政府管制的行业中，市场条件与生产技术不断变化，局部信息常常为决策者所需，从而分权也特别重要。在更为稳定的环境中，公司可以采用集中化决策，也可以通过大规模的标准化生产，集中于规模经济效益。

随着企业进入更多的市场，一般分权的收益可能增加。如果一个企业实施多种战略，那么对于不同的业务，高层管理者就不太可能拥有做出合理决策的局部具体信息，分权通常是比较重要的,这种战略要求企业更为有效地应用关于顾客的需求与竞争者产品的信息，而大多数情况下这种信息由组织的基层人员所掌握。成本领先战略强调以低成本生产标准化的产品，在这种情况下，局部具体信息就不那么重要了。

一般来讲，随着企业逐步变大，企业可能会实施纵向一体化战略和区域扩张战略，需要做更多的决策，由于时间及脑力所限，高层管理者不再可能做出所有的重要决策，所以企业的分权水平应当有所增加。当企业内各项活动之间的相互协调变得非常重要的时候，集中决策就有特殊的优势。

2. 分权化的趋势

最近二三十年，企业发展的总体趋势是分权化。企业组织架构的变化受到基本经济环境的影响。在最近二三十年，全球化竞争在多数行业中都大大加剧，这种竞争迫使企业降低成本，生产更高质量的产品，以更及时有效的方式满足顾客的需求。由于在组织中，改进质量、改善客户服务，以及提高效率的信息经常为基层的员工所掌握，因此，对于许多企业来说，竞争的压力使分权可以获得收益。

技术的变化会引起分权水平的变化，原因有两个。第一个原因是技术革新的速度大大增加了。企业如果不能对市场条件和生产技术的变化做出快速反应，就会损失利润。如果关于新技术的重要知识不是掌握在企业的核心管理者手中，那么创新的环境就会促使企业采用更为分权的决策。第二个原因是新技术大大改变了信息传输的成本，如移动通信技术、互联网通信工具的应用。在某些情况下，这些变化已经促进了分权。例如，计算机和电子通信系统(卫星和光纤)减少了从企业上层到各业务部门之间传递信息所需要的成本和时间，从而也就可以更好地解决分权决策之间的协调问题，提升分权决策的水平。计算机通信技术、大数据技术、人工智能还使跟踪产品销售及生产成本的费用有所下降。这种成本的下降也使地方决策者更有可能开发出更为精确的业绩标准(用于激励性薪酬计划)。同时，各地的信息传到企业总部所需要的成本较低，因此也有利于更为集权的决策。例如，自动收款机使库存跟踪变得可行，从而增加了集中采购的收益。在沃尔玛连锁店中，许多存货决策都是由自动系统统一管理的，每当计算机显示某个分店的某项存货已经降到预定的水平时，供应商就会给该零售店添货。每个分店的经理对于存货的水平没有什么决策权。

技术进步使许多企业的组织结构扁平化。传统上，无论是向上传递信息，还是向下传达命令，企业都需要依赖中层管理者。中层管理者在协调和监督基层职员的行动方面也有重要作用。以因特网为基础的技术，通过协助企业的高管与基层员工之间的沟通，减少了对于中层管理者的需求。技术进步同样促成了中层管理者角色的改变。过去，中层管理者在信息传输过程中充当中转站，而现在，在许多公司中，中层管理者已经更接近于体育运动队的教练，他们要考虑如何组成最佳阵容、如何帮助队员设计获胜的战略及提供激励等。

另外，随着 VUCA 时代的来临，环境中的不确定性日益增加，如席卷全球并对全球经济政治社会生活产生重大影响的新冠肺炎疫情等事件(不仅限于公共卫生安全领域)可能还会出现，企业组织结构需要更加弹性，而分权是一个重要的基础，同时也对组织在分权基础上的统合能力提出了更高的要求。

例 13-2

计算机技术与突破官僚体系：赛普拉斯半导体公司

计算机技术的发展使高管可以更为直接地与基层员工沟通。因此，高管可以低成本地直接控制和协调每位员工的行动。这样，对中层管理者的需求就减少了。而传统上，中层管理者扮演着最高管理层与基层员工之间信息沟通的重要角色。赛普拉斯半导体公司计算机的应用正说明了这样一种情况。通过计算机系统，公司的总裁罗杰斯可以检查公司每位员工每天的目标完成情况。公司基本上没有中层管理人员，引用《财富》杂志的话说：在一个高速运转的组织中，计算机系统可以使公司的总裁与每位员工和小组保持密切的联系。每位员工的工作往往同时涉及 10~15 个公司目标，如"新产品开发满足市场营销的要求"，或者"确保满足××客户的要求"等，对于每个目标来说，接下来的问题是什么时候要完成、什么时候应该完成，以及是否已经完成。

按照这种方法，就没有必要花费金钱来设置中间管理层，以让他们去检查谁在做什么、是否有人工作量不足、是否需要将这些人组成一个新的小组，以及谁遇到了什么问题等。罗杰斯说他可以在 4 个小时内检查完公司 1500 位员工的工作完成情况，他每个星期都这样做一次。

资料来源：布里克利, 史密斯, 齐默尔曼. 管理经济学与组织架构 (第 4 版). 北京：人民邮电出版社, 2014.

随着管理层级的提高，组织设计问题需要消耗越来越多的时间。例如，采购部门的经理要定义好部门内每个职员的任务，以保证本部门的业绩。不幸的是，将任务划分成各项工作是相当复杂的，它涉及成千上万的任务和决策权的分配问题，而且同时要考虑企业的其他政策，如绩效评估和薪酬系统，它们是组织架构设计的另外两个重要因素。

13.3 绩效评估

13.3.1 基本委托-代理模型

企业组织架构的一个关键因素是业绩评价系统或绩效评估系统，该系统的输出有一个重要应用就是薪酬系统。这里主要介绍个人绩效评估。

为了讨论个人绩效评估，我们首先介绍一个基本委托-代理模型：

$$Q = \alpha e + \beta \tag{13-5}$$

该模型中，员工的产量 Q 依赖于所付出的努力 e 和随机因素 β，这里的 α 是员工的边际生产率。员工每付出一个单位的努力，将会有 α 单位的产量。在这个模型中，e 和 β 是管理者不容易观察到的，但是，α 是管理者和员工都知道的。如果支付员工不考虑产量 Q 的固定工资，员工就有动机偷懒，因为努力对员工来说是要花费成本的。要限制这样一种偷懒行为，企业就要将员工的报酬与产量挂钩：

$$员工的报酬 = W + BQ \tag{13-6}$$

这里，B 代表员工的薪酬对绩效的敏感性。这样一种报酬合同会使员工减少偷懒行为，更努力地工作。但是，这些合同也会给员工带来风险，因为这时报酬同时也是 β 的一个函数，而 β 是随机因素。由于员工是风险规避型的，所以企业必须为员工承担这样的风险提供补偿，否则，员工就会到其他企业工作。这种为承担风险所付出的额外补偿被称为差额补偿。因此，企业的所有者必须权衡两个方面：一方面，更有力的激励会刺激员工付出更多的努力；另一方面，为使员工愿意承担相应的风险，必须给予更大数额的差额补偿。

在这一基本委托-代理模型中，假定产量是可观察的，因此也是可以计量的；Q 是一种客观的绩效指标。员工和企业可以执行以 Q 为依据的、成本相对低的薪酬合同。因此，薪酬和绩效评估明显是相联系的。

式(13-5)和式(13-6)所表示的简单模型还隐含着如下假设：①委托方知道员工的生产函数（$Q = \alpha e + \beta$），但不知道 e 和 β 的实际值；②产量可以以零成本观测到；③存在一种简单的定量绩效指标——产量；④员工只生产单一产品；⑤在绩效计量方面，员工无机可乘；⑥员工都独立工作，没有团队生产问题；⑦任何对于双方有利的合同都是可行的；⑧劳动力市场不受政府管制。显然，在现实中，管理者要实施绩效评估系统，所面临的环境并不完全符合上述假设条件。

例 13-3

日本汽车制造商采用了绩效评估

日本一些大型汽车公司纷纷采用传统的西方绩效评估系统，将员工的薪酬和职位晋升更多地与个人的绩效挂钩。在日本汽车企业中，本田公司和丰田公司一直是终身雇佣制的典范。但是，在 1990 年和 1994 年，这两家公司分别宣布改变这一政策。1993 年，本田公司成为第一个采用按照员工绩效支付报酬的日本汽车企业，将管理者的工资与达到的绩效目标挂钩。1994 年，丰田、马自达和尼桑公司也都宣布他们也不再固守按照级别支付工资和确定晋升的制度。2003 年，三菱汽车公司也宣布将把以绩效为基础的工资和晋升制度，进一步扩展到非管理层的普通员工。

资料来源：布里克利，史密斯，齐默尔曼. 管理经济学与组织架构 (第 4 版). 北京：人民邮电出版社，2014.

13.3.2 确定绩效标准

要确定绩效标准，如平均产量，至少有两种办法可以用于估算：时间和动作研究；历史数据分析与棘轮效应。

(1) 时间和动作研究：在时间和动作研究中，工业工程师要估计完成一项特定任务需要多少时间，这样他们才能确定最有效的工作方法。动作研究涉及工作方法的系统分析，要考虑原材料、产品及工艺过程的设计，使用的工具，以及每个步骤的活动。除要估算完成每一项具体活动花费多长时间外，工业工程师还经常通过重新设计产品和工艺过程来减少完成任务所需的时间。

时间和动作研究利用各种各样的技术，确定在标准条件下完成一项特定的活动所需的时间。工作抽样（一种时间研究方法）则根据随机确定的时间间隔，选取较大数量的观测值，观察在完成工作的各个部分时，员工分别需要多长时间。时间和动作研究经常是非常昂贵的。在产品设计发生变化或引入新设备时，这种研究工作就要重做。这种研究也经常存在潜在的偏差，因为员工都希望最后设定的定额较低，因此在时间研究阶段，他们都故意放慢节奏。

(2) 历史数据分析与棘轮效应：在确定绩效目标时，运用过去的历史数据是一种常见的做法。遗憾的是，这种做法经常导致事与愿违的激励，这种激励被称为棘轮效应。棘轮效应是指将今年的实际绩效作为来年的绩效标准。然而，绩效目标通常只按一种方向调整，就是上升。某年较差的绩效通常不会使随后年份目标降低，或者只减一点点。这种"棘轮式上升"的标准使员工主动避免大幅度超额完成定额，以防未来的绩效标准过高。这样一种棘轮效应会引起许多不利行为，如许多公司经常以上一年度的销售额作为本年度的销售目标，达到销售目标的销售人员才能获得奖金。如果销售人员遇到一个非同寻常的大好年份，他们就会将某些销售推迟到下个财务年度。例如，他们也许会接受客户的订单，但故意拖延，推迟到下一个财务年度才完成销售；在计划经济时代，中央计划者通常按照过去的经验来确定工厂的生产定额，在能够实现定额目标的情况下，管理者会得到各种各样的奖励，而那些没能完成定额目标的管理者将受到惩罚。这种做法会使管理者不努力工作，使其只愿意仅达到或略微超过生产定额。

林肯电气公司有效地避免了这样一种棘轮效应问题，其方法是采用固定不变的单位产品工资率，即使这会导致有的员工在某些年份收入特别高。时间研究部门一旦确定了单位产品工资率，除非生产方法和工艺技术出现大的改变，或者确定的工资率对于工人来说普遍过于轻松，必须重新进行时间研究，否则这种工资率就不再变更。

减少棘轮效应问题的另一个方法是通过更频繁的工作轮换，以不断提高每年的绩效目标。如果你知道在明年会有另一个人以你今年的实际绩效作为绩效目标，那么你现在就会努力促销。然而，工作轮换会破坏与特定工作相关的人力资本，如特定的客户关系等。

13.3.3 计量成本

当观察员工的产量需要耗费较大的成本时，绩效评估就会变得更为复杂。例如，测量一位小学教师的产出就更为复杂。按照标准的考试成绩显然只能考查学生学习的部分成果。同样，在研究领域的科学家的产出极难定量也很难观察。"可观察性""可证实性"和"可签约性"的确存在成本问题，如果肯花费足够的成本，几乎任何事情都是可观察的——即使是内在的努力。例如，工作岗位要求的物理努力，通过安装心律监督器或摄像机，员工努力的程度总是可以得到测量的，但是，这样一种测量方法要耗费很高的成本。

在设计绩效指标的时候会发生成本。例如，必须建立和维护会计系统，以便持续地记录销售、成本、质量和分公司利润等指标。计算机系统及其相应的软件可以提供更为详细和复杂的报告。如果要运用相关指标来进行绩效评估，则管理者和相关员工必须花费时间确保绩效指标的准确性。高的计量成本会降低按劳付酬所带来的净收益。

在简单的委托-代理模型中，员工的产量被用作确定薪酬的依据。然而，产量还依赖于随机因素的影响。即使产量可以不花成本就观察到，但追加投入一定的资源，以便更加准确地计量员工的努力程度仍然是最优选择。通过更为精确的绩效指标，企业在一定程度上可以减少随机因素对员工绩效评估的影响。所以，绩效评估指标越是精确，企业付给员工承担额外风险的差额补偿就可以越少。每当可以得到低成本的信息并据以对员工的努力程度做更精确的评估时，就应该采用这种信息评估员工的绩效。对于追求价值最大化的企业而言，为提高绩效计量的精确性而增加的成本(如通过更为精确的会计和信息系统)必须与收益的增加量相等，这些收益包括降低给员工过量支付的风险。

一般来说，在员工的薪酬中包含越多的激励性报酬，员工就会承担越高的风险，而企业就要在计量系统中花费更多的成本，以量化随机因素对绩效评估指标的影响。因此，应该同时考虑公式：员工的报酬=$W+BQ$ 中的 B 值及在绩效计量上的支出，增加对员工的激励性薪酬 BQ 的同时应提高计量努力水平的精确程度。

在有些情况下，观察和计量员工的产出要付出的成本太高，所以企业开始寻找另外一些可替代的用于反映员工价值的绩效指标。例如，经理的绩效经常按照他所领导的部门的会计利润来评估，尽管企业对各部门经理为企业所创造的总价值感兴趣。这种价值不仅包括短期的部门利润(会计系统所计量的)，而且包括未来期望利润，以及部门经理的努力对于其他部门利润的影响。类似地，学校老师的绩效经常按照标准考试中学生的成绩来评价，尽管学校最终真正感兴趣的是更广泛、更难以计量的学习指标。从绩效评估的角度考虑，一个特定的替代变量是否合理，取决于员工的行动对于该变量和相应的产出变量是否有类似的影响。设计不佳的绩效指标将会引发各种机会主义和投机取巧行为。

例 13-4

减少个人绩效计量成本的技术

许多公司借助新技术来评估个人绩效。英国航空公司采用了员工绩效评估软件，来跟踪和监测公司的客户服务代表花费多长时间来处理客户的投诉和签发机票。这种软件同样还可以监测有多少客户打电话来投诉机票的错误，以及抱怨他们上次的投诉没有得到满意的处理，这样售票机构就不会漏掉签发原始机票。这种软件甚至能够监测客户服务代表花费多长时间用于休息、打私人电话，或者网上冲浪。对于那些电子记录有利于增加其报酬的员工来说，公司可以采用这种系统提供额外的激励。这是一个有代表性的例子，说明降低个人绩效计量成本会使人们对员工的努力水平估计得更精确，因而可以减少随机事件(或误差)对员工绩效计量的影响，从而可以增加他们薪酬中的激励性报酬的数额。

资料来源:布里克利,史密斯,齐默尔曼.管理经济学与组织架构(第4版).北京:人民邮电出版社,2014.

13.3.4 主观绩效评估

由于将多种任务结合在一起会获得高效率,因此企业经常将多种任务分配给同一位员工。例如,秘书既要接电话、做相关的文字处理、整理文件,又要安排预约和出差计划。同样,一位员工也许既要销售产品给现有的客户,还要开发和培育潜在的新客户,并撰写销售报告,绝大多数工作都涉及方方面面。描述和计量一项工作的所有方面是非常困难的。如果在某些方面只采用某些明确指标,员工就会故意忽略工作中非计量的内容。例如,如果只按照击球来评价一个棒球老手,他就没有动力花时间指点年轻的队员。经常的情况是,企业在使用诸如产量等客观外在指标的同时,也更多地使用主观的、综合的绩效指标。主观绩效指标的关键特点是它们不能由第三方来证实、不容易量化。

企业之所以采用主观绩效评估,是因为在有些情况下,对员工产量(企业看重的)的各个方面进行精确的计量是非常昂贵的。主观的绩效评估从历史的角度来看员工的绩效,因为客观评估通常不包括难以观察的工作任务,或者因为随着当前环境的变化,客观评估的相对重要性发生了变化。事实上,许多企业都不完全依靠客观指标评估员工的绩效。相反,他们在绩效评估中,都会包含某些主观因素。例如,绝大多数的员工会收到上级主管写的年度绩效评估报告。这样一些评估经常会作为加薪和职位晋升的依据。即使在薪酬完全依赖客观指标(如计件工资制)的情况下,企业也保留因为产品质量太低、工作过于拖拉、无法与其他同事共事或其他不好的行为而解雇员工的权利。例如,林肯电气公司完全按照计件工资这一客观指标支付员工报酬,但除这一客观指标外,也靠主观的行为评价来确定员工的奖金,而这样的奖金数额接近工资总额。

13.4 薪酬激励系统

13.4.1 劳动力市场均衡基本模型

劳动力市场均衡,更多表现为在特定的某一时点上,按照一定的工资率,企业实际雇佣的劳动量(数量和质量)与社会劳动力的供给量相等,具体包含了两个方面的条件或含义:一方面,劳动力供给和劳动力需求在量上处于均等状态,即变量均等;另一方面,决定供求的任何一种力量这时不具有改变现状的动机或能力,即行为最优。劳动力市场均衡的形成,是由均衡工资率和均衡就业量决定的。图13.3左边显示的是劳动力市场均衡的状态,此均衡具有如下假设前提:劳动力市场是竞争性的;在确定要付给员工的工资水平时,企业没有自由决定权。相反,工资是由市场上劳动力的总供给和总需求决定的;市场工资率是不用耗费成本就可以观测到的;每个人所受过的培训和掌握的技能都是一样的;所有的工作都是相似的,他们在风险、工作地点、文化水平要求、出差机会等方面没有差别；所有的薪酬都以货币的形式支付。

图 13.3 右边图形展现了一个企业在上述既定市场条件下做出聘用决策的情况，在边际产量收入降至市场所决定的工资率之前，企业都会不断增加员工的聘用数量。因为在这一交叉点之前增加员工的聘用数量，可以得到比聘用成本更高的收入，超过这一点则追加的聘用成本就会超过追加的聘用收入。这一分析表明如果一个企业支付的工资率太低（低于市场工资率）就不能吸引合格的员工或不得不忍受频繁的员工流动。

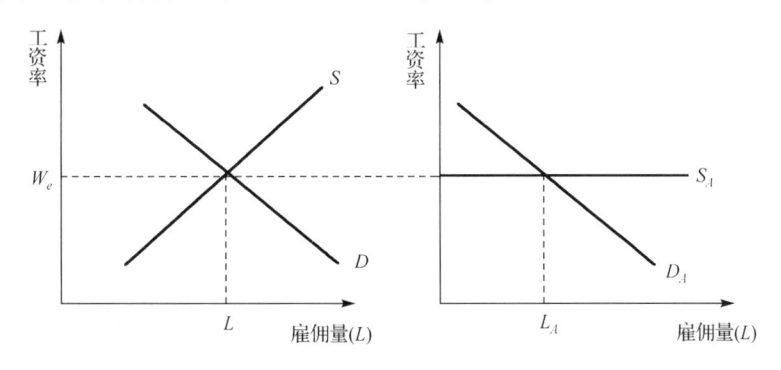

图 13.3　市场和企业层面的劳动需求和供给均衡

13.4.2　企业中的激励问题

许多大企业的一个共同特征是所有权和控制权分离：企业的所有者通常是远距离的股东，而企业通常由经理人员来进行日常管理。企业的所有者并不总是出现在企业中监督经理的工作，这样一个事实产生了一个基本的激励问题。经济学理论认为，在实现自己效用最大化的过程中个人是富有创造力的。因此，与企业签订合约的个人不可能与企业有共同的追求。企业的所有者对利润有占有权，并因此对这部分利润现值的最大化感兴趣，而企业内部的其他个人却不一定有这种共同目标。于是就有企业中的激励冲突存在。

所有者与管理者的激励冲突至少有五个来源：①努力程度的选择。管理人员努力工作可能会增加企业的价值，但会减少管理人员自己的效用。②获得额外的奖励。为吸引和留住有能力的管理人员，所有者愿意支付足够的薪水，但却不愿意给管理人员支付过高的报酬。相比之下，管理人员不但希望获得高额的工资，而且还想获得额外的奖励。③风险暴露的差异。对管理人员而言，他将大量人力资本和个人财富投入到相应的企业中。从所有者的角度看，至少大型的上市企业所有者只是把他们的一小部分财富投入到某个企业。因此，管理人员可能会放弃某些预期有利可图的项目，因为他们不想冒项目失败从而导致他们薪酬降低的风险。④期限上的不同。管理者对企业剩余利润的要求权通常限于他们在企业的任职期间。因此，管理者只有有限的动力去关心任职期间之外的现金流量，相反，所有者对所有未来的现金流量的价值都感兴趣，因为它决定了他们对企业剩余利润要求权的价格。⑤过渡投资问题。即使企业已经没有多少有利可图的投资项目，管理者也不愿缩小企业规模，他们喜欢经营自己的企业王国。而且，对于裁减那些不盈利部门的同事或朋友，管理者因为会承担个人成本（不安和痛苦）也不太情愿，而股东则享受这一决策带来的好处。类似的激励冲突问题也可能会出现在企业内部的大多数合约方。例如，高管会担心下属员工的努力和报酬之间存在问题，管理层和工会之间也经常有意见冲突。

即使责任应该归咎于经理——也许他从来都不去工厂而总是去钓鱼度假，经理仍然可以辩解道：低利润仅仅是因为今年是一个"糟糕的年份"。经理还可能会说："雇我当经理，你应该感到非常荣幸。如果没有我一天18小时的工作，你公司的损失可能是现在的两倍。很幸运我能将亏损保持在现有水平，但是我有信心，明年在我们的新产品投入市场后，情况会有所好转。"很显然，如果经理将全部的时间花费在工作上，那么他就没有时间享受闲暇。他花费在工作上的时间越少，就有越多的时间用来钓鱼度假、参加球类运动，以及其他有趣的活动。经理的工作职责表明经理一天应该工作8个小时。重要的问题是，从企业所有者的角度来看，在工作的时候，经理将有多少闲暇（开小差）时间。开小差的形式可以有很多种，比如更长的咖啡时间、午饭时间、提前下班或更为极端的例子——根本不来上班。应该注意到，尽管经理喜欢开小差，但企业所有者却仍然希望经理能够努力工作。

13.4.3　激励性薪酬设计

好的薪酬设计（薪酬水平、薪酬构成、薪酬结构、薪酬政策等）和管理对员工具有激励作用，最大限度避免此类激励冲突问题。此处以经理薪酬设计为例进行说明。

假设企业所有者每年为其经理的工作支付50 000美元固定工资。由于所有者不能监督经理的努力程度，如果一年后企业亏损了1 000 000美元，所有者就不会知道这个亏损是应该归咎于经理，还是应该归咎于运气不佳。不能确定低收益是由市场中低需求造成的还是经理的不努力工作引起的，使企业所有者难以确定低利润的原因。由于企业所有者不在公司，他当然不会知道低利润背后的真正原因。通过成立一家企业，企业所有者可以享受交易成本的减少所带来的利润。但是，当所有权与控制权分离时，委托-代理问题就会出现：如果企业所有者不能亲自去监督经理的工作，他又如何能使经理为自己的利益去工作呢？这个问题的本质在于经理喜欢赚钱，同时也喜欢享受闲暇。

当提供给经理的工资为固定的50 000美元，而企业所有者又不会出现在工作场所时，经理不管是工作8小时（没有开小差），还是整天待在家里（8小时开小差）都将同样获得50 000美元的工资收入。从企业所有者的角度来看，固定工资并没有给经理很强的激励来监督其他雇员，所以对这家企业的利润会有负面影响。

企业的所有者怎样才能使经理花更多的时间来监督生产过程呢？前文表明，固定工资合同下的经理开小差是完全没有成本的。许多经理都希望不工作就赚钱，而这样的固定薪酬合同也默许经理这样做。如果企业所有者给经理提供了这样一个激励合同：经理将获得企业利润的一部分作为管理报酬。在利润分享薪酬设计中，经理的行为依赖于他对闲暇和金钱的偏好。但是可以确定的是：如果经理想获得收入，那么他就不能整天开小差。经理面临一个权衡取舍：他可以在工作的时候享受更多的闲暇，代价就是低报酬。为了获得更高的收入，经理就需要努力工作。这样，即使在扣除管理者的报酬之后，企业所有者最后也有更多的利润实现，绩效奖金不仅增加了经理的收入，也增加了企业所有者的净收益。

此外，公平性原则是所有企业在薪酬设计和管理中必须遵守的。该原则需要达到以下四个方面的要求。①薪酬的外部公平性。薪酬的外部公平性也称薪酬的外部竞争性，它考虑的是员工会将本人的薪酬与外部劳动力市场或其他企业中从事同样工作的员工所获得的薪酬进行比较。由于这种比较的结果常常会影响求职者是否选择到某家企业去工作或影响企业现有的员工是否会做出跳槽的决策，所以，一般情况下，企业会注意借助市场薪酬调查来避免员工产生强烈的外部不公平感。②薪酬的内部公平性。薪酬的内部公平性也称薪酬的内部一致性，它关注的是一家企业内部不同职位之间的薪酬对比问题。在企业采用职位薪酬体系(主要以职位本身的价值来确定员工基本薪酬的薪酬体系)的情况下，员工常常把自己的薪酬与比自己等级低的职位、等级相同的职位(可能属于不同的技能类别或不同的部门)，以及等级更高的职位上的人所获得的薪酬进行对比，从而通过这种对比来判断企业对本人所从事的工作所支付的薪酬是否公平合理。员工通过这种比较所得出的结论不仅会影响他们的总体工作态度，如对是否愿意被调换到企业内部的其他职位上去、是否愿意接受晋升的态度，还会影响在不同的工作、不同的职能领域，以及不同的生产班组中员工之间的合作倾向，以及他们对企业的组织承诺度。在实践中，企业往往通过职位评价来强化员工对薪酬的内部公平性的认可。③薪酬的个人公平性。员工通常还会将自己的薪酬与本企业中从事相同或类似工作的其他人的薪酬进行比较。如果员工认为，在一家企业中从事相同或类似工作的员工，无论其绩效是优秀、一般还是不良，都能够拿到大体相同的薪酬，那么，他们也会产生不公平感。因此，企业通常用绩效加薪及其他绩效奖金等方式来体现业绩水平不同的员工对企业的贡献大小。④薪酬管理过程的公平性。薪酬管理过程和薪酬政策的实施方式也会影响员工对企业薪酬制度的公平性的看法。暗箱操作式的薪酬决策方式及薪酬保密的政策往往导致员工对企业薪酬制度的不信任，而公开、透明和通过与员工的沟通所做出的薪酬决策，以及由此而制定的薪酬制度，则往往容易形成员工对企业薪酬公平性的认同，使其接受起来更为容易，并且薪酬体系的有效性会相应提高。

例 13-5

利用薪酬计划投机取巧

在 Prudential 保险公司，保险代理、销售经理和一些管理人员都按照公司的销售收入获得佣金。为促进销售，保险代理都拼命鼓动客户购买保险。对于那些保险账户上有大量现金的客户，保险代理会说服他们购买更大数额的保单，许诺这并不会使他们损失什么。甚至有些客户在自己不知道的情况下，账中的现金就被这样用了。一旦为支付新的保单而用光了账户中的现金，许多投保人，特别是年长的投保人，会因为这样巨大的意外保险费而受到损害。那些不能持续支付其保险金的客户就会失去保险。这种做法使保险代理可以长期通过新的保单获得大额佣金。1997年，Prudential 保险公司为平息保险销售中存在欺骗行为的诉讼而支付了 41 亿美元。

资料来源：布里克利，史密斯，齐默尔曼.管理经济学与组织架构（第4版）.北京：人民邮电出版社，2014.

13.4.4 基本模型的扩展

1. 人力资本

在基本模型中，所有的人都是类似的。然而，员工在能力、技能，以及受过的培训等许多方面都是不同的。人力资本(Human Capital)是经过长期性投资形成的体现于劳动者个人或团队身上的由智力、知识、技能和健康状况构成的资本。人力资本的价值由市场的供求所决定。个人通过接受教育、培训、移民，以及寻找新工作来为他们自己的人力资本投资。这种投资的回报表现为较高的工资水平，如大学毕业生通常比高中毕业生收入更高。人力资本可以分为通用的人力资本和专用的人力资本。通用的人力资本指的是在不同企业都具有同等价值的人力资本。投资于通用的人力资本包括获得MBA学位、掌握一般工程原理，或者学习流行的文字处理软件等。专用的人力资本是指那些对目前的雇主比对其他雇主更为有用的技能。投资于专用的人力资本包括深入学习特定企业的软件系统和产品知识等。

企业通常不会投资于通用技能的培训。通用技能培训的收益归员工个人而不是归企业所有——员工在掌握新的通用技能的情况下，如果企业付的工资水平低于市场工资率，那么这个员工就会更换工作，以得到市场工资水平。因此，员工自己会为其通用技能培训进行投资。相反地，员工不愿意投资于对特定企业有用的专门技能的培训，因为它不会增加自己的市场价值。

2. 补偿性工资差异

基本模型忽略了各种工作条件的差别。在现实中，工作可以在许多方面存在差异，包括工作环境的好坏、地理位置的优劣、距工作地的远近、工作的危险性、同事的特征，以及工作的单调程度等。假设各种工作的工资水平相同，作为求职的个人，也会根据其他特征(如受伤的风险低、选择很好的工作地点等)进行选择。为吸引员工从事吸引力低的工作，企业必须提高工资水平。为吸引潜在的员工到一个不具有吸引力的岗位工作所要付出的额外工资被称为差别补偿工资(Compensating Wage Differentials)。

补偿性工资差异是指在知识技能上无质的差别的劳动者，因从事职业的工作条件和社会环境的不同而产生的工资差别，或者因劳动强度和劳动条件、从业时的不愉快程度、职业稳定与保障程度、责任大小程度而引起的工资差别。在其他条件相同的情况下，令人不快的工作的工资水平要高于令人愉快的工作的工资水平。工作要求的差别(包括教育、技能及培训)也会要求工资水平的差别。例如，在办公室工作，工作环境令人愉快，但也要求更高的技能；而垃圾回收工作，虽然环境令人不快，但技能要求低。因此，前者可能比后者的薪酬高。然而，与技能要求不高但工作环境较好的工作相比，垃圾回收工作的工资水平会较高。

3. 有成本的市场工资率信息

与基本模型相反，在许多劳动力市场上，薪酬是不能直接观察到的。个体之间也有各种各样的特点，通常并不是相互替代的。因此，观察某个个人的工资水平，并不能为聘用其他个人和确定工资水平提供完全的信息。此外，企业之间也并不完全了解对方的工资水平。在市场上很难观测到劳动力的市场价格，这意味着很难识别一个企业的工资水平究竟是太低还是太高。

经验表明，判断一个企业是否按照市场工资率支付工资，可以看两个重要指标：①申请企业空缺职位的人数；②企业现有员工的辞职率。如果一个企业宣布有职位空缺时，有大量合格的申请者，而企业内现有员工的辞职率又很低，那么企业所支付的工资水平很可能高于市场工资率。相反，如果申请者很少，而员工流动率又很高，那么企业的工资水平可能低于市场工资率。在确定工资率时，重要的是在增加薪酬与员工流动成本之间的取舍。员工流动成本包括重新聘用员工的成本、培训费用，以及因雇用非熟练员工而引起的生产效率降低。除此之外，如果员工预期他们不想为企业长时间工作，那么他们就不太可能关心自己的行为对于企业长期现金流量会有什么影响。例如，销售人员也许会积极推销，并收回佣金，尽管他知道顾客对产品并不满意，并会减少将来的购买量。有时，随着员工的离职，他们会将企业的客户和一些商业秘密带到竞争对手那里。尽管如此，企业人员的流动也对企业有些好处，例如，它会为企业带来新鲜血液和新的思想。

对于现有员工来说，外部企业的招聘反映了市场工资率。虽然这些招聘能提供有关现有员工市场价值的重要信息，但是否要与这些工资水平取齐，企业还要慎重。与其他企业相比，如果工资水平太低，就会失去有价值的员工。但是，如果企业采取的政策是与所有的外部工资水平都取齐，就会鼓励员工去争取获得这样的机会。这不仅会耗去员工本该用在工作上的时间，而且也增加了员工接受诱惑离开企业的可能性。

4. 内部劳动力市场

所谓的内部劳动力市场，也叫企业内劳动力市场，是指根据企业的规章制度、惯例或企业与企业组织内雇员所达成的协议运行的，企业组织内雇员由录用、提升、调动、暂时解雇、解除和终止劳动合同等构成的运动系统。劳动力的重置成本是影响劳动力市场运作的一个重要原因。劳动力并不完全是在外部劳动力市场通过工资的竞争进行配置的。

许多企业更具有内部劳动力市场的特征。在内部劳动力市场，从外部的招聘仅限于初级职位，而绝大多数其他工作职位所需的人员则通过企业内部晋升得到满足。有内部劳动力市场的企业就与员工建立起了长期关系。一项调查表明，在45岁至54岁之间的员工通常都为当前的雇主工作了10年以上。另一项调查发现，在美国，有超过半数的男性员工和超过四分之一的女性员工为同一雇主工作了超过20年的时间。

在建立了内部劳动力市场的企业中，确定的职业路径和未来的晋升前景起了重要的作用。这些企业仅以有限的水平与外部的劳动力市场相互作用。与简单地反映外部市场状况不同，在内部劳动力市场上，工资率和工作分配经常是由内部管理规定，以及那些不成文的规定来决定的。企业可以有不止一个内部劳动力市场。例如，白领员工的内部劳动力市场也许与蓝领员工的内部劳动力市场毫不相干。此外，在具有内部劳动力市场的企业，有一些职位空缺可以由基本的模型给予令人满意的描述，如一些低技能的职位。

雇主和员工会就薪酬问题达成契约，除正式的书面协议（显性的合同）外，很多时候企业和员工还会达成某种隐性的合同，如企业和员工对于意外事件应该如何应对，如何达成一致的非正式理解。隐性合同不同于显性合同，因为通常没有书面文件，之所以会存在隐性合同，原因在于，要在一个正式的书面合同中详细规定各种可能的事件及相关处置方式，其成本往往很高，实际上也是不可能的。

企业的组织架构是由一系列显性和隐性的契约建立的，企业制度的本质就是契约，决策权的分配、绩效评估和薪酬激励系统都离不开一系列的正式或非正式的制度、规范、心理契约。企业架构建立后，也会随着内外环境变化产生变革的需求，但需要考虑组织架构变动的成本和收益，只有增量收益大于增量成本时才是可行的。

本章小结

在市场经济条件下，资源的分配实际上是由市场和企业共同完成的。企业的组织设计是企业设立和发展中的一个重要战略事项，一般都是由企业高层进行设计和推进实施的。组织设计简单地说就是对组织进行设计，有时和组织架构设计在相同意义上使用，它包括三个关键方面：①决策权的分配；②奖励系统；③业绩评估系统。

决策权分配问题主要集中于应该将决策权集中还是下放。对于这一问题的回答取决于分权决策(相对于集权决策)的收益和成本。

要确定绩效标准，如平均产量，至少有两种办法可以用于估算：时间和动作研究；历史数据分析与棘轮效应。绩效指标和绩效计量会发生成本，在有些情况下，观察和计量员工的产出要付出的成本太高，因此可寻找相关指标进行替代。设计不佳的绩效指标将会引发各种机会主义和投机取巧行为。

企业中的激励问题的根源是所有权和控制权分离，好的薪酬设计，如利润分享薪酬设计和管理对员工具有激励作用，能最大限度地避免此类激励冲突问题。

对劳动力市场均衡基本模型的扩展：人力资本、补偿性工资差异、有成本的市场工资率信息、内部劳动力市场等。

案例分析

东航云南分公司飞行员的"集体返航"事件

2008年3月31日，东方航空公司发生了一个举国瞩目的事件。该公司云南分公司的14架航班在从昆明飞往云南省内其他机场之后，都没有降落，而是直接返航，结果造成大批乘客滞留昆明巫家坝机场，这就是所谓的"东航航班集体返航事件"。

种种迹象表明，这是一起飞行员以变相集体"罢飞"的方式来进行维权的行动。"不公平"是飞行员在事后的诸多抱怨中提到的最醒目的字眼。一封名为"致东航云南公司全体飞行员"的公开信中，不仅提及东航云南分公司飞行员和其他分公司之间的待遇差距问题，更认为总公司在航线的分配和干线支线的小时费问题上对云南分公司明显不公平。

飞行员的薪酬来源主要是两部分：一部分是固定工资，这是一小部分，更多的工资性收入来源于小时费，即根据驾机飞行的小时数来计算的奖金部分。因此，被分配的航线是否容易起降，以及空中飞行时间的长短，都会直接影响飞行员的个人利益。

针对航线的分配及干线和支线之间关系的问题，东航的解释是：总公司是通过全盘考虑来分配航线的，支线向干线让利，重点抓北京、上海、广州的商务黄金干线和从上海出发的国际航线。按照航线的重要性划分，飞支线的飞行员的小时费自然会远远低于飞主干线的。但云南分公司的飞行员却认为，相比干线和国际航线而言，云南的支线飞行要花费同样的地面飞行准备时间，危险系数更高，但小时费却最低。他们认为，高原机场四边都是山，气象变化无常，跑道又短，很容易冲出跑道。在别的地方，机长到哪里都能飞，但云南支线机场必须每个机场单独认证。

此外，一个更特殊的情况是，云南分公司一直是东航总公司的一根顶梁柱。2007年云南全省的航空市场放开之后，云南分公司面对竞争仍然向总部上缴了1亿元的利润，而东航总公司全年盈利却只有5000万元。"这就像是被迫跟亏损企业一起吃'大锅饭'，最气人的是，吃的还是'大锅饭'中最差的糊锅巴'！"

云南分公司员工对"上海人"的反感甚至能从一个空乘的网络发言中看出："东航总部的人来昆明包机，上来从来都很牛，进门就嚷嚷，我是总部的啦……不是要坐头等舱，就是要我们给他们放行李。"东航云南分公司为丽江航线机组人员休息过夜而设的"丽江基地"，也因为常常接待"络绎不绝的上海人"，而被云南分公司员工普遍视作总部上海管理层"游山玩水"的一个证据。"云南人"的种种不公平感似乎已累积较长时间，飞行员待遇下降，分配不公平，企业内部科层化、等级化，本地员工与东航总部员工之间的意见分歧等，都成了矛盾的焦点。

再加上东航高层曾经爆出贪污丑闻，这使云南员工对高层管理者始终持有极大的怀疑。据介绍，此次集体返航的主要原因是本来工资待遇已经很低，同时又面临税收提高的要求。合并前，云南航空公司飞行员的收入在全国属于中等偏上水平，现在却是在全国偏低的水平。同为机长，同样飞云南省内的机场，一个月同样飞行90小时，东航云南分公司飞行员的税后收入只是同在云南运营的祥鹏公司飞行员的一半；而国航的待遇也是东航云南分公司的两倍。

更让云南飞行员不解的是，自两三年前开始，云南分公司对于飞行小时费的计算发放有了新规定，即飞行员每月的小时费不能全额发放，都要被扣留几千元，年终时才全部退还，但因为年终是集中一次性返还支付，数额较大，累进税率较高，所以税收标准相应提高到30%。媒体普遍认为，飞行员面临的限期补税压力是此事件的导火索。此前，云南分公司空勤人员的飞行小时费是按8%的税率核定计算缴纳的，2006年云南地税局开始要求云南分公司"必须将飞行小时费并入工资薪金一起计算个税(税率为20%~30%)"，并三次下达整改通知，后经双方协调，2006年不再补税，但是，2007年的空勤人员小时费则要求在2008年3月31日前申报、4月7日前补缴。相对而言，东航上海总部的飞行员则可以通过合理避税，使个人上缴的各项税费只占收入的5%。有人说："同样是东航，为什么云南的要上缴20%~30%，而上海的却少得多？""大家都觉得是领导和税务没有协调好。""云南分公司的老总是从上海总部调来的，他们的税在上海缴纳。他们就像下乡挂职一样，在其位不谋其政。"正是在3月31日这天——飞行员们申报2007年飞行小时费的最后一天，云

第13章 组织设计　**285**

南分公司的飞行员们选择了返航。

资料来源：向郢.东航云南分公司"集体返航"事件的来龙去脉，南方周末，2008-04-17；鲍小东.东航"集体返航"内幕,南方都市报,2008-04-07

问题

请结合本章相关理论，分析此次东航云南分公司"集体返航"事件在薪酬设计和管理方面的问题。

思考与练习

1. 什么是组织设计？它有哪几个主要方面？
2. 如何理解企业代替市场配置资源的作用并非是无限制的？
3. 所有者与管理者的激励冲突有哪些来源？
4. 分权的成本和收益有哪些？
5. 什么是棘轮效应？
6. 企业为什么需要采用主观绩效评估？
7. 什么是劳动力市场的均衡？
8. 如何理解企业在薪酬设计和管理中必须遵守公平性原则？
9. 什么是人力资本？
10. 什么是补偿性工资差异？
11. 什么是内部劳动力市场？
12. 请问部门利润是否是考评部门经理的一个有效指标？
13. 某老板支付给其秘书的工资是小时工资，而不是计件工资或公司利润的一个百分比。请问为什么？
14. 你正在出席每年一度的 PC 公司股东大会。一位年轻的股东指出，PC 的经理去年挣了 100 000 美元，而竞争对手 CUP 公司的经理，只挣了 50 000 美元。于是，一个降低经理薪水的提案被提出来了。如果只有这些信息，你将做什么？
15. 某公司招聘一个项目经理，如果项目成功则公司将获得年收入 3000 万元，假设项目成本 1500 万元(不含项目经理的费用)，如果给予项目经理年薪 30 万元，招来的项目经理将努力高质量地完成工作，项目成功的可能性为 80%，如果给予项目经理年薪 20 万元，他将得过且过地混日子，项目成功的可能性降到 60%。你如果是公司的老板，你会选择何种薪酬水平给付，并如何设计薪酬构成？
16. 单项选择题

(1) 以下(　　)不是分权的成本。

A. 激励问题　　B. 协调成本　　C. 缺乏规模经济　　D. 缺乏监督机制

(2) 以下(　　)不是个人的人力资本投资方式。

A. 接受教育　　B. 参加培训　　C. 买股票　　D. 移民

(3) 在内部劳动力市场，从外部的招聘仅限于(　　)。

A. 高级岗位　　B. 中级岗位　　C. 初级岗位　　D. 以上都是

17. 多项选择题

(1) 组织设计的三个关键方面是(　　)。

A. 决策权的分配　B. 岗位体系　　　C. 业绩评估系统　　　D. 奖励系统

(2)相比通过市场进行的交易，企业存在如下的优势(　)。

A. 更少的交易次数　　　　　　B. 信息专业化

C. 通过建立声誉减少契约成本　　D. 发现价格的费用低

(3)职业经理人追求的是(　)。

A. 利润　　B. 金钱　　C. 闲暇　　D. 以上都是

18.判断题

(1)与市场交换相比，通过企业来组织经济活动的成本更低时，有关经济活动就会保留在企业内部，反之亦然。　　　　　　　　　　　　　　　　　　　　(　)

(2)随着决策权变得更为分散化，协调各项分权决策的困难就越来越小。　(　)

(3)随着企业进入更多的市场，一般分权的收益可能增加。　　　　　　(　)

(4)在迅速变化的环境中，分权的净收益会相对较小。　　　　　　　　(　)

(5)一般来说，在员工的薪酬中包含越多的激励性报酬，员工就会承担越高的风险。　　　　　　　　　　　　　　　　　　　　　　　　　　　　　　(　)

(6)设计不佳的绩效指标一般不会引发投机取巧行为。　　　　　　　　(　)

(7)在边际产量收入降至市场所决定的工资率之前，企业都会不断地增加员工的聘用数量。　　　　　　　　　　　　　　　　　　　　　　　　　　　　(　)

(8)与技能要求不高但工作环境较好的工作相比，垃圾回收工作的工资水平可能会较高。　　　　　　　　　　　　　　　　　　　　　　　　　　　　　(　)

拓展阅读

1. 布里克利，史密斯，齐默尔曼. 管理经济学与组织架构（第4版）. 北京：人民邮电出版社，2014.
2. 徐玖平，黄云歌. 管理经济学概论. 北京：高等教育出版社，2006.
3. 詹姆斯·R.麦圭根，等. 管理经济学：应用、战略与策略. 北京：机械工业出版社，2009.

第14章 资本预算决策

没有什么事情比在一个无理性的世界中追求一种理性的投资政策更危险的了。
——约翰·梅纳德·凯恩斯

导入案例

对于一个经营良好的公司来说，必须时常关注市场上出现的新的机会。美多印刷公司的管理者正在考虑一个设备更新方案，他们打算购买新型高效的激光印刷机来代替现在正在使用的设备。现在正在使用的设备账面净值 2 200 000 元，如果不替换的话，还可以再使用10 年。购买激光印刷机的成本是 130 万元，预计使用年限同样为 10 年。使用激光印刷机能够降低公司营运成本，增加公司营业收入，从而增加每年的现金流量。苏同是美多印刷公司的会计主任，他给出了使用激光印刷机对每年收益和现金流量的预计影响，如表 14-1 所示。

表 14-1 年现金流量预计增加额（缴纳所得税前） 单位：元

项目	金额	
增加的收入	140 000	
节约的成本(扣除折旧因素)	110 000	250 000
年收益（未考虑折旧）预计增加额	250 000	
现用设备的折旧	220 000	
激光印刷机的折旧	130 000	
年折旧费用减少额	90 000	
缴纳所得税前预计收益增加额	340 000	
年缴纳所得税增加额(40%)	136 000	
年净收益预计增加额	204 000	
年现金流量增加额(250 000-136 000)	114 000	

唐刚是公司的一位董事，他提出了自己的看法："这些预计数字看上去不错，但现在问题是要使用新的激光印刷机，我们就得出售现在使用的旧设备，我们是否应考虑一下公司因此而蒙受的损失呢？既然现在发明了激光印刷机，那么我们的设备能卖多少钱呢？"为了回答唐刚先生的质疑，苏同又给出了以下材料，来说明出售现存的旧设备可能会发生的损失，如表 14-2 所示。

表 14-2　出售现存的旧设备可能会发生的损失　　　　　单位：元

项目	金额
现存旧设备的账面价值	2200 000
预计市场价格(扣除清理费用净值)	200 000
缴纳所得税前预计出售损失	2000 000
作为损失抵减本年度所得税(40%)	800 000
出售现有设备的净损失(考虑节税后)	1200 000

唐刚禁不住叫起来："我们的损失竟然跟激光印刷机的成本差不多。激光印刷机的成本是 130 万元，加上这 120 万元的损失，那么如果我们要使用新设备就得投入 250 万元。130 万元的成本我们还可以接受，但 250 万元无论如何也不行。"

资料来源：根据 https://www.doc88.com/p-7804579413134.html 和塞茨，埃利利森. 资本预算与长期融资决策（第3版），刘力等译，北京：北京大学出版社，2007年，相关资料整理而成.

问题

1. 对美多印刷公司来说，使用激光印刷机的成本是否如唐刚所说的为 250 万元？为什么？

2. 计算出售现有设备并购买激光印刷机这一方案的净现值，假设所要求的年投资报酬率为 15%。

3. 有关现金流量的时间假设如下：

(1) 年初用现金购买激光印刷机；

(2) 年初出售现有设备并马上收到了现金；

(3) 出售现有设备带来的所得税利益在年末实现。

对于是否应使用新设备，你认为美多印刷公司该如何决策？

● 知识目标：
  ◆ 理解资本预算的定义、重要性和原则；
  ◆ 了解资本预算的基本程序。
● 能力目标：
  ◆ 掌握投资决策的一般方法；
  ◆ 掌握常用的几种资本成本的计算。

14.1　资本预算概述

14.1.1　资本预算的定义

资本预算是根据已确定的投资方案所编制的分年度的长期资金收支计划，它是一个企业提出长期(其回收期长于一年)资本投资方案并进行分析、选择和评估修正的过程。从经济学意义上讲，资本预算是边际收入等于边际成本这一经典命题的

应用。这里的边际收入是指投资收益率,边际成本则指企业资本的边际成本。根据这一原则进行资本预算,将使公司价值最大化。

按柯勒(Eric Kohler)的定义,资本性资产是指供持续使用或拥有的资产,如土地、厂房、设备、山林、矿山、专利权、特许权及对子公司的投资等。它们一般使用几年或几十年。依此定义,凡是资产负债表上流动资产以下的项目,如固定资产、无形资产等具有提高企业产能、效率、经济寿命、服务潜力等作用的支出,均属于资本预算的范畴。值得注意的是,与资本预算决策,如厂房扩充计划或新产品引进计划随同发生的所需营运资金,如存货、应收账款、现金,虽然不是资本资产,但是其产生的后果延伸至当前财务年度以外,也应视为资本支出,应纳入资本预算的范畴。

编制资本预算的主要目的是预先规定某投资项目所需资金总额及其需要期,预先规定该投资项目的具体内容,如应购置设备的种类、型号,投资规模,资金需要量及其来源等,预先规定该投资项目可允许支付的资金限额。资本预算同企业一定期间(年)的总预算,特别是现金预算和预计资产负债表有密切联系。它是综合反映建设资金来源与运用的预算,其支出主要用于经济建设,其收入主要是债务收入。资本预算是复式预算的组成部分。

14.1.2 企业资本预算的重要性

无论资本投资影响时间是长是短,人们都是通过投资创造的价值来进行抉择的。当一个企业采纳了一项具有正的净现值的资本投资项目时,其股票价值就会增加,否则,股票价值就会下降。由此可见,企业的决策与股东利益息息相关。对于企业来说,资本预算的重要性主要表现在以下几个方面。

1. 资本支出决策是企业具有长远意义的决策

由于资本预算涉及一个较长的未来时段,因此常常面临很大的不确定性。例如,企业厂房建造的投资决策,一旦开始建造,就不可能轻易中止。若市场发生不利变化,企业就会面临严重的问题。长期性增加了资本预算决策的风险性,对企业的生存与发展有着重要的影响。

2. 资本支出预算是资本支出决策内容的具体化和系统化

由于技术发展的速度很快,使现有厂房、机器、设备容易过时,这使管理者必须找到更好的投资计划,采用更细致的投资评价方法,做出更好的资本预算决策,并按部就班地执行,以及时获得必需的资本资产。

3. 资本预算对筹资计划有较大影响

资产扩张通常涉及大量的支出,为支出融资必须制订合适的计划,包括融资的渠道、方式、数量、时间等。企业筹划一项重要的资本支出项目时,也许需要提前几年实排好其融资计划,以保证得到足够的资金。

14.1.3 企业资本预算的原则

资本预算的特点是涉及金额巨大、周期长、风险高和时效性强,企业决定了企业在资本预算过程中应该坚持以下原则。

1. 资源有效配置原则

资源有效配置原则强调以有利于企业价值最大化为基本标准。企业筹集的资本应该配置到企业内部最能产生收益的项目中,项目的未来高收益将直接增加企业价值,反之则将带来企业价值的减损。

资源有效配置的判别标准具有以下特征:第一,超过资本成本的项目净收益大于零;第二,项目收益以现金净流量方式来表达,它是未来现金净流量的现在价值,不直接等同于会计利润;第三,项目净收益具有可加性,即不同项目不管其收益状况如何,价值都可以直接相加,从而都对企业价值产生直接影响; 第四,项目收益是在投资期初对项目未来价值做出的判断,是一种预测收益,因此具有很大的风险性。

2. 战略目标导向原则

资本预算应当依据企业发展战略和长期生产经营计划制订,在方向、内容和时间上与它们保持一致。在资本预算中,预算目标应该以战略目标为导向,把战略目标落实到财务目标,再将财务目标分解为投资项目的资本预算目标,从而使预算目标成为指导投资项目评价和资本预算全过程的基本目标。任何资本预算都应该具有战略导向,因此经营战略等因素必须成为资本分配的重要依据。如果将单一企业资本预算放在大型企业集团的框架范围内来研究则问题更为复杂。对于大型企业集团而言,各子公司对总部资本投入的争夺会形成集团内部资本分配市场,其分配依据集团业务类型的不同而不同,如纯粹控股型企业集团会按照市场标准选择项目,而产业型企业集团则主要根据战略导向来排定各子公司资本投入金额和优先次序。

3. 风险与收益匹配原则

坚持风险与收益匹配原则,一方面旨在防止因资本预算投向项目和融资渠道选择中冒过大风险而造成企业财务危机;另一方面旨在防止企业因不敢冒风险而失去发展机会。风险与收益匹配原则要求投资项目具有较强的盈利能力,要求企业在预算期内具有承担风险的胆略和风险管理能力,也要求企业在资本预算决策中进行必要的不利事件出现概率分析并进行全面的风险管理和防范。

4. 集权与集成管理原则

企业是由若干个相互作用、相互依存的部分有机结合而成的整体。在资本预算管理中,应充分利用网络化的企业信息系统和现代企业扁平化的优势,将企业的资本预算进行集权与集成管理。集权与集成管理原则主要体现在两个方面:一是各项目预算目标与企业财务目标的协调效应;二是不同层次资本预算管理的向上集成原则。资本预算集权与集成管理利用网络化信息系统,借助业务信息共享、财务预算与业务管理预算一体化，可以提高企业各项资本预算基层管理协调效应，最终实现企业的财务目标。企业管理层次结构决定了每个层次都有自己的管理决策权，资本预算集权与集成管理原则要求每一层次项目的财务活动管理向高一层次的财务管理集成，从而使整个财务管理系统处于有序状态。

14.2 资本预算的基本程序

由于长期投资需要大量资金投入，因而要求企业对给定的投资方向与计划进行适当的分析和筛选，注重对相关现金流量的衡量及决策方法的适当应用，以确保资本预算决策的正确性和合理性。

14.2.1 提出与企业战略目标一致的投资方案

提出投资方案是资本预算的第一步，在此过程中要收集信息、数据与资料，提出新的投资建议。企业各级管理者都可提出相应的投资项目。一般来说，大规模的战略性投资项目由企业的高层领导提出，由采购、生产、销售、财务、技术等方面专家组成专门小组拟定具体方案；而战术型投资项目主要由中层或基层管理者提出，由主管部门组织人员拟定具体方案。现代企业的投资建议大致可分为五类。

1. 重置

由于时间的流逝和新技术的应用，陈旧的固定资产已经不能再用或已经过时，因此需要重新购置。

2. 扩充决策

成功企业主要产品的销售都呈增长趋势。如果一个企业由于生产设备不足而造成市场产品供应不足，那么它就应该考虑增加现有生产能力的方案。

3. 扩张决策

一个企业的多元化经营可以减少失败的风险。多元化可以保护企业免受某个产品市价暴跌的影响。为进入新市场，企业要考虑机器和设备的购买方案。

4. 研究和开发

在技术变化较快的行业中，企业要花费大量资金用于研究和开发新产品。如果大量的资金用于购置设备，那么它就应该进行资本预算。

5. 其他

其他一些投资还包括无形资产投资、勘探、研究与开发等。另外，企业通常有不能直接实现利润的方案。例如，在工厂的大烟囱上安装控制污染的设备，或者需要花费大量资金安装洒水灭火系统，这些类型的方案，也应包含在资本预算中。

14.2.2 估算项目的税后增量现金流量

估算项目的税后增量现金流量是资本预算中最重要的一步，也是最难分析的一步。所谓现金流量，指的是资本预算方案引起的企业现金支出和现金收入增加的数量，这里的"现金"是广义的现金，它不仅包括各种货币资金，还包括项目需要投入企业原来拥有的那些非货币资源的变现价值(或重置成本)。例如，一个项目需要使用原有的设备，则相关的现金流量就是指它们的变现价值。

在估计现金流量时，决策人员必须遵循最基本的原则，即只有增量现金流量才是与项目有关的现金流量。所谓增量现金流量，是指接受或拒绝某个方案后，企业总现金流量因此发生的变动。只有那些由于采纳某个项目引起的现金支出增加额，才是该项目的现金流出，只有那些由于采纳某个项目引起的现金流入增加额，才是该项目的现金流入。

为了正确计算投资方案的增量现金流量，必须遵循以下几个原则。

1. 忽略沉没成本

沉没成本指的是已经发生且不会影响企业当前决策的现金流出。例如，华为公司的产品开发流程分为 6 个阶段，分别是概念阶段、计划阶段、开发阶段、验证阶段、发布阶段、生命周期管理阶段。如果截至开发阶段，华为公司共投入 1 亿元人民币，则无论华为是否进行接下来的验证阶段，1 亿元都属于无法回收的成本。因此，对于验证阶段而言，这 1 亿元都属于沉默成本，无须考虑。

2. 考虑机会成本

机会成本是指放弃次优投资机会所损失的收益。例如，当一个厂商决定利用自己所拥有的经济资源生产一辆汽车时，这就意味着该厂商不可能再利用相同的经济资源来生产 200 辆自行车。于是，可以说，生产一辆汽车的机会成本是所放弃生产的 200 辆自行车。如果用货币数量来代替对实物商品数量的表述，且假定 200 辆自行车的收益为 6 万元，则可以说，一辆汽车的机会成本为 6 万元。

3. 对企业其他经营活动的影响

当决策者采纳一个新项目后，可能会对企业其他项目产生有利或不利的影响。例如，华为公司推出 P30 手机，就会对原有 P20 手机的销售产生冲击，因为它们是可替代的关系。在进行资本预算时，应将 P20 手机销售收入的减少作为该项目的现金流出。另外，假使 P30 手机的生产可能会推动华为手表和华为蓝牙耳机的增长，那么这个增长额应该算作该项目的现金流入。当然，诸如此类的因素彼此交互影响，很难准确划分清楚，但决策者在进行决策时仍应将其考虑在内。

4. 对净营运资金的影响

一般来说，企业接受一个新的投资方案后，对于存货和应收账款等流动资产的需求也会增加；与此同时，企业应付账款等流动负债也会随之增加。流动资产增量与流动负债增量之间的差额即为对净营运资金的需要。

此外，当项目的寿命周期快要结束时，企业出售现有的存货，应收账款变为现金，应付账款也随之支付，净营运资金会恢复到原来的水平。在分析时，通常假定开始投资时的净营运资金在项目结束时收回。

5. 考虑税收与折旧的影响

所得税是一项很大的支出，企业在进行资本预算决策分析时，必须以税后的增量现金流量作为基础。而折旧方法的选择可以调节企业当期缴纳的税额，对现金流量有着直接的影响。

有了以上这些原则，就可以对现金流量进行初步的计算了。为便于讨论，这里把项目现金流量分成三类。

第一类，初始净现金支出，包括新资产的成本、资本性支出、净营运资金的变动，以及以新换旧时原资产出售所得收入及相关的税负。

第二类，期间增量净现金流量，即在初始现金支出之后，最后一期现金流量之前所发生的净现金流量。

第三类，期末增量净现金流量，包括最后一期的净营业现金流量、资产变价收入、清理费用、收回的净营运资金等。

14.2.3 确定资本成本

一般进行资本预算时，都会考虑时间价值因素，因此必须找到一个合适的贴现率对预期现金流量进行贴现，资本成本就是最合适的贴现率。企业在进行融资决策时都会计算出资本成本，本书不对其进行详细讨论，只是想说明一点，当企业通过资本预算决策后，它必须筹集新的资金，以保证项目的需要，这时，资本结构会发生变化，资本成本也会随之改变，必须对它重新计算。当然，资本成本难以确定时，用企业的必要报酬率作为贴现率也不失为一个好办法。

14.2.4 评估并挑选最佳方案

决策部门在接到报送的评价报告后，应认真及时地做出决策。一般而言，投资额特别大的项目应由董事会或股东大会投票表决，投资额较小的项目可由中层经理做出决策。

投资方案的现金流量顺利算出之后，可利用净现值法、内部报酬率法等评估技术，将各投资方案的优劣顺序排列出来，再依照各种方案的取舍标准，考虑企业的资金情况，挑选能使企业价值最大化的方案。具体的方法与标准将在本书以后部分详细讨论。

决策一般有三种结果：

接受投资项目；

拒绝投资项目；

由项目提出部门重新调查审议，再做处理。

14.2.5 实施后进行跟踪监查、评估修正

方案实施后，必须对其目的、执行过程、效益、作用和影响进行系统、客观的分析。

通过方案实行情况的检查总结，确定其预期目标是否达到，规划是否合理有效，首要效益指标是否实现；通过分析评价找出成败的原因，总结经验教训；通过及时有效的信息反馈，为未来新方案的决策和提高完善投资决策管理水平提出建议，同时也为以后评价方案实施运营中出现的问题提出改进建议，从而达到提高投资效益的目的。

14.3 投资决策的一般方法

项目投资方案评价时使用的指标分为贴现指标和非贴现指标。贴现指标是指考虑了时间价值因素的指标，主要包括净现值、现值指数、内含报酬率等。非贴现指标是指没有考虑时间价值因素的指标，主要包括回收期、会计收益期等。相应地将投资分析评价方法分为贴现的方法和非贴现的方法。

14.3.1 贴现的分析评价方法

贴现的分析评价方法，是指考虑货币时间价值的分析评价方法，主要有净现值法、现值指数法和内含报酬率法。

1. 净现值法

净现值法使用净现值作为评价方案优劣的指标。所谓净现值(NPV)，是指特定方案未来现金流入的现值与未来现金流出的现值之间的差额。净现值等于投资项目未来净现金流量按资本成本折算成现值减初始投资额现值后的余额。计算净现值 NPV 的公式为：

$$NPV=\sum_{t=0}^{n}\frac{NCF_t}{(1+i)^t}$$

式中，n 为投资涉及的年限；NCF_t 为净现金流量；i 为预定的贴现率。

若净现值为正数，说明贴现后现金流入大于贴现后现金流出，该投资项目的报酬率大于预定的贴现率，项目是可行的；若净现值为负数，说明贴现后现金流入小于贴现后现金流出，该投资项目的报酬率小于预定的贴现率，项目是不可行的。

计算净现值指标通常可以通过一般方法、特殊方法和插入函数法三种方法来完成。

(1)净现值指标计算的一般方法。

净现值指标计算的一般方法具体包括公式法和列表法两种形式。

① 公式法，是指根据净现值的定义，直接利用理论公式得出该指标的计算结果的方法。

② 列表法，是指通过现金流量表计算净现值指标的方法，即在现金流量表中，根据已知的各年净现金流量，分别乘以各年的复利现值系数，从而计算出各年折现的净现金流量，最后求出项目计算期内折现的净现金流量的代数和，就是所求的净现值指标。从例 14-1 来看，列表法也是按照净现值的理论公式计算出来的，与公式法没有本质上的区别，只不过利用表格计算更为方便和直观。

例 14-1

有关净现金流量数据如表 14-3 所示，该项目的行业基准折现率为 10%。

要求：分别用公式法和列表法计算该项目的净现值。

表 14-3　净现金流量数据

项目计算期 (第 t 年)	建设期		运营期							合计
	0	1	2	3	4	5	6	7	8	
…	…	…	…	…	…	…	…	…	…	…
净现金流量	−1000	−200	100	200	280	320	400	500	700	1300
10%的复利现值系数	1	0.9091	0.8264	0.7513	0.6830	0.6209	0.5645	0.5132	0.4665	—
折现的净现金流量	−1000	−181.82	82.46	150.26	191.24	198.39	225.80	256.60	326.55	249.96

解答：依题意，按公式法计算净现值的结果为：

净现值 (NPV)= −1000−200×0.9091+100×0.8264+200×0.7513+280×0.6830+320×0.6209 + 400×0.5645+500×0.5132+700×0.4665 ≈ 249.96(万元)

用列表法计算该项目净现值,所列部分现金流量表如表 14-3 所示，该方案的净现值为 249.96 万元，与公式法的计算结果一致。

(2) 净现值指标计算的特殊方法。

净现值指标计算的特殊方法，是指在特殊条件下，当项目投产后净现金流量表现为普通年金或递延年金时，可以利用计算年金现值或递延年金现值的技巧直接计算出项目净现值的方法。

由于项目各年的净现金流量 NCF_t ($t = 0,1,\cdots,n$) 属于系列款项，所以当项目的全部投资均于建设期投入，运营期不再追加投资，投产后的经营净现金流量表现为普通年金或递延年金的形式时，就可视情况不同分别用不同的公式计算净现值指标，如表 14-4 所示。

表 14-4　情况不同分别用不同的公式计算净现值指标

方法	建设期 (P)	NCF_t 表现形式	回收额 (R_n)	NPV 计算公式	举例
1	$V = 0$	普通年金	无	$NFC_0 + NFC_{1-n} \cdot (P/A, i_c, n)$	2
2	$V = 0$	普通年金	有	$NFC_0 + NFC_{1-(1-n)} \cdot (P/A, i_c, n-1) + NFC_n \cdot (P/A, i_c, n)$ $NFC_0 + NFC_{1-n} \cdot (P/A, i_c, n) + R_n \cdot (P/F, i_c, n)$	3
3	$V \neq 0$	递延年金	无	$NFC_0 + NFC_{(s+1)-n} \cdot [(P/A, i_c, n) - (P/A, i_c, s)]$ $NFC_0 + NFC_{(s+1)-n} \cdot [(P/A, i_c, n-s) \cdot (P/A, i_c, s)]$	4
4	$V \neq 0$	递延年金	无	$NFC_0 + NFC_1 \cdot (P/F, i_c, 1) + \cdots + NFC_s \cdot (P/F, i_c, s) +$ $NFC_{(s+1)-n} \cdot [(P/A, i_c, n) - (P/A, i_c, s)]$	5

例 14-2

某企业拟建造一台生产设备，原始投资为 200 万元，按直线法计提折旧，预计使用寿命为 10 年，使用期满报废清理时无残值。该设备投产后每年增加净利润 50 万元。假定适用的行业基准折现率为 10%。

要求：计算该项目的净现值。

解答：依题意，NCF$_0$= −200 万元，NCF$_i$ =50+200÷10=70(万元)，i = 1, 2, ⋯, 10

净现值(NPV)= −200+70×(P/A,10%,10)=230.122(万元)

例 14-3

假定有关资料与[例 14-2]相同，该设备报废时有 20 万元残值，其他条件不变。

要求：计算该项目的净现值。

解答：依题意，NCF$_0$= −200 万元，NCF$_i$ = 50+(200−20)÷10=68(万元)，i = 1, 2, ⋯, 9;

净现值(NPV)= −200+68×(P/A,10%,9)+88×(P/F,10%,10)=225.54 (万元);

或 NPV= −200+68×(P/A,10%,10)+20×(P/F,10%,10)=225.54(万元)。

例 14-4

假定有关资料与[例 14-2]相同，建设期为 1 年，其他条件不变。

要求：计算该项目的净现值。

解答：依题意，NCF$_0$= −20 万元，NCF$_1$=0，NCF$_i$ = 50+200÷10=70(万元)，i = 1, 2, ⋯, 11

净现值(NPV)= −200+70×[(P/A,10%,11) − (P/A,10%,1)] = 191.02 (万元);

或 NPV= −200+70×(P/A,10%,10) ×(P/F,10%,1)≈191.02 (万元)。

例 14-5

假定有关资料与[例 14-2]相同，建设期为 1 年，建设资金分别于年初、年末各投入 50 万元，其他条件不变。

要求：计算该项目的净现值。

解答：依题意，NCF$_0$ = NCF$_1$ = −50 万元，NCF$_i$ = 50+200÷10=70(万元)，i = 1, 2, ⋯, 11

净现值(NPV)= −50−50×(P/F,10%,1)+70×[(P/A,10%,11)− (P/A,10%,1)]=295.57(万元)。

计算净现值指标的特殊方法条件较苛刻，且公式不便于记忆，我们可以将计算净现值指标的特殊方法归纳起来，要点如下：将各年的净现金流量折现，如果是各年相等的净现金流量，则用年金法折现；如果各年的净现金流量不相等，则用复利折现法，折现各年现值的代数和即为净现值。

例 14-6

某工业项目的各年预计净现金流量为 NCF$_0$= −1 000 万元，NCF$_1$=0，NCF$_2$= −100 万元，NCF$_{3~6}$=300 万元，NCF$_7$=600 万元，NCF$_8$=700 万元。该项目设定的折现率为 10%。

净现值(NPV)= −1 000−100×(P/F,10%,2)+300×(P/A,10%,4) (P/F,10%,2) +600×(P/F,10%,7) +700×(P/F,10%,8)= −1 000−100×0.826 4+300×3.169 9×0.826 4+600×0.513 2+700×0.466 5≈337.72(万元)

2. 现值指数法

现值指数法使用现值指数作为评价方案的指标。所谓现值指数(PI)，是指未来现金流入现值与现金流出现值的比率，也称现值比率、获利指数、贴现后收益与成本比率等，其计算公式为：

$$\text{PI} = \frac{\sum_{t=1}^{n} \dfrac{I_t}{(1+k)^t}}{\sum_{t=1}^{n} \dfrac{O_t}{(1+k)^t}}$$

式中，n 为投资涉及的年限；I_t 为第 t 年的现金流入量；O_t 为第 t 年的现金流出量；k 为预定的贴现率。

若现值指数大于 1，则说明贴现后现金流入大于贴现后现金流出，该投资项目的报酬率大于预定的贴现率，项目是可行的；若现值指数小于 1，则说明贴现后现金流入小于贴现后现金流出，该投资项目的报酬率小于预定的贴现率，项目是不可行的。

3. 内含报酬率法

内含报酬率法是根据方案本身内含报酬率来评价方案优劣的一种方法。所谓内含报酬率(IRR)，是指能够使未来现金流入量现值等于未来现金流出量的贴现率，或者说是使方案净现值为零的贴现率，又称内部收益率。

若内含报酬率大于企业所要求的最低报酬率(净现值中所使用的贴现率)，就接受该投资项目；若内含报酬率小于企业所要求的最低报酬率，就放弃该项目。实际上，内含报酬率大于贴现率时接受一个项目，也就是接受了一个净现值为正的项目。

净现值法和现值指数法虽然考虑了货币的时间价值，可以说明方案高于或低于某一特定的标准，但没有揭示方案本身可以达到的真实的报酬率是多少。内含报酬率法是根据方案的现金流量计算出来的，是方案本身的真实投资报酬率。

14.3.2 非贴现的投资评价方法

投资回收期法又称"投资返本年限法"，是计算项目投产后在正常生产经营条件下的收益额和计提的折旧额、无形资产摊销额用来收回项目总投资所需的时间，与行业基准投资回收期对比来分析项目投资财务效益的一种静态分析方法。投资回收期指标所衡量的是收回初始投资的速度的快慢。

投资回收期的计算相当简单，其计算公式如下：

$$\sum_{t=1}^{r} C_t - C_0 = 0$$

式中，t 为投资回收期；C_t 为 t 时期的现金流入量；C_0 为初始投资额。

在投资项目各期现金流量相等的情况下，只要用投资的初始投资额除以一期的现金流量即可。

其公式为：投资回收期=初始投资额÷一期现金流量

如果投资项目投产后每年产生的净现金流入量不等(绝大多数情况下都是这样的)，则需逐年累加，最后计算出投资回收期。

14.4 资本成本

14.4.1 资本成本的概念

资本成本是指企业筹集和使用资本时所付出的代价,包括筹资费用和占用费用。广义的资本成本指企业筹集和使用任何资本,不论短期的还是长期的,都要付出代价。狭义的资本成本仅指筹集和使用长期资本(包括自有资本和借入长期资本)的成本。由于长期资本也被称为资本,所以长期资本成本也被称为资本成本。

资本成本是财务管理中的重要概念。首先,资本成本是企业的投资者(包括股东和债权人)对投入企业的资本所要求的收益率;其次,资本成本是投资本项目(或本企业)的机会成本。

资本成本的概念广泛运用于企业财务管理的许多方面。对于企业筹资来讲,资本成本是选择资本来源、确定筹资方案的重要依据,企业力求选择资本成本最低的筹资方式。对于企业投资来讲,资本成本是评价投资项目、决定投资取舍的重要标准。资本成本还可用作衡量企业经营成果的尺度,即经营利润率应高于资本成本,否则表明业绩欠佳。

14.4.2 资本成本的分类

按资本成本的用途,可分为个别资本成本、综合资本成本和边际资本成本。

1. 个别资本成本

个别资本成本是指各种筹资方式的成本,主要包括债券成本、银行借款成本、优先股成本、普通股成本和留存收益成本,前两者可统称为负债资本成本,后三者统称为权益资本成本。个别资本成本率是企业选择筹资方式的依据。

(1)债券成本。

债券成本中的利息费用计入税前的成本费用,可以起到抵减所得税的作用。因此按一次还本、分期付息的借款或债券成本的计算公式分别为:

$$K_b = \frac{I_b(1-T)}{B(1-F_f)}$$

式中,K_b 表示债券资本成本;I_b 表示债券年利息;T 表示所得税税率;B 表示债券筹资额(或者称债务本金);F_f 表示债券筹资费用率。或:

$$K_b = \frac{R_b(1-T)}{1-F_f}$$

式中,R_b 表示债券利率。

债券成本和普通股成本相比要低一些,主要原因在哪里呢?在于债券成本中的利息在税前支付,具有抵税效应。所以企业实际上真正支付的债券利息,并没有按照债券票面利率计算出来的那么多。

例 14-7

某公司发行期限为 5 年，面值为 2000 万元，利率为 12% 的债券 2500 万元，发行费率为 4%，所得税税率为 33%。计算该债券的资本成本。

$$K_b = \frac{I(1-T) \times \%}{B(1-f) \times \%} = \frac{2000 \times 12\% \times (1-33\%)}{2500 \times (1-4\%)} \times \% = 6.7\%$$

(2) 银行借款成本。

银行借款成本的计算基本与债券成本的一致，但与债券成本相比，银行借款不存在折价、溢价的问题，所以它相当于债券平价发行(票面金额等于发行价格)时的公式。计算公式为：

$$k = \frac{借款年利率 \times (1-所得税税率)}{1-筹资费率}$$

有的时候，由于银行借款的手续费很低，上式中的筹资费率常常可以忽略，则公式可简化为：

$$k = 借款年利率 \times (1-所得税税率)$$

例 14-8

某公司向银行申请取得为期 5 年的长期借款 1000 万元，年利率 6%，每年付息一次，到期一次还本。筹资费率为 0.2%，所得税税率为 33%。求该项长期借款的成本？

$$k = \frac{6\% \times (1-33\%)}{1-0.2\%} = 4.03\%$$

忽略筹资费率，则 $k = 6\% \times (1-33\%) = 4.02\%$

(3) 优先股成本。

根据优先股兼具主权资本和负债两种特征的特点，在确定优先股公式时，要考虑两点：
和债券相似，每期支付固定股息；
和普通股一样，股息税后支付(不用扣所得税)。
因此，其成本的计算公式为：

$$k = \frac{优先股面额 \times 年股息率}{优先股筹资总额 \times (1-筹资费率)} \times 100\% = \frac{D_P}{P_P(1-f)} \times 100\%$$

式中，D_P 为优先股年末的股利，P_P 为优先股筹资总额，f 为筹资费率。

例 14-9

某公司发行优先股，面值 150 元，现金股利为 9%，发行成本为其当前价格 175 元的 12%。

$$K_P = \frac{150 \times 9\%}{175 \times (1-12\%)} \times 100\% = 8.77\%$$

优先股成本通常要高于债券成本，原因是：第一，优先股筹集的是自有资金，股东所承受的风险较大，要求的回报率较高；第二，优先股的股利在税前支付，而利息在税后支付。

(4) 普通股成本。

普通股成本的计算比较困难。因为普通股是收益不固定的证券，所以普通股股东是没有固定收益的。发行公司在发行股票时也绝对不会对股东保证将来每期支付多少股息。所以股息是因经营状况好坏而定的。股息不固定，即使用费不固定，那么普通股的资本成本也不固定，有两种计算方法。

① 股利折现法。

假设公司一直保持有规律地发放股利，且大多数公司的股利呈增长趋势，故普通股成本率的公式为：

$$k = \frac{\text{第一年预计股利额}}{\text{股票发行总额} \times (1 - \text{筹资费率})} + \text{股利增长率}$$

例 14-10

某公司发行面值为 1 元的股票 1000 万股，筹资总额为 6000 万元，筹资费率为 4%，已知第一年每股股利为 0.4 元，以后每年按 5% 的比率增长。计算该普通股的资本成本。

$$k = \frac{\text{第一年预计股利额}}{\text{股票发行总额} \times (1 - \text{筹资费率})} + \text{股利增长率}$$

$$= \frac{1000 \times 0.4}{6000 \times (1 - 4\%)} + 5\%$$

$$= 11.9\%$$

由题中可以看出，普通股的资本成本在各种筹资方式资本成本的比较中最高，原因是普通股的投资风险最大，股东要求的回报率也最高。考虑筹资费用大、股利税后支付等因素，普通股的资本成本最高。

② 风险收益调整法。

风险收益调整法是考虑了风险和收益之间的关系后形成的。公式如下：

$$\text{股票成本率} = \text{国库券利率} + \beta (\text{市场平均收益率} - \text{国库券利率})$$

其中，β 为风险价值系数，又称为风险报酬率，一般有专业评估公司确定。

(5) 留存收益成本。

$$K_b = \frac{D_b}{P_b} + g$$

式中，K_b 为留存收益成本；D_b 为第一年年末的股利；P_b 为普通股股本；g 为普通股股利年增长率。留存收益成本和普通股股本均属于企业所有者权益。留存收益成本是指将企业留存的税后净利视为股东对企业的追加投资而计算的成本率。因此，留存收益成本和普通股成本通常称为权益成本。留存收益成本的计算与普通股成本的大致相同，只是不考虑筹资费用。

例 14-11

某公司留存收益 100 万元，年股利率为 6%，预计股利以后每年递增 3%。求公司留存收益成本是多少？

$$K_b = 6\%+3\%=9\%$$

普通股股东与留存收益成本都属于所有者权益，股利的支付不固定。而且留存收益成本计算是以普通股的股利率为前提的，因此，留存收益成本和普通股股本一样高。

2. 综合资本成本

综合资本成本，又称加权平均资本成本，是以各种不同筹资方式的资本成本为基数，以各种不同筹资方式占资本总额的比重为权数计算的加权平均数。综合资本成本是企业进行资本结构决策的依据。根据综合资本成本率的决定因素，在已测算个别资本成本率，取得各种长期资本比例后，可按下列公式测算综合资本成本率：

$$K_w = \sum_{j=1}^{n} K_j W_j$$

式中，K_w 为综合资本成本率；K_j 为第 j 种资本成本率；W_j 为第 j 种资本比例。其中，$\sum_{j=1}^{n} W_j = 1$。

例 14-12

某公司拟筹资 2 500 万元，其中发行债券 1 000 万元，筹资费率为 2%，债券年利率为 10%，所得税税率为 33%；优先股 500 万元，年股息率为 7%，筹资费率为 3%；普通股 1000 万元，筹资费率为 4%，第一年预期股利为 10%，以后各年增长 4%。试计算该筹资方案的综合资本成本。

解：

债券资本成本 $K_B = \dfrac{I(1-T)}{B(1-f)} \times 100\% = \dfrac{1000 \times 10\%(1-33\%)}{1000 \times (1-2\%)} \times 100\% = 6.837\%$

优先股资本成本 $K_P = \dfrac{D_P}{P_P(1-f)} \times 100\% = \dfrac{500 \times 7\%}{500 \times (1-3\%)} \times 100\% = 7.216\%$

普通股资本成本 $K_E = \dfrac{D_1}{P_E(1-f)} \times 100\% + g = \dfrac{1000 \times 10\%}{1000 \times (1-4\%)} \times 100\% + 4\% = 14.42\%$

综合资本成本 $K_w = \sum(k_i \times w_i) = 6.837\% \times 40\% + 7.216 \times 20\% + 14.42\% \times 40\% = 9.946\%$

例 14-13

假设某公司的资本来源包括以下两种形式。

(1) 100 万股面值为 1 元的普通股。假设公司下一年度的预期股利是每股 0.10 元，并且以后将以每年 10% 的速度增长。该普通股目前的市场价值是每股 1.8 元。以面值购回。

(2) 发行债券 8000 张，每张面值为 100 元。该债券目前在市场上的交易价格是每张 95 元。另设公司的所得税税率是 33%。该公司的综合资本成本是多少？

解：

$$K_E = \dfrac{D_1}{P_E(1-f)} \times 100\% + g = \dfrac{0.1 \times 100}{1.8 \times 100 \times (1-0\%)} \times 100\% + 10\% = 15.56\%$$

$$K_B = \frac{I(1-T)}{B(1-f)} \times 100\% = \frac{800000 \times 10\% \times (1-33\%)}{8000 \times 95 \times (1-0\%)} \times 100\% = 7.76\%$$

综合资本成本 $K_W = \sum (K_i \times W_i)$

$$= 15.56\% \times \frac{1.8 \times 1000000}{1.8 \times 1000000 + 8000 \times 95} \times 100\% + 7.76\% \times \frac{8000 \times 95}{1.8 \times 1000000 + 8000 \times 95} \times 100\%$$

$$= 13.24\%$$

3. 边际资本成本

边际资本成本是企业追加筹资的成本。边际资本成本率是企业比较、选择追加筹资方案的依据。组合筹资方案时，边际资本成本的权数采用目标价值权数。

将边际成本概念用到企业筹资或投资上，是因为企业在筹资或投资时不能仅仅考虑目前所使用的资金的成本，还要考虑为该投资项目所新筹集的资金的成本，即边际成本。

14.4.3 企业资本成本的现状与过高的原因

随着企业规模的不断壮大，对发展资金的需求已经大大超过了企业自身的积累。大多数企业为了谋求发展，追求眼前利益，就盲目地通过各种筹资和投资活动来扩充资金，也正是因为这一举动，致使企业成本负担加重，导致企业财务决策错误，利润下降，出现了与企业目标背道而驰的现象。产生上述情况的一个主要因素在于企业的资本成本水平过高，而资本成本水平过高的原因又表现在以下方面。

1. 所筹资金总量很高，会存留闲置资金

企业筹资是企业生产经营过程中经常进行的工作，不仅创办新企业扩大再生产需要筹资，而且维护企业生产的正常经营也要有筹资。而有些企业在展开筹资前，并没有提前做好规划，没有根据自身情况确定合理的持有规模，只是想为自己的企业多囤积一些备用的资金，没有明确的使用和管理方向，一来二去，会存留下很多闲置的资金，而这些闲置的资金就会产生机会成本。如果企业是通过银行借款的方式筹集了过量资金，则会形成巨大的财务负担，不仅造成资金的外流，而且延误企业在恰当的时间做出恰当的投资决策，这是因为筹资总量越高，成本支出也就越高。

2. 非经营资产过多

在企业中，只有不断参与生产经营周转的资产才是有效资产。而有些企业的资产却不能被很好地利用，一方面可能由于企业已购的设备太过陈旧，设备的周转速度慢，已经不适宜现阶段或该项生产所用；另一方面企业投放太多的人力、物力、财力在非经营性资产上，导致企业没有足够的流动资金来满足其正常生产经营的需要，本末倒置。无效的资产越多，要更换翻新的就越多，企业的投入就会越大，资源就会越紧张，成本就会越大。同时企业也会因为存在过多的闲置资产，而加大资金成本水平，从而影响其在筹资和投资决策上的判断。

3. 非最佳资本结构

企业在进行筹资决策时，应该在控制筹资风险与谋求最大收益之间寻求一种平衡，也就是寻求最佳的资本结构。采取最佳资本结构能为企业节约大量的资金使用成本和筹资成本，提高资金利用率。企业在确定最佳资金结构时，首先要确定好两个比例关系：一是自有资金与借入资金的比例；二是长期资金与短期资金的比例。而评价这两个比例关系是否最佳，主要看其综合资金成本是否最低。有些企业往往忽略这种比例关系，没能从整体出发，全面权衡，只是很简单地就决定筹集资本，根本不理会资本结构是否合理，是否适合，没有把自身的经营状况考虑在内，这样只会使其资本结构越来越不稳定，综合资金成本水平也只会越来越高。

4. 没有选择适当的筹资方式

随着筹资方式的多元化，大多数企业可以通过不同的方式筹集到所需的资金，但是筹资方式的不同，相对应的资金成本也会不同。有些企业在对外筹资时没有按照本企业的发展方向、能力选择适当的方式，从而造成了过高的筹资负担，致使企业不仅没有能力偿还，还使资金的需求越来越大，甚至有些高利息的筹资方式会使企业入不抵出，形成越来越多的费用。还有一些企业则是没有采用多种组合的筹资方式，基本上就是一种方式到底，形式单一而费用高，没有办法相互弥补，也达不到最佳的配比结构，致使企业的资金成本过高。

5. 资金垫付多，既缺乏谈判优势，又缺乏管理意识

为了形成战略联盟，大多数企业会经常运用商业信用进行合作，为上下游各个节点垫付资金，而长时间的这种行为会为本企业自身筹资、投资决策带来困扰，致使企业缺乏流动资金以便在适当的时候进行调整、调用，由此可能会付出较大的代价，造成经营成本过高。而出现这种情况：一是因为企业没有妥善地处理好与上下游企业供需之间的关系，没有充分利用自身优势，碍于企业间的利益关系失去了合理的权利；二是因为企业缺乏完善的管理意识，没有很强的责任感、应变措施，无形之中使企业陷入了进退两难的境地，产生了资金链问题，进而加大了资金成本水平。

6. 经营不善

高投入低产出，甚至决策性的公款浪费，使企业的资金流失较为严重，导致企业生产经营产生负效益。一些企业不注意深加工、高附加值产品的开发，只注重平面扩张，把仅有的一点资金用在雷同的项目上，产生投资决策的失误。而另一些企业则出现"流固"失衡的状况——流动成本较高(如人员成本较大、管理成本较高、技术创新成本较多等)，影响企业资金总成本水平。

7. 忽略了利率的票据融资

目前，在资本市场上票据贴现利率比同期银行贷款利率低，而大多数企业没有有效地利用这一契机。他们的理念比较传统，不太愿意接受商业汇票融资，而始终坚持企业一贯

的筹资做法，认为这样会比较稳妥。他们不愿意打破地域、银行界限，没有审时度势，选择有利于企业发展的方式，致使企业资本成本变高。

14.4.4 降低企业资本成本的途径

资本预算管理不仅要保证企业生产经营、基本建设资金的需求，同时还要狠抓资本成本控制，选择合理的资本结构，制定科学有效的融资策略，充分利用资本市场，努力寻求较低的资金成本，降低企业财务费用。本书针对大多数企业资本成本过高的现状，提出以下对策、措施来有效地降低筹资、投资决策中的资金成本。

1. 降低筹资总量，合理利用闲置资金

企业要根据自身发展的需要，合理地制定资金的筹集总量，不能盲目地吸纳资金。筹集过多的资金有时候不仅使资金没有用武之地，而且还会加大利息费用，增添企业的财务负担，并会存在很多的存置成本，致使资源的浪费，所以要减少现金类资产规模。现金类资产一般不产生效益，应根据企业的资产周转速度、融资能力和金融市场环境，确定合理的持有规模，尽可能避免无理由的筹资，要有预测、有计划地安排，看看哪些资金是企业经营所必须要用的，以便合理地调配资金。同时，企业要对暂时存留的现金进行增值操作，如购买货币基金及金融机构发行的一些结构理财产品。近年来，各股份制银行在推出个人理财业务后也开展了针对企业业务的理财产品。理财业务的优势在于比活期存款业务收益高，买卖灵活机动，能把保证本金的安全放在首位，利用资金在特定时期不流动的特点获利。例如，某企业在3天法定节假日期间买入某理财产品1000万元，比活期存款增加利息收入1000元。这会使企业在流入流出量中得到少量弥补，既可以控制筹资总量，降低资金成本，又可以减少资金的闲置。

2. 提高资产运转效率

企业为了维持正常的生产运行需要审慎地购置资产，合理地安排采购资产的用途；在进行投资决策时分清哪些是经营性资产，哪些是非经营性资产；对固定资产、无形资产要计提折旧，注意其使用年限，对于不能确定其价值的资产，需要经过相关部门的鉴定，避免有残旧、退化的资产影响企业运转，增加成本负担；对于有使用价值的资产，需要制定一套完善的资产运营体质和机制；明确资产的运行规律，严格要求生产性资产，不能随意地更换配置；定购质量有保证的配件，要有科学的运转方法，必要时候可以聘请专业人员进行调试，使资产能发挥其最大功能，避免设备的淘汰而花费更多的费用，从而降低成本。对于存货，企业应该减少库存，在生产或购买前应该核算其最佳持有量，将传统方式下采用的供产销的生产方式改为销产供的生产方式，这样可以根据订单生产，加大资产的流通，提高周转速度，免去中间烦琐的环节，省去大量的人力、物力、财力，节约成本，避免企业运作的空档期，这样资金的占用量就会较少。对于应收款，一方面要采取催讨奖励的方式，对于有合作关系的企业要适当地放宽尺度，给予一定折扣；另一方面要加强员工培训，提高销售人员的业务水平和工作责任感，使还款节奏加快，加速企业资金的回流，提高资产运行效率。通过上述做法不但能降低资金成本，而且还能达到所期望的共赢效果。

3. 优化资本结构，选择最适宜的比例关系

现代企业为了维持生产经营、增加固定资产、对外进行投资等，往往需要大量资金，其来源一般有两种：权益资金和负债资金。权益资金主要来源于股东投入、企业积累、股东共享特定权益。负债资金主要来源于银行借入、发行企业债券、购买股票、融资租赁、结算中形成的商业信用和其他流动负债。在投资主体、资金来源多元化的市场经济条件下，投资收益率是投资者最关心的问题，也是衡量一个企业经营能力和盈利水平的一项重要指标。定量分析表明，资产总额、名义资金成本、息税前利润、所得税税率相同，但资金来源及结构不同的两个企业，其投资收益率也不同。其中，负债企业的投资收益率要高于发行股票的企业。这是因为，债务资金虽然风险大，会提高资产负债率，但由于利息可在所得税前列支，所以企业实际负担的资金成本较低，间接提高了税后利润；而权益资金虽然风险小，能降低资产负债率，但由于股息、红利只能在所得税后列支，变相提高了资金成本，降低了企业净资产收益率。可见资金成本不同，产生的效益也不同。这就是财务杠杆的作用，前提是企业利润率要高于负债的利率。但是举借负债会给企业带来较大的财务风险。因为负债一般都有明确的到期日，如果企业无法及时支付，或者无法按期偿还本金，则债权人的要求权可能迫使企业进行破产清算。因此，企业负债必须合理慎重，要结合企业的长期发展和风险承受能力，适度负债，负债程度应与企业的资本结构与偿还能力相适应，要选择最适宜的比例关系。

4. 做好筹资方式谋划，实现低成本筹资

股票、债券的发行费，为贷款支付的鉴证费、担保费等资金筹集成本，是企业资金成本的重要组成部分。这些费用往往与筹资数量呈正相关关系。为节约资金使用量、降低资金成本，必须在资金的预算、筹集方面做到以下几点。①根据企业年度的生产经营计划和上年度现金流量情况，在对企业在市场上的科研、生产、运作情况进行全面综合分析的基础上，预测资金需求量，确定筹资计划，编制年度资金总预算和日常业务预算、特种决策预算，及时筹措资金。②建立资金应急机制。为了保证企业正常有序的发展，在制订一套完整的筹资计划时还要设计出其他的后备方案，如临时通过短期筹资和投资来调剂，避免因资金的筹集不足，影响生产经营的正常进行，同时又要防止因资金筹集过多而造成资金闲置。③筹资渠道多元化。随着企业在筹资体制方面形成的新格局，使其来源渠道不仅局限于企业、银行，还有外国政府与财团、国际金融机构、国内各级地方政府等。这些渠道为了能促进经济发展，稳定政局，常常对特定行业的筹资采取较低的利率或较优惠的方式。④确立资金成本意识、风险意识。在进行筹资时应该尽可能地避免会使资金成本变高的项目，要树立风险意识，权衡后再进行选择。

5. 选择票据投资、融资的同时注意低利率

企业在进行投资时要合理选用结算支付工具，以达到降低成本的目的。在进行融资时，考虑签发银行承兑汇票占用资金较少，只需存入一定比例的保证金，且手续费较低的优势，所以可以大量使用票据进行融资，这样既可以节省财务费用、降低融资成本、提高融资效率，又保证了款项的支付，减轻了现款支付压力。而在用票据进行贴现时要选择贴现率最

低的机构,并且尽可能与承兑人在同一票据交换区域内的银行办理贴现,这样既可以使贴息通过贴现率降低,还可以使企业少承担 3 天的划款时间成本,减少贴息支出。再有,企业也可以选择先贴后查的金融机构。信用等级良好的企业与银行签订贴现协议,贴现的相关手续准备齐全后,银行先贴现,将款项先汇入企业账户,然后银行再查询,这样做不但增加了企业现金流量、增强了现金支付能力,而且提高了资金利用效率,降低了资金成本。

本章小结

资本预算是根据已确定的投资方案所编制的分年度的长期资金收支计划,是一个企业提出长期(其回收期长于一年)资本投资方案并进行分析、选择和评估修正的过程。

资本预算决策与公司股东利益息息相关,对于企业来说,它是企业具有长远意义的决策。

投资方案评价时使用的指标分为贴现指标和非贴现指标。贴现指标是指考虑了时间价值因素的指标,主要包括净现值、现值指数、内含报酬率等。非贴现指标是指没有考虑时间价值因素的指标,主要包括回收期、会计收益期等。

对于企业筹资来讲,资本成本是选择资本来源、确定筹资方案的重要依据,企业力求选择资本成本最低的筹资方式。按资本成本的用途,可分为个别资本成本、综合资本成本和边际资本成本。

案例分析

某企业打算变卖一套尚可使用 5 年的旧设备,另购置一套新设备来替换它。取得新设备的投资额为 180 000 元;旧设备的折余价值为 95 000 元,其变价净收入为 80 000 元;到第 5 年年末新设备与继续使用旧设备的预计净残值相等[①]。新旧设备的替换将在年内完成(更新设备的建设期为零)。使用新设备可使企业在第 1 年增加营业收入 50 000 元,增加经营成本 25 000 元;第 2 年至第 5 年内每年增加营业收入 60 000 元,增加经营成本 30 000 元。设备采用直线法计提折旧。适用的企业所得税税率为 25%。假设行业基准折现率分别为 8%和 12%,企业应如何进行决策?

根据上述资料,计算该项目差量净现金流量和差额内部收益率,并分别做出更新决策如下。

(1) 依题意计算以下指标。

更新设备比继续使用旧设备增加的投资额 = 新设备的投资 – 旧设备的变价净收入 = 180 000 – 80 000 = 100 000(元)

运营期第 1 年至第 5 年每年因更新改造而增加的折旧 = $\dfrac{100\ 000}{5}$ = 20 000(元)

运营期第 1 年总成本费用的变动额 = 该年增加的经营成本 + 该年增加的折旧 = 25 000 + 20 000 = 45 000(元)

运营期第 2 年至第 5 年每年总成本费用的变动额 = 30 000 + 20 000 = 50 000(元)

因旧设备提前报废发生的处理固定资产净损失 = 旧固定资产折余价值 – 变价净收入 = 95 000 – 80 000 = 15 000(元)

因旧固定资产提前报废发生的净损失而抵减的所得税税额 = 旧固定资产清理净损失 × 适用的企业所得税税率 = 15 000 ×

[①] 为了方便计算,本例假设到第 5 年年末新设备与继续使用旧设备的预计净残值相等。

$25\% = 3\,750$(元)

运营期第 1 年息税前利润的变动额 $= 50\,000 - 45\,000 = 5\,000$(元)

运营期第 2 年至第 5 年每年息税前利润的变动额 $= 60\,000 - 50\,000 = 10\,000$(元)

建设期差量净现金流量为：

$\Delta NCF_0 = -$(该年发生的新固定资产投资－旧固定资产变价净收入)$= -(180\,000 - 80\,000) = -100\,000$(元)

运营期差量所得税后净现金流量为：

$\Delta NCF_1 =$ 该年因更新改造而增加的息税前利润$\times (1 +$ 所得税税率$) +$ 该年因更新改造而增加的折旧 + 因旧固定资产提前报废发生的净损失而抵减的所得税税额
$= 5\,000 \times (1 - 25\%) + 20\,000 + 3\,750$
$= 27\,500$(元)

$\Delta NCF_{2\sim 5} =$ 该年因更新改造而增加的息税前利润$\times (1 -$ 所得税税率$) +$ 该年因更新改造而增加的折旧 + 该年回收新固定资产净残值超过假定继续使用的旧固定资产净残值之差额
$= 10\,000 \times (1 - 25\%) + 20\,000$
$= 27\,500$(元)

(2) 根据 ΔNCF 计算 ΔIRR。

$(P/A, \Delta IRR, 5) = \dfrac{100\,000}{27\,500} = 3.636\,4$

∵ $(P/A, 10\%, 5) = 3.790\,8 > 3.636\,4$
　$(P/A, 12\%, 5) = 3.604\,8 < 3.636\,4$

∴ $10\% < \Delta IRR < 12\%$，应用内插法，即

$\Delta IRR = 10\% + \dfrac{3.790\,8 - 3.636\,4}{3.790\,8 - 3.604\,8} \times (12\% - 10\%) \approx 11.66\%$

(3) 比较决策。

当行业基准折现率为 8% 时，

∵ $\Delta IRR = 11.66\% > 8\%$

∴ 应当更新设备

当行业基准折现率为 12% 时，

∵ $\Delta IRR = 11.66\% < 12\%$

∴ 不应当更新设备

注意：在计算运营期第 1 年所得税后净现金流量的公式中，该年"因更新改造而增加的息税前利润"不应当包括"因旧固定资产提前报废发生的净损失"。之所以要单独计算"因旧固定资产提前报废发生净损失而抵减的所得税税额"，是因为更新改造不仅会影响项目自身，还会影响企业的总体所得税水平，从而形成了"抵税效应"(Tax Shield)。如果将"因旧固定资产提前报废发生的净损失"计入"因更新改造而增加的息税前利润"，就会歪曲这种效应的计量结果。

思考与练习

一、单项选择题

1. 净现值法是考虑了时间价值因素计算投资收益的一种方法。投资项目的净现值等于（　　）。
   A. 年净现金流量的现值
   B. 每年净现金流量的现值之和减原始投资额现值
   C. 每年净现金流量的现值之和
   D. 每年净现金流量之和的现值减原始投资额现值

2. 现金预算属于（　　）。
   A. 特种决策预算　　　　　　　　B. 日常业务预算
   C. 财务预算　　　　　　　　　　D. 弹性预算

3. 企业在选择投资方案时，如果没有资金限量，则应该选择（　　）。
   A. 内部报酬率最高的投资项目　　　B. 净现值最大的投资项目
   C. 净现值率最高的投资项目　　　　D. 投资利润率最大的投资项目
4. 某企业预测期计划销售收入为 400 万元，基年实际销售收入为 300 万元，基年流动资金平均占用额为 60 万元，其中 6 万元为不合理占用额，计划期流动资金加速周转 10%，则预测期流动资金需要量为（　　）。
   A. 64.8 万元　　　　　　　　　　B. 130 万元
   C. 72 万元　　　　　　　　　　　D. 100 万元
5. 考虑资金时间价值的投资决策的分析评价方法有（　　）。
   A. 投资回收期法　　　　　　　　　B. 平均投资报酬率法
   C. 净现值法　　　　　　　　　　　D. 会计收益率法
6. 特定方案的机会成本是指（　　）。
   A. 未来可能发生的实际支出　　　　B. 将来要支付的一笔费用
   C. 实施该方案发生的实际支出　　　D. 实施该方案失去的收益
7. 甲、乙两个投资方案的现值指数均大于 1，且甲方案现值指数大于乙方案现值指数，则存在以下结果（　　）。
   A. 甲方案净现值大于乙方案净现值　　B. 甲方案净现值小于乙方案净现值
   C. 甲方案净现值等于乙方案净现值　　D. 以上三种均有可能

二、多项选择题
1. 下列关于净现值和现值指数的说法，正确的是（　　）。
   A. 净现值反映投资的效益
   B. 现值指数反映投资的效率
   C. 现值指数消除了不同项目间投资额的差异
   D. 现值指数消除了不同项目间项目期限的差异
2. 项目投资决策的一般方法包括（　　）。
   A. 贴现方法　　　　　　　　　　　B. 层次分析法
   C. 非贴现方法　　　　　　　　　　D. 综合分析法
3. 企业资本预算的原则包括（　　）。
   A. 资源有效配置原则　　　　　　　B. 战略目标导向原则
   C. 风险与收益匹配原则　　　　　　D. 集权与集成管理

三、判断题
1. 两个投资决策方案，不管在任何情况下，都选择净现值大的。（　　）
2. 投资项目的净现值越大，方案越好。（　　）
3. 由于长期投资涉及的时间长、风险大，因此长期投资决策分析应重视资金的时间价值和投资的风险价值。（　　）
4. 若 A 方案的净现值大于 B 方案的净现值，则必有 A 方案的现值指数大于 B 方案的现值指数。（　　）

四、问答题

1. 投资决策的方法有哪些？各有什么特点？
2. 投资决策中的现金净流量与净利润有何关系？
3. 项目投资决策的动态评价方法有哪几种？各有什么特点？

五、计算题

1. 某企业按面值发行 5 年期债券 200 万元，债券利率为 6%，每年付息一次，筹资费率为 2%，所得税税率为 33%。计算该债券的资金成本为多少。

2. 某企业拟筹集资金 1 000 万元，进行一项长期投资，其中向银行长期贷款 200 万元，发行长期债券 300 万元，发行普通股 400 万元，利用留存收益 100 万元。各种资金成本分别是 5%、7%、12% 和 12.5%。试计算该投资所用资金的综合资金成本。

3. 企业拟筹资 500 万元投资一个项目，有两个筹资方案可供选择。

甲方案：发行普通股股票 300 万元，每股发行价 20 元，共 15 万股，筹资费率为 4%，第一年年末每股股利为 2.5 元，预计股利的年增长率为 5%；银行借款 200 万元，利率为 6%，筹资费率为 0.1%。

乙方案：发行 5 年期的债券 400 万元，面值发行，票面利率为 8%，筹资费率为 3%，每年付息一次，到期还本；银行借款 100 万元，利率 5%，筹资费率为 0.1%。

企业所得税税率为 33%。

要求分别计算甲乙两个方案的综合资金成本率并选择方案。

4. 某投资项目的投资总额为 6 000 万元，其中 5 400 万元用于购置设备，600 万元用于流动资金投资。预计该项目可使企业销售收入增加，第一年为 2 000 万元；第二年为 3 000 万元；第三年为 5 000 万元。第三年年末项目结束，第四年年末收回流动资金 600 万元。假设该企业的所得税税率为 33%，固定资产按三年、直线法计提折旧并不计残值，企业要求的最低投资报酬率为 10%。试计算：各年的税后现金净流量；该投资项目的净现值；该投资项目的投资回收期；判断该项目是否可行。

拓展阅读

1. 中国注册会计师协会. 财务成本管理 (注册会计师全国统一考试辅导教材). 北京： 中国财政经济出版社，2018.

2. 简德三. 投资项目评估.上海：上海财经大学出版社，2009.

第15章 经济学前沿

> 不应把人作为理性最大化者,而应该作为满意者。
>
> ——赫伯特·西蒙

导入案例

从诺贝尔经济学奖看现代经济学发展

诺贝尔经济学奖是经济学领域的最高荣誉,获奖者的理论贡献对学术界、商业界和政策界均产生了重大影响。

一、关于诺贝尔经济学奖的统计

(1) 1969—2019 年,共计 51 届 84 位获奖者,其中有 25 届由一位得主独享,有 19 届由两位得主共享,有 7 届由三位得主共享。

(2) 最年轻的得主是 2019 年获奖的埃丝特·迪弗洛,时年 46 岁;最年长的得主是 2007 年获奖的莱昂尼德·赫维奇,时年 90 岁。

二、获奖领域逐步扩大

诺贝尔经济学的获奖领域逐步扩大,反映出现代经济学的包容进步。

在诺贝尔经济学奖的获奖领域中,除传统的微观经济学、宏观经济学和计量经济学外,还有许多相对"小众"的经济学分支。

1992 年获奖的加里·贝克尔将经济学的分析方法应用到种族歧视、道德伦理、婚姻家庭、后代养育等非市场行为。他认为:"今天,经济研究的领域业已囊括人类的全部行为及与之有关的全部决定。经济学的特点在于,它研究问题的本质,而不是该问题是否具有商业性或物质性。因此,凡是以多种用途为特征的、资源稀缺情况下产生的资源配置与选择问题,均可纳入经济学的范围,均可用经济学分析方法加以研究。"

2002 年获奖的丹尼尔·卡尼曼和 2017 年获奖的理查德·塞勒则对传统经济学的"理性经济人假设"提出质疑,开辟了行为经济学新领域。人们在决策过程中普遍存在的损失厌恶、禀赋效应、框架效应、锚定效应等违背了理性假设中的偏好一致性公理,人们在最后通牒博弈中的拒绝行为、在独裁者博弈中的给予行为、在信任博弈中的信任行为、在礼物交换博弈中的报答行为、在第三方制裁博弈中的利他惩罚行为等违背了理性假设中的自利原则。上述例子中的理论都经历了从被排斥到被认可、从边缘到主流的艰辛历程，但最终均荣获诺贝尔经济学奖。经济学既是一门年轻的学科，也是一门开放包容的学科，一直在不断向前探索，从未止步。

资料来源：任泽平．"从诺贝尔经济学奖看现代经济学发展"，发展研究，2020年第一期，节选．

- 知识目标：
    - ◆ 了解经济学的发展简史；
    - ◆ 了解经济学的基本分类；
    - ◆ 了解信息经济学的基本概念；
    - ◆ 了解行为经济学的基本概念；
    - ◆ 了解规制经济学的基本概念；
    - ◆ 了解共享经济学的基本概念；
    - ◆ 了解网络经济学的基本概念；
    - ◆ 了解神经经济学的基本概念；
    - ◆ 了解维基经济学的基本概念。

- 能力目标：
    - ◆ 了解经济学发展简史和分类；
    - ◆ 了解经济学新兴的分支学科；
    - ◆ 树立和激发对经济学学科领域的学习兴趣。

15.1 经济学的发展简史

1776 年，亚当·斯密出版《国富论》，标志着古典经济学的正式诞生。现代经济学自此经过了两百多年的发展，跨越了多个阶段，诞生了若干流派，呈现出百家争鸣的局面。经济学是与时俱进的社会科学，新兴理论层出不穷。不了解历史，也就无所谓前沿，本章的目的在于回顾经济学的发展简史，从近年来诺贝尔经济学奖获得者的研究和符合时代背景的经济学理论两个方面出发，向读者简要介绍新兴的经济学理论，主要概述微观经济学方面和应用经济学方面的经济学前沿知识，限于篇幅和编者水平，不进行深入的探讨。

15.1.1 经济学的发展

经济学的发展可以大致划分为五个阶段：一是启蒙阶段(重商主义、重农主义)；二是古典经济学阶段；三是新古典经济学阶段；四是凯恩斯经济学阶段；五是当代经济学阶段。

1. 启蒙阶段

(1) 重商主义。

重商主义是随17、18世纪英国海外贸易的增长而一同兴旺起来的，其基本假设是出口为国家带来财富。这一学派的倡议者支持并主张政府采取措施保护贸易顺差。重商主义者坚信,对外贸易是国家致富的唯一手段。在国际金融制度得到高度发展以前,对外收支逆差必须用现金弥补,而国际间唯一可接受的现金形式是金和银,因此贸易赤字会导致国库空虚,反之则国库殷实。从中可得出结论,出超将带来国内经济增长,而入超会使国内经济萎缩。这种思想迎合了当时政治和经济环境的需求,并在事实上引导了17、18世纪的商业革命。

(2) 重农主义。

重农主义主导了法国17、18世纪的经济思想。重农主义者提出,产生地租的土地是纯产品依赖的唯一源泉。重农主义者将国民分为三个阶级,即生产阶级、土地所有者阶级和不生产阶级。重农主义者最早运用社会阶级体系来说明社会经济结构。

2. 古典经济学阶段

亚当·斯密于1776年发表《国富论》,标志着古典经济学的诞生,经济学作为一门科学已形成了完整的研究方法和理论体系。

古典经济学派是自由竞争资本主义从起飞到昌盛时期的主流经济学派,它忠实地反映了那个时代产业资本的利益和要求,既是对封建旧制度及资本原始积累时期国家干预主义经济思想的批判,也是对经济自由主义新时代的呼唤和论证。

古典经济学派信奉经济自由主义。他们坚信自由竞争市场势力的自发作用能够保证经济生活的协调和稳定增长,反对国家对经济生活的干预;他们不是无政府主义者,但他们认为,国家只需充当为自由竞争市场经济创造良好外部条件的"守夜人"。

古典经济学派关注经济增长。在他们看来,经济活动的首要任务就是增加生产,为此必须增加资本积累、改进生产方式、提高劳动生产率。他们还研究与此密切相关的分配和产品实现问题,研究生产、交换、分配和消费中的规律,以及相应的经济政策。

古典经济学的奠基者是亚当·斯密,大卫·李嘉图、马尔萨斯、萨伊对亚当·斯密的体系进行了扩展,而J.S.穆勒则是古典经济学的集大成者。

3. 新古典经济学阶段

新古典经济学是19世纪末叶以来具有广泛影响和重要地位的经济理论。新古典经济学派的基本观点和古典经济学派的观点相同,主张自由放任的经济思想;同时它也融合和吸收了其他学派的观点。它渊源于19世纪70年代的所谓"边际革命"。当时奥地利的门格尔、英国的杰文斯和法国的瓦尔拉斯几乎同时提出了以边际效用决定商品价值的理论。他们使用抽象演绎法、边际分析法、心理分析法和数理分析法建立了包括边际效用理论、时差利息论和一般均衡论等在内的理论体系。它把市场现象归结为个人选择的结果,着重解释在技术知识、社会习惯,以及资源稀缺的约束下,个人在市场上进行的主观评价和选择会导致市场过程的协调和均衡,进一步证明了自由放任的正确性。

新古典经济学派的代表人物有瓦尔拉斯、马歇尔、凯恩斯及20世纪的阿罗和德布鲁等。

4. 凯恩斯经济学阶段

第一次世界大战后，国家垄断资本主义急剧发展，1923—1933 年的经济大危机对资本主义经济发展造成极大破坏。资本主义经济实践与传统的经济理论所宣扬的自由竞争和自由放任产生严重矛盾。在这种情况下，凯恩斯于 1936 年发表《就业、利息和货币通论》，提出有效需求理论体系和通过国家干预经济以减少失业的做法，这被称为"凯恩斯革命"。

约翰·梅纳德·凯恩斯(1883—1946，英国)被认为是现代经济学最有影响的经济学家，凯恩斯向传统经济学挑战的是他的第三部著作：《就业、利息和货币通论》(以下简称《通论》)，这是凯恩斯经济学产生的标志。

凯恩斯依据自己的理论，提出了一整套政策，这套政策的核心就是国家干预经济生活，借此刺激有效需求，即刺激消费和投资。在财政政策方面，在总需求小于总供给时，主张减税、增加财政支出，以扩大投资和消费；在总需求大于总供给时，主张增税、减少财政支出，以减少投资和消费。在货币政策方面，在萧条时期主张增加货币供应量，降低利息率以刺激投资；在高涨时期主张减少货币供应量，提高利息率以限制投资。

第一次世界大战后二十多年来，各主要资本主义国家都大力推行凯恩斯主义，它对缓和资本主义的矛盾、实现经济增长起了一定的积极作用。60 年代以来，发达资本主义国家出现的经济停滞与通货膨胀并发的现象，使凯恩斯理论出现了危机。凯恩斯理论遭到了货币主义、理性预期学派和供给学派的挑战。

5. 当代经济学阶段

研究经济思想史的学者还未对凯恩斯以后的学术思想加以归纳，但这并不意味着凯恩斯以后的经济学领域缺乏思想。实际上，在这个阶段出现了许多具有代表性的流派和经济学家，由于统计分析理论的发展，这个时期经济学学术著作的特点是大量运用统计理论和数学模型。

(1) 新古典综合派。

新古典综合派又被称为当代凯恩斯主义正统派或主流派，它的主要代表人物有保罗·萨缪尔逊、托宾、索洛等。"新古典"是指他们接受凯恩斯以前的新古典主义对于市场和一般均衡的分析，但同时应当"综合"凯恩斯主义。

这种综合体现在：①将凯恩斯理论本身综合成宏观一般均衡理论，但理论本身却和新古典理论有相似之处；②凯恩斯的宏观理论体系和新古典的微观理论体系相结合，注重寻找宏观经济理论的微观基础；③强调财政政策与货币政策的相互配合。

(2) 当代经济学的其他主要流派。

当代经济学除新古典综合派外，其他具有重要影响的学派主要有新自由主义、货币主义、理性预期学派、新剑桥学派、新制度主义等。

本章主要简述当代经济学中涉及微观经济学领域的研究，如信息经济学、行为经济学，也包括共享经济学、网络经济学、神经经济学、维基经济学等热点领域。

15.1.2 经济学的分类

按研究对象分，经济学可分为宏观经济学、中观经济学、微观经济学。按研究方法又可分为规范经济学和实证经济学。

宏观经济学是使用国民收入、经济整体的投资和消费等总体性的统计概念来分析经济运行规律的一个经济学领域的一门学科，包括计量经济学、发展经济学等分支领域。

中观经济学是介于微观经济学与宏观经济学之间的一门学科，是指以某一部门、某一集团或某一地区的经济活动为研究对象的一种理论，包括产业经济学、区域经济学等分支领域。

微观经济学主要以单个经济单位(单个生产者、单个消费者、单个市场经济活动)作为研究对象进行分析的一门学科，包括管理经济学、工程经济学、合同经济学等分支领域。

规范经济学依据一定的价值判断，提出某些分析和处理经济问题的标准，并以此树立起经济理论的前提，作为经济政策制定的依据。由于资源的稀缺性，因而对其多种用途就必然面临选择，选择就存在一个选择标准，选择标准就是经济活动的规范。

实证经济学是经济学中按研究内容和分析方法划分的，是与规范经济学相对应的一个分支。它是描述、解释、预测经济行为的经济理论部分，因此又称为描述经济学，是经济学的一种重要运用方式。从原则上讲，实证经济学独立于任何特殊的伦理观念，不涉及价值判断，旨在回答"是什么""能不能做到"之类的实证问题。

15.2 信息经济学

15.2.1 不对称信息经济学

信息经济学、宏观信息经济学和微观信息经济学又被称为理论信息经济学，是从微观的角度入手，研究信息的成本和价格，并提出用不完全信息理论来修正传统的市场模型中信息完全和确知的假设。

1996 年度的诺贝尔经济学奖被授予了英国剑桥大学的詹姆斯·莫里斯教授和美国哥伦比亚大学的威廉·维克里教授，以表彰他们对西方信息经济学研究做出的贡献。2001 年度的诺贝尔经济学奖被授予了三位美国经济学家：约瑟夫·斯蒂格利茨、乔治·阿克尔洛夫、迈克尔·史宾斯，就是为了表彰他们从 20 世纪 70 年代开始的在"使用不对称信息进行市场分析"方面做出的重要贡献。瑞典皇家科学院发表的新闻公告说明，阿克尔洛夫的贡献在于，他阐明了这样一个事实，即卖方能向买方推销低质量商品等现象的存在，是因为市场双方各自掌握的信息不对称。例如，信息失衡，甚至可能使劣质的二手车挤掉优质车市场。史宾斯则揭示人们应如何利用所掌握的更多信息来谋取更大利益。斯蒂格利茨为掌握信息较少的市场方如何进行市场调整提供了相关理论。三位教授的分析理论用途广泛，既适用于对传统的农业市场的分析研究，也适用于对现代金融市场的分析研究。同时，他们的理论还构成了现代信息经济学的核心。

15.2.2 契约经济学

契约经济学研究的是经济主体如何通过特定的契约安排来解决信息不对称问题，在经济学中属于信息经济学的一部分。在委托人对于代理人的特征不知情的情况下，会产生逆向选择问题。这个经济学分支的先驱者是乔治·阿克洛夫,他阐述了旧车市场的逆向选择问题。

诺贝尔经济学奖被授予了哈佛大学的奥利弗·哈特(Oliver Hart)和麻省理工学院的本特·霍姆斯特罗姆(Bengt Holmstrom),以表彰他们的契约理论。

哈特和霍姆斯特罗姆提出的全新理论工具,对理解现实生活中的契约、制度及契约制定中潜在的陷阱等问题具有重要价值。

奥利弗·哈特研究的贡献主要是不完全契约理论。不完全契约理论指的是,在合同中很难将所有可能出现的情况都写进去,因为从理论上讲一个人是不可能有先见之明,能够想到所有的情况的。在这种情况下,如果出现契约或合同里没说明的情况该怎么办呢?哈特的理论是谁的投资更重要,他的权利就应该被优先尊重。哈特对不完全契约的研究结果揭示了企业的控制权和所有权,并对经济学的几个领域、政治学及法律等产生了重大影响。

15.3 行为经济学

行为经济学,即将人类心理学的观点引入经济学研究的分支学科。

传统经济学的假设是"理性人",即决策者总是从利益最大化的角度出发权衡利弊,如管理者总是考虑利润最大化,消费者考虑的是效用最大化。

然而,实际情况是,在现实中的人要复杂得多,他们可能在决策时是冲动的、健忘的、敏感的、充满感情和偏见的。人类理性的不完善是心理学家研究的主要问题。

2002年,心理学家Daniel Kahneman和经济学家Vernon L. Smith分获了该年的诺贝尔经济学奖,这是该奖第一次颁给心理学家,标志着行为经济学正式走入大众视野,并逐渐在世界上最好的经济学院(如哈佛的经济学院)成为博士项目的基础课程之一(以前只有宏微观经济学和计量经济学)。行为经济学(含相关方法的实验经济学)进一步发展成为经济学的一个重要分支,其研究成果直接辐射各商业分支功能,如金融、营销和会计等方面的研究。

2017年,理查德·塞勒因为在行为经济学的贡献获得诺贝尔经济学奖。塞勒的学术观点是:完全理性的经济人不可能存在,人们在现实生活中的各种经济行为必然会受到各种"非理性"的影响。很多从传统经济学角度看来是"错误"的行为,经常被忽视,但往往正是这些行为导致了那些"看起来很美"的决策最终失效乃至酿成恶果。

案 15-1

沉没成本

如果你花100美元买了一张音乐会票,却没有去听,你会觉得自己损失了100美元。用财务报表做个类比,如果你买了票却没有使用,在你的心理账户中这将被认定为损失。如果你去听了音乐会,账户中就不会有损失。

同样,对于已买到的产品而言,使用的次数越多,你就会觉得这笔交易越划算。现在我们做一个思想实验:你买了一双鞋,原因可能是它正在打折。虽然折后价还是很高,但已经比原来便宜不少了,你无法拒绝这么大的交易效用。一天,你很自豪地穿着这双鞋去上班,但到中午的时候,你的脚就开始疼了。你决定让脚休息一下,几天后你又穿上这双鞋,这次只穿了一个晚上,结果脚还是很疼。现在你面前有两个问题：假设无论穿这双鞋多少次，你的脚都会不舒服，你会再穿多少次呢？你决定不再穿它们之后，这双鞋会在你的鞋柜里待多久才会被扔掉或捐给慈善机构呢？如果你和大多数人一样，那么答案将取决于买这双鞋花了你多少钱。花的钱越多，你就会忍受越多的疼痛，这双鞋待在鞋柜里的时间也会越长。

在健身房里也会发生类似的事情。如果你办了一张健身卡，但却没有去健身，你会认为这次交易是一种损失。实际上，有些人办健身卡就是为了达到自我控制的效果。如果我想去健身，而且浪费了会员费会让我觉得很心疼，办健身卡就可以从两个方面帮助我克服惰性：不去健身的时候，会员费会一直萦绕在我的心头；每次去健身时，不用当场交钱。市场营销学的约翰·古维尔(John Gourville)和迪利普·索曼(Dilip Soman)在一家健身房做了一个巧妙的研究，正好证明了这一点。该健身房一年收两次会员费。古维尔和索曼发现，刚交完会员费的那个月，他们的健身次数上升，然后逐渐下降，直到交第二次会员费。他们将这种现象称为"支付贬值"(Payment Depreciation)，意思是沉没成本效应会随着时间的推移不断降低。

俄亥俄州立大学的心理学家哈尔·阿克斯(Hal Arkes)也发现了类似的现象。他和他的研究生凯瑟琳·布卢默(Catherine Blumer)一起精心设计了一项实验。校园里有学生排队购买了校园剧场的年票。实验人员随机选取了一些学生，给其中一些人较小的折扣，而给另一些人较大的折扣。该实验的一个重要设计特点是，这些学生在拿到折扣之前都已经以全价购买了年票，所以实验人员可以假设，享受不同折扣的实验对象和支付全价的实验对象，对年票的重视程度是一样的。阿克斯和布卢默发现，沉没成本的确会产生影响，但仅限于这个学期。在秋季学期，那些全价买票的学生观看了更多的演出，但到春季学期时，三组学生的观看率基本相同。显然，学生们要么觉得观看了很多场演出，已经足以冲抵买票的钱，要么已经忘记当初付过多少钱了。所以，沉没成本是有影响的，至少在交易刚完成的那段时间里会有，但之后很可能会被忽略。

资料来源：理查德·塞勒. 错误的行为：行为经济学的形成. 王晋，译. 北京：中信出版社，2018.

15.4　规制经济学

规制经济学也称管制经济学，是对政府规制活动所进行的系统研究，是产业经济学的一个重要分支。与其他学科的发展类似，规制经济学也随着规制活动的发展不断演变，体系与内容不断扩展。目前国外的规制经济学发展已相对成熟，体系较为完整，基本形成了一门相对独立的学科。

2014年度的诺贝尔经济学奖被授予了法国经济学家让·梯若尔，以表彰其在市场势力和规制理论方面做出的杰出贡献。梯若尔和其合作者让·雅克·拉丰开创的新规制经济学，对于人们理解如何规制大型垄断企业，提供了一套完整的理论基础和分析框架。

在自然垄断的行业，生产技术的规模经济特性决定了该行业只可能由垄断或寡头控制。微观经济学理论认为，行业由一个企业垄断时，企业会利用垄断地位抬高产品或服务的价格，从而带来效率损失，因此，政府需要对企业进行规制。这是新旧规制经济学的共性。新规制经济学挑战的是传统规制经济学的理论基础，以及在此理论基础上发展起来的规制政策。新规制经济学的"新"，反映在两个方面。

第一，新规制经济学强调信息不对称在规制理论中的重要地位。传统规制理论有一个重要假设，即认为规制者拥有与被规制企业相对称的信息。而新规制经济学认为，这个假设不符合现实，忽视信息不对称而制定的规制政策将是无效的。例如，美国以前最常采用的所谓平均成本定价规制政策，忽视了企业的逆向选择和道德风险问题。逆向选择是指因规制者缺乏关于企业生产运营成本的具体信息，企业会夸大生产运营成本，以要求更高的定价。道德风险是指按照平均成本定价，企业缺乏降低生产运营成本的激励。

第二，新规制经济学使用最新发展起来的机制设计理论作为分析工具，形成了一个统一的、强有力的分析框架。机制设计理论是采用博弈论为分析工具发展起来的新的经济学分支。机制设计理论研究委托人和代理人之间在信息不对称的情况下，委托人如何设计一套机制（规制政策、博弈规则），使代理人在充分理解了这套机制后，其自利性的行为能达到委托人想要的目标。

15.5　共享经济学

共享经济是一种新的经济模式，是指个人或机构把相对限制的资源或服务有偿分享给需求者使用，需求者通过使用供给者的资源创造价值，从而提高资源利用和配置效率。共享经济的发展、实现基础是现代互联网技术的高效率发展和微观经济学中的零边际成本。在经济学中，边际成本是指增加一单位的产量随即而产生的总成本增加量。在互联网社会中，对于每一消费群体而言，增加某种产品或服务的使用带来的总成本的增加接近于零，使共享经济的实现成为可能。每一消费群体在享用共享经济的益处时不影响下一消费群体对该资源的享用，在资源拥有者和资源需求者之间实现使用权共享，从而将人们的闲置资源进行充分利用。

共享经济这个术语最早由美国得克萨斯州立大学社会学教授马科斯·费尔逊（Marcus Felson）和伊利诺伊大学社会学教授琼·斯潘思（Joel Spaeth）于 1978 年在发表的论文 *Community Structureand Collaborative Consumption:ARoutine Activity Approach* 中提出。其主要特点是，包括一个由第三方创建的、以信息技术为基础的市场平台。这个第三方可以是商业机构、组织或政府。个体借助这个平台，交换闲置物品，分享自己的知识、经验，或者向企业、某个创新项目筹集资金。共享经济牵扯三大主体，即商品或服务的需求方、供给方和共享经济平台。共享经济平台作为连接供需双方的纽带，通过移动 LBS（基于位置的服务）应用、动态算法与定价、双方互评体系等一系列机制的建立，使供给与需求方通过共享经济平台进行交易。

共享经济的五个要素分别是闲置资源、使用权、连接、信息、流动性。共享经济的关键在于如何实现最优匹配、实现零边际成本，以及如何解决技术和制度问题。

15.6　网络经济学

互联网经济学是研究互联网对经济社会将产生的根本性变革的理论，以政府决策支持的视角，规划以统一标准信息平台为支撑的一系列经济体制，是政治经济学的最新发展，与网络经济学有本质不同。能力强，适应网络经济环境下的复合性、实用性人才，作为"网络经济"的专业人才，他们要具备借助网络技术手段进行信息收集、整理，以及模拟与预测，在技术手段的辅助下运用经济学理论分析并解决现实问题的能力

网络经济学(Economics Network)与传统经济学有密切联系，它以经济学为理论基础，是经济学的特殊分支。

网络经济学的特点：一是用网络的视角分析经济，网络化、信息化、数字化渗透到整个经济系统，体现为经济系统的升级，生产组织方式、消费结构和经济主体行为特征都发生巨大变化；二是与信息技术发展紧密相关。网络经济学的产生与发展直接源于信息技术的进步，信息技术逐渐渗透到人们的各种经济活动中，"网络"结构不再是经济系统的次要特征。信息技术仍然处于快速发展变化中，更多的数字化、智能化产品被应用于传统产品的升级改造或辅助设计、生产过程中，这些变化拓展了网络经济学研究对象的外延。

网络经济学是一门伴随着信息技术的发展而建立起来的学科，并且本身具有强烈的动态性和开放性特征。

15.7 神经经济学

神经经济学(Neuroeconomics)是一个新兴的跨学科领域，它运用神经科学技术来确定与经济决策相关的神经机制。这里的"经济"应该更广义地理解为人类或其他动物所做出的任何决策过程。2002年诺贝尔经济学奖得主弗农·史密斯(Vernon Smith)在颁奖大会上做了题为"经济学中的建构主义和生态理性"的报告。在报告中他提到，"新的大脑影像技术激发神经经济学研究探索大脑的内在秩序及其与人类决策(既包括固定赌博的选择，也包括由市场和其他制度规则的选择)之间的关系"。此后，越来越多的研究者开始关注这一领域。

传统经济学在研究消费决策时通常假设人是理性的，总是在约束条件下寻求利益的最大化。而大量的现实经济活动表明，人在做出决策时往往不是出于理性的判断。对于那些传统经济学模型无法解释的行为，借助现代神经医学设备，研究人员能够在神经层面触及决策潜意识，重建经济学对经济行为的解释框架。

深入探索神经经济学，挖掘大脑的经济决策机制，一方面可以促使经济学家重新认识经济学的核心经济理论，弥补经济学领域的空白，进一步拓展经济学的研究方法；另一方面可以将所得到的研究成果应用于商业推销、法庭博弈等实践活动，更好地为实践服务。

15.8 维基经济学

维基经济学的得名，缘于维基百科全书网站的巨大成功，它向世界证明：如果有一种方法可以充分利用组织里每个人的智慧，那么它的能量将无比惊人。维基经济学所揭示的四个新法则——开放、对等、共享和全球运作——正在取代一些旧的商业教条，许多成熟的传统公司正在从这种新的商务范式中受益。

维基经济学的结论源自一个900万美元的研究项目，有"数字经济之父"美誉的新经济学家唐·泰普斯科特向我们展示了个体力量的上升是如何改变商业社会的传统规则的，这种利用大规模协作生产产品和提供服务的新方式，正颠覆我们对于传统知识创造模式的认知。

例 15-2

发动全世界找黄金

在加拿大一个寒冷冬天的傍晚，黄金公司(Goldcorp Inc.)的首席执行官罗伯·麦克欧文难掩沮丧。这家位于多伦多的小型金矿采矿公司被罢工、拖延的债务和极高的生产成本等问题所困扰，导致公司停止金矿生产。黄金市场正在萎缩，多数分析家认为该公司 50 年来采自安大略红湖的矿产即将消失，如果难以找到大量的新黄金矿藏，黄金公司可能会宣告倒闭。

麦克欧文没有开采金矿的经验，几乎无人相信他能够拯救黄金公司。然而他给地质学家开出了 1000 万美元的支票作为探矿费，派他们前往北安大略省。几个星期后，地质学家有了一个惊人的发现：钻矿测试证实了那里蕴藏着丰富的黄金矿产，是黄金公司现在开采量的 30 倍。但令麦克欧文极度沮丧的是，地质学家还难以提供黄金的准确位置。他极需让这个缓慢的旧行业能够适应市场的紧迫性。

1999 年，当麦克欧文参加的麻省理工学院青年总裁研讨会即将结束时，Linux 突然成为讨论的话题。麦克欧文坐在演讲厅中，全神贯注地倾听这个非凡的故事。演说者讲述托瓦尔兹怎样向全世界公开了自己的软件代码，允许成千上万的匿名程序员检视自己的系统，并加入自己的一份力量。麦克欧文听后大受启发：如果黄金公司的地质学家不能找到红湖的金矿，也许其他人可以，找到这些人的关键就是公开探矿的信息，就像托瓦尔兹为了 Linux 而公开代码。

麦克欧文迅速回到多伦多，向公司资深的地质学家说明了自己的想法。他说："我想拿出我们所有的地质学研究，以及 1948 年以来的所有数据，整理成一个文档与全世界的人共享。然后，我们请求全世界的人告诉我们，在哪里可以找到新的 600 万盎司的黄金。"麦克欧文认为，这次机会可以发动黄金行业那些最具才智的人参与。然而，会议室里的地质学家却满腹狐疑。

采矿业是一个极度需要保守机密的产业，除开采矿产本身外，地质数据是最宝贵、最需要严加看守的资源，公司不可能拿去四处散布。黄金公司的员工不知道全球地质学界是否会像软件开发员响应托瓦尔兹那样回应公司的这一做法。他们更担心的是，这场竞争会怎样影响自己，参赛者会怎样看他们找不到金矿的无能。

麦克欧文承认这个决策充满了争议和风险。"我们挑战的是最基本的观念——专有数据是不可能被散发出去的。"但他再一次决定坚持己见。2000 年 3 月，黄金公司发起了"黄金公司挑战赛"，宣布能够提出最优估计和最佳方法的参赛者将获得高达 57.5 万美元的奖金。有关 55 000 英亩矿区的一切信息都在黄金公司的网站上发布。

比赛的消息通过互联网迅速传播，来自 50 个国家的 1000 多个虚拟勘探者都在忙于挖掘和利用这些数据。

几个星期之内，来自全世界的方案雪片般地飞向黄金公司总部。参赛者的来源很奇特，有大学本科生、咨询顾问、数学家和军官，他们都试图一展拳脚。麦克欧文说："人们应用数学、高等物理、智能系统、电脑绘图，以及有机的方法来解决无机问题。很多技能是我在业内闻所未闻的。当我看到电脑绘图时，差点从椅子上摔下来。"

参赛者在红湖矿床上发现了 110 个目标，其中 50% 是公司从来没有发现的，80% 多的新目标后来被证实确实有大量黄金。自挑战赛开始以来，已经发现了 800 万盎司的黄金。麦克欧文估计，这一尝试将探矿时间缩短了两到三年。

如今，黄金公司从开源式勘测中收获了丰硕的果实。这次比赛不但得到了大量的黄金，还把一个价值 1 亿美元的低绩效公司改造成具有 90 亿美元价值的大企业，并将北安大略一个落后的采矿地转变成最有利可图的矿产地之一。"黄金公司挑战赛"计划对后来者最具价值的地方或许就是——它证明了即使在一个保守、讲求保密性的产业中，创新的研究方法也是有效的。通过共享公司的专有数据，麦克欧文将蠢笨的勘测流程转化为一个融合了业内最聪明脑袋瓜的现代化分布式黄金勘探引擎，这就是维基经济的新世界。

资料来源：唐·泰普斯科特，安东尼·D.威廉姆斯.维基经济学：大规模协作如何改变一切.何帆 林季红，译.北京：中国青年出版社，2015.

本章小结

本章从回顾经济学发展的简史出发，简述了经济学的分类，结合诺贝尔经济学奖获得者的研究成果和时代的发展背景，简述了新兴的经济学学科的概念，希望能激发读者学习经济学的兴趣，了解经济学发展的趋势。

案例分析

理查德·塞勒的实验

1980 年，理查德·塞勒撰写了一篇重要的论文——《论消费者选择的实证理论》，首次提出了"禀赋效应"的概念。所谓禀赋效应就是当个人一旦拥有某项物品，对该物品价值的评价要比未拥有前大大增加。为很好地观察禀赋效应的影响程度，塞勒和卡尼曼邀请44名大学生参加了杯子和钢笔实物交易的实验。

第 1 组：塞勒教授准备了几十个印有校名和校徽的马克杯，这种马克杯在学校超市的零售价是 5 元，在拿到教室之前，塞勒教授已经把标价签撕掉了。塞勒来到课堂上，问学生愿意花多少钱买这个杯子（给出了 0.5 元到 9.5 元之间的选择）。

第 2 组：塞勒教授同样地来到第二个教室，但这次他一进教室就送给每个同学这样一个杯子。过了一会儿塞勒教授说由于学校今天组织活动开大会，杯子不够，需收回一些。老师让大家每人都写出自己愿意以什么价格卖出这个杯子（给出了 0.5 元到 9.5 元之间的选择）。

实验结果显示，在第 1 组中，学生平均愿意用 3 元的价格去买一个带校徽的杯子；而到了第 2 组，当需要学生将已经拥有的杯子出售时，出价陡然增加到了 7 元。

相对于获得，人们非常不乐意放弃已经属于他们的东西。塞勒把这种现象称为"禀赋效应"。

禀赋效应(Endowment Effect)指的是同样一件商品，一旦人们拥有这件商品，相对于还未拥有这件商品的人而言，会对此商品估计一个更高价。

是什么造成了禀赋效应呢？是人们高估了他们所拥有的东西的价值，还是与自己拥有的东西分开会带来痛苦？

再看另一个实验。

首先，要求学生对 6 种赠品的吸引力进行排序，然后将一种不太有吸引力的赠品——一支钢笔发给了班上一半的学生，另一半的学生可以选择一支钢笔或两块巧克力。只有24%的学生选择了钢笔。

接下来，早先得到钢笔的学生如果愿意的话可以将钢笔换成巧克力。尽管大多数学生将钢笔的吸引力排在巧克力之后，但是56%早先得到钢笔的学生并没有选择将钢笔换成巧克力。

从这里可以看到，人们似乎并没有高估自己所拥有的东西的价值，人们可能更多的是受到放弃自己的东西而产生的痛苦的影响。

这一实验直观地证明了禀赋效应的存在，塞勒证明人类非理性行为的存在常常会导致市场效率的降低，而且这种现象并不会随着交易者交易经验的增加而消除。禀赋效应的提出，直接挑战了著名的"科斯定理"。在科斯定理看来，只要交易成本为零，财产的法定所有权分配就不会影响经济运行的效率，资产配置的最终状态与产权配置的初始状态无关。然而，如果禀赋效应存在，那么初始产权的配置就非常关键了。

在这篇论文中，足以让塞勒获得诺奖的另一卓越思想——心理账户——也开始出现，用以解释个体在消费决策时为什么会受到"沉没成本效应"的影响。什么是心理账户？打个比方，你打算去看一场票价200元的音乐会，出发前却把价值为200元的电话卡丢了，你还会不会去看这场音乐会？大部分人仍会选择去听这场音乐会；可如果出发前你把门票弄丢了，需要再花200元买张门票，大部分人选择的是不去了。实际上，在这两种情况下，损失的都是价值200元的东西，单纯从金钱上来看并无区别，造成不同结果的原因就是大多数人把电话卡和音乐会门票归到了不同的账户，也就是心理账户的问题。

禀赋效应、心理账户概念的提出，都是塞勒对人们日常经济行为中"反常行为"的分析和探索，是其有限理性理论的重要内容。在诺贝尔颁奖词中，诺奖评审委员会重点指出塞勒对行为经济学的建树主要体现在有限理性、社会偏好和缺乏自制三大理论方面。其中，尤以有限理性可以看作是塞勒全部理论的总阀门，是对传统经济学最为直接和大胆的质疑和挑战。

资料来源：根据公开发布的资料整理

问题

1. 举出生活中禀赋效应和心理账户的例子。

2. 理查德·塞勒的理论对管理决策有哪些影响？

拓展阅读

1. 道格拉斯·B.莱尼.信息经济学：如何对信息资产进行定价、管理与度量.上海：上海交通大学出版社，2020.

2. 埃里克·布鲁索，让·米歇尔·格拉尚.契约经济学：理论和应用.北京：中国人民大学出版社，2011.

3. 彼得·戴蒙德，汉努·瓦蒂艾宁.行为经济学及其应用.北京：中国人民大学出版社，2013.

4. 曲振涛，杨恺钧.规制经济学.上海：复旦大学出版社，2000.

5. 张玉明.共享经济学.北京：科学出版社，2018.

6. 张铭洪.网络经济学教程.北京：科学出版社，2018.

7. 保罗·W.格莱姆齐.神经经济学分析基础.杭州：浙江大学出版社，2016.

8. 唐·泰普斯科特，安东尼·威廉姆斯.维基经济学.北京：中国青年出版社，2012.